Psychologie von A – Z

Psychologie von A – Z

Psychologie von A – Z

Die 60 wichtigsten Disziplinen

Ahrens, Hans-Joachim · Bamberg, Eva · Bauer, Eberhard · Berg, Detlef · Billmann-Mahecha, Elfriede · Büssing, André · Butollo, Willi · Ehrenstein, Walter H. · Erdmann, Gisela · Fahrenberg, Jochen · Faust, Volker · Felser, Georg · Fischer, Gottfried · Fleischmann, Ulrich M. · Frey, Dieter · Giegler, Helmut · Gstalter, Herbert · Helmke, Andreas · Hoff, Ernst-H. · Hohner, Hans-Uwe · Holling, Heinz · Hölzl, Erik · Hoyos, Carl Graf · Janke, Wilhelm · Keupp, Heiner · Kirchler, Erwin · Klix, Friedhart · Kluwe, Rainer H. · Köhnken, Günter · Kokavecz, Ira · Kriz, Jürgen · Langenmayr, Arnold · Leweke, Frank · Lucadou, Walter von · Mandl, Heinz · Mangold, Roland · Maragkos, Markos · Mausfeld, Rainer · Mertens, Wolfgang · Milch, Wolfgang · Moser, Helmut · Nickel, Horst · Nitsch, Jürgen R. · Petermann, Franz · Pilz, Waltraud · Puzicha, Klaus J. · Reinmann-Rothmeier, Gabi · Renkl, Alexander · Rösler, Hans-Dieter · Schandry, Rainer · Scharfetter, Christian · Schlippe, Arist von · Schmidt, Martin · Schmidtchen, Stefan · Schmitz, Edgar · Schneewind, Klaus A. · Schönhammer, Rainer · Schönpflug, Wolfgang · Schöttke, Henning · Schuster, Beate · Schwarzer, Ralf · Spitzer, Manfred · Stiksrud, Arne · Tausch, Reinhard · Tewes, Uwe · Thomas, Alexander · Tokarski, Walter · Wagner, Helmut · Warschburger, Petra · Wildgrube, Klaus · Wildt, Johannes

Zuschriften und Kritik an:
Elsevier GmbH, Spektrum Akademischer Verlag, Katharina Neuser-von Oettingen, Slevogtstr. 3–5, 69126 Heidelberg

Bibliografische Information Der Deutschen Bibliothek
Die Deutsche Bibliothek verzeichnet diese Publikation in der Deutschen Nationalbibliografie; detaillierte bibliografische Daten sind im Internet über http://dnb.ddb.de abrufbar.

Planung und Lektorat: Katharina Neuser-von Oettingen, Stefanie Joh
Herstellung: Katrin Frohberg
Satz und Grafik: TypoDesign Hecker GmbH, Leimen
Druck und Bindung: Ebner & Spiegel GmbH, Ulm
Umschlaggestaltung: SpieszDesign, Neu-Ulm
Gedruckt auf 90 g/qm Offsetpapier, chlorfrei gebleicht

Printed in Germany
ISBN 3-8274-1477-6

Aktuelle Informationen finden Sie im Internet unter www.elsevier.com und www.spektrum-verlag.de

Vorwort

Psychologie ist ein Fach, das uns im Alltag ständig präsent ist: unser Denken und Fühlen, unser Verhalten und unser gesamtes Befinden ist in vielen Aspekten Psychologie. Dennoch denken wir bei Psychologie meist eher an psychologische Probleme, die therapiert werden müssen, vielleicht sogar an psychiatrische Kliniken und Psychotherapeuten, die in unsere geheimsten Seelenwinkel eindringen. Die Psychiatrie und Psychotherapie, wie sie durch Freud berühmt wurde, vermittelt eine Sicht auf die Psychologie, die der Vielfalt des Faches nicht gerecht wird. Wenn Psychologie nicht das ist, was dem allgemeinen Klischee vom Therapeuten entspricht, bei dem man auf der Couch liegt und der in die innersten Winkel der Seele schaut, was ist sie dann?

Wörtlich genommen ist die „Seelenkunde" die historische Vorläuferin der modernen Wissenschaft, die den aus dem Griechischen *psyche* (Seele) und *logos* (Wort, Rede, Erkundung) abgeleiteten Namen *Psychologie* trägt. Heute versteht man darunter die Wissenschaft vom menschlichen Erleben und Verhalten, wie sie seit Wilhelm Wundts Gründung des ersten psychologischen Labors in Leipzig 1879 oder Gustav Theodor Fechners experimentellen Arbeiten zur Wahrnehmung und Empfindung nach 1860 mit naturwissenschaftlichen Methoden betrieben wird. Ihren Wurzeln in Physik, Medizin und Philosophie entsprechend – Fechner war nach 1848 Professor für Philosophie, davor für Physik in Leipzig, und Wundt war über die Medizin zur Philosophie und Psychologie gekommen – behandelt die Psychologie noch heute als zentrale Themen die Verarbeitungsprozesse, mit denen unser Wahrnehmen und Denken, unsere Reaktionen auf äußere Ereignisse oder auch unser Befinden zusammenhängen.

Seit sich die Psychologie zu Beginn des 20. Jahrhunderts als Lehrfach etablierte – und in Deutschland 1941 ein Diplomstudiengang eingerichtet wurde, entsprechend einem internationalen Trend in der westlichen Welt – haben sich viele Disziplinen ausdifferenziert, die alle auf ihre Weise ein Stück Psychologie repräsentieren: Zu den bekannteren gehören die auf Freud zurückgehende Psychotherapie, die im Gefolge der Französischen Revolution und seit Mitte des 20. Jahrhunderts in großem Stil entwickelten Eignungstests, biologische und medizinische Forschungsmethoden zur Untersuchung von Gehirn und Verhalten, sozial- und umweltpsychologische Untersuchungsansätze zum Verständnis von sozialen Aspekten wie Gewalt oder Medieneinfluss auf unser Lernen und unsere Werte.

Das vorliegende Buch vermittelt in 60 Essays führender Psychologen diese Vielfalt bekannter und unbekannter Seiten der Psychologie – ohne den Anspruch zu erheben, die ganze Psychologie vorzustellen. Alphabetisch geordnet lassen sich die Kernthemen der Disziplinen nachschlagen, wie sie im fünfbändigen *Lexikon der Psychologie* (2000–2002 bei Spektrum Akademischer Verlag erschienen), als Gemeinschaftswerk des Herausgebers, der Projektleitung und des Redaktionsteams entstanden sind. Wir haben aus allen Essays des Lexikons eine Auswahl getroffen, die 60 Kerndisziplinen der Psychologie in einem handlichen Band zusammenführt – ohne dabei Anspruch auf Vollständigkeit erheben zu können. Für die Vorauswahl, auf der wir aufbauen konnten, danken wir außer den Autoren, die in diesem Band versammelt sind, Dr. Gerd Wenninger als Projektleiter und in Vertretung des gesamten Redaktionsteams, dem wir faszinierende Einblicke in ein spannendes Fach verdanken.

Heidelberg im Juli 2003

Katharina Neuser-von Oettingen
Lektorin

Inhaltsverzeichnis

A

Allgemeine Psychologie

Wolfgang Schönpflug

„Allgemeine Psychologie versucht, Erkenntnisse über menschliches Handeln und Erleben vor deren Betrachtung unter differentiellem, sozialem und Entwicklungs-Aspekt in generell gültige Aussagen zu bringen. Zu ihr gehören folgende Themenbereiche: Wahrnehmung, Bewußtsein, Denken, Urteilen, Kognition, Informationsverarbeitung, Sprache, Handeln, Sensomotorik, Emotion, Motivation, Lernen, Gedächtnis, Wissen." Dies ist eine autoritative Definition des Faches „Allgemeine Psychologie". Die Ständige Konferenz der Kultusminister der Länder der Bundesrepublik Deutschland hat sie sich auf Empfehlung einer überregionalen, mit Vertretern verschiedener Verbände besetzten *Studienreformkommission Psychologie* zu eigen gemacht (Kultusministerkonferenz, 1985, S. 14).

Allgemeine Psychologie und Spezielle Psychologien

Daß nach der Definition der Studienreformkommission Psychologie das Fach „Allgemeine Psychologie" drei speziellen Fächern vorgelagert sein soll, nämlich der Differentiellen Psychologie sowie der Sozialpsychologie und Entwicklungspsychologie, ist entweder didaktisch oder ontologisch zu verstehen. In didaktischer Hinsicht kann man Allgemeine Psychologie als Schnittmenge, d.h. als gemeinsamen Bestand der drei genannten Speziellen Psychologien betrachten. Vermittelt man im Unterricht diese Schnittmenge vorab, erspart man sich deren mehrfache Wiederholung in den drei Spezialfächern. Ontologisch betrachtet umfaßt Allgemeine Psychologie mehr als nur eine Schnittmenge. Entstanden ist der Begriff der Allgemeinen Psychologie jedenfalls aus dem *ontologischen Verständnis*. Die Schulphilosophie hat Ontologie als eigene wissenschaftliche Disziplin betrieben. Ontologie sollte eine Abstraktion der Wirklichkeit vornehmen, indem sie einerseits die Betrachtung auf das Wesentliche und Dauerhafte richtet, andererseits das als wesentlich und dauerhaft Erkannte nach Klassen, Gattungen u.ä. ordnet (Kremer, 1984). Psychologie wurde Teil der Ontologie, als sie die Aufgabe übernahm, jene Abstraktion im Bereich des Psychischen zu leisten. So bestimmte sie grundlegende und unverzichtbare *Funktionen des Seelischen* (Wahrnehmung, Gedächtnis u.a.), grenzte diese voneinander ab und zeigte deren Verbindung zu einem einheitlichen Seelenwesen.

Dem ontologischen Ansatz hat sich die Psychologie verpflichtet, als im 18. Jahrhundert unter der Vorherrschaft des Rationalismus ihr Aufstieg zu einer wissenschaftlichen Disziplin begann. Einschlägige Lehrbücher waren peinlich darauf bedacht, die Funktionen des Bewußtseins und des im Bewußtsein reflektierten Verhaltens abzugrenzen und zu ordnen. Die Beschreibung psychischer Funktionen sollte den menschlichen Geist in seiner Vollkommenheit darstellen, wie er in idealer Sicht dem Menschen als Gattung zukam. Die Beschreibung sollte somit über individuelle und kulturelle Eigenarten hinweg gelten; sie sollte das *Abnorme* (z.B. Wahnsinn, Verbrechen; abnorme Persönlichkeit) ebenso ausschließen wie das *Unfertige* (z.B. das Denken von Kindern und in sog. primitiven Völkern).

Mit dem Aufkommen der *Romantik* hat sich die Psychologie im 19. Jahrhundert grundlegend erneuert. Ziel wissenschaftlicher Erkenntnis war nach romantischem Wissenschaftsverständnis nicht mehr die überdauernde ideale Ordnung. Vielmehr interessierten die Vielfalt mit allen ihren Stärken und Schwächen sowie der Wandel von Individuen und Gemeinschaften, wie er sich bei deren Entwicklung unter verschiedenen ökologischen und kulturellen Bedingungen vollzog. Zudem machte aus romantischer Sicht nicht nur der Verstand die Seele des Menschen aus, sondern auch seine Empfindsamkeit und sein Gefühl, nicht nur das klare Erkennen und Wollen, sondern auch das dunkle Ahnen und Streben (Leib-Seele-Problem). Die vorher übergangenen psychischen Besonderheiten wurden daher in die wissenschaftliche Betrachtung einbezogen. Eigenarten der *Kinder* und der sog. *Primitiven*, Eigentümlichkeiten von Kulturen und von individuellen Charakteren sowie Erscheinungen jenseits der Normalität wurden zu bevorzugten Themen wissenschaftlicher Betrachtung. Spezielle Forschungszweige wie Charakterologie und Völkerkunde breiteten sich aus. Einen Teil von ihnen nahm die Psychologie in ihren Kanon auf. Für sie findet man die gemeinsame Bezeichnung „Spezielle Psychologien"; einige Autoren faßten sie unter der Bezeichnung „Vergleichende Psychologie" zusammen.

Der ontologisch orientierte Ansatz in der Psychologie verlor seine Ausschließlichkeit und erhielt zur besseren Unterscheidung von der „Vergleichenden Psychologie" bzw. den „Speziellen Psychologien" den Zusatz „generell" oder „allgemein". Im 20. Jahrhundert wurde die Trennung von Allgemeiner Psychologie auf der einen Seite und insbesondere Entwicklungs-, Persönlichkeits- und Sozialpsychologie auf der anderen zu einer der Selbstverständlichkeiten im Konzept der Psychologie als moderner Einzeldisziplin (Schönpflug, 2000).

Taxonomie psychischer Funktionen

Aufgrund ihrer ontologischen Tradition fällt der Allgemeinen Psychologie eine besondere Zuständigkeit für die *Taxonomie psychischer Funktionen* zu. Auch die Studienreformkommission hat eine solche Taxonomie in ihre Fachbeschreibung aufgenommen und von „Wahrnehmung" bis „Wissen" eine Reihe wichtiger Funktionen aufgezählt. In ihrer Breite entspricht die Aufzählung dem Inhalt bewährter Lehrbücher. Selbst die gegenwärtig im Erscheinen begriffene *Enzyklopädie der Psychologie* sieht für ihre fünfzehn der Allgemeinen Psychologie gewidmeten Einzelbände (ab 1983) kein Thema vor, das den von der Kommission abgesteckten Rahmen sprengt.

Taxonomien psychologischer Funktionen sind hierarchisch angelegt. Ihre Kategorien lassen sich jeweils auf höherer Ebene zusammenfassen, auf niedrigerer Ebene teilen. Zum Beispiel schließt der Begriff „Kognition" die Begriffe „Wahrnehmung" und „Denken" ein. So läßt sich die Taxonomie psychischer Funktionen durch mehrfache Teilung von Kategorien verfeinern. Zum Beispiel wird die Kategorie „Informationsaufnahme" oft in „Wahrnehmung" (d.h. dann Wahrnehmung von Gegenständen) und „Empfindung" (d.h. dann Sinnesempfindungen) geteilt. Diese Unterkategorien lassen sich weiter differenzieren (einerseits in „Raumwahrnehmung", „Zeitwahrnehmung", „Personenwahrnehmung" u.ä., andererseits in „Farbempfindungen“, „Tonempfindungen“, „Tastempfindungen“ u.ä.). Über die folgenden in allgemeinpsychologischen Taxonomien regelmäßig vertretenen Funktionen gibt dieses Lexikon eingehender Auskunft: Denken, Emotion, Gedächtnis, Handlung, Kognition, Lernen, Motivation, Problemlösen, Sprache, Vorstellung bzw. Phantasie, Wahrnehmung, Wissen. Der Vertiefung dieser Darstellungen dienen weitere Stichworte wie Angst, Entscheidung, Fehler, Psychophysik, Zeiterleben, Zielsetzung.

Allgemeine Psychologie I und Allgemeine Psychologie II als Teilfächer

Das Reformwerk von 1985 hat in Deutschland die Allgemeine Psychologie in Form zweier *Teilfächer I und II* in den Diplomstudiengang eingeführt. Dies wurde mit dem Umfang des Faches begründet. Ungeachtet mehrerer Möglichkeiten, die Stoffmenge zu teilen, sind die meisten Ausbildungsinstitute in Deutschland dem Vorschlag der *Studienreformkommission* gefolgt, dem Teilfach Allgemeine Psychologie I die Schwerpunkte „Wahrnehmung, Kognition, Sprache“, dem Teilfach Allgemeine Psychologie II die Schwerpunkte „Emotion, Motivation, Lernen“ zuzuordnen (Kultusministerkonferenz, 1985, S. 14).
Zwischen den genannten Schwerpunkten verläuft eine Trennlinie, die gleichfalls bis in den Ursprung der Psychologie in der *Philosophie* zurückzuverfolgen ist. Auf der einen Seite der Trennlinie sind innerhalb der Philosophie *Erkenntnistheorie* und *Logik* angesiedelt. Psychologie hat, als sie sich im Rationalismus als Lehre vom Bewußtsein verstand, vor allem menschliches Erkennen und Urteilen zu ihrem Thema gemacht – die Fülle der Empfindungen, die Komplexheit der Wahrnehmung, die Ordnung der Begriffe, die Tiefe der Einsicht und die Reichweite von Schlußfolgerungen. Deren Wechselwirkungen mit Bedürfnissen, Emotionen und Tätigkeiten waren in der rationalistischen Psychologie randständige Themen. Dagegen waren Emotionen, Willensprozesse und Handlungen zentrale Themen der *Morallehren* (s. Schönpflug, 2000). Auf dem Höhepunkt des deutschen Idealismus hat Hegel (1830/1970, S. 229 ff.) in seiner für die Hochschullehre wegweisenden *Enzyklopädie der philosophischen Wissenschaften* der Psychologie die „Erscheinungen des subjektiven Geistes mit seinen Vermögen wie Vorstellen, Erinnern“ als Gegenstand zugewiesen. Dabei trennte er den *theoretischen Geist* (Wissen und Erkennen) vom *praktischen Geist* (Wille und Gefühl).
Die gegenwärtig in Deutschland überwiegend eingerichteten Teilfächer Allgemeine Psychologie I und II sind ihrer Konzeption nach also keineswegs moderne Neuschöpfungen. Vielmehr sind es spätmoderne Institutionalisierungen rationalistischer Wissenschaftsstrukturen. Dabei erzeugt die Trennung der Teilfächer Allgemeine Psychologie I und II bzw. der Lehr- und Forschungsbereiche Kognition/Sprache und Motivation/Emotion/Handlung mitunter Unbehagen. Oft wird das Argument laut, die vielfachen Verknüpfungen und Gemeinsamkeiten der beiden Teilfächer verlangten eher ihre Integration.

Methodische Besonderheiten der Allgemeinen Psychologie als Funktionenlehre

„Allgemeine Psychologie versucht, Erkenntnisse ... in generell gültige Aussagen zu bringen“, formulierte die Studienreformkommission mit einer Portion Skepsis. In der Tat gehört Allgemeingültigkeit von wissenschaftlichen Aussagen zu den Forderungen des Rationalismus, in dessen Nachfolge sich die Allgemeine Psychologie befindet wie keine andere psychologische Richtung. Die oben angemerkte Skepsis erklärt sich aus den inzwischen gewachsenen Zweifeln an der Existenz einer und nur einer allgemein geltenden Wahrheit sowie der Kraft der Vernunft, sich diese Wahrheit anzueignen. Doch hat gerade die moderne Psychologie Methoden für sich entdeckt, deren Anwendung Vorzüge verspricht, die dem Ideal der objektiven Wahrheit verwandt sind – *Verläßlichkeit*, *Verallgemeinerbarkeit* und *Systematik von Beschreibungen*. Es war die Allgemeine Psychologie, welche diese Methoden besonders gepflegt und zu ihrer Fortentwicklung benutzt hat. Die zwei wichtigsten methodischen Ansätze waren das *Experimentieren* und das *mathematische Modellieren*.

Das Experimentieren der Allgemeinen Psychologie (Experiment) vollzog sich vor allem in Laboratorien und mit Apparaten (Darbietungs- und Meßapparaturen). Im Planversuch wurden theoretisch bedeutsame Bedingungsvariationen und -kombinationen systematisch durchprobiert. Das sich dabei einstellende Erleben und Verhalten wurde differenziert erfaßt und möglichst objektiv registriert. Ziele waren die Auflösung komplexer psychischer Prozesse und Leistungen in ihre Komponenten sowie ein differenzierter Nachweis ihrer Genese. Beispiele sind die Trennung von Kurzzeit- und Langzeitgedächtnissen (Gedächtnis) sowie die Trennung eines sensorischen und eines motorischen Anteils in Muskelreaktionen.

Mathematische Darstellungen verallgemeinern Begriffe und deren Beziehungen. Insofern können mathematische Modelle von empirischen Befunden Anspruch auf allgemeine Gültigkeit erheben. In der Allgemeinen Psychologie hat man aus diesem Grunde oft mathematische Darstellungen benutzt. Insbesondere in der Wahrnehmungs-, der Lern- und der Entscheidungstheorie haben sich mathematische Modelle als recht aufschlußreich erwiesen (Mathematische Psychologie). Die Allgemeine Psychologie hat sich weiterhin zunehmend statistischer Methoden bedient, um Mittelwerte als Kollektivmaße zu bestimmen (Statistik). Die Erwartung war, daß Kollektivmaße weniger von Fehlern behaftet sind und den auf sie gestützten Aussagen mehr Allgemeingültigkeit zukommt. Allerdings wurde dem gerade in der Allgemeinen Psychologie entgegengehalten, daß die Varianz um Mittelwerte bedeutsame Information enthält, die der experimentellen Aufklärung bedarf; zur Allgemeingültigkeit trage daher die experimentelle Analyse mehr bei als die statistische. Im übrigen zeichnet sich die Allgemeine Psychologie bei der Entwicklung und Anwendung von statistischen Verfahren keineswegs vor anderen psychologischen Fächern aus.

Allgemeine Psychologie als Metatheorie

Die Studienreformkommission hat schließlich angeregt, innerhalb der Allgemeinen Psychologie möge „historischen Entwicklungen, Erweiterungen und Gewichtsverschiebungen angemessen Rechnung getragen werden"; es biete sich „die Chance, ein zusammenhängendes Verständnis der derzeitigen anthropologischen Perspektive der Psychologie zu vermitteln" (Kultusministerkonferenz, 1985, S. 14). Solche Empfehlungen bestärken die Allgemeine Psychologie in einer Rolle jenseits der oben geschilderten Lehre von den psychischen Funktionen: als *Metapsychologie* bzw. als *Metatheorie* aller oder einiger psychologischen Fächer. Themen für eine solche Metatheorie sind: strukturelle Zusammenhänge zwischen psychologischen Lehr- und Forschungsprogrammen, Erkenntnistheorie für Psychologen, Soziologie der Psychologie als Wissenschaft und Beruf, Geschichte der Psychologie. Allerdings gedeihen solche Themenschwerpunkte auch ohne ausdrückliche Einbindung in die Allgemeine Psychologie. Zum Beispiel wird Geschichte der Psychologie an einzelnen Orten als Teil der Allgemeinen Psychologie gelehrt, an anderen Orten bildet sie ein selbständiges Studienprogramm.

Literatur

Enzyklopädie der Psychologie (1983ff.). *Serie C. Theorie und Forschung*. (Band 2. Kognition. Band 3. Sprache. Band 4. Motivation und Emotion.). Göttingen: Hogrefe.

Hegel, G. W. F. (1970). Enzyklopädie der philosophischen Wissenschaften. *Werke* (Band 10), (hrsg. von E. Moldenhauer & K. M. Michel). Frankfurt a. M.: Suhrkamp. (Original erschienen 1830).

Kremer, K. (1984). Ontologie. In J. Ritter & K. Gründer (Hrsg.), *Historisches Wörterbuch der Philosophie* (Band 6, S. 1189-1198). Basel: Schwabe.

Kultusministerkonferenz (1985). *Empfehlungen der Studienreformkommission Psychologie*. Bonn: Sekretariat der Kultusministerkonferenz.

Schönpflug, W. (2000). *Geschichte und Systematik der Psychologie*. Weinheim: Beltz/Psychologie Verlags Union.

Angewandte Psychologie

Carl Graf Hoyos

Anfänge der Angewandten Psychologie

Das Entstehen einer wissenschaftlichen Psychologie datiert man auf die 2. Hälfte des 19. Jh., die besonders von den Wissenschaftlern Gustav Theodor Fechner (1801-1887) und Wilhelm Wundt (1832-1920) geprägt war. Es dauerte nicht lange, bis die Psychologie auch auf Fragen und Probleme aus gesellschaftlichen und wirtschaftlichen Bereichen antworten sollte. So versuchte der Psychiater Kraepelin seit dem Ende der 80er Jahre des vorigen Jh. mit einfachen Untersuchungen (Kopfrechnen, Buchstabenzählen etc.) Faktoren zu ermitteln, die die Arbeitsleistung (Leistung) beeinflussen. Als solche identifizierte er den Anreiz der Arbeit, Übung, Willensspannung, Ermüdung und Gewöhnung. Darüber hinaus beschäftigte sich Kraepelin mit dem Einfluß von Alkohol und Koffein und auch mit den Folgen des Entzugs von Nahrung oder Schlaf für die Arbeitsleistung. Ergebnisse seiner Untersuchungen veröffentlichte er 1902 in einem ersten Werk der Angewandten Psychologie mit dem Titel „Die Arbeitscurve.“ Weitere Themen, die die Aufmerksamkeit von Forschern fanden, bezogen sich auf die Eignung zum Straßenbahnführer, man interessierte sich für die Tätigkeit einer Telefonistin, für die Ermüdung bei körperlicher und geistiger Anstrengung, Entstehen und Verlauf von Unfällen (Unfall) und noch viele andere Themen mehr. So entstand in relativ kurzer Zeit – und bewegt von einem erstaunlichen Enthusiasmus – ein breites Spektrum an Disziplinen der Angewandten Psychologie, die Frey, Hoyos und Stahlberg (1988) in einem Lehrbuch zusammengetragen haben (Tabelle). Wie man aus der Übersicht erkennt, ist „Angewandte Psychologie“ eigentlich keine Disziplin, sondern eine Sammlung von Teildisziplinen eher heterogener Art. Hinzu kommen die großen und etablierten Gebiete Klinische Psychologie und Pädagogische Psychologie. Sie wurden von Frey, Hoyos und Stahlberg (1988) aus Gründen des Umfanges eines Lehrbuches der Angewandten Psychologie nicht (Abb.), von Anastasi (1973) aber behandelt.

In der Geschichte der Angewandten Psychologie läßt sich ein bestimmtes Muster der Entstehung eines Teilgebiets erkennen: Zuerst gab es Anfragen an die Psychologie, zur Lösung eines Problems einen sachkundigen Rat zu geben. Solche Anfragen initiierten dann oft angewandte Forschung, die häufig in eine breiter angelegte Disziplin einmündete.

Besonders im 2. Weltkrieg kam es zur Entwicklung neuer Geräte und Ausrüstungen für militärische und zivile Zwecke, wie z.B. schnellere Flugzeuge oder Radar. In vielen Fällen jedoch blieb die Effektivität dieser Innovationen hinter den Erwartungen zurück, obwohl das Bedienungspersonal gut ausgebildet war: Flugzeuge havarierten ohne ersichtliche mechanische Mängel; auch hoch motivierte Beobachter verfehlten auf dem Radarschirm Feindkontakte. Wissenschaftler begannen daraufhin, die Mensch-Maschine-Schnittstelle zu untersuchen, zu beobachtende Fehler zu analysieren und Empfehlungen zu einer Optimierung solcher Systeme auszuarbeiten. Aus dieser Problemlage heraus entstanden dann die Ingenieurpsychologie und das Konzept der Mensch-Maschine-Systeme (Hoyos & Zimolong, 1990). Die Einsicht in die Begrenztheit natürlicher Ressourcen, besonders von Primärenergie, hat vielfältige Bemühungen ausgelöst, Menschen zu einem sparsamen Umgang mit Energie zu bewegen (Umweltpsychologie) – eine Herausforderung für die Psychologie, die sie auch angenommen hat (Prose, Clases & Schulz-Hardt, 1999).

Für viele praktische Probleme wurden auf diese Weise bereits Wissen und theoretische Fundierung erarbeitet, aber viele neue Problemfelder sind entstanden, wie etwa der Blick in die Arbeitswelt zeigt. Psychologie wird, so kann man sagen – dem gesellschaftlichen und wirtschaftlichen Wandel folgend –, auf immer neue Felder und Probleme angewandt, was hier bedeutet, sich ihnen forschend zuwendet. So ist Angewandte Psychologie eine Disziplin mit offenen Grenzen. Von einer Angewandten Psychologie als einer forschenden Disziplin wäre eine „Praktische Psychologie“ abzugrenzen, die praktische Probleme zwar wissenschaftlich fundiert, aber nicht forschend zu lösen versucht. Schorr und Wehner (1993, S. 294) erscheint jedoch diese Abgrenzung unzweckmäßig. In ihrem Verständnis umfasst die Angewandte Psychologie „... alle fachlich-wissenschaftlichen Bemühungen der Psychologie, die das Ziel haben, praktische Probleme zu lösen.“

Anwendung wovon?

Diese Frage hat manche unfruchtbare Debatte ausgelöst, weil verschiedentlich die Meinung vertreten wurde, der Anwender von Psychologie greife allein auf Wissen, Methoden und Erklärungen zurück, die in der wissenschaftlichen Psychologie und ihren Teilgebieten erarbeitet wurden, indem die Wissensbestände der Grundlagendisziplinen nach Inhalten und/oder Verfahren durchgemustert würden, die für eine Lösung des gestellten Problems geeignet erscheinen. Dies führt aber zu Enttäuschungen: Die Grundlagendisziplinen liefern nicht das, was man sucht; so könne z.B. die traditionelle Lernpsychologie (Lernen) kaum etwas für die Erklärung von Lernproblemen beitragen. Andererseits widerspricht es dem Selbstverständnis des Vertreters der Angewandten Psychologie, etwas „anzuwenden“ was er nicht selbst entwikkelt hat. Faktisch spiegelt sich in dieser traditionellen Vorgehensweise eine historische Ausgangslage: von der Grundlage zur Anwendung, die es umzukehren gelte, wie Hofer (1987) für die Pädagogische Psychologie postulierte: „Nicht die Grundlagendisziplin sind das Gegebene, das nach Brauchbarem abgemustert wird. Wir setzen stattdessen den erzieherischen Kontext als das Gegebene. Dann können wir sagen, daß es die Aufgabe der Psychologie ist, die erzieherischen Realitäten, ihre Bedingungen und Folgen systematisch und kontrolliert zu erforschen.“

Disziplinen der Angewandten Psychologie sind forschende Wissenschaften. Sie verfügen mehrheitlich über ein beachtliches Wissen, das aus Konzepten, Methoden und Ergebnissen der Grundlagendisziplinen und aus den Ergebnissen der Angewandten Forschung gewonnen wurde. Selbstverständlich bedient sich der Angewandte Forscher der Grundkategorien der Psychologie, wie Wahrnehmen, Urteilen, Denken, Fühlen (Emotion), Bewegen (Psychomotorik), basaler psychophysikalischer Funktionen, wie Sinnesschwellen oder Skalierungen (Psychophysik); er prüft Kapazitäten des Menschen zur Informationsverarbeitung, mit denen man in einem Anwendungsfall das Verhalten analysieren und beschreiben wird.

Ein so gründlich experimentell untersuchtes Konzept wie die Verteilung der Aufmerksamkeit wird selbstverständlich behilflich sein, das Agieren eines Piloten im Flugzeugcockpit oder eines Anästhesisten während einer Operation zu verstehen und damit wiederum den Kenntnisstand über das Phänomen „Aufmerksamkeit“ zu erweitern.

Aber auch die klassischen sozialen Kontexte, in denen sich Verhalten und Erleben vollzieht, wie zwischenmenschliche Beziehungen oder Gruppen, bilden eine ideale grundlagenwissenschaftliche Basis, um etwa das Verhalten in Organisationen als Kommunikation und Interaktion, soziale Wahrnehmung, Konflikte, Machtbeziehungen usw. zu beschreiben. Auch Erklärungen zu einem Problemfeld wird man zunächst anhand bewährter Theorien aus den Grundlagendisziplinen suchen, die nach dem Grundsatz größtmöglicher Allgemeinheit und Neuartigkeit aufgestellt werden. In diesem Sinne haben sich bestimmte Theorien aus den Grundlagendisziplinen (z.B. Theorie der Kognizierten Kontrolle, Theorie der Kausalattribution) durchaus auch in allen möglichen Anwendungsfeldern (z.B. in der Arbeitssicherheit, Arbeits- und Gesundheitsschutz) bewährt.

Der angewendungsbezogene Forscher muß zumeist eine gegebene Theorie an die Feldbedingungen anpassen, indem er die Theorie erweitert, Randbedingungen berücksichtigt und ggf. mehrere Theorien für einen Problemfall heranzieht. Ein instruktives Beispiel bildet die Theorie der Zielsetzung, wonach eine erbrachte Leistung von der Art der Zielsetzung beeinflußt wird: Die Leistungen sind in jedem Fall besser, wenn konkrete Ziele gesetzt werden, die die Handlung auch auslösen, als wenn nur allgemein intensives Bemühen ge-

Angewandte Psychologie. Gliederung zu Frey, Hoyos und Stahlberg (1988).

Anwendungsgebiet Arbeit und Beruf
Organisation, Organisationsstruktur und Organisationsentwicklung
Personalauslese, Training und Personalentwicklung in Organisationen
Individuum und Organisation
Gestaltung von Mensch-Maschine-Systemen
Arbeitsstrukturierung und Arbeitsanalyse
Arbeitsschutz
Neue Technologien: Mensch-Computer-Interaktion
Berufswahl und Laufbahnentwicklung
(Arbeits- und Organisationspsychologie, Berufseignungsdiagnostik, Computer, Ergonomie)

Anwendungsgebiet Markt, Werbung, Volkswirtschaft
Werbung, Öffentlichkeitsarbeit und Marketing
Konsum- und Kaufverhalten
Volkswirtschaft und ökonomische Verhaltensforschung
(Ökonomische Psychologie, Werbepsychologie)

Anwendungsgebiet Umwelt
Gestaltung von Umwelt
Das Entsorgungsproblem
Umweltstreß
Psychologie des Energiesparens
Transport und Verkehr
(Verkehrspsychologie, Umweltpsychologie)

Anwendungsgebiet Öffentlichkeit und Gesellschaft
Politik
Recht
Militär und Polizei
(Politische Psychologie, Polizeipsychologie, Rechtspsychologie, Wehrpsychologie)

Anwendungsgebiet Gesundheit
Gemeinde
Gesundheit und Medizin
Belastung, Beanspruchung, Fehlanpassung und ihre Folgen
Alter und Altern
(Gemeindepsychologie, Gerontopsychologie, Gesundheitspsychologie, Medizinische Psychologie, Streß)

Anwendungsgebiet Kultur und Freizeit
Kultur und Religion
Musik
Tourismus
Medien und Massenkommunikation
Sport und Freizeit
Freizeit
(Freizeitpsychologie, Kulturpsychologie, Religionspsychologie, Medienpsychologie, Musikpsychologie, Sportpsychologie)

fordert wird (Tun Sie Ihr Bestes!), d.h. die Ziele und Leistungen standen in linearer Beziehung, vorausgesetzt, die Ziele waren erreichbar. Darüber hinaus waren Leistungen bei anspruchsvoller Zielsetzung besser als bei bescheidenen Zielen. Diese Studien ließen auch die motivierende und informierende Wirkung von Rückmeldungen besser erkennen. Der Zusammenhang von Zielsetzung und Leistung wird nicht nur durch Rückmeldungen, sondern auch durch organisationale Einflüsse moderiert. Zielsetzungen können von verschiedenen Personen und Instanzen ausgehen: Leitungsorgane, Kollegen und der Handelnde selbst. Partizipation in der Zielsetzung gilt als vorteilhaft, die Vorgesetzten sollten aber Unterstützung geben.

Die meisten Theorien in der Psychologie beanspruchen nicht, menschliches Verhalten in seiner Gesamtheit zu erklären. Vielmehr liefern sie Erklärungen und Voraussagen für Teilbereiche menschlichen Verhaltens; sie wollen und können sich also nur auf einen bestimmten Ausschnitt aus der Realität beziehen. Diese Ausschnitte sind allerdings selten mit dem konkreten Problemfeld deckungsgleich, das sich der angewandt-psychologischen Forschung stellt. Deshalb sind „Praktische Probleme“ oft so speziell und zugleich komplex, daß sie kaum durch eine Theorie allein erklärt werden können.

Anwendung wozu und für wen?

Keine Teildisziplin der Angewandten Psychologie hätte „praktische Probleme“ lösen und in dem Problemfeld forschend ein Erklärungspotential aufbauen können, wenn sie nicht versucht hätte, ihre Aufgaben wertgeleitet zu lösen. Das Schutzziel, das Arbeitsleid Erwerbstätiger zu lindern, kann als oberstes Ziel arbeits- und organisationspsychologischer Forschung und Praxis genannt (Arbeits- und Organisationspsychologie) werden; es hat intensive Anstrengungen ausgelöst, Belastungen abzubauen und Arbeit erträglicher zu machen – Anstrengungen, die das Fach gemeinsam mit anderen Disziplinen investiert. Hierzu hat die Psychologie aber wesentliche Grundlagen aus der Belastungsforschung, der Motivationsforschung (Motivation) oder der Handlungspsychologie (Handlung) beigetragen. Wertgeleitetes Vorgehen kann man für viele andere Gebiete der Angewandten Psychologie konstatieren. So richtet sich die expandierende Gesundheitspsychologie an Leitvorstellungen der menschlichen Wohlfahrt aus, wie sie institutionell verankert wurden (WHO) und wie sie sich aus Postulaten des „Menschseins“ ableiten lassen. Aufgaben der Angewandten Psychologie sind indessen auch im Kontext gesellschaftlicher und wirtschaftlicher Ziele zu lösen. Die Psychologen dürfen sich dabei nicht in einen (vermeintlichen) Antagonismus zwischen humanen und anderen, nicht primär auf den Menschen bezogenen Zielen hineinziehen lassen.

Literatur

Anastasi, A. (1973). *Angewandte Psychologie*. Weinheim: Beltz.

Frey, D., Hoyos, C. Graf & Stahlberg, D. (Hrsg.). (1988). *Angewandte Psychologie. Ein Lehrbuch*. München: Psychologie Verlags Union.

Hofer, M. (1987). Pädagogische Psychologie: fünf Überlegungen zum Selbstverständnis eines Faches. *Psychologische Rundschau*, 38, 82-95.

Hoyos, C. Graf & Zimolong, B. (Hrsg.). (1990). *Ingenieurpsychologie (Enzyklopädie der Psychologie, Band D,III,2)*. Göttingen: Hogrefe.

Prose, F., Clases, Ch. & Schulz-Hardt, St. (1999). Umweltbewußtes und ressourcenschonendes Handeln in Organisationen. In C. Graf Hoyos & D. Frey (Hrsg.), *Lehrbuch der Arbeits- und Organisationspsychologie*. Weinheim: Psychologie Verlags Union.

Schorr, A. & Wehner, E.G. (1993). Geschichte der Angewandten Psychologie. In A.Schorr (Hrsg.), *Handwörterbuch der Angewandten Psychologie* (S. 291-296). Bonn:

Arbeits- und Organisationspsychologie

André Büssing

Entwicklung, Grundbegriffe, Standorte

Die Anfänge der Arbeits- und Organisationspsychologie gehen auf Hugo Münsterberg zurück. In seinem 1912 veröffentlichten Lehrbuch „Psychologie und Wirtschaftsleben“ werden praktische Problemstellungen der Psychologie wie zum Beispiel Lernen und Übung in der Industrie, Selektion geeigneter Personen, Beratung und Berufswahl behandelt. Die Teildisziplin, die diese Themen in Deutschland heute abdeckt, wird als Arbeits- und Organisations(A&O)-Psychologie bezeichnet. Diese Fachgebietsbezeichnung hat sich erst in den 1980er Jahren durchgesetzt (früher und z.T. auch heute noch gebräuchliche Bezeichnungen: Arbeits- und Betriebspsychologie; Arbeits-, Betriebs- und Organisationspsychologie – ABO-Psychologie). Die Teildisziplin ist seither als eines der drei Anwendungsfächer im Hauptstudium der Psychologie der Universitäten und als Fachgruppe bzw. Sektion in den beiden großen psychologischen Gesellschaften, der Deutschen Gesellschaft für Psychologie (DGPs) und dem Berufsverband Deutscher Psychologen (BDP), etabliert. Ein europäischer Berufsdachverband der A&O-Psychologen hat sich 1991 in der European Association of Work and Organizational Psychology (EAWOP) zusammengefunden, und die American Psychological Association (APA) hat mit der Sektion 14 „Society of Industrial and Organizational Psychology“ (SIOP) eine große und einflußreiche Gemeinschaft von A&O-Psychologen zusammengeführt.

Die Bezeichnung A&O-Psychologie verweist auf ihren konstitutiven Gegenstand: menschliche Arbeit in Organisationen. Es geht um die Beschreibung, Analyse, Bewertung, Erklärung, Vorhersage und Gestaltung menschlicher Arbeit in Organisationen. Diesen Gegenstand teilt sie sich mit anderen Disziplinen, die allgemein als Arbeitswissenschaften bezeichnet werden (z.B. Arbeitsmedizin, Arbeitsrecht, Arbeitspolitik, Arbeits- und Berufspädagogik, Betriebswirtschaftslehre, Ergonomie, Industriesoziologie) und die den Gegenstand arbeitsteilig auf unterschiedlichen Ebenen, mit unterschiedlichen Theorien, Konzepten und Methoden behandeln. Die Perspektive der A&O-Psychologie liegt in der Untersuchung und Veränderung menschlichen Verhaltens, Handelns, Denkens und Fühlens sowie der Entwicklung von Menschen durch Rekurs auf psychologische Begriffe, Theorien und Methoden (Greif & Bamberg, 1993).

Worin liegen nun die Unterschiede zwischen der Arbeitspsychologie und der Organisationspsychologie bzw. gibt es sie überhaupt, und welche Arbeitsteilung besteht mit anderen Teildisziplinen der Psychologie? Hierüber fand unter A&O-Psychologen vor einigen Jahren eine Art Standortbestimmung statt. Beiden, Arbeits- und Organisationspsychologie, geht es um menschliche Arbeit in Organisationen; insofern gibt es keine grundsätzliche Aufteilung des Faches sondern Akzentsetzungen. Das Anliegen der Arbeitspsychologie ist die Erforschung menschlicher Arbeitstätigkeit, ihre zentralen Themen sind die Arbeitsteilung zwischen „Kopf und Hand“, zwischen „oben und unten“, zwischen „stark und schwach“, zwischen „Mensch und Maschine“, zwischen „Individuum und Gruppe“, zwischen „Gruppe und Organisation“ (Udris & Grote, 1991); sie deckt damit weite Teile der Organisationspsychologie ab. Die Organisationspsychologie befaßt sich im weiteren Sinne mit dem Erleben und Verhalten von Individuen und Gruppen in Organisationen (von Rosenstiel, 1992) oder beliebigen organisationalen Kontexten; sie umfaßt damit letztlich große Teile der Arbeitspsychologie und der angewandten Sozialpsychologie. Beide – Arbeits- und Organisationspsychologie – bewegen sich im Spannungsfeld zwischen Grundlagenforschung vor allem in der Allgemeinen, Entwicklungs-, Persönlichkeits- und Sozialpsychologie und der Anwendung. A&O-Psychologie ist jedoch nicht bloßes Anwendungsfach, das sich „fremder“ Theorien und Methoden bedient, vielmehr betreibt sie eigene Forschung zu ihren Grundlagen (Hacker, 1998) und übt nachhaltige Impulse auf die erwähnten Grundlagenfächer der Psychologie sowie auf andere arbeitswissenschaftliche Fächer aus bzw. steht in enger Wechselwirkung mit diesen.

Aufgabenfelder

Die Aufgabenfelder der A&O-Psychologie sind weit gesteckt. Die Themen können in drei Gebiete mit wechselseitigen Bezügen gruppiert werden: 1) Analyse und Bewertung von Arbeit und Organisation, 2) Umsetzung in Gestaltung, Intervention und Entwicklung, 3) Wirkungen und Folgen von Arbeit. Quer zu diesen Aufgaben liegen Aktivitäten der A&O-Psychologie auf den Gebieten von Theorie- und Methodenentwicklung im Labor und im Feld (z.B. Hacker, 1998; Schuler, 1995; Ulich, 1998).

1) *Analyse und Bewertung von Arbeit und Organisation*. Hier sind die Aufgabenfelder Analyse und Bewertung von Personen, von Arbeitstätigkeiten und Organisationen angesprochen. Im Rahmen der Diagnostik von Personen in bezug auf berufliche Eignung (Berufseignungsdiagnostik), Leistung und Potentialfeststellung bringt die A&O-Psychologie zahlreiche Verfahren aus der Psychodiagno-

stik (Diagnostik) ebenso wie originär von der Teildisziplin selbst entwickelte Verfahren zum Einsatz. Eines der einschlägigen ist die Assessment-Center Methode, die heute weit verbreitet ist und als vergleichsweise reliables und valides multimodales Verfahren sowohl zur Personalselektion und zum Personaleinsatz als auch zur Beurteilung von Potentialen mit Blick auf Personalentwicklung Anwendung findet. Die Analyse und Bewertung von Arbeitstätigkeiten richtet sich auf Arbeitsaufgaben und ihre Anforderungen und Belastungen, das heißt auf objektivierbare Bedingungen und nicht auf personenbezogene Eigenheiten bei der Verrichtung von Arbeitstätigkeiten. Dazu wurden eine Reihe von Verfahren entwickelt, die entweder als Fremdbeobachtungsinstrumente von (betrieblichen) Experten an Arbeitsplätzen eingesetzt oder als Selbstbeobachtungsinstrumente den Arbeitnehmern zur Beantwortung überlassen werden. Die Verfahren richten sich auf die Arbeitsaufgaben und deren Ausführungsbedingungen; sie sind in der Regel auf bestimmte Branchen (z.B. Industrie, Büro, Krankenhaus), auf spezifische Funktionen (z.B. körperliche, geistige Arbeit) und entweder auf die psychische Regulation der Arbeitstätigkeit (Anforderungen) oder auf die Arbeitsbedingungen (Behinderungen, Belastungen) ausgerichtet. Die Analyse und Bewertung von Arbeitstätigkeiten wird als notwendige Voraussetzung und erster Schritt in Richtung auf Gestaltung und Intervention begriffen, die sich wiederum auf unterschiedliche praktische Ziele wie Vollständigkeit der Arbeitsaufgabe, Arbeitsqualität, Gesundheit, Sicherheit usw. richten. Die Verfahren sollen daher neben Validität und Reliabilität auch praktische Relevanz besitzen. Verfahren zur Analyse und Bewertung von Organisationen beziehen sich ebenfalls auf Bedingungen und nicht auf Personen, sie lassen sich darüber hinaus ähnlich wie die Verfahren zur Analyse von Arbeitstätigkeiten charakterisieren. Unterschiedlich sind zum Teil ihre Gegenstände und Datenquellen. So geht es um die Analyse und Bewertung von Interaktionen in Arbeitsgruppen, von Kommunikation, von Führung, von Klima und Kultur, von Ablauforganisation sowie von Strukturen und Regeln (z.B. Spezialisierung, Koordination, Delegation) oder von Prozessen verschiedener Art (z.B. Verhandlung, Mediation); neben den zuvor erwähnten Fremd- und Selbstbeobachtungsverfahren kommt etwa die Analyse von Dokumenten und Statistiken in Betracht.

2) *Umsetzung in Gestaltung, Intervention und Entwicklung*. Mit der Arbeitsgestaltung können unterschiedliche Strategien verbunden sein: die Korrektur von Mängeln (z.B. ergonomische Bestuhlung oder Hebehilfen bei Rückenschmerzen), die Prävention von Schädigungen und Beeinträchtigungen (z.B. Geräuschvermeidung bei Maschinen, Tätigkeitswechsel zur Vermeidung einseitiger Belastungen) und die prospektive Schaffung von Möglichkeiten der Gesundheitsförderung und Persönlichkeitsförderung (z.B. Anforderungsvielfalt, autonom adaptierbare Arbeitsabläufe und -technologien). Neben den Bedingungen von Arbeit (z.B. räumliche, physikalische, zeitliche) ist die Arbeitsaufgabe der wichtigste Ansatzpunkt zur Gestaltung, da sie den Schnittpunkt zwischen Organisation und Individuum bildet (Hacker, 1998) und die organisationalen Rahmenbedingungen auf das Denken, Erleben und Handeln von Personen vermittelt. Wichtige Merkmale bei der Aufgabengestaltung sind Ganzheitlichkeit, Anforderungsvielfalt, Möglichkeiten zur sozialen Interaktion, Autonomie sowie Lern- und Entwicklungsmöglichkeiten; diese Merkmale charakterisieren sogenannte vollständige Arbeitstätigkeiten, die ihrerseits förderlich für Wohlbefinden, Gesundheit und Kompetenzen sind. Zur Aufgabengestaltung stehen der A&O-Psychologie je nach technisch-organisatorischen Bedingungen, sozialen Bedürfnissen, Umweltdynamik usw. unterschiedliche Konzepte zur Verfügung, die von traditionellen Einzelarbeitsplätzen, über Teamarbeit, teilautonome Gruppen bis hin zu sich vollständig selbstregulierenden Arbeitseinheiten reichen. Bei Intervention und Entwicklung geht es primär um Organisationsentwicklung und Personalentwicklung, wobei die Grenzen zur Arbeitsgestaltung fließend sind. Grob unterscheiden lassen sich mit der Organisationsentwicklung ein personaler Ansatz (z.B. gruppendynamische Trainings), ein strukturaler Ansatz (alle Formen der Arbeits-, Organisations- und soziotechnischen Systemgestaltung), ein Prozeßansatz (z.B. Prozeßbe-

ratung) und der Ansatz der Aktionsforschung mit einem sich wiederholenden Wechsel von Aktion, Datensammlung, Evaluation und Ergebnis-Feedback (Rückmeldung) an die Betroffenen. Die Personalentwicklung setzt vorwiegend bei einzelnen Mitgliedern der Organisation an, ist jedoch eng verbunden mit Organisationsentwicklungs-Maßnahmen, also mit Interventionen auf der Gruppen- und Organisationsebene, denn diese ziehen fast immer Personalentwicklungs-Maßnahmen nach sich (z.B. Trainings zur fachlichen und sozialen Kompetenz im Zuge der Einführung teilautonomer Arbeitsgruppen). Personalentwicklung beinhaltet alle person-, stellen- und arbeitsplatzbezogenen Maßnahmen zur Ausbildung und zur Erhaltung von beruflicher Qualifikation. Sowohl für die Methoden der Analyse und Bewertung als auch für die Arbeitsgestaltung, Intervention und Entwicklung sind autonomieorientierte und auf Partizipation der Betroffenen ausgerichtete Ansätze von solchen zu unterscheiden, die vorrangig auf Technikeinsatz zugeschnitten sind und allein auf Experten bauen. In vielen Untersuchungen hat sich gezeigt, daß das Motivieren der Betroffenen, sich an der Analyse, Bewertung und Gestaltung bzw. Entwicklung neuer Arbeitsformen zu beteiligen und die damit verbundenen Angebote für Kompetenzerwerb und Qualifizierung anzunehmen, auf die jeweiligen Maßnahmen stimulierend und auf den Erfolg günstig ausgewirkt haben.

3) *Wirkungen und Folgen von Arbeit.* Schließlich befaßt sich die A&O-Psychologie mit Wirkungen und Folgen von Arbeit sowie mit Merkmalen, die diese mitbedingen oder vermitteln. Unter den Wirkungen finden sich so unterschiedliche Aspekte wie Arbeitszufriedenheit/-motivation, Arbeitsorientierung, Commitment, Entfremdung, Leistung, Monotonie, Ermüdung, Sättigung, Beanspruchung und Streß, Burnout, Wohlbefinden, Erholung usw., unter den Folgen werden Krankheiten, Fehlzeiten und Fluktuation ebenso gefunden wie beispielsweise intellektuelle Leistungsfähigkeit und soziale Kompetenz. Die Theorien und Konzepte zu den Wirkungen und Folgen von Arbeit sind zumeist eng mit anderen Teildisziplinen der Psychologie verknüpft, und zur Erfassung werden so unterschiedliche Methoden wie Fragebogen, Beobachtungen oder psychophysiologische Messungen (Psychophysiologie) erfolgreich herangezogen. Eine wesentliche Aufgabenstellung der A&O-Psychologie ist es, durch Analyse, Gestaltung und Intervention positiv auf die Wirkungen und Folgen von Arbeit im Sinne einer Verbesserung der Qualität des Arbeitslebens einzuwirken.

Perspektiven

Die A&O-Psychologie hat sich bislang vornehmlich mit produktionsorientierter Arbeit und mit Tätigkeiten im primären Dienstleistungsbereich von Büro, Handel, Transport, Banken und Versicherungen befaßt. Die darauf zugeschnittenen Konzepte und Methoden sind auf Sektoren im sekundären Dienstleistungsbereich nur bedingt übertragbar, diese spielen aber schon heute und mehr noch in der Zukunft eine tragende Rolle. Zu nennen sind hier die personenbezogenen und insbesondere die Humandienstleistungen (z.B. in Pflege, Gesundheit, Betreuung, Beratung, Lehre) oder die Dienstleistungen in den technisch gestützten Informations- und Kommunikationsberufen. Diese Dienstleistungen bieten neue Herausforderungen, denn es spielt das „uno-actu-Prinzip" (gleichzeitige Anwesenheit von Produzent und Konsument, face-to-face-Interaktion bei der Erbringung der Dienstleistung) für viele dieser Dienstleistungen eine zentrale Rolle. Das heißt, Formen von emotionaler bzw. allgemeiner Interaktionsarbeit sind zu analysieren und zu gestalten. Zudem werden vor allem global tätige Unternehmen immer grenzenloser, virtuelle Unternehmen treten via Internet auf den Markt und neue dezentrale Arbeitsformen wie Telearbeit, Call-Center entwickeln sich rasant. Es stellt sich die Frage, was bei dieser Entwicklung für die A&O-Psychologie von dem bleibt, was traditionell als Gegenstand von Arbeitsanalyse und -gestaltung, Organisations- und Personalentwicklung bekannt ist, und was wird zukünftig neu zu entwickeln sein?

Literatur

Greif, S. & Bamberg, E. (Hrsg.). (1993). *Die Arbeits- und Organisationspsychologie*. Göttingen: Hogrefe.

Hacker, W. (1998). *Allgemeine Arbeitspsychologie*. Bern: Huber.

Rosenstiel, L. von (1992). *Grundlagen der Organisationspsychologie*. (3. Aufl.). Stuttgart: Schäffer-Poeschel.

Schuler, H. (Hrsg.). (1995). *Lehrbuch Organisationspsychologie*. (2. Aufl.). Bern: Huber.

Udris, I. & Grote, G. (Hrsg.). (1991). *Psychologie und Arbeit. Arbeitspsychologie im Dialog*. Weinheim: Psychologie Verlags Union.

Ulich, E. (1998). *Arbeitspsychologie*. (4. Aufl.). Stuttgart: Schaeffer-Poeschel.

B

Biologische Psychologie

Rainer Schandry

Standort der Biologischen Psychologie innerhalb der Humanwissenschaft

Die Biologische Psychologie (*Biopsychologie*; früher: *Physiologische Psychologie*) ist dasjenige Teilgebiet der Psychologie, das zum Studium und zur Erklärung menschlichen Verhaltens und Erlebens einen biologischen (im allgemeinen *neuro*biologischen) Zugang wählt. Das bedeutet, daß biologische Prozesse als Basisvorgänge für unser Verhalten gesehen werden und auf dieser Grundlage unser Verständnis menschlichen Verhaltens erweitert werden soll. Unter „biologischen Prozessen" sind dabei in erster Linie solche Vorgänge zu verstehen, die sich im *menschlichen* Organismus selbst – und hier wiederum primär im Gehirn (Zentralnervensystem) – abspielen. Dagegen gehören diejenigen Abläufe in biologischen Systemen, die sich uns am ehesten durch die Beobachtung *tierischer* Verhaltensweisen unter natürlichen Bedingungen erschließen, nicht zu den engeren Fragestellungen der Biologische Psychologie. Dies ist eher ein Gegenstand der Psychobiologie (hier insbesondere der Ethologie) und ist damit der *Biologie* zuzuordnen.

Die Ursprünge der Biopsychologie als einer psychologischen Teildisziplin gehen auf die Begründer der modernen wissenschaftlichen Psychologie zurück: auf Wilhelm Wundt und William James. Wundts grundlegendes Werk „Grundzüge der Physiologischen Psychologie" (1887), gilt als ein Markstein der gesamten modernen Psychologie. James beginnt sein Hauptwerk „Principles of Psychology" mit einem Kapitel über Gehirnfunktionen und Verhalten („The functions of the brain").

Die Biopsychologie ist einerseits eine Subdisziplin der Psychologie und in der akademischen Ausbildung zum Diplompsychologen als Grundlagenfach fest verankert. Andererseits ist sie ein Teilgebiet der *Neurowissenschaft*. Letztere beschäftigt sich mit der Gesamtheit derjenigen Vorgänge, die mit neuronalen Strukturen und Prozessen zusammenhängen. Die Neurowissenschaft wird in erster Linie aus der *Neurobiologie*, der *Neurologie* und der Psychologie gespeist. Ein zentrales Anliegen ist – ähnlich der Biologischen Psychologie – die Aufklärung der Arbeitsweise des Gehirns im Zusammenhang mit psychischen Prozessen.

Inhaltliche Segmente der Biologischen Psychologie

Die Biologische Psychologie besitzt zwar ein zentrales Grundthema, sie wird jedoch in eine Reihe wichtiger Teilgebiete untergliedert. Diese unterscheiden sich einerseits hinsichtlich ihrer vorrangigen Forschungsfragen, andererseits bezüglich der typischen Untersuchungsparadigmen und der eingesetzten Methoden. Auf der Basis der primären Forschungsthemen lassen sich vier große Teilgebiete der Biologischen Psychologie gegeneinander abgrenzen.

1) *Grundlegende Zusammenhänge zwischen Gehirn und Verhalten bei Mensch und Tier* (*Physiologische Psychologie*): Während noch bis in die achtziger Jahre der Begriff „Physiologische Psychologie“ dazu diente, die gesamte Biologische Psychologie zu umschreiben, ist man heute dazu übergegangen, damit denjenigen Teil der Biologischen Psychologie zu bezeichnen, der *in möglichst direkter Weise* Verhaltensphänomene durch Prozesse im Zentralnervensystem (insbesondere im Gehirn) zu erklären versucht. Die Physiologische Psychologie ist demnach sehr stark grundlagenwissenschaftlich orientiert, untersucht also die Phänomene in erster Linie zum Zwecke der Theoriebildung und der Entwicklung breit einsetzbarer Erklärungsmodelle. Der unmittelbare Anwendungsaspekt steht im Hintergrund. Bei experimentellen Untersuchungen manipuliert man typischerweise auf der biologischen Ebene (etwa durch Eingriffe ins Gehirn), während Verhaltensparameter als Konsequenz dieser Manipulation beobachtet werden. Demgemäß ist das Vorgehen der Physiologischen Psychologie über weite Strecken *tierexperimentell* (Ethik und Tierversuche). Allerdings wird stets das Ziel verfolgt, auf der Grundlage der so gewonnenen Befunde menschliches Verhalten aufzuklären. Einige Beispiele für Themengebiete der Physiologischen Psychologie sind: Grundlagen von Lernen und Gedächtnis, Basisprozesse bei der visuellen Wahrnehmung oder Wechselwirkung zwischen Hormonen und Verhalten.

2) *Gestörte Hirnfunktionen und menschliches Verhalten* (Neuropsychologie): Die Neuropsychologie befaßt sich mit Störungen im menschlichen Verhalten, die auf Schädigungen des Gehirns (durch Krankheiten, Verletzungen oder neurochirurgische Eingriffe) zurückgehen. Durch die Zuordnung der beobachteten Verhaltensdefizite zu den (heute meist gut lokalisierbaren) Schädigungen von Gehirngewebe ist häufig ein Rückschluß auf die Bedeutung der betroffenen Region für das Verhalten auch beim gesunden Menschen möglich. Auf der Basis neuropsychologischer Befunde werden insbesondere Aussagen zur Beteiligung bestimmter Gehirnregionen bei unterschiedlichen mentalen Leistungen und Prozessen ermöglicht. Dies gilt speziell für die Bereiche Gedächtnis, Aufmerksamkeit und Lernen. Auch für emotionale Prozesse zeigen sich auf der Grundlage neuropsychologischer Ergebnisse Möglichkeiten, die differentielle Beteiligung bestimmter Gehirnstrukturen aufzuklären. Die Neuropsychologie ist das am stärksten anwendungsbezogene Fach der Biologischen Psychologie. Ein wichtiges Anliegen der Neuropsychologie ist auch die Verbesserung der Situation der betroffenen Patienten. Dazu gehört zum einen die Konstruktion und Anwendung sehr ausdifferenzierter diagnostischer Instrumente, zum anderen die Entwicklung von gezielten Rehabilitationsmaßnahmen (Rehabilitation). Hier konnten etwa große Erfolge bei der Behandlung von Sprachstörungen im Gefolge von Schlaganfall oder von unfallbedingten Hirnverletzungen (Schädelhirntrauma) erzielt werden.

3) *Physiologische Prozesse als Indikatoren psychischen Geschehens beim Menschen* (Psychophysiologie): Die Psychophysiologie untersucht das Wechselspiel zwischen psychischen Vorgängen und physiologischem bzw. hormonellem Geschehen beim Menschen. Sie operiert auf einem Mehr-Ebenen-Ansatz menschlichen Verhaltens, der neben der subjektiv-verbalen Ebene den Bereich der physiologischen Prozesse und denjenigen des offenen motorischen Verhaltens in die Beobachtung einbezieht. Ein wichtiges methodisches Anliegen psychophysiologischer Forschung besteht darin, immer empfindlichere humanphysiologische Indikatoren zu identifizieren, die dazu geeignet sind, Zugang zu psy-

chischen Prozessen auf nicht-verbalem Wege zu finden. Neben Phänomenen des Zentralnervensystems bezieht die Psychophysiologie dabei auch den Bereich vegetativer Reaktionen mit ein. Typische Forschungsgegenstände sind etwa Streß, Schlaf, Emotion, Belastung/Beanspruchung am Arbeitsplatz und die Analyse kognitiver Prozesse auf der Basis von Gehirnfunktionen. Speziell die *Klinische Psychophysiologie* befaßt sich mit den Begleiterscheinungen psychischer Erkrankungen auf der körperlichen Ebene. Dazu gehören beispielsweise Fragen nach den Veränderungen von EEG-Reaktionen bei schizophrenen Patienten, den vegetativen Reaktionen bei Angst-Patienten und dem Einsatz von Biofeedback-Verfahren in der Schmerztherapie.

4) *Steuerung menschlichen Verhaltens durch neurochemische und zelluläre Prozesse* (Psychopharmakologie, Psychoneuroendokrinologie, Psychoneuroimmunologie): Das Hauptziel der *Psychopharmakologie* ist die Erklärung der Wirkung von Arzneimitteln und Drogen auf das menschliche Verhalten. Da die meisten Psychopharmaka die Effekte natürlicher, im menschlichen Organismus vorkommender Substanzen verstärken, abschwächen oder imitieren, kann die Psychopharmakologie auch helfen, die Bedeutung und Wirkungsweise körpereigener psychoaktiver Stoffe aufzuklären. Die zentrale Aufgabe der Psychopharmakologie ist naturgemäß die Entwicklung und Überprüfung von Pharmaka. Beim Studium der Wirkung dieser Stoffe bedient sie sich u.a. der Methode der Psychophysiologie sowie neuropsychologischer Testverfahren. Die *Psychoneuroimmunologie* hat als Gegenstand die wechselseitige Beziehung zwischen einerseits dem menschlichen Erleben und Verhalten und andererseits dem Zentralnervensystem, dem Hormonsystem und dem Immunsystem. Nachdem seit einigen Jahren die Zahl wissenschaftlicher Belege für das enge Zusammenspiel zwischen psychischen Vorgängen (etwa Streßerleben) und Immunprozessen ständig wächst, ist die Bedeutung dieses Fachs z.B. für die Erklärung der Pathogenese von psychosomatischen Krankheiten evident. Die *Psychoneuroendokrinologie* befaßt sich mit den innersekretorischen Vorgängen, insbesondere den hormonellen Prozessen in ihrer Wechselwirkung mit Phänomenen auf der Ebene des Erlebens und Verhaltens. Bekannte Beispiele sind emotionale Vorgänge (etwa Angst) und Veränderungen in Hormonkonzentrationen (z.B. Adrenalin, Kortisol).

Methoden der Biologischen Psychologie

Die Breite der Biologischen Psychologie, wie sie an aufgeführten Teildisziplinen erkennbar wird, spiegelt sich auch auf der Ebene des Methodeninventars wider. Die Untersuchungsverfahren für den Humanbereich entstammen größtenteils der medizinischen Diagnostik. Sie können entweder unmittelbar oder mit geringfügigen Abwandlungen für Fragestellungen der Biologischen Psychologie eingesetzt werden. Im Bereich der tierexperimentellen biopsychologischen Forschung dagegen finden sich spezielle Verfahren zur Manipulation zentralnervöser Prozesse.

1) *Bildgebende Verfahren zur Untersuchung des Gehirns*: Die Untersuchung von Gehirnfunktionen wurde durch die Entwicklung von sog. bildgebenden Verfahren revolutioniert. Damit verfügt die biopsychologische Forschung über ein neues und überaus mächtiges Werkzeug zur Aufklärung von grundlegenden Fragen der Hirnforschung. Dazu gehören Themen wie die Lokalisation und Dynamik von Lernvorgängen, von Gedächtnisspeicherung und von sensorischer Reizverarbeitung. Die wichtigsten bildgebenden Verfahren sind die Positronen-Emissions-Thomographie (PET), die Single-Photonen-Emissions-Computer-Tomographie (SPECT) und die funktionelle Kernspin-(Resonanz-)Tomographie. Mit diesen Techniken, die alle sehr aufwendig und an medizinische Großgeräte gebunden sind, lassen sich etwa Stoffwechselvorgänge, Durchblutungsveränderungen und Energieverbrauch in bestimmten Gehirnregionen studieren. Ein weiteres vielfach eingesetztes Verfahren ist die Magnetoenzephalographie (MEG). Mit diesen Verfahren läßt sich sowohl im Zeitbereich als auch in der räumlichen Dimension hochauflösend die neuronale Aktivität des Gehirns studieren.

2) *Elektrophysiologische Techniken*: Ein klassisches Verfahren zur Untersuchung von Gehirnfunktionen ist die Elektroenzephalogra-

phie (EEG), deren sich die Physiologische Psychologie und insbesondere die Psychophysiologie seit langer Zeit bedient. Damit lassen sich unterschiedliche Aktivierungszustände des Gehirns identifizieren und Aussagen über die räumliche Verteilung der elektrischen neuronalen Aktivität machen. Zu den primär in der Psychophysiologie angewandten elektrophysiologischen Methoden gehört neben dem EEG die Registrierung der Herz-Kreislauf-Aktivität (Elektrokardiogramm), der muskulären Aktivität (Elektromyogramm), der elektrischen Aktivität der Haut (Elektrodermale Aktivität) und der Augenbewegungen (Okulomotorik).

3) *Invasive Verfahren*: Als invasiv bezeichnet man solche Verfahren, bei denen ein Eindringen unter die Körperoberfläche notwendig ist. Diese Techniken verbieten sich im Regelfall im Humanbereich, sie bleiben dem Tierversuch vorbehalten (Ethik und Tierversuche). Hier besteht die Möglichkeit, bestimmte Gehirnareale bzw. Neuronenpopulationen selektiv zu aktivieren oder zu desaktivieren. Zur Aktivation kann eine Elektrode in ein bestimmtes Gehirngebiet vorgeschoben werden, um dann am Zielpunkt über das Anlegen einer elektrischen Spannung die umgebenden Neurone zu stimulieren. Um Gehirnregionen dauerhaft auszuschalten, kann man z.B. durch elektrischen Strom Gewebe zerstören, oder auf operativem Wege bestimmte Gebiete entfernen bzw. ihre Verbindung zum übrigen Gehirn unterbrechen. In die Neurochemie des Gehirns kann man eingreifen, indem man, über sehr feine Glaskanülen gezielt psychoaktive Substanzen in eng umschriebene Gehirngebiete einbringt. Diese können dort entweder fördernd oder blockierend auf neurochemische Prozesse einwirken. Letzteres Verfahren hat eine große Bedeutung bei der Erforschung von Drogen- und Psychopharmaka-Wirkung auf das Gehirn. Auch zur reinen Beobachtung chemischer Prozesse im Gehirn kann eine analoge Technik angewendet werden: Über genau im Gehirn plazierte Kanülen wird zu bestimmten Zeitpunkten Flüssigkeit entnommen. Eine Analyse deren Bestandteile, z.B. an Neurotransmittern, erlaubt Aussagen über die Bedeutung dieser Stoffe für bestimmte Verhaltensweisen. Die genannten Verfahren stellen eine Auswahl der wichtigsten Methoden dar, die zur Untersuchung biopsychologischer Fragestellungen verwendet werden. Entsprechend der Breite des Faches und vor allem wegen seiner ausgeprägten Interdisziplinarität fließen ständig neue Untersuchungstechniken ein, die etwa in der Neurobiologie, der Neuroanatomie sowie der Medizin entwickelt wurden.

Literatur

Birbaumer, N. & Schmidt, R. F. (1996). *Biologische Psychologie*. Berlin: Springer-Verlag.

Elbert, T. & Rockstroh, B. (1993). *Psychopharmakologie*. Göttingen: Hogrefe.

Kolb, B. & Whishaw, I. Q. (1993). *Neuropsychologie*. Heidelberg: Spektrum Akademischer Verlag.

Pinel, J.P.J. (1997). *Biopsychologie*. Heidelberg: Spektrum Akademischer Verlag.

Schandry, R. (1996). *Lehrbuch Psychophysiologie*. Weinheim: Psychologie Verlags Union.

Schedlowski, M. & Tewes, U. (1996). *Psychoneuroimmunologie*. Heidelberg: Spektrum Akademischer Verlag.

D

Differentielle Psychologie

Hans-Joachim Ahrens

Gegenstand und Begriffsgeschichte

Variabilität und Individualität im Kontext ihrer Zeit- und Umweltabhängigkeit und Populationszugehörigkeit sind universelle Eigenarten aller lebenden Systeme. Sie sind auch Erkenntnisgegenstand der Humanpsychologie, insbesondere der Differentiellen Psychologie und Persönlichkeitspsychologie. Gegenstand und Fragestellungen von Differentieller Psychologie und Persönlichkeitspsychologie lassen sich dabei nicht eindeutig trennen. Neuere wissenschaftstheoretische Diskussionen dieser Problematik werden zudem meist noch überlagert von allgemeinen Problemen der historischen Zwischenstellung der gesamten Psychologie zwischen Geistes- und Naturwissenschaft bzw. der Zuordnung ihrer Erkenntnisstrategien zu dem Begriffspaar *nomothetisch* vs. *idiographisch*.

So wird beispielsweise eine wichtige historische Entwicklungslinie der Persönlichkeitsforschung im deutschsprachigen Bereich charakterisiert durch eher *geisteswissenschaftlich orientierte charakterologische*, *schichtentheoretische* und *typologische* Konzepte (z.B. Klages, Lersch, Wellek u.a.), während die *naturwissenschaftliche Linie* in Verbindung mit Galton, Binet etc. an der *Meßbarkeit* und *experimentellen Untersuchbarkeit* des Individuums orientiert ist und in eine *naturwissenschaftlich-nomothetische Erkenntnisperspektive* mündet (z.B. Cattell, Eysenck, Guilford, Anastasi).

Die engere Begriffsgeschichte der Differentiellen Psychologie beginnt im Jahre 1900 mit einer Schrift von William Stern „Über die Psychologie der individuellen Differenzen" (Untertitel: „Ideen zu einer Differentiellen Psychologie"), eine umfassende methodische Grundlegung folgt im Jahr 1911 („Die Differentielle Psychologie in ihren methodischen Grundlagen"). Als Kontrast- und Ergänzungsprogramm gegenüber dem damaligen Konzept einer *experimentellen Allgemeinen Psychologie* arbeitet die differentielle Methodik sozusagen top-down von der Population zum Individuum in dem Sinne, daß allgemeinpsychologische Gesetzmäßigkeiten durch *Personenvergleiche* und *interindividuelle Merkmalsdifferenzen* relativiert werden.

Allgemeiner Erkenntnisgegenstand der Differentiellen Psychologie und Persönlichkeitspsychologie ist die *individuelle Differenzierung* bzw. Variabilität. Grundeinheiten der Variabilität sind Individuen bzw. Personen (als Mitglieder bestimmter räumlich, historisch und situativ begrenzter Populationen), die durch variable Merkmale beschrieben werden und in interaktiver Verbindung mit einer bestimmten Umwelt bzw. Situation zu einem bestimmten Zeitpunkt bestimmte Erlebnisse und Verhaltensweisen entwickeln. In Weiterführung eines zweidimensionalen Schemas von Stern (mit Personen und Merkmalen und zugehörigen Methoden) und als Ergänzung des dreidimensionalen Datenwürfels von Cattell läßt sich die gesamte intra- und interindividuelle Variabilität von Personen in einem vierdimensionalen Konzept mit den *Dimensionen Personen, Merkmale, Umwelt, Zeit* darstellen (Abb. 1).
Bei der Untersuchung der Variabilität von Personen lassen sich inter- und intraindividuelle Differenzen abgrenzen (Abb. 2). Primärer Gegenstand der Differentiellen Psychologie in der Sternschen Tradition sind *interindividuelle Unterschiede,* jedoch unter Einbezug *intraindividuell* gegliederter Merkmalsstrukturen bzw. zeitlich relativ stabiler Dispositionsmuster (Querschnitt) und des jeweiligen Entwicklungszustandes im intraindividuellen Zeitverlauf (Längsschnitt). Fragestellungen der Persönlichkeitspsychologie konzentrieren sich dabei auf *intraindividuelle Aspekte* mit dem Individuum im Mittelpunkt, d.h. vor allem auf die persönlichkeitsspezifischen strukturellen Besonderheiten von verhaltensrelevanten Merkmalsmustern (bzw. Dispositionsmustern) unter Berücksichtigung von Zeit und Situation.

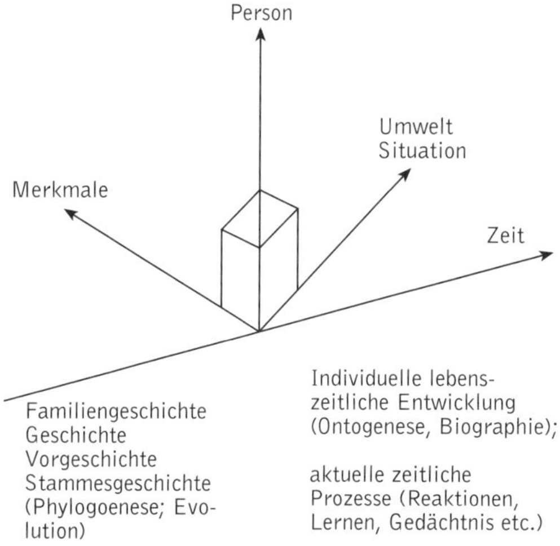

Differentielle Psychologie 1. Dimensionen der Variabilität und Veränderung von Personen.

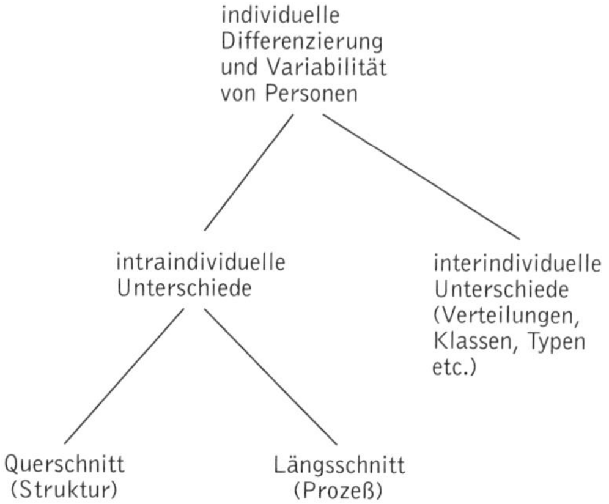

Differentielle Psychologie 2. Aspekte individueller Differenzierung und Variabilität.

Methodik

Zentrales Bestimmungsstück allgemeiner Methodik der Differentiellen Psychologie ist die Theorie (z.B. eine Persönlichkeitstheorie mit deskriptiven und explikativen Konstrukten), auf deren Basis wissenschaftliche Erklärungen individueller Variabilität ermöglicht werden sollen. Auch die Differentielle Psychologie folgt dabei im allgemeinen dem in der gesamten empirischen Psychologie eingebürgerten logischen Schema der deduktiv-nomologischen Erklärung nach Hempel und Oppenheim, das seiner Herkunft nach primär auf naturwissenschaftliche Erkenntnisse aus Gegenstandsbereichen unbelebter Systeme (Physik, Chemie, Astronomie etc.) ausgerichtet ist. Die Möglichkeit der Kausalerklärung auf der Basis von Theorien mit Wirkursachen (z.B. Fallgesetz: Verhalten eines fallenden Körpers wird durch Schwerkraft etc. verursacht) steht hier im Vordergrund. Andere Naturwissenschaften wie die Biologie beschäftigen sich hingegen mit lebenden Systemen, deren zeit- und umweltabhängiges Verhalten nicht nur durch physiologische und

genetische Wirkmechanismen, sondern auch durch Zweckursachen im Sinne des evolutiven Anpassungswertes eines Verhaltens gegenüber dem Selektionsdruck der Umwelt erklärt werden muß (Ethologie, Soziobiologie).
Auch für die Differentielle Psychologie und Persönlichkeitsforschung mit ihrem Gegenstand der individuellen Variabilität erscheint es sinnvoll, neben der Klärung von Wirkursachen (z.B. neurophysiologische Wirkmechanismen als Erklärung für emotionale oder extravertierte Persönlichkeitseigenarten in der *Eysenckschen Trait-Theorie* oder z.B. psychologische Wirkursachen wie *elterlicher Erziehungsstil*, *lernabhängige Umweltsozialisierung*) auch die teleonome Erklärungsebene mit Rückgriff auf Zweckursachen einzubeziehen, also z.B. nach dem evolutiven Anpassungswert der interindividuellen Variation von Introversion/Extraversion innerhalb von Person-Umwelt-Beziehungen zu fragen.
Spezielle Methoden der Differentiellen Psychologie lassen sich grob nach Methoden der Datenerhebung und -analyse unterteilen (Forschungsmethoden). Übliche Methoden der Datenerhebung verbinden sich z.B. mit der Konstruktion von testdiagnostischen Verfahren, welche – meist auf der Basis von Persönlichkeitsfragebögen mit Selbsteinschätzungen – die Messung von Persönlichkeitseigenschaften ermöglichen sollen. Meß- und testtheoretische Begründungen dieser Methodik sind erforderlich. Die Datenanalyse solcher Werte wird zur Beantwortung deskriptiver und strukturanalytischer Problemstellungen meist über die Berechnung von Korrelationen (oder anderer *Ähnlichkeitsmaße* wie *Distanzen*, *Profilähnlichkeiten* etc.) mit *multivariaten Methoden* der Datenanalyse wie Faktorenanalyse oder Multidimensionale Skalierung durchgeführt. Die Datenerhebung kann sich auch verbinden mit Fremdurteilen oder verschiedenen Möglichkeiten der Verhaltensbeobachtung. Bei hypothesentestenden Fragestellungen der experimentellen Persönlichkeitsforschung werden gewöhnlich explikative Konstrukte untersucht. Zur empirischen Absicherung entsprechender Erklärungshypothesen werden übliche Verfahren der Inferenzstatistik wie z.B. t-Test, F-Test, Varianzanalyse, Pfadanalyse etc. verwendet. Die Lösung von Entwicklungsproblemen erfordert den Einsatz von Methoden der Längsschnittanalyse wie z.B. Zeitreihenanalyse. Zur Lösung von Klassifikationsproblemen eignen sich z.B. Diskriminanz-, Cluster- oder bestimmte Methoden der Typenanalyse.
Insgesamt ist auch gegenwärtig noch zu konstatieren, daß ein Großteil differentialpsychologischer Forschung nach der Cronbachschen Unterscheidung von korrelativer und experimenteller Methodik immer noch eher mit korrelativen Methoden arbeitet. In neueren systemanalytischen Konzepten werden beide methodischen Perspektiven kombiniert, wodurch vor allem ermöglicht werden soll, über strukturelle und statische Persönlichkeitsbeschreibungen hinaus auch die prozessuale Dynamik individueller Variabilität zu erfassen und zu erklären (Forschungsmethoden).
Die Angemessenheit aller Methoden gegenüber ihrem Erkenntnisgegenstand muß nicht nur hinsichtlich ihrer Werkzeugfunktion (z.B. bei der Faktorenanalyse strukturelle Reduktion von korrelativen Persönlichkeitsmerkmalen), sondern auch bezogen auf ihre Modellfunktion (z.B. bei der Faktorenanalyse Modellierung von Persönlichkeit durch lineare Faktorenstrukturen) gerechtfertigt werden. In diesem Sinne muß auch z.B. die übliche Annahme der Normalverteilung von differentiellen Persönlichkeitsmerkmalen über ihre werkzeugtechnische Funktion (bei der Testkonstruktion oder statistischen Datenanalyse) hinaus inhaltlich begründet werden.

Theorien, Inhalte und Anwendungen

Gegenwärtig existiert eine sehr große Zahl von teils konkurrierenden, teils sich überlappenden Persönlichkeitstheorien und theoretischen Ansätzen zur Beschreibung und Erklärung von individueller Differenzierung, die sich in ihrer Gesamtheit kaum nach einheitlichen wissenschaftstheoretischen Kriterien klassifizieren oder gar bewerten lassen. Ein mögliches übergeordnetes Klassifikationskriterium ist z.B. die *unterschiedliche Bereichsspezifität* bzw. der *Integrationsgrad* der Theorien gegenüber Umfang und Mannigfaltigkeit der Menge ihrer Erkenntnisgegenstände. So beanspruchen z.B. die traditionellen eigenschaftsorientierten *Trait-Theorien* der

Persönlichkeit von Guilford, Eysenck, Cattell u.a., daß die Gesamtpersönlichkeit erfaßt wird. Ihr weitreichender Erklärungsanspruch ist jedoch schon dadurch eingeschränkt, daß sie sich mehr oder weniger nur auf zeit- und situationsvariante, stabile Merkmalsstrukturen beschränken und im Sinne der Cronbachschen Unterscheidung (korrelativ vs. experimentell) die korrelative Methodik bevorzugen.

Erweiterungen in Richtung *zeitabhängiger Dynamik* mit Berücksichtigung der Entstehungs- und Veränderungsgeschichte von Merkmalsmustern unter dem Einfluß von Lerneinflüssen sind am ehesten in der Eysenckschen Theorie, aber auch bei Cattell ersichtlich. Die Eysencksche hierarchische Persönlichkeitstheorie mit den übergeordneten Dimensionen Extraversion vs. Introversion, emotionale Labilität vs. Stabilität (Neurotizismus) und Psychotizismus geht über rein strukturelle und lediglich deskriptive Erklärungsmöglichkeiten hinaus. Sie läßt experimentelle Persönlichkeitsforschung zur Prüfung von Erklärungshypothesen zu, bezieht insbesondere Konditionierungsprozesse mit ein und bringt diese auch in Zusammenhang mit experimentell untersuchbaren biologischen Wirkmechanismen wie genetische Beeinflussung (Anlage-Umwelt-Problem) und neurophysiologische Regelung.

Mit der Erweiterung von Trait-Theorien durch dynamische Aspekte des Verhaltens lassen sich einerseits Verbindungen herstellen zu persönlichkeitstheoretischen Ansätzen von Bandura, Mischel u.a. mit lerntheoretischen, interaktionistischen und kognitiven Konzepten und auch zur älteren behavioristischen Tradition der Persönlichkeitsforschung (Skinner, Dollard und Miller u.a.). Andererseits werden durch die stärkere Betonung allgemeinpsychologischer Perspektiven auch Beziehungen zu biologisch orientierten Theorien der Differentiellen Psychologie ersichtlich, die über die Berücksichtigung von genetischen (Anlage- und Umwelt-Problem) und neurophysiologischen Wirkmechanismen hinausgehen und auch die teleonome Perspektive der Evolutionspsychologie miteinbeziehen (Asendorpf, 1991). Der Übergang der stabilitäts- und dispositionsorientierten Trait-Theorien in dynamische Konzepte mit Berücksichtigung von Lernprozessen spiegelt sich in gewisser Weise auch darin wider, daß die klassische eigenschaftsorientierte Testdiagnostik als typische Anwendung dieser Theorien teilweise – in Verknüpfung mit der Verhaltenstherapie – durch lernpsychologisch orientierte Konzepte der Verhaltensdiagnostik ersetzt wird. Neuere systemtheoretische Ansätze versuchen gleichfalls, allgemeine Verbindungen herzustellen zwischen Struktur und Prozeß und auch zwischen biologischen, psychologischen, sozialen und anderen Grundlagen und Aspekten der Persönlichkeit. Vor dem Hintergrund des Anwendungsbezugs zur Gesundheitspsychologie befaßt sich z.B. Becker (1995) mit der Synthese faktorenanalytischer Persönlichkeitsforschung und der Systemanalyse. Faktorenanalytische Persönlichkeitsforschung wird in neuerer Zeit häufig auf ein metatheoretisch integriertes Fünf-Faktoren-Modell (Big Five Persönlichkeitsfaktoren) bezogen. Becker entwickelt vor diesem faktoriellen Hintergrund ein zweidimensionales Circumplexmodell.

Diese deskriptiven faktoriellen Konstrukte lassen sich mit einem allgemeinen psychologischen Systemmodell verknüpfen, das nicht ausschließlich allgemeinpsychologisch begrenzt ist, sondern auch differentielle Aussagen (in Verbindung mit biologischen Aspekten) zuläßt, die nicht nur auf Erklärung durch Wirkmechanismen (Regelkreise) beschränkt sind, sondern auch teleonom-funktionale Erklärungen im Sinne von Ziel und Zweck individueller Differenzierung einbeziehen (Abb. 3).

Damit wird die statisch-deskriptive und strukturelle Sicht von faktoriellen Persönlichkeitstheorien auf *dynamische Aspekte von Funktion und Prozeß* erweitert. Neben den genannten Theorien mit Anspruch auf großen inhaltlichen Umfang (Gesamtpersönlichkeit, Einbezug von Entwicklung, Lernen, Umwelt etc.) und hohen methodischen Integrationswert (korrelative und experimentelle Methoden, Systemanalyse, Beschreibung und Erklärung nach Struktur, Funktion und Prozeß) gibt es weiter eine große Anzahl von Persönlichkeitstheorien zur Beschreibung und Erklärung individueller Differenzierung, die nur einzelne Teilbereiche der Persönlichkeit abdecken:

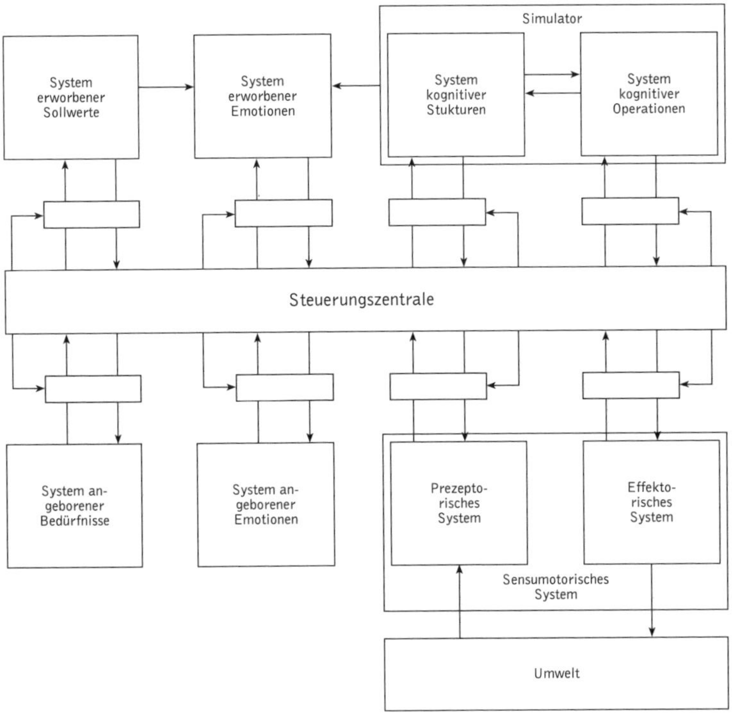

Differentielle Psychologie 3. Systemmodell der Persönlichkeit und der Person-Umwelt-Interaktion (Becker, 1995, S. 449).

- Dazu zählen bspw. vor allem Persönlichkeitstheorien, die *kognitive* und *informationsverarbeitende* Strukturen und Prozesse in den Vordergrund stellen und sich mit kognitiver Komplexität befassen (Theorie der personalen Konstrukte; Theorien der kognitiven Strukturiertheit und der kognitiven Stile).
- Weitere bereichsspezifische theoretische Konstrukte der Differentiellen Psychologie zielen auf Intelligenz, Kreativität und vor allem auch auf einzelne nichtkognitive Merkmale, Erlebnisse und Verhaltensweisen aus dem Bereich von Emotion, Affekt, Temperament, Antrieb und Motivation (z.B. Aggression, Ängstlichkeit, Leistungsmotivation). Immer noch sehr bedeutsam, vor allem für den gesamten nichtkognitiven Bereich der Differentiellen Psychologie, sind psychodynamische Persönlichkeitskonstrukte (wie Es, Ich und Über-Ich), die sich auf die Freudsche Psychoanalyse beziehen. Im Prinzip kann auch die Psychoanalyse als Persönlichkeitstheorie betrachtet werden, deren Status als nomothetisch-empirische Theorie zwar fragwürdig ist, deren Anwendung in der Psychotherapie jedoch immer noch einen breiten Raum einnimmt.

Ausblick

Für die Weiterentwicklung der Differentiellen Psychologie wird angesichts der zunehmend größer werdenden Menge und unübersichtlichen Mannigfaltigkeit von einzelnen Persönlichkeitskonstrukten und empirischen Einzelerlebnissen *ein Trend zu konsequenterer theoretischer Fundierung der Erkenntnissuche und auch zur metatheoretischen und interdisziplinären Integration* sichtbar. Dieser Trend zeigt sich im methodischen Bereich, indem integrative und systemische Methodik und auch wissenschaftstheoretische Aspekte stärker berücksichtigt werden. Typisches Beispiel ist die systemanalytische Betrachtungsweise, die in stärkerem Maße die gleichzeitige Beachtung von Struktur und Prozeß, von kybernetischen Wirk- und Zweckmechanismen (kausale und teleonome Erklärung), von korrelativen und experimentellen Strategien, von biologischen (psychophysiologischen, neurophysiologischen, genetischen, ethologischen)

Konzepten und komplexen psychologischen Variablen zuläßt. Bestimmte interdisziplinäre strukturwissenschaftliche Konzepte (z.B. Informationstheorie, Kybernetik, Synergetik, Konzepte der Selbstorganisation, Chaostheorie) entsprechen dieser systemanalytischen Methodik, zu der andererseits im inhaltlichen Bereich bestimmte interdisziplinäre Erkenntnisbereiche wie Neuro- und Kognitionswissenschaften korrespondieren.

Auch für viele interdisziplinäre Forschungs- und Anwendungsbereiche zwischen Medizin und Psychologie gewinnen diese neueren integrativen Konzepte der Differentiellen Psychologie zunehmend an Bedeutung (z.B. Psychoneuroimmunologie, neuronale Störungen wie z.B. Alzheimersche Erkrankung, Verhaltensgenetik). Für die inhaltlichen Gegenstandsbereiche der Differentiellen Psychologie und Persönlichkeitspsychologie zeichnet sich nach Konsolidierung der sog. kognitiven Wende neuerdings auch wieder die stärkere Beachtung nichtkognitiver Bereiche wie Emotionalität, Affekt etc. ab. Insgesamt beziehen Persönlichkeitstheorien neben deskriptiven Strukturüberlegungen in stärkerem Maße dynamische Vorstellungen wie Prozeß, zeitliche Veränderung und interaktive Entwicklung von Person und Umwelt, von Anlage und Umwelt etc. mit ein. Deutlich ist auch der Trend, in die inhaltlichen Theorien stärker biologische Konzepte der Psychophysiologie, Neurophysiologie, Genetik (Verhaltens-, Molekulargenetik), aber auch der vergleichenden Ethologie (Humanethologie, Soziobiologie) und der Evolutionsbiologie explizit zu integrieren.

Literatur

Ahrens, H.J. & Amelang, M. (Hrsg.). (1989). Biologische Funktionen individueller Differenzierung. Brennpunkte der Persönlichkeitsforschung (Bd. 2). Göttingen: Hogrefe.

Amelang, M. (Hrsg.). (1996). Verhaltens- und Leistungsunterschiede. Enzyklopädie der Psychologie, Bd. 2: Differentielle Psychologie und Persönlichkeitsforschung. Göttingen: Hogrefe.

Asendorpf, J. (1991). *Die differentielle Sichtweise in der Psychologie*. Göttingen: Hogrefe.

Becker, P. (1995). Faktorenanalytische und systemtheoretische Persönlichkeitsforschung: Ein unüberbrückbarer Gegensatz? In K. Pawlik (Hrsg.), *Bericht 39. Kongreß der DGPs, Hamburg 1994* (S. 496-503). Göttingen: Hogrefe.

Herrmann, T. (1991). *Lehrbuch der empirischen Persönlichkeitsforschung*. Göttingen: Hogrefe.

Pawlik, K. (Hrsg.). (1996). *Grundlagen und Methoden der Differentiellen Psychologie*. Enzyklopädie der Psychologie, Bd. 1: Differentielle Psychologie und Persönlichkeitsforschung. Göttingen: Hogrefe.

E

Entwicklungspsychologie

Arne Stiksrud und Edgar Schmitz

Geschichte

Die Entwicklungspsychologie befaßt sich mit der Beschreibung und Erklärung des sich im Lebenslauf verändernden Verhaltens und Erlebens von Individuen. Als Geburtsjahr dieser Disziplin nennt Karl Bühler in seinem „Abriß der geistigen Entwicklung des Kindes" (1925) das Erscheinen des Buches „Die Seele des Kindes" von W. Preyer 1882. Dieser habe das neue Gebiet als Ganzes gesehen und mit naturwissenschaftlicher Sorgfalt ein Archiv von Einzelbeobachtungen erstellt – geschult mit Methoden einer *deskriptiven Physiologie*. Der Anfang einer wissenschaftlichen, d.h. über ihre Methoden reflektierenden, Entwicklungspsychologie, wird in der Evolutionstheorie, die das Suchfeld regelhafter Veränderungen in der Zeit zwischen Geburt und reifem Organismus absteckt, gesehen. Darwin (1877), nach ihm Preyer, Shinn, Stern, Scupin und Piaget, bedienten sich der Tagebuchmethode zur Registrierung kindlicher Entwicklungsphänomene. War es anfänglich die Evolutionstheorie, die das Sammeln und Ordnen leitete, wurden es später Funktionsbereiche wie Sprache, Kognition, Lernen usw., die das methodische Erfassen von Verhaltens- und Erlebensäußerungen führten. Leitvorstellung biologistischer Natur war bis über die Jahrhundertwende die These von G. S. Hall, wonach die Kindheits- und frühe Jugendentwicklung eine Rekapitulation der Menschheitsgeschichte darstelle, eine Analogie zum sog. *biogenetischen Grundgesetz von Haeckel*, wonach die Keimesentwicklung die Phylogenese rekapituliere. Noch 1925 hat K. Bühler das erkenntnisleitende Interesse an der Entwicklung des Kindes so gefaßt: „In ihm spielt sich unserer eigenen Geistesgeschichte Wiederholung und Fortsetzung ab, an der wir uns selbst besser verstehen und künftige Geistesströmungen abzulesen versuchen". Ähnlich versuchte Piaget der Denkentwicklung des Kindes Aspekte der Genese von Erkenntnis abzugewinnen.

Definitionen

Eine umfassende Definition von Entwicklung, die alten und neueren Konzepten einen Rahmen bietet, lautet nach Schmidt: „Wir bezeichnen solche psychophysischen Veränderungsreihen als Entwicklung, deren Glieder existentiell auseinander hervorgehen (d.h. in einem natürlichen inneren Zusammenhang stehen), sich Orten in einem Zeit-Bezugssystem zuordnen lassen und deren Übergänge von einem Ausgangszustand in einen Endzustand mit Hilfe von Wertkriterien zu beschreiben sind.“ Thomae sieht Entwicklung als Reihe von miteinander zusammenhängenden Veränderungen, die bestimmten Orten des zeitlichen Kontinuums eines individuellen Lebenslaufs zuzuordnen sind. Der Verweis auf den *Lebenslauf* als Zeit-Bezugssystem ist gegenüber der frühen Entwicklungspsychologie insofern neu, als er der Gleichsetzung von Kinderpsychologie bzw. Jugendpsychologie als Entwicklungspsychologie widerspricht und letztere zu einer die ganze mögliche Lebensspanne eines Individuums umfassenden Größe ausweitet. Die Definition von Kessen, wonach ein Phänomen entwicklungsbedingt ist, wenn es in regel- oder gesetzmäßiger Weise mit dem Alter in Beziehung gesetzt werden kann, läßt sich in der Gleichung $V = f(A)$ ausdrücken (V = Verhalten, f = Funktion, A = Alter). Ein operationales Konzept dieser deskriptiven Form liegt allen empirischen Studien zur Entwicklungspsychologie zugrunde. Trautner nennt das Alter eine Trägervariable, Montada Stellvertreter oder Indikator, um die rein deskriptive Funktion eines wissenschaftlichen Alterskonzepts im Gegensatz zur explanatorischen des Entwicklungskonzepts hervorzuheben (alle Zitate nach Trautner, 1992, bzw. Oerter & Montada, 1995).

Beobachtungsmethoden und Forschungspläne

1) *Beobachtungsmethoden*: Neben dem Tagebuchverfahren zählt Bühler (1925) besonders für die Erforschung von Entwicklungsphänomenen im Kleinkindalter folgende Beobachtungsmethoden auf:

- *Leistungsexperimente*, mit denen bestimmt werden soll, ob eine Aufgabe gelöst werden kann und wo die Grenzen der entsprechenden Leistungsfähigkeit liegen;
- *Auslösungsexperimente*, beispielsweise um für Wahrnehmungen das Öffnen des Mundes und aktives Ausstoßen saurer und bitterer Flüssigkeiten zu registrieren;
- Eng damit zusammenhängend sind *Ausdrucksexperimente* dafür da, seelische Zustände mittels Bestimmung der Mimik und anderer Begleiterscheinungen festzuhalten;
- *Selbstbeobachtungen* kann man mit Geduld und kritischer Vorsicht auch bei Vorschulkindern einsetzen, wie es Binet bezüglich kindlicher Denkakte tat;
- Als letzte Methode nennt Bühler explizit die psychologische Interpretation d.h. die Ausdeutung und Erklärung der sogenannten objektiven geistigen Gebilde, hier bezogen auf kindliche Sprachinhalte, auf Märchen und Zeichnungen.

Grundsätzlich kommen alle in der Psychologie üblichen Verfahren für die entwicklungspsychologische Forschung in Frage. Lohaus (1989) vergleicht an Datenerhebungsmethoden, die überwiegend bei Kindern zum Einsatz kommen: a) Interviews mit Spielcharakter, b) Interviews mit Einsatz von figuralen und non-figuralen Kommunikationsmedien, und c) die klinische Methode von Piaget (das am Einzelfall erhobene Interview). Alle drei Methoden sind prinzipiell auf den aktiven und passiven Wortschatz und auf die semantische, syntaktische und pragmatische Sprachfähigkeit und Sprachentwicklung angewiesen (Sprache), wozu auch bei allen Interviewten gleiches Aufgabenverständnis und entsprechende Kontrolle der sozialen Erwünschtheit der Befragungsinhalte und -methoden gehören.

Neben den üblichen Beobachtungs-, Kodierungs- und Auswertungstechniken, sind folgende Techniken für zeitgebundene Verhaltensregistrierung, und damit für entwicklungsprozessuale Registrierung relevant:

- Im *Echt-Zeit-Protokoll* (real-time protocol) werden z.B. bei Mutter-Kind-Interaktionen mit Beginn und Ende einzelner Verhaltensweisen entlang der physikalischen Zeitachse ikonografisch (z.B. Video) festgehalten.
- Neben der zeitgetreuen Abbildung kann *Zeit-Raffer-* oder *Zeit-Lupen-Technik* jenseits der Normalgeschwindigkeit Beobachtungssequenzen entsprechend der Fragestellungen und Hypothesen reduzieren oder dehnen.

- Mit der *Zeit-Stichproben-Technik* (time sample), z.B. alle 20 Min. wird während eines Intervalls von 3 Min. das Video- bzw. Filmgerät auf Aufnahme programmiert, um Häufigkeitsquoten des Verhaltens zu erfassen.
- Die *Ereignis-Stichproben-Technik* (event sample), zielt auf vorher festgelegte und evtl. provozierte Verhaltenssequenzen ab (z.B. wartet der Beobachter, bis ein Kind einem anderen ein Spielzeug wegnimmt).

2) *Forschungspläne:*

a) Die *Längsschnitt-Strategie* kommt dem Anliegen der Entwicklungspsychologie, der Beobachtung des Verhaltens und Erlebens im Verlauf der Ontogenese, am nächsten. Diese intraindividuellen Veränderungen verlangen die wiederholte Datenerfassung bei denselben Individuen zu mehreren Zeitpunkten im Verlauf des Lebensabschnitts, der den Rahmen der Untersuchung absteckt – z.B. die Übergänge vom aktiven Berufsleben in das Stadium der Ausgliederung aus dem Berufsleben als Thema der Gerontopsychologie. Dabei stellt sich nicht nur das forschungspraktische Problem der Identität der Individuen; die Konstrukt-Kontinuität, auf deren Verlauf eine Untersuchung theoretisch gründet, ist dabei das eine Problem; das andere ist die operationale Identität des Erhebungsverfahrens; so ist die Trennungsangst des Kleinkindes von seiner Mutter eine andere als die des Schulkindes in den ersten Tagen der Einschulung. Die von Flavell für kognitive Entwicklungsstrukturen genannten Abfolgemuster verdeutlichen die quantitativen und/oder qualitativen Sequenzprobleme: *Addition* liegt vor, wenn beispielsweise der aktive und passive Wortschatz kumulativ mittels schlichter Wachstumskurven abgebildet werden kann; bei einer Substitution findet Ersetzung eines Früheren durch Späteres statt, z.B. wenn das Robben als kleinkindliche Fortbewegung durch das reifere Krabbeln ersetzt wird (Trautner, 1992). Von *Inklusion* geht man dann aus, wenn das Frühere ins Spätere eingearbeitet bzw. integriert ist – z.B. wenn früher separiert erscheinende Greifhandlungen zu koordinierten Zielhandlungen werden; eine *Mediation* ist ein förderliches oder notwendiges Verbindungsglied zwischen einem früheren Stadium und einem späteren Entwicklungsschritt. *Differenzierung* und *Integration* stellen ähnliche quantitative bzw. qualitative Ablaufmuster vor, die für Kontinuität wie für Diskontinuität der Entwicklung im Allgemeinen, wie der Reifung, des Wachstums, des Lernens, der Prägung und der Sozialisation im Speziellen herangezogen werden können und die rein prozessuale Längsschnittperspektive modifizieren oder gar einschränken müssen (Längsschnitt-Strategie).

b) Die *Querschnitt-Strategie* setzt nach unterschiedlichen Altersangaben gruppierte Personen, die zu einem Zeitpunkt getestet wurden, entsprechend der Alters-Zeit-Achse zum direkten Vergleich nebeneinander und simuliert einen *Quasi-Längsschnitt* über die Altersdifferenzen zwischen den untersuchten Populationen hinweg. Dieses methodische Vorgehen ist meist von der Erhebungsökonomie vorgegeben. Es verlangt vergleichbare Altersstichproben, die sich möglichst nur in dem avisierten altersdiskriminativen Merkmal unterscheiden, dessen Verlauf von Interesse ist. Der querschnittliche Vergleich ist aber als alterskontrastierende Methode dann legitim, wenn es beispielsweise um die Darstellung von Vergleichen zwischen jugendlichem und elterlichem Zukunftsplanen geht, um Generationen-Unterschiede explizit demonstrieren zu können (Querschnitt-Strategie).

c) *Sequenzpläne* versuchen die Konfundierungsprobleme der Querschnitt- und der Längsschnittmethode zu verringern. Beim Querschnitt kommt es zur Konfundierung zwischen Alter und Kohorte, d.h. beobachtete Differenzen zwischen den Altersgruppen sind nicht nur auf die Altersunterschiede sondern möglicherweise auch auf die Zugehörigkeit zu bestimmten epochal beeinflußten Generationen (Kohorten) zurückzuführen. Beim Längsschnitt kann ein festgestellter Altersunterschied, bspw. bei der Aggressivität zwischen 15 und 18 Jahren, nicht zwingend dem Altern der Testpersonen zugeschrieben werden, denn zwischen beiden Testzeitpunkten – z.B.1988 und 1991 – kann sich die öffentliche Meinung zur Aggressivität Jugendlicher gewandelt haben und entsprechend in den Einstellungsskalen widerspiegeln. Auch die Retestwirkungen können die festgestellte Differenz zwischen beiden Meßzeitpunkten tangieren. Wenn Kohorteneffekte vernachlässigbar sind, bspw. keine Änderungen in der Beschulung 8- bis 12-Jähriger, dann lassen sich die Altersdifferenzen z.B. im Rechtschreiben als Entwicklungswirkungen beschreiben; bei den 12-Jährigen muß es sich allerdings um dieselben Schüler handeln, die schon vier Jahre vorher getestet worden waren.

Themen der Entwicklungspsychologie

Von der ganzheitlichen Betrachtung der Lebensspanne – sie führte zur Wiederentdekkung der Phasenmodelle von Erikson und Havighurst – blieb die Beschäftigung mit der Gerontopsychologie. Nach einer Reformulierung der Piaget-Ansätze in informationstechnologischer Sprache und der Zusammenfassung unterschiedlichster Strömungen unter tiefenpsychologischer oder kontextualistischer Entwicklungstradition kommt es zu neobiologischen Kontroversen des Anlage-Umwelt-Problems in Gestalt soziobiologischer Thesen. An ausgewählten Themenbereichen der Entwicklungspsychologie sind im Lehrbuch der Entwicklungspsychologie (Keller, 1998) die Sprachentwicklung, die Entwicklung des moralischen Urteils, die Gedächtnisentwicklung im Verlauf der Lebensspanne, die Entwicklung von Spiel- und Explorationsverhalten sowie die geschlechtliche Selektion und Individualentwicklung genannt. Die in diesem Werk behandelten Lebensabschnitte sind: Frühe Kindheit und Vorschulalter, Jugendalter, Erwachsenenalter und Alter. Was unter später Kindheit als das Schulkindalter abgehandelt wird, ist auch im Lehrbuch von Oerter und Montada (1995) nicht spezifiziert. Viele Kapitel des umfassendsten deutschsprachigen Lehrbuchs der Entwicklungspsychologie (Oerter & Montada, 1995) zur Angewandten Entwicklungspsychologie, bspw. Schulversagen, Geistige Behinderung, Kindesmißhandlung, Elternverlust, Politischer Extremismus, Pensionierung, ließen sich genau so gut in einem Lehrbuch zur Gesundheitspsychologie oder zur Heil- und Sonderpädagogik plazieren. In Erweiterung einer Aussage von Ewert ist Entwicklungspsychologie nicht nur zu einem Prüffeld für die Tragweite und Verallgemeinerungsfähigkeit psychologischer Aussagen geworden, sie hat auch in der Pädagogik, den angewandten Sozialwissenschaften (z.B. Kriminologie) und der Medizin (Psychopathologie des Kindes- und Jugendalters sowie des Greisenalters) erkenntnis- und handlungsleitende Funktionen erworben.

Literatur

Bühler, K. (1925). *Abriß der geistigen Entwicklung des Kindes*. Leipzig: Quelle & Meyer.

Keller, H. (Hrsg.).(1998). *Lehrbuch Entwicklungspsychologie*. Bern: Huber.

Lohaus, A. (1989). *Datenerhebung in der Entwicklungspsychologie*. Bern: Huber.

Oerter, R. & Montada, L. (Hrsg.). (1995). *Entwicklungspsychologie. Ein Lehrbuch* (3. Aufl.). Weinheim: Psychologie Verlags Union.

Trautner, H.M. (1992). *Lehrbuch der Entwicklungspsychologie. Bd. 1: Grundlagen und Methoden*. Göttingen: Hogrefe.

Erwachsenenbildung

Ira Kokavecz & Heinz Holling

Allgemeine Erwachsenenbildung und berufliche Weiterbildung

Aufgrund der immer schnelleren technischen und gesellschaftlichen Neuerungen ist die ständige Weiterentwicklung der individuellen Kenntnisse und Fähigkeiten heute fast eine Selbstverständlichkeit. Unternehmen, die auf nationalen und insbesondere internationalen Märkten konkurrenzfähig bleiben wollen, müssen über hochqualifizierte Mitarbeiter verfügen und legen daher immer mehr Wert auf die beständige *Weiterentwicklung* und *Qualifikation* ihrer Mitarbeiter. Der Anteil der privatwirtschaftlichen Betriebe beträgt über die Hälfte der Gesamtaufwendungen aller Weiterbildungsmaßnahmen.

Da die traditionellen Ausbildungswege in der Regel keine lebenslang ausreichenden Qualifikationen mehr vermitteln können, wird die Erwachsenenbildung immer wichtiger.

Die Erwachsenenbildung gliedert sich in die allgemeine Erwachsenenbildung und die berufliche Weiterbildung (Alt, Sauter & Tillmann, 1994).

Ziel der *allgemeinen Erwachsenenbildung* ist es, zur Auseinandersetzung mit den Folgen des wissenschaftlich-technischen und sozialen Wandels zu befähigen. Die Erwachsenenbildung soll dabei behilflich sein, Einsicht in das politische, wirtschaftliche und kulturelle Geschehen, spezifische Kenntnisse und Kompetenzen auf dem neuesten Stand der wissenschaftlichen und technischen Entwicklung sowie allgemeine Fähigkeiten und Fertigkeiten (wie z. B. intellektuelle und kommunikative Kompetenzen) zu vermitteln, die ein sachkundiges, engagiertes und verantwortungsvolles Handeln in verschiedensten Lebensbereichen ermöglichen. Zur Illustration der Inhalte allgemeiner Erwachsenenbildung läßt sich das gängige Volkshochschulprofil heranziehen. Demnach liegt der Schwerpunkt der Bildungsangebote mit fast einem Drittel bei der Vermittlung von *Fremdsprachen*. Weitere häufig gewählte Inhalte sind pragmatische, für den Lebensalltag oder für Freizeitaktivitäten (Freizeit) funktionale Bildungsinhalte, wie z.B. handwerkliche und gestalterische Angebote.

Demgegenüber erfüllt die *berufliche Weiterbildung* keinen Selbstzweck. Sie dient der Erreichung der Ziele der Unternehmer und Arbeitnehmer; ihr Schwerpunkt ist die Erhaltung bzw. Steigerung der wirtschaftlichen Produktivität und die Verbesserung der Wettbewerbsfähigkeit. Aus betrieblicher Sicht sollte die Weiterbildung deshalb auf den konkreten Bedarf des Unternehmens bzw. des einzelnen Mitarbeiters hin konzipiert werden. Die berufliche Weiterbildung läßt sich differenzieren in die *berufliche Fortbildung* und die *berufliche Umschulung* in anerkannte Ausbildungsberufe oder in eine Erwerbstätigkeit. Die berufliche Fortbildung hat zum einen das Ziel, Teilnehmer zu befähigen, berufliche Kenntnisse und Fertigkeiten zu erhalten, zu erweitern oder den technischen Entwicklungen anzupassen. Darüber hinaus hat sie aber auch die Aufgabe, Teilnehmern durch die Erweiterung ihrer Kompetenzen einen beruflichen Aufstieg zu ermöglichen. In Abhängigkeit von den Trägern der Weiterbildung kann noch zwischen *betrieblichen*, *individuellen* und *durch das Arbeitsförderungsgesetz geförderten Maßnahmen* (Weiß, 1998) differenziert werden.

Die *Inhalte* der beruflichen Weiterbildung sind vielfältig, wobei die *fachliche Qualifikation* bislang im Vordergrund steht. Daneben gewinnt die Vermittlung sogenannter *Schlüsselqualifikationen* wie z.B. Abstraktionsfähigkeit, Teamfähigkeit und Lernfähigkeit immer mehr an Bedeutung. Die Vielfalt der Anbieter gewährleistet einen offenen Weiterbildungsmarkt und die Konkurrenz zwischen den verschiedenen Anbietern. Die private Wirtschaft ist zwar mit einem Anteil von ca. 44% (Alt et al., 1994) der größte Anbieter, aber Weiterbildungsangebote werden auch vom öffentlichen Dienst bereitgestellt sowie von staatlichen, kommunalen und öffentlich-rechtlichen Trägern (z.B. Hochschulen, Volkshochschulen, Kammern), privaten Trägern, Berufs- und Fachverbänden, Bildungswerken der Gesellschaften und Arbeitgeberverbänden. Diese große Pluralität der Anbieter bedingt allerdings auch eine hohe *Intransparenz* und eine *mangelnde Qualitätssicherung* der Angebote.

Teilnehmer an Maßnahmen der Erwachsenenbildung

Insgesamt nehmen etwa ein Viertel aller berufstätigen Erwachsenen die Möglichkeit einer beruflichen Weiterbildung wahr. Faktoren, die die Wahrscheinlichkeit einer Teilnahme an Weiterbildungsmaßnahmen beeinflussen, sind das Alter, das Geschlecht, der Bildungsstand, der Beruf und die berufliche Situation:

- Ein *höheres Alter* bildet gerade für die berufliche Weiterbildung eine Barriere. Viele Unternehmen schließen Mitarbeiter, die älter sind als 45 Jahre, von der betrieblichen Weiterbildung aus; begründet wird dies zumeist damit, daß diese bereits Leistungs- und Lerndefizite aufwiesen, eine Annahme, die einer empirischen Stützung entbehrt. Leistungs- und Lernschwierigkeiten treten erst sehr viel später ein als allgemein vermutet wird. Außerdem kann durch Trainingsmaßnahmen (Training) zu den entsprechenden Kompetenzen den Alterungsprozessen entgegengewirkt werden (Gerontopsychologie).
- Immer noch nehmen deutlich mehr *Frauen* als Männer Angebote der allgemeinen Erwachsenenbildung wahr. Erwerbstätige Frauen sind dagegen deutlich seltener an der *Aufstiegsfortbildung* beteiligt als Männer.
- Insgesamt nehmen erheblich mehr *Vollzeitbeschäftigte* an Weiterbildungsmaßnahmen teil als Teilzeitbeschäftigte.
- Ein Vergleich verschiedener Berufsgruppen zeigt, daß *Beamte* wesentlich häufiger an Weiterbildungsmaßnahmen teilnehmen als Arbeiter; die Teilnahmequoten der Angestellten und der Selbständigen liegen dazwischen.
- Weiterhin nehmen Personen mit einem *höheren Bildungsstand* und höheren *beruflichen Qualifikationen* eher an Weiterbildungsmaßnahmen teil als beruflich weniger qualifizierte Personen, wodurch die gesellschaftliche Kluft zwischen diesen Personenkreisen noch weiter verstärkt wird.

Maßnahmen der Weiterbildung

Insgesamt setzten 97,6 % der 1995 von Weiß für das Deutsche Institut der Wirtschaft befragten 1369 Unternehmen und Betriebe ständig oder häufig Weiterbildungsmaßnahmen ein. Dabei wurden bevorzugt Maßnahmen gewählt, die ein Lernen am Arbeitsplatz und selbstgesteuertes Lernen ermöglichen (Tab. 1).

Erwachsenenbildung 1. Die zehn wichtigsten Weiterbildungsmaßnahmen (Anteil der Betriebe in Prozent, die diese Maßnahmen „ständig" oder „häufig" einsetzen; nach Weiß, 1998).

Jahr der Erhebung:	1992	1995
Unterweisung/Schulung am Arbeitsplatz	87,5	86,9
Lektüre von Fachzeitschriften und Fachbüchern	81,5	84,8
Organisiertes Einarbeiten/Anlernen	61,5	62,4
Ein-Tages-Seminare (extern)	51,2	51,5
Fachvorträge	49,7	51,8
Fachmessen	49,4	51,8
Erfahrungsaustauschkreise	42,5	45,1
Ein-Tages-Seminare (intern)	41,9	47,6
Mehr-Tages-Seminare (extern)	38,4	32,4
Fachtagungen/Kongresse/Symposien/ Kolloquien	31,7	34,3

Nach dieser Erhebung erfreut sich das *selbstgesteuerte Lernen* besonderer Beliebtheit, Lernziel, Lerntempo und Lernzeiten lassen sich selbst bestimmen. Allerdings erfordert diese Lernform eine hohe intrinsische Motivation. Das Lernen am Arbeitsplatz („on-the-job") bzw. in der Nähe des Arbeitsplatzes („near-the-job") bietet den Vorteil, daß das Gelernte auch direkt am Arbeitsplatz umgesetzt und der Arbeitssituation angepaßt werden kann, was Transferprobleme weitgehend ausschließt. Allerdings können am Arbeitsplatz meist nur fachliche Inhalte vermittelt werden – ein Lernen abstrakter Schlüsselqualifikationen ist kaum möglich. Typische Lernformen am Arbeitsplatz sind die Schulung und Unterweisung. Eine in letzter Zeit immer häufiger eingesetzte Spezialform dieser Lernart ist das Coaching. Unter dem Stichwort arbeitsplatznahes Lernen sind partizipative Lehr- bzw. Lernmethoden wie Qualitätszirkel, Lernstätten oder das Lernen und Arbeiten in Gruppen zusammengefaßt. Aber auch Maßnahmen der Personalentwicklung wie Job Rotation, Job Enlargement und Job Enrichment werden der Weiterbildung „near-the-job" zugeordnet (Tab. 2).

Erwachsenenbildung 2. Wesentliche Inhaltsbereiche von Weiterbildungsmaßnahmen (modifiziert nach Holling & Liepmann, 1993).

Sensumotorik
Kognition • berufliche Kenntnisse • Entscheidung • Problemlösung • Kreativität • Beurteilung • Selbsterfahrung
Motivation, Werthaltung, Einstellung
Soziale Interaktion • Führung • Konflikte • Kommunikation • Rhetorik • Moderation
Allgemeine Arbeitstechniken • Umgang mit EDV • Multimediales Lernen • Fremdsprachen • Arbeits- und Zeitplanung • Arbeitssicherheit • Streßbewältigung

Nutzen der Erwachsenenbildung

Neuere theoretische Ansätze zum Erwachsenenlernen setzen vor allem auf Lehrformen, die dem Lernen von Erwachsenen gerecht werden sollen und deshalb die größere Autonomie, frühere Lernerfahrungen und vor allem deren Vorwissen und Lerninteressen miteinbeziehen. Statt der traditionell passiven Lernform des Vortrags und dem Schüler-Lehrer-Verhältnis wird gefordert, daß Lehrende mehr als Berater fungieren und ein gleichberechtigtes Verhältnis zwischen Lehrenden und Lernenden vorliegt. Zudem fordern die neueren Ansätze einen stärkeren Einsatz von aktiven Lehr-Lernsituationen, wie sie z.B. Rollenspiele, Fallstudien oder die Bearbeitung von Simulationen oder Szenarien gewährleisten. Auch wird mehr Wert auf die Vermittlung von Metakognitionen, allgemeinen Prinzipien und heuristischen Regeln gelegt als auf Fakten und konkrete Wissensinhalte, um somit bessere Möglichkeiten für einen Wissens- und Lerntransfer zu schaffen: Statt konkreter Problemlösungen sollen so allgemein übertragbare Problemlösekompetenzen (Problemlösetraining) erlernt werden.

Praktiker betonen immer wieder, daß zum einen die Arbeitsumgebung, zum anderen unterstützende organisationale Bedingungen entscheidend für die Umsetzung des Gelernten am Arbeitsplatz sind. Jedoch gibt es hierzu nur wenige empirische Untersuchungen, die sich zudem häufig lediglich auf die Vermittlung interpersonaler Kompetenzen beziehen. Hier ist eine Operationalisierung entsprechender Erfolgskriterien (Evaluation) nur schwer möglich, weshalb in diesem Bereich vorwiegend selbstberichtete Angaben über eigene Anstrengungen herangezogen werden. In diesem Zusammenhang zeigt sich über verschiedene Studien hinweg, daß ein angenehmes *Arbeitsklima* sehr förderlich für den Lerntransfer ist. Allerdings besteht noch keine Klarheit darüber, welches die dafür entscheidenden zu beeinflussenden Komponenten sind. Besonders transferfördernd ist außerdem, wenn die *Vorgesetzten* die Weiterbildungsmaßnahmen befürworten und die Umsetzung des Gelernten entsprechend unterstützen. Aber auch eine ganz traditionelle Art des Feedbacks, eine Verstärkung der Lernleistung durch *Gehaltserhöhungen* und *Beförderungen*, scheint sehr effektiv zu sein. Auf Seiten des Lernenden konnte wiederholt gezeigt werden, daß sich eine hohe Leistungsmotivation, hohe Selbsterwartungen und ein hohes Jobinvolvement, das *Vertrauen* in den Erfolg der gewählten Trainingsmaßnahmen sowie zwei der Big Five Persönlichkeitsfaktoren, nämlich Offenheit für Erfahrungen und Extraversion, positiv auf den Lerntransfer auswirken.

Literatur

Alt, C., Sauter, E. & Tillmann, H. (1994). Berufliche Weiterbildung in Deutschland. Strukturen und Entwicklungen. In Bundesinstitut für Berufsbildung, Der Generalsekretär (Hrsg.), *Bericht nach Artikel 11 (2) des EG-Ratsbeschlusses vom 29. Mai 1990 über das FORCE-Aktionsprogramm.* Bielefeld: Bertelsmann.

Holling, H. & Liepmann, D. (1993). Personalentwicklung. In H. Schuler (Hrsg.), *Lehrbuch Organisationspsychologie* (S. 285-316). Bern: Huber.

Weiß, R. (1998). *Wettbewerbsfaktor Weiterbildung. Ergebnisse der Weiterbildungserhebung der Wirtschaft 1995, Kölner Texte und Thesen.* Köln: Deutscher Instituts-Verlag.

Erziehungspsychologie

Horst Nickel

Gegenstand und Geschichte

Gegenstand der Erziehungspsychologie sind alle psychischen Vorgänge, die im Zusammenhang mit Erziehung bedeutsam sind, einschließlich der sie auslösenden und beeinflussenden Bedingungen sowie ihrer Wechselbeziehungen mit anderen Prozessen. Im Mittelpunkt steht dabei die zwischenmenschliche Interaktion zwischen Erziehern und Educanden, wie man die zu Erziehenden bezeichnet. Da Erziehung letztlich auf eine Veränderung des Verhaltens bzw. der entsprechenden psychischen Dispositionen abzielt, kann man sie aus psychologischer Sicht auch als eine spezifische Form der Verhaltensmodifikation verstehen. Diese wird nicht nur von Erziehern absichtlich ausgelöst (*intentionale Erziehung*), sondern kann auch unbeabsichtigt erfolgen (*funktionale Erziehung*), z.B. durch Beobachtungslernen bzw. *stellvertretende Konditionierung*. Während die wissenschaftliche Pädagogik nur intentionale Verhaltensänderungen unter dem Begriff Erziehung versteht, wird von der Erziehungspsychologie auch die Bedeutung einer funktionalen Erziehung berücksichtigt (Tausch & Tausch, 1991).

Im Mittelpunkt der erziehungspsychologischen Forschung stand lange Zeit das Verhalten der Erziehungspersonen und seine Auswirkungen auf die zu Erziehenden. Entscheidende Anregungen erhielt sie in den dreißiger Jahren durch die quasi-experimentellen Untersuchungen des deutsch-amerikanischen Psychologen Kurt Lewin. Er konnte nachweisen, daß sich das Verhalten von Jugendlichen in verschiedenen Arbeits- bzw. Freizeitgruppen systematisch veränderte, wenn das der Gruppenleiter nach einem vorgegebenen Plan variiert wurde. Damit konnte Lewin nicht nur seine Ausgangs-Hypothese bestätigen, daß das Verhalten von Educanden unmittelbar vom dem der Erziehungspersonen modifiziert wird, sondern auch erstmals nachweisen, daß Erzieherverhalten je nach Versuchsanweisung systematisch variiert werden kann. Es ist also erlernbar und nicht nur von einer besonderen persönlichen Veranlagung oder Begabung abhängig. Mit diesen Experimenten, die seither vielfach wiederholt wurden, und zwar in den unterschiedlichsten Erziehungsbereichen vom Kindergarten über die Schule bis zur betrieblichen Arbeitsgruppe, wurde Lewin gleichermaßen zum Begründer einer empirischen Erforschung des *Erzieher-* wie auch des *Führungsverhaltens* (Führung) (Nickel, 1978).

Erziehungsstil und Erziehungsverhalten

Zur Kennzeichnung und gegenseitigen Abgrenzung relativ homogener Grundformen des Erzieherverhaltens wurde der Begriff *Erziehungsstil* eingeführt (Schneewind & Herrmann, 1980). Das *Erieherverhalten* läßt sich dabei im Sinne einer psychologischen Analy-

se wieder nach vier Komponenten unterteilen: *Erziehungsziele, Erziehungseinstellungen, Erziehungsabsichten* und *Erziehungspraktiken.* Nur die Erziehungspraktiken sind direkt beobachtbar und damit auch einer experimentellen Analyse zugänglich, während die drei erstgenannten Aspekte lediglich mit indirekten Verfahren näherungsweise erfaßt werden können, z. B. durch Fragebögen, Interviews oder (halb)projektive Erziehungssituationen. Im realen Erziehungsgeschehen wirken sie jedoch stets als komplexe Ganzheit und gehen auch als solche in das Konstrukt Erziehungsstil ein.
Während Lewin und nachfolgende Autoren die von ihnen unterschiedenen Erziehungsstile – z. B. autoritärer oder dominanter, demokratischer oder sozialintegrativer Stil – entweder als gedankliche Setzungen aus ihrer Erfahrung abstrahierten und später empirisch zu bestätigen versuchten (*deduktives* Verfahren) oder als sog. sinneinheitliche Komplexe aus ihren Beobachtungsdaten erschlossen (*induktiv-hermeneutisches* Verfahren), wurden seit den sechziger Jahren zunehmend statistische Gruppierungsverfahren, insbesondere Faktorenanalyse und Clusteranalyse, zur Ermittlung von Erziehungsstilen eingesetzt (*induktiv-statistisches* Verfahren). Diese lassen sich damit als Gruppen von korrelierenden Merkmalen beschreiben, die wiederum mit entsprechenden Merkmalen der Educanden in überzufälligem Zusammenhang stehen. Solche Beziehungen wurden für die verschiedenen klassischen Erziehungsfelder oder Sozialisationsbereiche ermittelt, von der Familie über die Vorschulerziehung, Schule und Hochschule bis zur Berufsausbildung. Besondere Forschungsschwerpunkte bildeten das *elterliche Erziehungsverhalten* (Schneewind & Herrmann, 1980) sowie die *Lehrer-Schüler-Beziehung* (Nickel, 1978). Zusammenfassend lassen sich bei den zahlreichen Untersuchungen trotz aller Abweichungen im einzelnen insofern gewisse Übereinstimmungen feststellen, als bestimmte *erzieherische Grundhaltungen* bereichsübergreifende generelle Bedeutung zu besitzen scheinen. Dazu gehören neben der *Echtheit* des Erzieherverhaltens vor allem eine *verständnisvolle, emotional zugewandte Grundhaltung* sowie eine nur *mäßig lenkende, die Eigeninitiative fördernde Aktivität* des Erziehers bzw. Lehrers (Tausch & Tausch, 1991).

Analyse der Wirkungsrichtung von Erziehungsverhalten

Die Erziehungsstilforschung bildet jedoch nur einen, wenn auch lange Zeit zentralen Ansatz der Erziehungspsychologie, der sich als *taxonomisch-klassifizerend* charakterisieren läßt. Ein zweiter Forschungsansatz zielt in erster Linie darauf ab, die Wirkungsrichtung erzieherischen Verhaltens aufzudecken, man bezeichnet ihn deshalb als *bedingungsanalytisch.* Seine wichtigste Methode bildet das Experiment, meistens in Form eines *Quasi- oder Wirklichkeitsexperiments* (Versuchsplan). So konnte z.B. in einem solchen Feldexperiment aus dem schulischen Bereich nachgewiesen werden, daß Konzentrationsschwierigkeiten bei Schülern wesentlich durch bestimmte Verhaltensweisen von Lehrern bedingt sind. Obwohl dem bedingungsanalytischen Forschungsansatz für die Aufdeckung der Wirkung erzieherischer Verhaltensweisen und damit ihrer Optimierung große Bedeutung zukommt, wird er in der Erziehungspsychologie insgesamt noch relativ wenig angwandt. Das dürfte vor allem auch mit den Schwierigkeiten eines experimentellen Vorgehens in diesem Bereich zusammenhängen. Deshalb finden sich in letzter Zeit verstärkte Bemühungen, das Ursache-Wirkungsgefüge im Erziehungsprozeß auch aus korrelativen Daten aufzudecken, z.B. mittels pfadanalytischer Modelle (Pfadanalyse). So konnte z.B. in entsprechenden Ansätzen festgestellt werden, daß verschiedene Betreuungsmethoden von Müttern bei Säuglingen und Kleinkindern ganz unterschiedliche Verhaltensweisen evozieren können.
Erhebliche methodische Probleme im Sinne einer systematischen Kontrolle der Einflußfaktoren stellen sich auch einem *interventionsorientierten Forschungsansatz,* bei dem Möglichkeiten eines planmäßigen Eingreifens mit dem Ziel der Optimierung des Erziehungsprozesses im Vordergrund stehen. Am häufigsten wurde er bisher im familialen Bereich realisiert, z.B. bei der Konzeption und

Überprüfung verschiedener Verfahren zur Vorbereitung auf die Elternschaft oder unterschiedlicher Unterstützungsmaßnahmen für Mütter und Väter. Dazu gehören ferner auch alle Ansätze zur empirischen Überprüfung der zahlreichen Erzieher-/Lehrertrainings, die in den letzten Jahrzehnten auf recht unterschiedlicher theoretischer Grundlage (z.B. lernpsychologisch, persönlichkeitspsychologisch bzw. gesprächstherapeutisch) konzipiert wurden.

Ökosystemischer Erziehungsprozeß

Eine zunehmende Bedeutung erlangte in neuerer Zeit sowohl in der Empirischen Pädagogik als auch in der Erziehungspsychologie ein Forschungsansatz, den man als *ökologisch-systemisch* kennzeichnet. Im weitesten Sinne zielt er darauf ab, die *transaktionalen Wechselbeziehungen* zwischen den am Erziehungsprozeß beteiligten Personen sowie ihrem sozialen und materiellen Umfeld aufzudecken. Dabei stehen im Sinne der *ökologischen Perspektive* nicht mehr die einzelnen Personen – hier Erzieher und Educanden – im Zentrum der Beachtung, sondern der Blick ist auf das gesamte Ökosystem gerichtet, dem sie angehören und in dem sie sich im Sinne jenes transaktionalen Prozesses ständig gegenseitig beeinflussen und verändern (Nickel, 1978). Auch die in letzter Zeit besonders aktuell gewordenen Probleme einer interkulturellen Erziehung lassen sich unter dieser ökosystemischen Perspektive angemessener verstehen. Sie erfordert ferner ein modifiziertes Verständnis des Erziehungsvorgangs insgesamt. Dabei muß die bisher vorherrschende Annahme aufgegeben werden, daß erzieherische Veränderungen nur in einer Richtung erfolgen, nämlich vom Erzieher zum Educanden, vielmehr ist auch die umgekehrte Wirkung stets mit zu berücksichtigen. Das bedeutet, daß Kinder und Jugendliche ihre Erzieher in gleicher Weise beeinflussen können, wie man dies bisher nur den Erziehungspersonen zuschrieb, und zwar schon vom Beginn ihrer Interaktion an, wie Nikkel (1993) in einem transaktionalen Interaktionsmodell der Lehrer-Schüler-Beziehung verdeutlicht, das in analoger Weise für alle Erziehungsvorgänge und in jedem Sozialisationsbereich gilt (transaktionale Beziehung). Erziehungspersonen und ihre Educanden müssen deshalb aus ökosystemischer Perspektive als *Erziehungspartner* verstanden werden, wobei jeder zugleich Einwirkender und Sich-Verändernder ist (Erziehungspartnerschaft).
Ein solches transaktionales Verständnis erzieherischer Interaktionen berücksichtigt sowohl intra- und interpersonelle Prozesse als auch auch deren Wechselwirkung mit externen Faktoren, und zwar in inhaltlicher und auch in zeitlicher Hinsicht. Bei letzteren handelt es sich auf seiten beider Erziehungspartner im wesentlichen um drei Komplexe: die Erfahrungen der bisherigen Lernvergangenheit, die gleichzeitigen Erfahrungen aus anderen zwischenmenschlichen Interaktionen und die sog. objektivierten Erfahrungen aus Literatur, Medien etc. Die *intrapersonellen Faktoren*, die die erzieherische Interaktion steuern, wurden zunächst in anderen Teildisziplinen der Psychologie in ihrer Wirkung analysiert, insbesondere in der Kognitionsforschung sowie in der Sozialpsychologie (Hofer, 1986). Ihre spezifische Bedeutung für das Verständnis erzieherischen Handelns kann hier nur summarisch dargestellt werden.

Intrapersonelle Faktoren des Erziehungsverhaltens

Eine besondere Rolle spielt dabei die gegenseitige *Person-Wahrnehmung* der Erziehungspartner (Personenwahrnehmung). Sie wird entscheidend beeinflußt durch unterschiedliche Motive, Einstellungen und vor allem auch Erwartungshaltungen (Erwartung). Diese sind wiederum das Ergebnis früherer und gegenwärtiger Interaktions-Erfahrungen in einem gegebenen sozialkulturellen Kontext. Solche Erfahrungen verdichten sich zu einer Art kognitivem Modell, mit dessen Hilfe alle eingehenden Wahrnehmungen anderer Personen gemessen und selektiert werden. Der gesamte Forschungsbereich, der sich in neuerer Zeit der Analyse solcher psychologischen Faktoren und ihrer Bedeutung für den Erziehungsprozeß widmet, wird deshalb auch unter dem Begriff Erzieher-/Lehrer-Kognitionen zusammengefaßt. Neben den *Erwar-*

tungshaltungen, die die subjektiv eingeschätzte Wahrscheinlichkeit kennzeichnen, mit der ein Verhalten des Erziehungspartners erwartet wird, handelt es sich dabei vor allem um *implizite Persönlichkeitstheorien* sowie *implizite Führungstheorien* (implizite Theorien). Während die *impliziten Persönlichkeitstheorien* im wesentlichen vorwissenschaftliche Annahmen über vermeintliche Zusammenhänge von Merkmalen oder Eigenschaften des Erziehungspartners zum Gegenstand haben (z.B. aggressiv = wenig begabt), handelt es sich bei den *impliziten Führungstheorien* um Annahmen darüber, wie sich ein bestimmtes Erzieherverhalten auswirkt bzw. wie sich ein Erzieher gegenüber Personen mit bestimmten Merkmalen am besten verhalten sollte. In diesem Zusammenhang fragt die *erzieherische Attributionsforschung danach,* auf welche Gründe Lehrer und Schüler bzw. Erzieher und Educanten bestimmte Leistungen oder Verhaltensformen zurückführen (Lehrerattributionen), um dadurch Anlässe für Konflikte zu erkennen und zu vermeiden (Hofer, 1986).

Schlußfolgerungen

Als eine wesentliche Schlußfolgerung aus der bisherigen erziehungspsychologischen Interaktionsforschung ergibt sich die Tatsache, daß sich Erziehungspartner niemals wirklich objektiv wahrnehmen, sondern immer nur unter der subjektiven Verzerrung durch die dargestellten Faktoren. Eine besondere Gefahrenquelle besteht darin, daß Lehrer/Erzieher nicht selten dazu neigen, Diskrepanzen zwischen Vorerwartungen und tatsächlichem Verhalten von Educanden im Sinne ihrer ursprünglichen Erwartungen zu korrigieren. Es wurden daher zahlreiche Maßnahmen vorgeschlagen, um dem entgegenzuwirken. Sie reichen von der Entwicklung verschiedener Formen einer objektiven Rückmeldung (z.B. durch Fragebögen, Tonband- oder Videoaufzeichnungen) über eine kollegiale Supervision sowie Gesprächsgruppen bis zu systematischen Lehrer-/Erziehertrainings mit empirischer Erfolgskontrolle (vgl. Nickel, 1978).

In der Erziehungspsychologie stehen heute also weniger objektiv unterscheidbare *Erziehungsstile* im Sinne einer klassifizierenden Taxonomie im Mittelpunkt als vielmehr die unterschiedlichen Kognitionen der Erziehungspartner mit ihren o.a. Auswirkungen auf eine transaktionale Interaktion. Dabei spielt nach neueren Befunden auch das wechselseitige zwischenmenschliche Vertrauen eine wichtige Rolle. Seine pädagogische Bedeutung ist in der Erziehungspraxis zwar schon seit langem bekannt, doch erst in letzter Zeit konnte sie durch systematische empirische Untersuchungen bestätigt werden. Dabei versteht man unter *Vertrauen* im Sinne einer Arbeitsdefinition die Bereitschaft einer Person, gegenüber einer anderen gewisse Risiken einzugehen und sich damit quasi verwundbar zu machen. Dafür spielt die *Echtheit bzw. Kongruenz* des Verhaltens eine wesentliche Rolle. Als weitere vertrauensfördernde Merkmale konnten *persönliche Zuwendung, Respekt, fachliche Kompetenz* und *Hilfe* ermittelt werden, also Variablen, die ebenso wie Echtheit durchaus zu den übergreifenden Befunden der bisherigen Erziehungsstilforschung zählen.

Literatur

Hofer, M: (1986). *Sozialpsychologie erzieherischen Handelns.* Göttingen: Hogrefe.

Nickel, H. (1978). *Psychologie des Lehrerverhaltens* (2. neugest. u. erw. Aufl.). München: Reinhardt.

Nickel, H. (1993). Die Lehrer-Schüler-Beziehung als transaktionaler Prozeß. In H. Nickel (Hrsg.), *Psychologie der Entwicklung und Erziehung* (S. 244 - 261). Pfaffenweiler: Centaurus.

Schneewind, K.A. & Herrmann, T. (Hrsg.). (1980). *Erziehungsstilforschung. Theorien, Methoden und Anwendung der Psychologie elterlichen Erziehungsverhaltens.* Bern: Huber.

Tausch, R. & Tausch, A.- M. (1991). *Erziehungspsychologie* (10. erg. und überarb. Aufl.). Göttingen: Hogrefe.

Evolutionspsychologie

Friedhart Klix

Evolution von Erkennungsstrukturen

Evolutionspsychologie zieht aus systematischen Verhaltensvergleichen zwischen Mench und Tier oder zwischen Menschen verschiedener kultureller Epochen Schlüsse, welche Bedingungen und Faktoren in den langen erdgeschichtlichen Zeiträumen der Evolution gegeben waren und welche Wirkungen davon auf psychische Eigenschaften ausgegangen sind. Bereits vor der Entstehung des Lebens haben die Bewegungen unseres Planetensystems psychologisch wesentliche Eigenschaften geschaffen: Die Neigung der Erdrotation um die Sonne erzeugt den Wechsel der Jahreszeiten. Damit sind Rhythmen im Wachstum sowie in Grundstimmungen von Mensch und Tier verbunden. Die Rotation des Mondes um die Erde und der Erde um sich selbst schaffen Zyklen, die Wachstum und Wohlbefinden vor allem der höheren Lebewesen betreffen. Von den frühen chemischen Verbindungen bis zu den Vorstufen organischer Makromoleküle hat es mehrere hundert Millionen Jahre gedauert. Die Entstehung von Wechselwirkungen zwischen instruktionsfähigen Nukleinsäuren und Proteinen führte mit der DNS zur Informationsübertragung bei Vererbungsvorgängen. Mit der *Bioevolution* beginnen Bakterien Sauerstoff zu erzeugen und zu nutzen. Dadurch erhält die Energiegewinnung wesentliche Impulse. Mit ihr wurde der Weg frei zu höheren, vielzelligen Organismen. Ihre Entwicklung wird wesentlich durch die Evolutionstheorie von Ch. Darwin erklärt.

Psychoevolution zum Menschen hin beginnt mit z.B. den Extremitäten und ihrer Umformung zur Hand oder mit physiologischen Leistungen, wie z.B. dem binokularen Tiefen- oder dem Farbensehen. Die Entstehung von Netzen aus Nervenzellen und ihre Konzentration in einem zentralen Nervensystem ermöglichen über die Wahrnehmung Vorgänge des Erkennens, Entscheidens und der Steuerung von Verhaltensweisen.

Abb.1 ordnet psychologisch relevante *Funktionen in den Organismus-Umweltbeziehungen,* die während der Evolutionsgeschichte geprägt wurden. Im Zentrum stehen *Kreisprozesse*, die sich in der Wechselwirkung zwischen Information und Verhalten ausbilden. Aktivitäten greifen ein in die Umwelt. Deren Reaktion (oder Aktion) wird vom Organismus (bzw. den Sinnesorganen) registriert. Umwelt ist wirksam in Form von Reizen. Als physikalische Größen wirken sie auf Rezeptoren. Sie vermitteln Eigenschaften der Umweltobjekte, ihrer Oberfläche, ihres Geruchs, ihrer Entfernung, Form, Farbe, Bewegung und auch der Intensität, in der sie agieren (Sinne). Bildet man eine Kurve, in der die Häufigkeit der Strahlung und ihre mittlere Energie verrechnet sind, so liegt das Maximum beim Men-

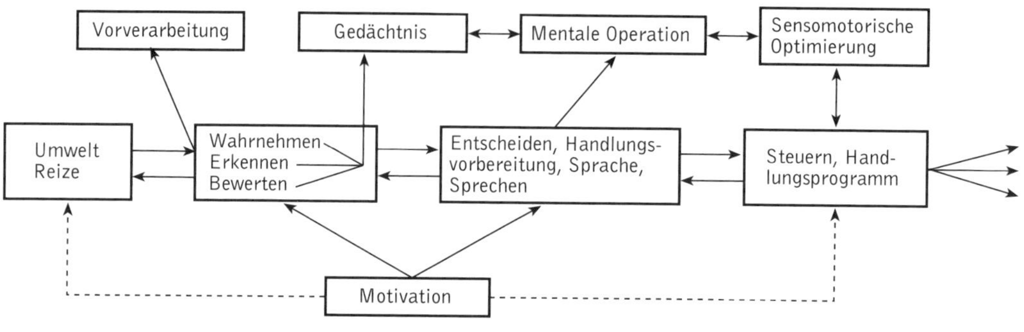

Evolutionspsychologie 1. Kreislauf des Informationsaustausches zwischen Organismus und Umwelt. Die Teilsysteme differenzieren ihre Funktionen in der Evolution. Neue Wechselwirkungen entstehen, neue Leistungen sind die Folge.

schen gerade in der Zone sichtbaren Lichts (40-700mμ), der die größte Unterscheidungsfähigkeit wahrgenommer Dinge ermöglicht. Was die Formwahrnehmung betrifft, so bezeugen die Gestaltgesetze Vorgänge einer adaptiven Verarbeitungsleistung der Sinnesorgane und nachgeschalteter Neuronennetze. Diese (und ähnliche) Ordnungsbildungen unserer Wahrnehmungswelt beruhen auf Neuronenverschaltungen, in denen gesetzmäßige Zusammenhänge unserer Gegenstandswelt ihren Niederschlag gefunden haben. Sie erzeugen eine Tendenz zum rationellen Erkennen in einer sehr komplexen Welt (Riedl, 1992).
Gestalttendenzen reduzieren Information, indem sie Komplexes zu einheitlichen Gebilden zusammenfassen. Ähnliches gilt für die *Tiefenwirkungen von Licht und Schatten*. Die Sonne war in evolutionären Zeitdimensionen die einzige Lichtquelle. Zeichnet man einen Kreis und füllt ihn von oben dunkel aus und läßt ihn zur Mitte heller werden, dann sieht man ihn als Hohlkugel, so, als würden Sonne oder Mond von oben hineinscheinen. Es ist eine adaptive Erkennungsleistung. Das *Erkennen komplexerer Strukturen*, z.B. eines Elterntieres, ist bei früh lauffähigem Nachwuchs überlebenswichtig. Derart vererbte Erkennungen beruhen auf der Bestimmung von *Ähnlichkeiten* unter Artgenossen. Nervenzellgruppen können solche gemeinsam auftretenden Merkmalspools als Ähnlichkeiten erkennen und sie bis zur Individualerkennung des Partners oder Muttertieres verfeinern. Stirbt das Muttertier und übernimmt ein anderer Artgenosse die Fütterung, dann wird deren spezifisches Merkmal gestrichen. Jetzt ist vom Unterbegriff Mutter aus wieder der Oberbegriff Artgenosse gebildet worden. So ähnlich funktioniert auch der Anfang menschlicher Begriffsbildung. Auch unsere Begriffe beruhen auf Klassenbildungen über Merkmalen, die einer Objektmenge gemeinsam sind. Ermöglicht durch die höhere assoziative Kapazität unseres Nervensystems (die ebenfalls durch Evolutionsfaktoren entsteht), können in unserem Gedächtnis den Merkmalsstrukturen für Begriffe noch Phoneme für die sprechbare Lautbildung assoziiert werden. Sie bilden eine Voraussetzung für die Ausbildung von Worten und damit einer Sprache.

Evolution sozialen Verhaltens

Die Soziobiologie schlußfolgert aus tierischem Verhalten, daß bestimmte Verhaltensstrategien gegenüber anderen Organismen einen genetischen Vorteil behalten und sich stabilisieren. Das gilt besonders für Verhaltensmuster, durch die das Überleben von Nachkommen und der eigenen Gene gesichert wird. So macht es Sinn, wenn sich ein Elterntier als Opfer anbietet. Es ist derzeit noch offen, wie universell derartige Strategien sind, bei welchen Arten sie nachweisbar sind und bei welchen nicht. Allgemein gilt aber, daß höhere Lebewesen nicht vereinzelt leben. Soziale Organisationsformen – der Schwarm, das Rudel, die Horde, die Herde, der Trupp, die Gruppe, der Verband u.a. – dienen zumeist der Sicherung des *Energiebedarfs*, der *Pflege des Nachwuchses*, dem *Schutz vor Raub oder Überwältigung* der Gruppe oder ihrer Teile durch Klimastreß, Raubtiere oder überfallende Horden. Ein evolutionärer Trend geht dahin, daß mit der Höherentwicklung der Arten die Variabilität möglicher Strukturformen und damit die Flexibilität der sozialen Gruppenbildungen zunimmt. Das zeigt sich schon im Familienleben vormenschlicher Primaten (Lewin, 1992). Bei Gefahr oder in Not halten die Gruppen zusammen – wie die Stämme der Hominiden. Die breite Variation der Sozialbeziehungen ermöglicht die für eine Situation vorteilhafte Organisation durch Erfahrungsnutzung. Dabei hängt die Lernfähigkeit auch mit der Entwicklungsstufe und so auch mit dem *Intelligenzgrad* zusammen. Es sind also nicht primär die sozialen Strukturbildungen, die sich in der Evolution systematisch ändern, sondern es ist die Fähigkeit zur Ausbildung adaptiver intelligenter Organisationsformen des sozialen Zusammenwirkens. Die Variabilität sozialen Verhaltens wird dadurch ein stabilisierendes Element des Zusammenlebens. Mit dieser Befähigung ausgestattet, ist die Entwicklung zu den Hominiden in Gang gekommen (Hominidisierung).
In grober Sicht hat die *Anthropogenese* drei langdauernde Entwicklungsperioden durchlaufen: die Australopithecinen vor 3,5 bis vor 2 Millionen Jahren. Für sie ist die Oldowan-Kultur charakteristisch (Abb. 2, a: Stein mit scharfer Kante für vielfältige Nutzung). Dann

die Homo habilis-Homo erectus-Zeit mit homo ergaster sowie Homo heidelbergensis (neben anderen Artunterscheidungen) zwischen 1,8 Millionen und 200 000 und schließlich die Homo sapiens-Periode mit dem Neandertaler (150.000 – 30.000 v.u.Z.) und dem Homo sapiens sapiens vom Cro Magnon-Typ (120/ 130.000 – Gegenwart).

Der erste evolutionspsychologisch bedeutsame Einschnitt liegt zwischen den *Australopithecinen* und dem *Homo habilis*. Es ist der Übergang zwischen dem *Oldowan-Werkzeug* (Oldowan-Kultur) und dem Faustkeil vom Acheuléen-Typ (Abb. 2, b, frühes Beispiel: behauener Faustkeil zum Schneiden). Ihm folgt in der späten Homo erectus-Zeit der nach Moustérien benannte, rationalisiert hergestellte Abschlagstein mit retuschierenden Nachbearbeitungen seiner Ränder (Abb. 2, c). Beides war eiszeitliche Gerätschaft und läßt auf verschiedene Übergänge zu systematischem Jagen schließen. Mit ihm entsteht die planende Organisation kollektiver Unternehmungen, auch des Sammelns und des Fallenbaus.

Evolutionspsychologie 2. Drei verschieden alte Technologien der Steinwerkzeugherstellung.

Begriffe, Wortbildungen, Sprache

Klassifizierendes Erkennen setzt lange vor der Menschwerdung ein. Es ist auch eine Voraussetzung für die Ausbildung von Sprache. Die lernabhängige Übertragung von Lautbedeutungen ist bei vormenschlichen Primaten beschrieben. (Affen erkennen durch Lautsprecher den Ruf eines Adlers oder eines Leoparden). Doch ist dieses Bedeutungserkennen nicht mit der Lautbedeutung in einem menschlichen Wortgedächtnis zu verwechseln, auch das Klassifizieren nicht. Mit der steigenden Kapazität der Nervensystems entsteht ein motivgerechtes Klassifizieren. Dasselbe Ding wird, je nach Handlungskontext, anders klassifiziert und benannt: Ein Stamm am Amazonas hat für Boote unterschiedliche Worte, je nachdem, ob sie in kriegerischer Mission unterwegs sind oder ob sie Nahrung transportieren. Ähnlich dürften die *Benennungs*gewohnheiten der Homo erectus gewesen sein. Sie zogen im Norden des Roten Meeres nach Asien, Georgien und nach China. Solche Züge über die Jahrhunderte sind ohne wählbare Kommunikation über bedeutungshaltige Zusammenhänge unmöglich. Sprachverstehen erfolgte weitgehend ohne Grammatik über nominale Wortketten (Abb. 3, Mitte). Hochsprachliche grammatische Fügungen dürften mit dem konstruktiven Werkzeugdenken des frühen Cro Magnon-Typs entstanden sein. Das bedarf gewiß noch der näheren Analyse. Diese Hypothese stützt sich auf die strukturellen Ähnlichkeiten zwischen kombinatorisch konstruierten Geräten wie z.B. Steinsäge (Abb. 4), Riemenschneider, Harpunen auf der einen Seite und kombinatorischen begrifflichen Klammerungen zum Zwecke der Bedeutungsgruppierung auf der anderen Seite.

Benennungen für räumliche oder zeitliche Relationen in Ereignissen sind Quellen hochsprachlicher grammatischer Formbildungen. Im Deutschen werden sie in Präpositionen ausgedrückt. Als nicht eigenständige Funktionswörter können sie in anderen Sprachen auch durch Flexionen der Wortstämme morphologisch integriert sein. Abb. 3 zeigt evolutionsgenetische Phasen in den Zusammenhängen zwischen Erkennen und Sprachbenutzung.

Sozial geformte Weltbilder

Die Herausbildung des neuzeitlichen Menschen ist im Zeitraum zwischen 180.000 und 110.000 vor unserer Zeitrechnung geschehen. Historische Analysen zeigen, daß eine – wie damals – über längere Zeiträume gesicherte Ernährungsgrundlage zu ansteigender Bevölkerungsdichte führt, die widerum veränderte Sozialstrukturen erzwingt. Die Regeln des Zusammenlebens ändern sich mit veränderter

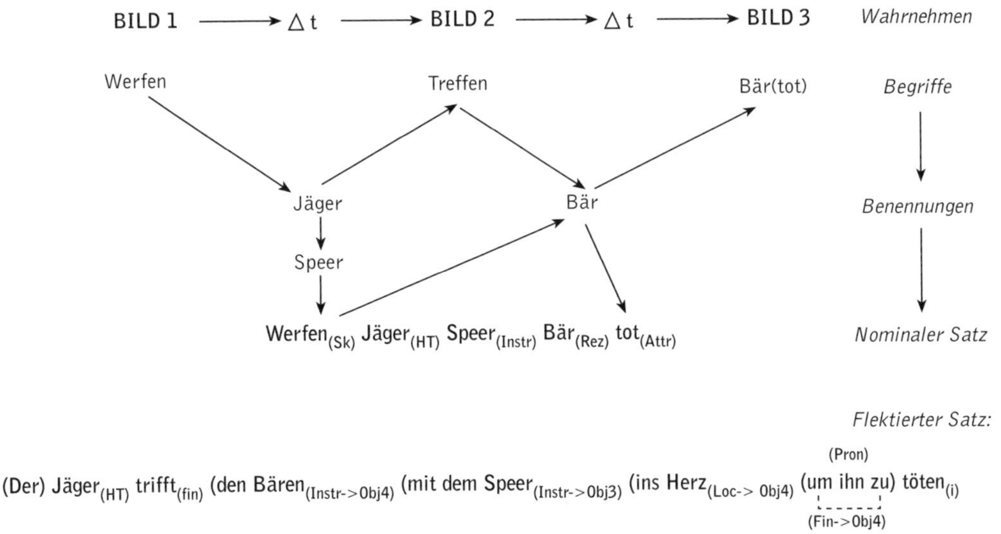

Evolutionspsychologie 3. Informationsverarbeitung von der Bildwahrnehmung über das Wortverstehen, die nominale Sprachformierung in Wortverkettungen der Grammatik einer Hochsprache (HT = Handlungsträger, Rez = Rezipient, S_k = semantischer Kern, Loc = Lokation, Attr = Merkmal, Obj_x = grammat. Kasus, fin = finites Verb).

Besiedlungsdichte eines Gebiets. Etwa 110.000 Jahre vor unserer Zeitrechnung begann eine neue Kaltzeit. Die Nahrung schwand, die Menschengruppen zogen nach Norden. Die Funde dieser ersten Neumenschen liegen in Israel und in Jordanien (ca. 90.000 Jahre alt). Die Schädelformen bezeugen Neumenschen vom Cro Magnon-Typ (*Homo sapiens sapiens*) Die ziehenden Gruppen nutzten Höhlen, schufen längerfristige Winterlager. Aufenthaltsstätten finden sich in Spanien, Portugal und Südfrankreich. Man hatte aus der *Eem-Warmzeit* Lebensformen mitgebracht, die dort in Höhlen gefunden wurden: Es war ein Stammesleben mit Gebots- und Verbotsregeln für Nahrung, Jagd und Alltagsleben entstanden. Eine Differenzierung der Zuständigkeiten wurde in der Generationenfolge weitergegeben. Archaisches Denken bestimmte ein neues Weltbild. Ein Totem war oft Symbol für eine innere Verwandtschaft aller Stammesmitglieder, für ein neues Weltbild: Mit Ritualen, Mythen, Zauber und Schamanen wurde versucht, das Gemeinwesen stabil zu halten und dazu auch ein Stück Zukunft zu erschauen oder durch Zauber herbeizuzwingen (Totem und Tabu). Mißernten oder Epidemien werden auf Tabuverletzungen zurückgeführt. Unterschieden wurde nun zwischen Töten und Mord, zwischen Wegnehmen und Stehlen, zwischen dem handelnden Selbst und einem Ich, das als eine Art Integrationszentrum für Erleben, Entscheiden und Handeln, für reflexives Denken von Urteilen über Schuld und Sühne fungiert. In diesem Prozeß der Stammesbildung entsteht sozial bestimmtes Bewußtsein. Das spät erst sich ausformende Frontalhirn dürfte die nervale Ich-Repräsentation für sozial motiviertes Handeln beherbergen.

Evolutionspsychologie 4. Eine Steinsäge (neolithisches Werkzeug).

Völker und Staaten

Zum Ende der letzten Kaltzeit, von 18.000 – 12.000 vor unserer Zeitrechnung, gab es an den großen Flüssen (Jangtse, Indus, Nil) durch starke Erwärmungen große Überschwemmungen. Wohlgenährte Tierwelt verblieb in der Region. Wildgetreidesorten säten sich wie von selber aus. Der Regenfeldbau entstand als früheste Form einer Agrokultur. Ziegen und Schafe konnten durch Futtergaben zum Bleiben gebracht und gezüchtet werden. Eine neue Form des Zusammenlebens entstand mit der ansteigenden Bevölkerungsdichte. Es begann die arbeitsteilige Form in der Sozialstruktur eines Gemeinwesens. Saatgut mußte in Behältnissen gespeichert werden. Gefäßemacher nutzten den leicht trocknenden Lehm, Korbmacher die Weidenruten von den Teichen. Wächter wurden bestellt, Aufseher und Kontrolleure. Auch nicht produktive Betätigungen mußten vergütet, Leistungen fürs Gemeinwesen wie Aufwendungen für andere mußten miteinander verglichen und in irgendeiner Form entgolten werden. Der Umgang mit Mengen und ihren Benennungen wurde zum sozialen Erfordernis und führte zu den Zahlbegriffen. Große Mengen wurden (auch gedanklich) gebündelt, Bündelungen neu benannt, wieder gebündelt. So gelang die begriffliche Beherrschbarkeit großer Mengen (Zahlsystem).

Mit der Landkultur wurde das archaische Weltbild der nomadischen Jäger, Sammler und Höhlenbewohner abgelöst. Es entstand eine Götterwelt nach der Schichtung im Gemeinwesen. Von Sumer über Babylon, Ägypten, Griechenland wurden viele der alten Götter umbenannt. Ihre Macht entschied über Regen oder Dürre, über Fruchtbarkeit, über Leben und Tod. Sie mußten durch Opfer versöhnt werden. Die Siedlungsdichte stieg rasch, Stadtstaaten entstanden. Die Macht wurde z. B. im Tempel konzentriert und von ihm aus verwaltet. Die Priesterschicht übte die Gerichtsbarkeit aus. Die Strafen bestanden u.a. aus Verstümmelungen von Gliedmaßen oder Sinnesorganen. Je geringer die Schicht, der man angehörte, um so geringer die Rechte und Ansprüche. In dieser Ordnung des Soziallebens, die bald durch Schrift geregelt wurde, entstand die Beherrschung und Ausbeutung ganzer Bevölkerungsschichten. Im Laufe der Jahrhunderte bilden sich immer wieder Eliten des Denkens und Könnens, die auch das Weltbild hinterfragen, es bezweiflen und die darum sterben müssen oder die es umstürzen und die Führungsschicht verjagen oder liquidieren. Diese Eliten bringen neue Weltbilder auf den Weg, sei es in Gestalt von Religionen, Philosophien oder in der Nutzung von Wissen über die Natur und ihre Zusammenhänge.

Literatur

Riedl, R. (1992). *Wahrheit und Wahrscheinlichkeit*. Hamburg: P. Parey.

Lewin, R. (1992). *Spuren der Menschwerdung*. Heidelberg: Spektrum.

Klix, F. (1992). *Die Natur des Verstandes*. Göttingen: Hogrefe.

Klix, F. (1992). *Erwachendes Denken*. Heidelberg: Spektrum.

Cheney, D.C. & Seyfart, R.M. (1994). *Wie Affen die Welt sehen. Das Denken einer Anderen Art*. München: Hanser.

F

Familie

Klaus A. Schneewind und Martin Schmidt

Begrifflichkeit

Der 1994 erschienene Fünfte Familienbericht der Bundesregierung der Bundesrepublik Deutschland definiert Familie „unabhängig von räumlicher und zeitlicher Zusammengehörigkeit als Folge von Generationen, die biologisch, sozial und/oder rechtlich miteinander verbunden sind." Vor diesem Hintergrund erweist sich „die biologisch-soziale und auch rechtlich bestimmte Kernfamilienstruktur, nämlich das „Vater-Mutter-Kind-Verhältnis" als konstitutiv für einen gesellschaftlich anerkannten Familienbegriff. Sichtbar wird dies u.a. daran, daß zur Unterstützung dieses Familientyps bestimmte rechtliche Regelungen und finanzielle Anspruchsvoraussetzungen existieren, die für andere familienähnliche Lebensformen nicht gelten. Aus psychologischer Sicht lassen sich Familien als *Personensysteme* besonderer Art begreifen, deren Mitglieder im Spannungsfeld von Autonomie und Verbundenheit zur Entstehung enger persönlicher Beziehungen beitragen und sich in diesem Beziehungskontext entwickeln. Wichtige Kennzeichen von Familiensystemen sind u.a. ein mehr oder minder großes Ausmaß an *Abgrenzung*, *Privatheit*, *Dauerhaftigkeit* und *Nähe*. Zentrale *Beziehungsmerkmale* sind dabei a) Geben und Nehmen im Sinne von Symmetrie und Komplementarität, b) Ausmaß an Ähnlichkeit beziehungsrelevanter Merkmale wie Persönlichkeit, Interessenlagen (Interesse), Werthaltungen (Werte), Lebensstile der Beziehungspartner, c) Formen der Machtausübung (Macht) und Konfliktregulierung (Konflikt), d) Grad der Offenheit der Kommunikation, e) Besonderheiten der Selbstwahrnehmung und Fremdwahrnehmung im interpersonalen Geschehen, f) Ausmaß des wechselseitigen Vertrauens, g) Verpflichtungscharakter bezüglich der Aufrechterhaltung der Beziehung. Diese für die individuelle und für die Familienentwicklung gleichermaßen relevanten Beziehungsmerkmale sind vor dem Hintergrund der Einbettung des Familiensystems in den historisch-kulturellen sowie den sozio-materiellen Kontext zu sehen.

Wandel der Familienformen und -beziehungen

Im 18. und 19. Jahrhundert fand im europäischen Kulturkreis vor dem Hintergrund gesellschaftlicher und technologischer Umwälzungen ein grundlegender struktureller und funktionaler Wandel des Familienlebens statt. Es entwickelte sich der Typus der *bürgerlichen Kernfamilie*, für den vor allem folgende Merkmale kennzeichnend sind: a) eine zunehmende Emotionalisierung und Intimisierung der Ehe- und der Eltern-Kind-Beziehungen, b) eine klare Spezialisierung der Rollen innerhalb des Familiensystems hinsichtlich einer geschlechts- und generationenspezifischen Macht- und Aufgabenverteilung im inner- und außerhäuslichen Bereich, c) eine verstärkte Privatisierung und Abgrenzung gegenüber Außeneinflüssen auf das Familienleben. Seit dem Ende der 60er Jahre des 20. Jahrhunderts läßt sich im Gefolge einer zunehmenden *Individualisierung* und *Pluralisierung* von Lebensformen auch eine Reihe familiärer Wandlungsprozesse feststellen. Schlaglichtartig können diese an folgenden *Indikatoren* festgemacht werden: sinkende Heiratsneigung, zunehmende Zahl an nichtehelichen Lebensgemeinschaften, steigende Zahl an Singlehaushalten, sinkende Geburtenzahlen, erhöhte Scheidungsquoten, vermehrte Zahl an alleinerziehenden Eltern, zunehmende Zahl an Stieffamilien, erhöhte Beteiligung von Frauen an weiterführenden Bildungseinrichtungen und am Erwerbsleben, Veränderung der elterlichen Erziehung im Sinne einer Abkehr von Pflicht- und Akzeptanzwerten zugunsten von Selbstentfaltungswerten, stagnierende finanzielle Entlastung und damit *relative ökonomische Deprivation* von Familien mit Kindern. Vielfach stellen die vor dem Hintergrund dieser Indikatoren familiären Wandels entstandenen Problemlagen eine Herausforderung für eine angemessene materielle und psychosoziale Unterstützung von Familien dar.

Familientheorien

Konzeptualisierungen von Theorien zum Phänomen Familie sind abhängig vom historischen und soziokulturellen Kontext der Theoriebildung. Die einer Familientheorie zugrundegelegte Ontologie, die Epistemiologie und Methodologie der Theorie stehen in einem rekursiven Verhältnis. Innerhalb eines theoretischen Paradigmas können empirisch gehaltvolle Theorien entwickelt und deren Nutzen und Überzeugungskraft empirisch bestätigt werden. Zum gegenwärtigen Zeitpunkt gibt es *keine einheitliche Theorie der Familie*, sondern viele *Theorieentwürfe* mit sehr unterschiedlichem Spezifikationsniveau und inhaltlicher Reichweite. In der Familienforschung angewandte Theorien sind sowohl Adaptationen von Metatheorien aus den Systemwissenschaften als auch aus dem gesamten Bereich der Sozialwissenschaften. *Systemtheorien* als Rahmentheorien der Erforschung des Systems Familie gestatten es, die Komplexität menschlichen Erlebens und Handelns unter dynamischen, prozeß- und entwicklungsorientierten Gesichtspunkten zu beschreiben, zu erklären und Kontexte für Veränderungsmöglichkeiten von verschiedenen Arten menschlicher Systeme zu gestalten. Aus dem Bereich der Sozialwissenschaften haben a) aus der Soziologie die Familienentwicklungstheorien, die Theorie der symbolischen Interaktion, die soziale Austauschtheorie, die Konflikttheorie (Konflikt), die sozioökologischen Theorien, feministische Theorien (Feministische Psychologie), phänomenologische Theorien (Phänomenologie), die Familienstreßtheorie, Ethnomethodologie und biosoziale Theorien, und b) aus der Psychologie die psychoanalytischen Theorien (Psychoanalyse), soziale Lerntheorien (Lernen) sowie Kommunikations- und Interaktionstheorien (Kommunikation) Eingang in die Theorienbildung der Familienforschung gefunden.

Familienentwicklung und familiäre Sozialisation

Die Entwicklung von Familien läßt sich in eine Reihe *normativer bzw. nicht-normativer* Übergänge und Phasen gliedern. Diesen können wiederum prototypisch spezifische Familienentwicklungsaufgaben zugeordnet werden, die sich aufgrund des Zusammenspiels gesellschaftlicher Vorgaben und biologischer Reifungsprozesse ergeben. Beispiele für *Familienentwicklungsaufgaben* beim Übergang zur Elternschaft bzw. in der Familienphase mit kleinen Kindern sind etwa a) Anpassung des Partnersystems, um die Integration eines Kindes bzw. mehrerer Kinder zu ermöglichen, b) Koordinierung der Aufgaben der Kindererziehung, des Umgangs mit Geld und der Haushaltsführung, c) Neuorientierung der Beziehungen mit den jeweiligen Herkunftsfamilien. In ähnlicher Weise lassen sich auch für nicht-normative Familienentwicklungsverläufe (z.B. alleinerziehende Elternschaft, Wiederverheiratung) spezifische Familienentwicklungsaufgaben formulieren. Die Erziehung und Sozialisation von Kindern stellt eine wesentliche Entwicklungsaufgabe im Kontext der Familie dar. Hierbei haben sich vier zentrale Muster des Erziehungsverhaltens herauskristallisiert, die als autoritär, permissiv, vernachlässigend und autoritativ verzeichnet werden und in ihren altersspezifischen Ausformungen zu jeweils unterschiedlichen Entwicklungsergebnissen der Kinder führen. Als besonders kompetenzfördernd hat sich der *autoritative Erziehungsstil* erwiesen, der sich durch klare elterliche Regeln sowie ein hohes Maß an Wärme und entwicklungsangemessener Anregung auszeichnet. Dabei können allerdings unter Berücksichtigung evolutionspsychologischer, verhaltensgenetischer und epochal-gesellschaftlicher Einflüsse u.a. folgende Variablen die Entwicklungsergebnisse moderieren: Temperamentsmerkmale des Kindes, elterliche Persönlichkeitsmerkmale, Beziehungerfahrungen in der Herkunftsfamilie, Ehebeziehung und Elternallianz, Qualität der Geschwisterbeziehungen, Arbeitsplatzerfahrungen der Eltern, Unterstützungsfunktion des sozialen Netzwerks, ökonomische Situation. Vor dem Hintergrund der familiären Erziehungs- und Sozialisationseinflüsse gestalten die Kinder auch in Auseinandersetzung mit anderen Erfahrungsbereichen (z.B. Gleichaltrigengruppe, Schule, Ausbildung, Freizeit) mehr und mehr auf dem Wege der Selbstsozialisation ihre eigene Persönlichkeitsentwicklung.

Familiendiagnose

Familiendiagnostik ist eine nach wissenschaftlichen Standards geleitete *systematische Informationssammlung*. Sie basiert auf der Anwendung von Familientheorien und den jeweils davon abhängigen quantitativ oder qualitativ orientierten Methodologien. In der systemischen Familiendiagnostik ist der Untersucher als Beobachter in den selbstreferentiellen diagnostischen Prozeß mit einbezogen. Die Diagnostik schließt sowohl die Beobachtungen der *aktuellen Familieninteraktionen*, die Befragung des *Beziehungserlebens* der am Interaktionsprozeß Beteiligten, die Rekonstruktion der erlebten eigenen und gemeinsam geschaffenen *Familiengeschichte*, die Analyse von zukünftigen Zielvorstellungen, als auch die Erhebung der objektiven materiellen und sozialen *Lebenslagen* von Familien und ihre subjektive Bedeutung für die einzelnen Familienmitglieder ein. Die Familiendiagostik kann je nach Aufgabenstellung *salutogen* oder *pathogen* orientiert sein. Eine pathogen orientierte klinische Familiendiagnostik geht von einem biosozialen, kontextspezifischen, relationalen und transaktionalen Störungsbegriff aus. Störungen/psychische Krankheiten werden nicht *in* der Person, sondern – im Gegensatz zu einem medizinisch-psychiatrischen Krankheitsmodell – in den Transaktionen von sich entwickelnden Personen in einem sich entwickelnden Kontext konzeptualisiert. Statt Individuen können auch Kontexte, wie zum Beispiel Familien als dysfunktional aufgefaßt werden.

Familiäre Intervention

Ziel formeller familiärer Interventionen ist die Stärkung des individuellen und familiären Bewältigungspotentials in unterschiedlichen Lebensphasen und Lebensbereichen. Zentrale Instrumente formeller familiärer Interventionen sind familienorientiertes Beziehungstraining, Familienberatung und Familientherapie. Entsprechend der traditionellen Klassifikation von Präventionsformen kann der psychoedukative Ansatz der familienorientierten Beziehungstrainings (bei Paaren, Eltern-Kindbeziehungen, Familien im Übergang zur Elternschaft) als *primäre* Prävention (Entwicklungsoptimierung), Beratung in Form der Entwicklung präventiver und auch partiell remedialer Vorgehensweisen der Familienunterstützung als *sekundäre* Prävention eingeordnet werden. Dem Begriff Therapie werden alle korrektiven remedialen Behandlungsmaßnahmen der *tertiären* Prävention zugerechnet, die das Ziel der Reduzierung der Verletzlichkeit einer Familie und ihrer Stabilisierung auf einem zumindest niedrigeren Niveau als zu Beginn der Behandlungsmaßnahmen haben. *Familienorientiertes Beziehungstraining* als Prävention bei Risikofamilien versucht, personale und interpersonale Kompetenzen zu stärken, um erwartbare Belastungen besser meistern zu können. Zentrale Komponenten der psychoedukativen Ansätze sind die Vermittlung und Einübung von Kommunikationsfertigkeiten, die Förderung von Problem- und Konfliktlösungskompetenzen sowie das Erlernen der Kontrolle von personeninternen Zuständen (z.B. Ärgerkontrolle). Bedeutsame Effekte bei der *Rückfallprophylaxe* bei Familien mit schizophrenen Mitgliedern sowie Langzeitstudien von *Paarbeziehungstrainings* belegen die Wirksamkeit der psychoedukativen Ansätze. Angebotsformen der Familienberatung (krisen- bzw. problembezogene Beratung, Familienbildung) umfassen alle sozialen und institutionellen Netzwerke (Soziale Netzwerke), die der Bewältigung von psychosozialen und krankheitsbedingten Belastungen sowie Gesundheitsgefährdungen dienen. Familienberatung hat zum Ziel, Ratsuchende bei der Lösung von Problemen fachkundig so zu unterstützen, daß diese selbständig Lösungen ihrer Probleme erarbeiten können. Im Beratungsprozeß werden Diskrepanzen des Ist- und Sollzustandes analysiert und durch Information, Empfehlung und Beratung bei der Entwicklung alternativer Lösungsmöglichkeiten modifiziert. Mit Familientherapien werden behandlungsbedürftige Symptome von Familienmitgliedern oder Störungen der Paar- und Familienbeziehungen im jeweiligen Problemkontext behandelt. Modelle der Familientherapien orientieren sich an systemtheoretischen (strukturelle, strategische, systemische, lösungsorientierte, narrative Therapie) (Systemische Therapie), behavioralen, psychoanalytischen, humanistischen oder feministischen Modellvorstellungen. Nach rigorosen wissenschaftlichen Standards durchgeführte Metaanalysen belegen die empirisch fundierte Wirksamkeit von Paar- und Familientherapien bei einer Vielzahl von Symptomen und Störungen.

Literatur

Ambert, A.-M. (1997). *Parents, children, and adolescents. Interactive relationships and development in context.* New York: Haworth Press.

Boss, P.G., Doherty, W.H., LaRossa, R., Schumm, W.R. & Steinmetz, S.K. (Eds.). (1993). *Sourcebook of family theories and methods. A contextual approach.* New York: Plenum.

Cierpka, M. (Hrsg.). (1996). *Handbuch der Familiendiagnostik* (2. Aufl.). Berlin: Springer.

Schneewind, K.A. (1999). *Familienpsychologie* (2. Aufl.). Stuttgart: Kohlhammer.

von Schlippe, A. & Schweitzer, J. (1998). *Lehrbuch der systemischen Therapie und Beratung* (5. Aufl.). Göttingen: Vandenhoek & Ruprecht.

Forschungsmethoden

Helmut Giegler

Die Psychologie ist eine *Realwissenschaft.* Im Unterschied zu den *Formalwissenschaften* (Mathematik, Formale Logik), bei denen die Exaktheit der Definitionen und die Stringenz logischer Ableitungen – neben der „Eleganz" der Beweisführung – einzige Qualitätskriterien sind, kommt bei den Realwissenschaften noch ein entscheidendes Qualitätskriterium hinzu: Inwieweit stimmen wissenschaftliche Aussagen mit der „Realität" überein? Ein besonderes Problem für die Psychologie besteht nun darin, daß die in diesen Aussagen verwendeten Merkmale (z.B. Intelligenz, Leistungsmotivation) zumeist nicht unmittelbar, sondern nur *mittelbar beobachtbar* sind und infolgedessen der *Operationalisierung* bedürfen. Somit ist *offenzulegen, auf welche Weise wissenschaftliche Daten und Analysebefunde gewonnen worden sind.* Im Unterschied zu den Naturwissenschaften, bei denen zumindest relativer Konsens darüber besteht, wie wissenschaftliches Vorgehen auszusehen hat, ist dies in der Psychologie keineswegs der Fall. Vielmehr gibt es in ihr recht unterschiedliche – und zumindest in Teilen wohl auch unvereinbare – Wege zur „Wahrheit". Auf einer sehr allgemeinen Ebene zeichnen sich hier zwei Strömungen ab: der *quantitative Weg* und der *qualitative Weg*. Beide Wege präferieren jeweils unterschiedliche – „objektiv" *messende* (= standardisierte) versus (*subjektiv* oder *objektiv*) „sinnverstehende" (= unstandardisierte) – Methoden der *Datenerhebung* und der *Datenauswertung*.

Quantitative Datenerhebung

Hier geht es um Aussagen über *quantitative Regelmäßigkeiten*, denen das psychosoziale Geschehen unterliegt. Solche quantitativen Regelmäßigkeiten zeigen sich z.B. in Zusammenhängen (Korrelationen) zwischen den jeweils erhobenen empirischen Merkmalen, in der Zusammenfassung von zahlreichen untereinander korrelierenden empirischen (= *manifesten*) Merkmalen zu einigen wenigen *latenten* Merkmalen (= Faktoren), in der Bildung in sich homogener Gruppen von Personen (= Clustern) und in der Modellierung von Ursa-chen-Wirkungs-Zusammenhängen („Kausalitäten") (wissenschaftliche Erklärung, Experiment). Die *objektive Messung* von Daten impliziert eine *standardisierte Datenerhebung*. Standardisierte Erhebungsinstrumente zeichnen sich dadurch aus, daß sie Mehrdeutigkeiten sowohl auf seiten der Erforschten wie auch auf seiten der Forschenden zu vermeiden suchen. Dabei ist man sich der Schwierigkeit, dieses Ziel einer einigermaßen exakten Messung von psychosozialen Sachverhalten zu erlangen, durchaus bewußt. Die einschlägige Lehrbuchliteratur besteht denn auch zu großen Teilen darin, zur vorbeugenden Vermeidung von *systematischen Meßfehlern* bei der Datenerhebung entsprechende „Kunstlehren" an die Hand zu geben (Diekmann, 1995; Kromrey, 1995).
Diese systematischen Meßfehler können vom Erhebungsinstrument selbst (z.B. durch schlechte Benutzerführung), von den diese Instrumente benutzenden Personen (z.B. durch ungenügende Schulung von Interviewern, Beobachtern, Kodierern) und von den zu erforschenden Personen (z. B. sozial erwünschtes Antwortverhalten) ausgehen. So banal es klingen mag: Auch bei der *Dateneingabe* werden häufig Fehler gemacht – mit zuweilen desaströsen Konsequenzen für die nachfolgenden statistischen Analysen. Mittlerweile gibt es jedoch entsprechende Software, die mit Hilfe von Wertebereich- (unzulässige Werte) und Konsistenzprüfungen (Antwort X bei Frage A ist unvereinbar mit Antwort Y bei Frage B) *Dateneingabefehler* doch erheblich zu reduzieren hilft. Ein weiteres fundamentales Problem ergibt sich aus der für den quantitativen Forschungsansatz essentiellen Notwendigkeit, mit „repräsentativen Stichproben" zu arbeiten. Hierbei geht es darum, *auf der Basis von Zufallsstichproben Schlüsse* auf *definierte Grundgesamtheiten zu ziehen*. Dies ist nur möglich, wenn bestimmte, in der Forschungspraxis keineswegs immer leicht einzuhaltende Gütekriterien bei der *Stichprobenziehung* (Stichprobe) hinreichend berücksichtigt worden sind. So müssen bei „echten Zufallsstichproben" *alle Elemente einer definierten Grundgesamtheit die gleiche Chance haben, in die Stichprobe zu gelangen*. Dies ist gerade bei Befragungen leichter gesagt als getan (Interview-Verweigerungen, sog. „schwer Anzutreffende", Interviewer, die sich aus Bequemlichkeit über spezifische Anweisungen hinwegsetzen, Interview-Fälschungen usw.).

Quantitative Datenauswertung

Die Auswertung quantitativer sozialwissenschaftlicher Daten erfolgt heutzutage ausnahmslos mit entsprechender Computersoftware (Brosius & Brosius, 1998; Wittenberg, 1998). Sie beginnt normalerweise mit einer *Auszählung der Merkmalsausprägungen* der einzelnen in die Untersuchung einbezogenen Merkmale. Diese numerische *Häufigkeitsdarstellung* kann gegebenenfalls durch *grafische Darstellungen* (z.B. Säulen- oder Kreisdiagramme) ersetzt oder ergänzt werden. Falls das Skalenniveau der Merkmale dies zuläßt, können auch *univariate statistische Kennwerte* (Mittelwerte, Streuungsmaße und andere, die Häufigkeitsverteilung beschreibende statistische Maßzahlen) berechnet werden. Daran schließt sich in der Regel die Bestimmung von *Zusammenhängen zwischen zwei Merkmalen* an (*bivariate Analyse)*. Dies geschieht anhand von *Kreuztabellen* und gegebenenfalls der Berechnung von Assoziations- bzw. Korrelationskoeffizienten. Sofern es sich um „echte Zufallsstichproben" handelt, können auch *Signifikanztests* berechnet werden, die darüber Auskunft geben, mit welcher Zufallswahrscheinlichkeit aufgedeckte empirische Zusammenhänge oder Unterschiede zwischen zwei Merkmalen auch in der *definierten Grundgesamtheit* Geltung haben, aus der die Stichprobe gezogen worden ist. Am Ende der Auswertung stehen zwar keineswegs immer, aber aufgrund der heutzutage üblichen enormen Rechnerkapazitäten immer häufiger multivariate Analysen, bei denen mehr als zwei Merkmale gleichzeitig zueinander in Beziehung gesetzt werden (Multivariate Analysemodelle). Im Zusammenhang mit der Auswertung quantitativer Daten sollte auch eine Überprüfung einschlägiger quantitativer Qualitätskriterien (insbesondere Reliabilität und Validität) erfolgen.

Qualitative Datenerhebung

Beim *qualitativen Weg* steht *entweder* der „subjektiv sinnvoll" *handelnde Akteur* im Mittelpunkt, der Situationen zunächst mehr oder weniger angemessen deutet, um sodann auf der Basis dieser Deutungen „interessengeleitet" zu handeln – *oder* der mehr oder minder unbewußt von „latenten objektiven" *Sinnstrukturen geleitete* und diese durch sein Handeln gleichzeitig immer wieder stabilisierende oder auch modifizierende Akteur. Zentrales Erkenntnisziel der qualitativen empirischen Psychologie ist daher das Verstehen (= die *Rekonstruktion*) dieser *subjektiven* oder *objektiven Sinnstrukturen*. Sind schon quantitative Forschungsansätze keineswegs immer einheitlich begründet, so trifft dies auf qualitative Forschungsansätze noch viel weniger zu (Flick et al., 1995; Hopf & Weingarten, 1993). Bei aller Unterschiedlichkeit herrscht bei ihnen jedoch zumindest Einigkeit in der *Ablehnung standardisierter Erhebungsinstrumente*. Die *zu erforschenden Personen*, nicht der Forscher, werden *am Beginn* eines qualitativen Forschungsprozesses als die eigentlichen Experten („Alltagsexperten") angesehen. Ihr *Alltagshandeln* gilt es zu rekonstruieren, genauer gesagt: den diesem Handeln zugrundeliegenden *Sinn*. Das setzt eine möglichst unvoreingenommene („Prinzip der Offenheit"), genaue und vollständige, und oft mit den zu Erforschenden auch diskutierte („Prinzip der „Kommunikativität") Dokumentation des erfragten oder beobachteten Geschehens voraus (Bei standardisierten Erhebungsinstrumenten wird ein von wissenschaftlichen Experten *vorgedachter Sinn* quasi *von außen* an die zu erforschenden Personen herangetragen). Die einzelnen Ansätze unterscheiden sich nun allerdings in dem Grad der Zurückhaltung des Forschers, der hier – im Unterschied zu den quantitativen Ansätzen – häufig zugleich auch Datenerheber ist. So gibt es qualitative Erhebungsmethoden (z.B. das narrative Interview oder die Gruppendiskussion), die dem Erhebenden, zumindest in bestimmten Phasen der Erhebung, eine nahezu völlige Zurückhaltung auferlegen: Lediglich das Gespräch aufrechterhaltende Ermunterungen sind gestattet – und solche, die in ihrer partiellen Strukturiertheit schon wieder Züge standardisierter Forschung aufweisen (z.B. das Leitfadeninterview). Die Probleme bei einer qualitativen Datenerhebung sind dabei keineswegs geringer als bei einer quantitativen Datenerhebung (Meßfehler, systematische, bei der qualitativen Datenerhebung). Bei einigen qualitativen Forschungsansätzen (z.B. bei der grounded theory) wird nicht strikt von der Datenauswertung geschieden. Dies zeigt sich z.B. im Verfassen von *„Memos"* (das können etwa subjektive Empfindungen oder auch erste, dem Forscher spontan einfallende Theoriebausteine sein) noch *während der Erhebungsphase*. Diese Memos werden hinterher bei der eigentlichen Datenauswertung selbstverständlich berücksichtigt. Dies zeigt sich aber auch bei der *Personenauswahl*: Hier werden im Unterschied zum quantitativen Forschungsansatz *keine Zufallsstichproben* gezogen, vielmehr werden die zu befragenden oder zu beobachtenden Personen oder Situationen im Rahmen eines *„Kontrastierungskonzeptes" theoretisch begründet ausgewählt*. Konkret kann das z.B. so aussehen, daß man sich nach der Lektüre des ersten, mit einer zufällig ausgewählten Person geführten Interviews Gedanken macht, wie eine Person aussehen könnte, die sich von dieser Person deutlich unterscheidet. Mit dieser versucht man dann, ein Interview zu führen. Anschließend versucht man ein Interview mit einer Person zu führen, die sich wiederum von den ersten beiden Personen deutlich unterscheidet. Das macht man so lange, bis man zur *vorläufigen* Erkenntnis gelangt, daß es für die Theoriebildung über den zu erforschenden Gegenstandsbereich keine neuen Facetten mehr gibt und sich daher die Befragung weiterer Personen erübrigt.

Qualitative Datenauswertung

In den meisten Fällen – wenn man sich also nicht mit „Feldnotizen" zufrieden gibt – hat man als Resultate qualitativer Erhebungen zunächst Tonband- oder Videoaufzeichnungen von Interviews, Gruppendiskussionen oder Verhaltensbeobachtungen vorliegen. Bevor diese analysiert werden können, bedürfen sie der *Transkription,* d.h. sie müssen in eine *schriftlich fixierte Form* gebracht werden. Diese ist sehr aufwendig, zumal dann, wenn jedes verbale und nonverbale Detail der Erhebung erfaßt werden soll, was jedoch – je nach Auswertungsmethode und Fragestellung – keineswegs immer notwendig ist. Die Auswertung von qualitativen Daten läuft auf die eine oder andere Art und Weise immer auf eine *hermeneutische* Analyse (Hermeneutik) hinaus (Hitzler & Honer, 1997). Damit ist zweierlei gemeint: zum einen die Bereitschaft, ein *immer schon vorhandenes Vorverständnis* über einen Gegenstandsbereich in intensiver Auseinandersetzung mit dem erhobenen Datenmaterial so lange zu modifizieren, bis sich keine neuen Aspekte mehr ergeben, so daß der Interpretationsprozeß als *vorläufig abgeschlossen* gelten kann. Zum anderen ist damit auch gemeint, daß sich am Ende des Interpretationsprozesses *Teil* und *Ganzes* nicht mehr fremd gegenüberstehen, sondern *zusammenpassen*: Jedes Element erfährt seine spezifische Bedeutung aus dem Ganzen heraus, und das Ganze findet sich in jedem Datenelement wieder. Letzteres deutet darauf hin, daß es sich hier – zumindest im Prinzip, das jedoch keineswegs immer eingelöst wird – um eine *ganzheitlich ausgerichtete* („holistische") *Methodologie* handelt – im Unterschied zu einer *partikular ausgerichteten Methodologie* beim quantitativen Ansatz. Trotz großer Differenzen im jeweiligen hermeneutischen Vorgehen lassen sich zumindest idealtypisch zwei Hauptströmungen unterscheiden: die *Analyse von subjektiv gemeintem Sinn* (Sinnrekonstruktion, subjektive) und die Analyse von latenten objektiven Sinnstrukturen (Sinnrekonstruktion, objektive).

Zum Verhältnis von quantitativen und qualitativen Forschungsansätzen

Die Zeit der großen methodologischen Dispute (z.B. „Positivismusstreit" der 60er Jahre; Adorno et al., 1969) scheint auf den ersten Blick vorbei zu sein. Stattdessen herrscht Konsens darüber, daß jene empirischen Forschungsmethoden eingesetzt werden sollen, die dem jeweils zu erforschenden Gegenstandsbereich adäquat sind. Auch gegen einen Mix aus quantitativen und qualitativen Forschungsmethoden (z.B. zum Zwecke der wechselseitigen Überprüfung quantitativ und qualitativ gewonnener Forschungsbefunde – „Triangulation") ist demnach nichts einzuwenden, *wenn es denn der Wahrheitsfindung dient.* Schaut man die psychologische und sozialwissenschaftliche Wissenschaftslandschaft jedoch etwas genauer an, geht es in ihr so „tolerant" nun auch wieder nicht zu. So steht zwar bei der Mehrzahl der Verfechter des quantitativen Ansatzes weitgehend außer Frage, daß man im *wissenschaftlichen Vorfeld* (etwa zu Explorationszwecken, zur Entwicklung standardisierter Erhebungsinstrumente) oder – nachdem quantitative Befunde vorliegen – *im Nachhinein* (etwa zu Illustrationszwecken, zur Klärung von Ungereimtheiten, die quantitative Befunde zu Tage gefördert haben) sehr wohl von qualitativen Methoden Gebrauch machen kann. Das ändert aber nichts an dem dieser Richtung eigenen Credo, wonach Wissenschaft im engeren Sinne immer mathematisierbar und damit quantitativ angelegt sein muß. Von einer Gleichberechtigung beider Ansätze kann hier also keine Rede sein.

Umgekehrt besteht bei vielen qualitativ vorgehenden Wissenschaftlern weitgehender Konsens darüber, daß quantitative Forschung zumeist nur oberflächliche und wenig aussagekräftige Resultate zu Tage fördert, diesen Tatbestand aber hinter einem mit allen Mitteln der mathematischen Statistik ausgetragenen szientifischen Kriegstanz zu verschleiern sucht. Quantitative Ansätze sind demnach – wenn sie überhaupt etwas erbringen – qualitativen Ansätzen allenfalls nachgeordnet und kommen z.B. aus forschungsökonomischen Notwendigkeiten zum Einsatz: Quantitative Forschung ist billiger und liefert schneller (fragwürdige?) Ergebnisse. Verwunderlich ist dabei nur, daß in diesen Diskursen ausgerechnet Psychologen und Sozialwissenschaftler bestimmte in diesem Kontext sich geradezu aufdrängende wissenschaftspsychologische oder wissenschaftssoziologische Fragestellungen (z.B. nach der eigenen wissenschaftlichen Sozialisation, nach beruflichen Abhängigkeiten, Karriereplänen oder nach ökonomischen Interessen) systematisch nicht reflektieren, sondern auf scheinbar „rein methodologische Erörterungen" ausweichen.

Literatur

Adorno, T. W., Albert, H., Dahrendorf, R., Habermas, J., Pilot, H. & Popper, K. R. (Hrsg.). (1969). *Der Positivismusstreit in der deutschen Soziologie.* Neuwied/Berlin: Luchterhand.

Brosius, G. & Brosius, F. (1998). *SPSS. Base System und Professional Statistics*. Bonn: Thomson Publishing.

Diekmann, A. (1995). *Empirische Sozialforschung. Grundlagen, Methoden, Anwendungen.* Reinbek: Rowohlt.

Flick, U., von Kardorff, E., Keupp, H., von Rosenstiel, L. & Wolff, S. (Hrsg.). (1995). *Handbuch qualitativer Sozialforschung*. Weinheim: Psychologie Verlags Union.

Hitzler, R. & Honer, A. (Hrsg.). (1997). *Sozialwissenschaftliche Hermeneutik*. Opladen: Leske + Budrich.

Hopf, Ch. & Weingarten, E. (Hrsg.). (1993). *Qualitative Sozialforschung*. Stuttgart: Klett-Cotta.

Kromrey, H. (1995). *Empirische Sozialforschung*. Opladen: Leske + Budrich.

Wittenberg, R. (1998). *Grundlagen computergestützter Datenanalyse*. Stuttgart: Lucius & Lucius.

Freizeitpsychologie

Walter Tokarski

Freizeitpsychologie als Teil der Freizeitwissenschaft

Gegenstand der Freizeitwissenschaft ist die Analyse und theoretische Erklärung des Freizeitsystems in seinen vielfältigen Ausdifferenzierungen. Innerhalb dessen beschäftigt sich Freizeitpsychologie mit Motivationen, Einstellungen, Verhaltens- und Erlebensweisen sowie Lernvorgängen in der Freizeit und ist neben Freizeitpädagogik, -soziologie, -ökonomie, -philosophie, Geographie und Sozialgeschichte eine der wichtigen freizeitwissenschaftlichen Teildisziplinen. Sie hat in den letzten fast 50 Jahren, seit dem Freizeit sich als wissenschaftliches Betätigungsfeld etabliert hat, eine Fülle von Daten zu vielen Teilaspekten der Freizeit insbesondere zum Freizeitverhalten erarbeitet; zu den Freizeitmotivationen, Freizeitinteressen und zum Freizeiterleben gibt es deutlich weniger Erkenntnisse.

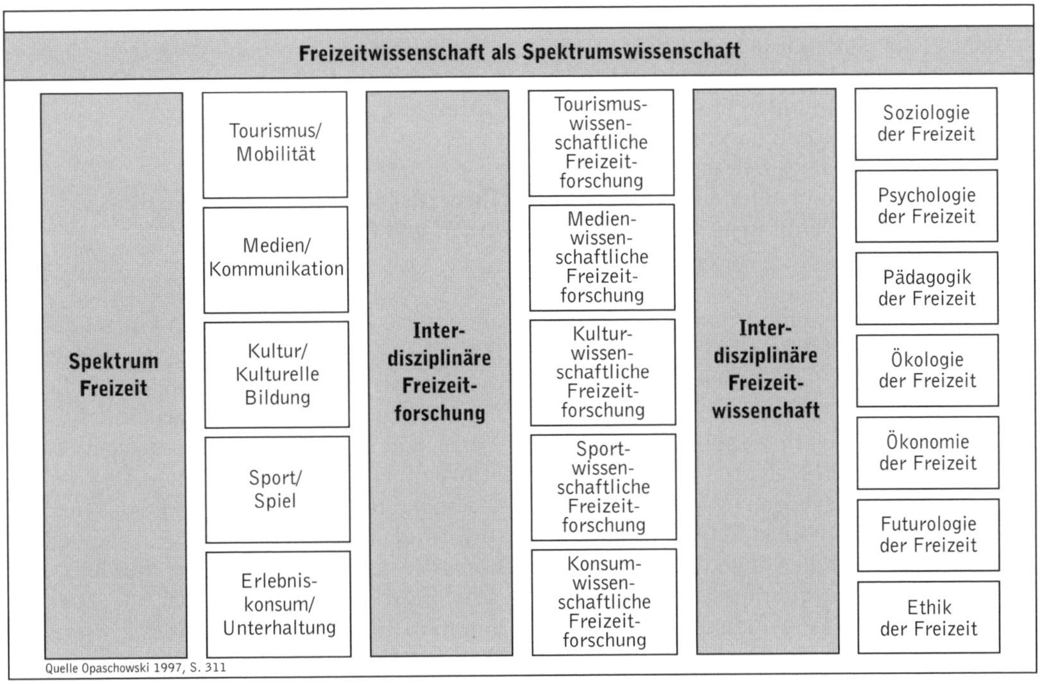

Freizeitpsychologie. Freizeitwissenschaft als Spektrumswissenschaft.

Nachdem bis in die 80er Jahre hinein primär quantitative und repräsentative Studien im Zentrum der Betrachtung standen, sind in den letzten 15 Jahren zunehmend neue Erkenntnisbereiche erschlossen worden, die qualitativ untersucht werden: so etwa zielgruppenspezifisch die Bereiche Arbeitslosigkeit, Altersfreizeit, Jugendliche etc. oder aber sachspezifisch die Bereiche Umwelt, Neue Medien, Tourismus, Sport, Kultur und Unterhaltung. Die Betrachtung dieser Erkenntnisbereiche erfolgt in erster Linie problemorientiert, so z.B. unter den Stichworten Soziale Benachteiligung in der Freizeit, Freizeitrisiken, Freizeitstreß, Zeitnot, Freizeit-Umwelt-Konflikt, Freizeit und Gesundheit, Urbane Freizeit, Zeitstrukturen, Freizeitstil-Management u.ä. Bei der Bearbeitung dieser Felder greift Freizeitpsychologie häufig auf existierende allgemeine psychologische Theorien zurück, genuine freizeitpsychologische Ansätze sind bisher nur wenige entwickelt worden; das Gleiche kann für das methodische Vorgehen konstatiert werden.

Determinantenkonzepte der Freizeit

Zu Beginn der systematischen Erforschung der Freizeit in den 50er und 60er Jahren wurde zumeist – quasi als der dahinter stehende Ansatz – davon ausgegangen, dass Freizeit durch eine Anzahl von spezifischen Variablen erklärbar sei. Solche sog. Determinantenkonzepte gingen zunächst davon aus, daß die Kenntnis von nur sehr wenigen Variablen – zumeist Soziodemographia – genüge um das Freizeitverhalten bestimmen und erklären zu können. Starke Determinationskraft sollten danach besitzen: Alter, Schulbildung und die Tatsache der Berufstätigkeit; mittlere Determinationskraft dagegen Geschlecht, Art des Berufs, Stellung im Lebenszyklus und Wohnort; und nur geringe Determinationskraft sollten Einkommen und Autobesitz haben. In den 70er Jahren wurden diese Konzepte um psychologische, physiologische und weitere soziale Determinanten erweitert, weiterhin wurde die bis dahin vorherrschende Konzentration auf das Freizeitverhalten aufgegeben und Freizeit als Einheit von Freizeitmotivati-

on, -interessen, -verhalten und -erleben verstanden. Diese speziell in den USA und mit Einschränkungen auch in Deutschland zu beobachtende Entwicklung führte dazu, dass Freizeit in Abhängigkeit von der Arbeit, vom Freiheitsgrad, den die Arbeit dem Individuum gestattet, von der Motivation und von der Bedeutung einer Freizeitaktivität sowie von der Zielorientierung gesehen wurde.
Unter freizeitpsychologischer Perspektive sind letztlich persönlichkeits-, sozial- und entwicklungspsychologische Determinanten von Bedeutung. Persönlichkeitspsychologisch orientierte Ansätze benutzten dabei vornehmlich Korrelationsrechnungen unter Verwendung von Einzelvariablen oder aber Persönlichkeitsfragebögen (MMPI, EPSS, CPI oder FPI). Dabei stellte sich heraus, daß die Testintelligenz und die subjektive Sichtweise der inviduellen Situation eher Resultate erbrachte als die Verwendung von Persönlichkeitsfragebögen. Unter sozialpsychologischer Perspektive wurden vor allem Aspekte der Familien-, Berufs- und Wohnsituation sowie der sozialen Kontakte thematisiert. Dabei wurden in erster Linie die Rolle der familiären und beruflichen Sozialisation, die Freizeiteignung der Wohnung sowie des Wohnumfeldes und die Rolle von Beziehungsnetzen untersucht. Die entwicklungspsychologische Sichtweise der Freizeit ist nicht sehr weit ausgeprägt. Da das chronologische Alter keinen zuverlässigen Indikator entwicklungsbedingter Veränderungen in der Freizeit darstellt, wären für eine adäquate Erforschung solcher Veränderungen Längsschnittuntersuchungen erforderlich. Die bisher vorliegenden längsschnittlichen Studien zeigen eher konstante Verläufe der Freizeitbiographien, d.h. danach gäbe es keine großen Umstrukturierungen der individuellen Freizeit über das Leben bzw. größere Lebensabschnitte hinweg. Allerdings sind die meisten dieser Untersuchungen mehr als 20 Jahre alt und betrachten primär das Freizeitverhalten. Neuere Studien aus dem sport- und gerontopsychologischen Bereich (Sportpsychologie, Gerontopsychologie) belegen jedoch, dass sich die Freizeit bei Personen im mittleren und höheren Lebensalter im Vergleich zum jüngeren Lebensalter zunächst wenig, dann jedoch in größerem Ausmaß verändert, wobei Umweltveränderungen gesundheitlicher, sozialer, ökologischer, ökonomischer und/oder psychischer Natur von Bedeutung sind.

Theoretische Ansätze zum Verhältnis von Arbeit und Freizeit

Neben den Determinantenkonzepten, die ebenso wie die sog. „negativen Freizeitdefinitionen" bereits die Bedeutung der Arbeit für die Freizeit hervorheben, spielen bis heute Ansätze zur Erklärung des Verhältnisses von Arbeit und Freizeit immer wieder eine Rolle in der freizeitwissenschaftlichen Diskussion. Die bekanntesten Ansätze sind der *Ventilansatz* (Freizeit ist der Bereich, in dem überschüssige Energien abreagiert werden), der *Erholungsansatz* (Freizeit hat die zentrale Funktion der Erholung), der *Katharsisansatz* (Freizeit ist der Bereich, in dem die in der Arbeit unterdrückten Emotionen und psychischen Spannungen abreagiert werden), der *Kompensationsansatz* (Freizeit ist der Bereich, in dem die Mängel, Versagungen, Belastungen und Zwänge der Arbeit ausgeglichen werden), der *Reduktionsansatz* (Restriktionen in der Selbsterfahrung der Arbeit führen zu einer Verarmung der Freizeit), der *Generalisierungsansatz* (Freizeit ist der Bereich, in dem das in der Arbeit erworbene Verhaltensrepertoire reproduziert wird) und der *Identitätsansatz* (Arbeit ist der Bereich, in dem ein Individuum das tut, was es in der Freizeit auch tun würde). Letztlich lassen sich diese Ansätze auf drei übergreifende Theorieansätze reduzieren, die sich logisch aus diesen Ansätzen ergeben:
1) Wenn Freizeit deutlich im Gegensatz zur Arbeit steht, trifft die *Kontrasttheorie* zu, die sich z. B. in kompensatorischer oder rein regenerativer Freizeit äußern kann.
2) Wenn Ähnlichkeiten zwischen Freizeit und Arbeit auftreten, trifft die *Kongruenztheorie* zu, die sich z.B. in suspensiver Freizeit äußern kann.
3) Wenn keine unmittelbaren Zusammenhänge zwischen Freizeit und Arbeit bestehen, trifft die *Neutralitätstheorie* zu, Freizeit und Arbeit sind zwei unabhängige Lebensbereiche mit eigenen Qualitäten.

Empirisch sind diese Theorieansätze nur z.T. untersucht worden. Die scheinbare Plausibilität der Kontrasttheorie hat – ohne überzeugende empirische Belege zu liefern – dazu geführt, dass in der öffentlichen Diskussion die Polarisierung von Arbeit und Freizeit im Sinne von Kontrastbereichen bis heute fest geschrieben worden ist. Obwohl rollentheoretische Überlegungen bei den Freizeitdefinitionen durchaus aufgegriffen worden sind, sind diese für die Entwicklung von Freizeittheorien kaum weiter berücksichtigt worden. Ebenso sind die funktionale Analyse des Teilsystems Freizeit für das Gesamtsystem Gesellschaft sowie systemtheoretische Überlegungen bisher fragmentarisch geblieben. Handlungstheoretische Ansätze sind zwar in vielen Studien zu finden, sie sind jedoch nicht zu geschlossenen handlungstheoretischen Freizeitmodellen verarbeitet worden. Neuere Ansätze gehen seit Beginn der 80er Jahre näher auf den Zusammenhang von Freizeit und Lebensstil ein und sehen hierin eine Möglichkeit, die vielen Detailergebnisse der Freizeitforschung über Lebensstilkonzepte zu Freizeitstilen zusammenfügen zu können. Lebensstil wird dabei verstanden als thematisch strukturiertes Motivations-, Verhaltens- und Erlebensmuster zur Befriedigung von Bedürfnissen, zur Erfüllung von Aufgaben und zur Annäherung an oder Erreichung von Zielen. So plausibel die Verwendung des Lebensstilansatzes für die Erforschung des Freizeitbereichs ist, so schwierig ist jedoch seine Operationalisierung. Seit Beginn der 90er Jahre beschäftigt sich Freizeitwissenschaft – und hier insbesondere Freizeitpsychologie – mit Zeit als übergreifendem Phänomen, das Arbeit und Freizeit gleichermaßen umfasst. Dabei sind zwei Richtungen zu unterscheiden, die allerdings in gewisser Relation zueinander stehen: Zum einen steht das Zeitbewußtsein im Mittelpunkt der Analyse, zum anderen sind es die temporalen Muster von Individuen.

Ausblick

Freizeitpsychologie hat sich in den fast 50 Jahren ihrer Existenz von einem „theorielosen" Forschungsfeld zu einer wissenschaftlichen Disziplin entwickelt, die sowohl auf existierende allgemeine psychologische Theorien zurückgreift als auch – wenn auch in geringerem Maße – genuine freizeitpsychologische Ansätze entwickelt hat. Die gesellschaftlichen Entwicklungen fassen Arbeit und Freizeit zunehmend als Tätigkeiten auf, die im Gegensatz zu früher in einem neuen Verhältnis zueinander stehen. Die neueren Lebensstil- und Zeitstrukturansätze spiegeln diese Entwicklungen wider und haben gleichzeitig den Vorteil, daß sie als Transmittoren zu allgemeinen psychologischen Theorien wirken können.

Literatur

Deutsche Gesellschaft für Freizeit (Hrsg.). (1998). *Freizeit in Deutschland 1998*. Erkrath.

Dollase, R., Hammerich, K. & Tokarski, W. (1999). *Temporale Muster. Die ideale Reihenfolge der Tätigkeiten*. Opladen.

Opaschowski, H.W. /1973). *Einführung in die Freizeitwissenschaft*. Freizeit- und Tourismusstudien 2. Opladen.

Tokarski, W.und Schmitz-Scherzer, R. (1985). *Freizeit*. Studienskripten zur Soziologie 125. Stuttgart.

Tokarski, W. (1989). *Freizeit und Lebensstile älterer Menschen*. Kasseler Gerontologische Schriften 10. Kassel.

Tokarski, W. (Hrsg.). (1993). *Freizeit im neuen Europa. Perspektiven in Wissenschaft, Freizeit und Politik*. Edition Sport & Freizeit 1. Aachen.

G

Gemeindepsychologie

Heiner Keupp

Selbstverständnis

Die Gemeindepsychologie hat es sich zur Aufgabe gemacht, das Erleben und Handeln der Menschen in ihren spezifischen *Lebenswelten* zu untersuchen und sie bei einer produktiven Lebensbewältigung zu unterstützen. Damit versucht sie, die individualistischen Verkürzungen der *Subjektperspektive* in der vorherrschenden Psychologie zu überwinden. Sie erhebt den Anspruch, das Subjekt in Theorie und Praxis zu „rekommunalisieren", d.h. sein Erleben und Handeln in den realen soziokulturellen und materiellen Lebenskontext zu stellen.

Die Gemeindepsychologie versteht sich weniger als erkenntnistheoretische, sondern als eine praxisverändernde und letztlich als politisch-ideologische Kritik am *psychologistischen Reduktionismus*. Als sie sich in den 60er Jahren zunächst in den USA und in den 70er Jahren in Europa zu entfalten begann, reagierte sie mit radikaler Kritik an einer psychologischen Diagnostik und Praxis, die – Hand in Hand mit der traditionellen Psychiatrie – Menschen und ihre Befindlichkeit von ihren realen Existenzbedingungen abschnitten, psychobiologische Personfaktoren für psychosoziale Störungen kausal verantwortlich machten und sich professionell an der institutionellen Ausgrenzung dieser Personen beteiligten. Die Kritik am psychologischen Reduktionismus bezog sich damals zunehmend aber auch auf den entstehenden Psychoboom, der aus einem expansiven Professionalisierungsschub von Psychologie und Psychotherapie entstand (Professionalisierung) und Ursachen menschlichen Erlebens und Handelns auf die psychische Innenwelt und Interventionen auf Verhaltensmodifikation reduzierte.

Ihre eigenständige Identität bezieht die Gemeindepsychologie daraus, daß sie den ökologischen, gesellschaftlichen und kulturellen Bedingungen subjektiver Phänomene besondere Aufmerksamkeit schenkt. Sie sieht ihr professionelles Aktionsfeld nicht ausschließlich auf der individuellen Ebene, sondern zielt auch auf Änderungen auf den unterschiedlichen soziokulturellen Kontextebenen ab. In dem – von Mehrdeutigkeiten nicht freien – Begriff der „Gemeinde" wird diese Schwerpunktsetzung deutlich. Hierunter ist der soziokulturelle, sozioökonomische und ökologische Lebenskontext in einem umfassenden Sinne gemeint – nicht nur die Gemeinde im Sinne einer lokal-administrativen Bezugsebene und auch nicht nur die Gemeinde im Sinne der Mitgliedschaft in einer Religionsgemeinschaft, obwohl beide Bedeutungsvarianten durchaus integriert sind. Aus Sicht der Gemeindepsychologie sind das psychosoziale Wohlbefinden und die verschiedenen Formen psychosozialen Leids das Ergebnis transaktionalen Zusammenwirkens von subjektiven Wünschen, Bedürfnissen und Ansprüchen eines Subjektes und den durch seine jeweiligen Lebensbedingungen gegebenen psychosozialen, sozialen und materiellen Ressourcen. Sie versucht, das psychosoziale Wohlbefinden zu verbessern und psychosoziales Leid zu mindern, indem sie Subjekte, Gruppen und Netzwerke dabei unterstützt, den Zugang zu Ressourcen zu verbessern, die für eine adäquate Auseinandersetzung mit alltäglichen Widersprüchen und Belastungen und für die Realisierung selbstbestimmter Lebenspläne erforderlich sind. Priorität haben Interventionen, die das Entstehen psychosozialer Belastungen und Leidenszustände verhindern sollen.

Bei ihrem konzeptuellen Vermittlungsversuch von subjektiven und objektiv-gesellschaftlichen Prozessen kann die Gemeindepsychologie aus der psychologischen Stammdisziplin nur unzureichende Hilfe erwarten. Wie verschiedene andere kritische Psychologieansätze bedarf sie einer engen Kooperation mit anderen Sozialwissenschaften. Wichtig sind vor allem die Anregungen der Kritischen Theorie und des Poststrukturalismus (v.a. Foucaults Geschichte des Wahnsinns und seine Theorie sozialer Kontrolle) und die institutionskritischen Analysen aus dem Bereich der Soziologie (z.B. Goffmans Untersuchungen zu „totalen Institutionen“ oder die labelingtheoretischen Arbeiten von Scheff oder Becker). In der Gemeindepsychologie spiegeln sich in charakteristischer Weise soziokulturelle Umbrüche der Nachkriegsperiode, ihre Verarbeitung durch soziale Bewegungen und der Anspruch von Psychologen, sich daran zu beteteiligen.

Ausgangspunkt für die ersten gemeindepsychologischen Ansätze war, die inhumanen Zustände in den „totalen Institutionen“ und die Beteiligung von Psychologen an der Herstellung und Aufrechterhaltung solcher Zustände anzuprangern. Als Alternative entstand eine kompensatorische Kampagne, die von einem anwaltschaftlichen Professionsmodell getragen wurde. Daraus entwickelte sich zunehmend die Haltung einer „Emanzipation des Subjekts“, also die Befreiung von Menschen aus kollektiven oder institutionellen Zuschreibungen und Sonderbehandlungen. Obwohl die kompensatorischen und emanzipatorischen Positionen nach wie vor existieren und auch notwendig sind, geht es heute zunehmend um die Frage nach Kontexten, Gemeinden, Gemeinschaften oder sozialen Netzen, die verhindern sollen, daß einzelne Menschen herausfallen und „kontextfrei“ werden.

Perspektiven

Stand also zunächst im Mittelpunkt der Gemeindepsychologie, gegenüber der Übermacht der Normalität das Recht auf Differenz zu erstreiten, geht es heute darum, soziale Anerkennung für diese Differenz zu erlangen. In diesem Entwicklungsprozeß sind auch die grundlegenden Perspektiven und Schwerpunktsetzungen der Gemeindepsychologie entwickelt worden. 1) Es wird bei psychischen Störungen nach den *sozial ökologischen Ressourcen* gefragt, die einer Person nicht in dem erforderlichen Umfang verfügbar sind, um eigene positive Lebensentwürfe zu verwirklichen. Notwendig ist die Einsicht, daß gesellschaftliche Fremdbestimmung, Enteignung von Alltagskompetenzen, die Zerstörung menschlicher Gestaltungsräume und die wachsenden ökologischen Risiken durch individuelle Bewältigungsstrategien letztlich nicht überwunden werden können und geeignete gesellschaftliche Strukturreformen erforderlich sind. 2) Die *konkrete Gemeinde* einer Person oder Gruppe bildet das Netzwerk (soziale Netzwerke), innerhalb dessen Identitäten verhandelt, konkrete Projekte realisiert, emotionale, soziale und materielle Unterstützung gegeben werden, aber auch soziale Kontrolle ausgeübt wird. Den „sense of community“ bildet das, was eine Gemeinde zu einem positiven und förderlichen Lebenszusammenhang macht, in dem Zugehörigkeit, Vertrautheit und Solidarität erlebt werden. Das „Gefühl" und die Erfahrung in eine schützende, unterstützende oder ermutigende Lebenswelt eingebunden zu sein, ist ein zentraler salutogenetischer Faktor. 3) Wie psychosoziale Praxis Lebenswelten im Sinne dieser *salutogenetischen Perspektive* fördern kann, wird innerhalb des gemeindepsychologischen Diskurses mit dem Zielkonzept Empowerment verbunden. Professionelles Handeln muß dazu beitragen, daß Individuen, Gruppen oder Institutionen mehr Kompetenz zur Selbstgestaltung der eigenen Lebenswelten gewinnen können. 4) Der Empowermentgedanke und das Ziel der professionellen Förderung von Selbstorganisation wäre ohne eine *Partizipation der Gemeindepsychologie an den vergangenen und aktuellen sozialen Bewegungen* kaum so zentral geworden. Das waren in ihrer Startphase die *Psychiatriereformbewegung*, in den 60er Jahren kam die Bürgerrechtsbewegung mit ihrem Ziel der Chancengleichheit für alle Bürger, im weiteren die Selbsthilfebewegung und die bis heute wichtigste und folgenreichste soziale Bewegung, die Emanzipationsbewegung der Frauen (Feministische Psychologie, Geschlechterforschung). Sie hat nicht nur zu den lebendigsten Beispielen von Empowermentprozessen geführt, sondern auch zur Entwicklung frauenspezifischer Psychotherapieangebote, in denen ein zentrales Anliegen der Gemeindepsychologie realisiert wird: die Ausrichtung der professionellen Angebote an den spezifischen Problem- und Bedürfnislagen der jeweiligen Gruppe. 5) Es ist nicht blinder Aktionismus, der die Gemeindepsychologie zu jeder neuen sozialen Bewegung zieht. Es ist vielmehr Ausdruck ihres Grundanliegens, *aktiv an der Verbesserung der sozialen Bedingungen individueller Lebensgestaltung* zu arbeiten. Die sozialen Bewegungen sind am ehesten die Indikatoren für die gesellschaftlichen Bereiche, in denen von den Betroffenen am dringendsten Veränderungsnotwendigkeiten in den öffentlichen Raum getragen werden. 6) In den vielfältigen sozialen Bewegungen drücken sich auch tiefgreifende *gesellschaftliche Wandlungsprozesse* aus, die für die Subjekte selber und vor allem auch für die Psychologie die Entwicklung neuer Lebenskonzepte erfordern. Die gegenwärtige soziokulturelle Situation läßt sich als „hochambivalente Konfiguration" kennzeichnen: Eine radikale Enttraditionalisierung von Lebensformen schafft einerseits ein ungeahntes Potential an Selbstorganisation, auf der anderen Seite aber wachsen auch die Risiken des Scheiterns. Gesicherte Leitfäden der Lebensführung gibt es kaum mehr; Lebenssinn muß aktiv gesucht werden. Der einzelne löst sich zunehmend aus vorgegebenen Vergesellschaftungsmustern und muß sich sozial selbst verorten. Das scheint die „neue soziale Frage" zu sein und sie beschäftigt gegenwärtig viele Geister. In der Gemeindepsychologie hat die Reflexion über das neue Verhältnis von einzelnen Subjekten zu ihrer jeweiligen „Gemeinde" begonnen. 7) Die Gemeindepsychologie leitet ihre Handlungsprinzipien nicht aus Wissensformen ab, die die Forschung erarbeitet und die dann nach dem Modell des „Nürnberger Trichters" von der Praxis aufgenommen und umgesetzt werden müssen. *Gute Gemeindepsychologie-Praxis und -Forschung setzen einen herrschaftsfreien Dialog zwischen beiden voraus*. Erforderlich ist deshalb eine Fachkultur, in der die Bedingungen für diesen Dialog entstehen und gemeinsame Lernprozesse ermöglicht werden.

Ausblick

In der Krise moderner Gesellschaften stehen bisherige Werteprinzipien zur Disposition. Dazu gehört auch der soziale Konsens über Prinzipien sozialer Sicherung angesichts typischer Existenzrisiken. Die Diskussion und Praxis zur Entwicklung von Qualitätsstandards psychosozialer Praxis muß sich mit einer Wertediskussion für „gute Praxis" und mit der Formulierung politischer Optionen verknüpfen. Die Gemeindepsychologie bietet hierfür u.a. folgende Prinzipien an: Förderung und Unterstützung von a) „aufrechtem Gang" und Selbstbestimmung; b) gesellschaftlicher Chancengleichheit; c) Vielfalt von Lebensformen und das Recht auf Differenz; d) kommunitären Netzwerken in Selbstorganisation;

e) sozialer und materieller Grundsicherung; f) mehr finanziellen Gestaltungsspielräumen in der Praxis; g) partizipativen Formen der Politikgestaltung.
Die Gemeindepsychologen im deutschsprachigen Raum haben sich zunächst in der Deutschen Gesellschaft für Soziale Psychiatrie (DGSP) und in der Deutschen Gesellschaft für Verhaltenstherapie (DGVT), die die gemeindepsychologische Perspektive in ihre Satzung aufgenommen hat, organisiert. Seit Mitte der 80er Jahre treffen sie sich regelmäßig in einem eigenen Gesprächskreis. 1995 wurde dann die Gesellschaft für gemeindepsychologische Forschung und Praxis (GGFP) gegründet.

Literatur

Böhm, I., Faltermaier, T., Flick, U. & Krause Jakob, M. (Hrsg.). (1992). *Gemeindepsychologisches Handeln: ein Werkstattbuch*. Freiburg: Lambertus
Keupp, H. (1997). *Ermutigung zum aufrechten Gang*. Tübingen: DGVT-Verlag.
Keupp, H. & Rerrich, D. (Hrsg.) (1982). *Psychosoziale Praxis – gemeindepsychologische Perspektiven. Ein Handbuch in Schlüsselbegriffen*. München: Urban & Schwarzenberg.
Rappaport, J. (1985). Ein Plädoyer für die Widersprüchlichkeit. *Verhaltenstherapie und psychosoziale Praxis*, 17, S. 25-78.
Röhrle, B. & Sommer, G. (Hrsg.). (1995). *Gemeindepsychologie: Bestandsaufnahme und Perspektiven*. Tübingen: DGVT-Verlag.

Gerontopsychologie

Ulrich M. Fleischmann

Begriffe und Entwicklung

Während sich die „Gerontologie" als übergeordnete wissenschaftliche Disziplin dem „Studium des Alterns im weitesten Sinne" (National Institute on Aging, U.S.A.) widmet, ist es das Anliegen der Gerontopsychologie, psychologische Methoden, Theorien und Faktenwissen zu erarbeiten, um Alternsprozesse im menschlichen Verhalten und Erleben beschreiben und erklären zu können. Bereits diese Umschreibung der Gerontopsychologie macht deutlich, daß ihr Gegenstandsbereich nicht auf den Lebensabschnitt des hohen Alters beschränkt werden kann, vielmehr der *Prozeß* des Älterwerdens, also Veränderungen im menschlichen Verhalten und Erleben in psychologischer Betrachtung im Mittelpunkt stehen. Während die verwandten Begriffe „Psychologische Gerontologie" und „Psychogerontologie" die Rolle der Gerontologie als „Mutterdisziplin" sowie den multidisziplinären Charakter ihres Gegenstandes betonen, verweist die Bezeichnung „Gerontopsychologie" auf deren klare theoretische und methodische Zuordnung zur Psychologie.
Die Gerontopsychologie ist eine junge wissenschaftliche Disziplin. Während in den USA bereits zu Beginn des 20. Jahrhunderts die entwicklungspsychologischen Ausarbeitungen Stanley Halls zum Erwachsenenalter und höheren Lebensalter vorlagen und entsprechende interdisziplinäre Forschungsprojekte in den 20er Jahren ihren Ausgang nahmen, ist im deutschsprachigen Raum Charlotte Bühler als frühe Wegbereiterin der Gerontopsychologie zu nennen. In ihrem 1933 erschienenen Werk „Der menschliche Lebenslauf als psychologisches Problem" wird erstmalig das höhere Lebensalter explizit in eine Psychologie der Lebensspanne einbezogen. Ein erweiterter, unterschiedliche Veränderungsformen und -richtungen einschließender Entwicklungsbegriff bildete die Basis diverser in den 60er und 70er Jahren durchgeführter psychologischer Studien zum Prozeß des *Alterns*. Zu nennen ist hier v.a. die 1961 von Hans Thomae initiierte und bis in das Jahr 1983 geführ-

te *Bonner-Längsschnitt-Studie,* die als Initialstudie der deutschen Gerontopsychologie gelten kann. In ihr wurde der Grundstein gelegt, Alternsprozesse als *multivariates, multidirektionales und differentielles Geschehen* zu analysieren.

Grundpositionen

Vor dem Hintergrund eines Entwicklungsbegriffes, der Entwicklung als Entfaltung, Wachstum und Zunahme charakterisierte, wurden Veränderungen des höheren Lebensalters in den frühen gerontopsychologischen Arbeiten häufig als Regression oder Verlust beschrieben.

1) Das sog. „Defizitmodell des Alterns", das sich bis in die Antike zurückverfolgen läßt, wurde vor allem durch jene Studien gestützt, die Fähigkeiten wie Intelligenz, Gedächtnis oder Psychomotorik in den Mittelpunkt rückten. Eine Relativierung dieses Modells haben u.a. methodisch aufwendige Studien zur Entwicklung der Intelligenz im Alter (Schaie, 1983) bewirken können. Schaie hat in seinen Untersuchungen dargelegt, daß ein Intelligenzabbau im Alter wesentlich durch körperliche Erkrankungen bestimmt ist und erst in der achten Lebensdekade als ein alle kognitive Fähigkeiten betreffendes, alterstypisches Geschehen gelten kann. Die von Schaie eingesetzten Datenerhebungsstrategien („Sequenz-Modelle") haben darüber hinaus nachhaltigen Einfluß auf die Versuchsplanung, die Auswertung und Interpretation gerontopsychologischer Studien und Daten genommen: Nicht nur für den Bereich der Intelligenz konnte belegt werden, daß neben dem chronologischen Alter die an eine Geburtskohorte geknüpften epochalen Einflüsse zum Verständnis von Entwicklungsgeschehen im Alter von großer Bedeutung sind.

2) Eine andere theoretische Grundposition spiegelt sich in der sog. „Disengagementtheorie des Alterns" wider (Cumming & Henry, 1961). Sie beschreibt den Prozeß des Alterns als einen sowohl von der Gesellschaft geforderten als auch selbstbestimmten Rückzug aus sozialen Kontakten. In verschiedenen Überarbeitungen dieses normativen Ansatzes wurde deutlich, daß Lebenszufriedenheit im Alter aus einer höchst individuellen Auseinandersetzung mit den Veränderungen im sozialen Umfeld resultiert und sich kaum als ein einheitlicher Prozeß des sozialen Disengagement beschreiben läßt.

3) Kaum weniger von normativen Setzungen geprägt ist die „Aktivitätstheorie des Alterns" (Tartler, 1961). In ihr wird postuliert, daß Lebenszufriedenheit im Alter vor allem mit sozialen Aktivitäten in Zusammenhang stehe. Der mit dem Alter einhergehende Funktions- und Rollenverlust schränke den Aktivitätsradius älterer Menschen ein und bedeute eine Gefährdung des Selbstwertes und der Lebenszufriedenheit im Alter. In Überarbeitungen der Aktivitätstheorie wird verdeutlicht, daß der Übereinstimmung von individuell gewünschter und tatsächlich realisierter sozialer Teilhabe eine Schlüsselrolle für Zufriedenheit im Alter zukommt.

4) Als „kognitive Alternstheorie" ist jener Ansatz (von Thomae entwickelt) zu bezeichnen, der die Bedeutung subjektiv erlebter Veränderungen und die motivationale Bedingtheit dieses Erlebens für eine erfolgreiche Anpassung im Alter herausstellt. Nicht so sehr objektive Veränderungen im äußeren Lebensumfeld oder hinsichtlich der Gesundheit, als vielmehr subjektive Bewertungen der vorfindbaren Lebenssituation bzw. subjektive Beurteilungen des Gesundheitszustandes bilden die Grundlage für ein aktives Altern in psychophysischem Wohlbefinden (Gesundheitspsychologie).

5) Als „Kompetenzmodelle des Altern" gelten schließlich jene Ausformulierungen, die Altern als einen dynamischen und qualitativen Anpassungsprozeß ausweisen. Altern ist aus dieser Sicht als ein komplexer Prozeß der Interaktion mit situativen Gegebenheiten zu verstehen. „Kompetenz" steht für die Balance zwischen den individuellen Ressourcen und den Anforderungen einer gegebenen Situation, wobei eine „optimale Passung" von Person und Situation als Voraussetzung eines Alterns in Wohlbefinden gesehen wird. Aktuelle Ansätze thematisieren Kompetenz dabei als ein transaktionales Konstrukt: Durch Anpassungsprozesse der Selektion, der Kompensation und der Optimierung (Baltes & Baltes, 1990) kommt dem Individuum eine aktive Rolle sowohl bei der Erhaltung von Aktivitä-

ten als auch bei einer entsprechenden Ausgestaltung seiner Umwelt zu.

Schlüsselthemen aktueller gerontopsychologischer Forschung

Großen Einfluß in der frühen gerontopsychologischen Forschung kommt den Begriffen „Entwicklungsthema" und „Entwicklungstechnik" bzw. „Daseinstechnik" zu. Auf der Grundlage einer biographisch verankerten Lebenslaufforschung konzipierte Thomae ein differenziertes Kategorien-system zur Beschreibung individuell unterschiedlicher Formen der Auseinandersetzung mit dem eigenen Alter. Sozialer Status, Gesundheitszustand, aber auch epochale Einflüsse erweisen sich in diesem Ansatz bedeutsamer zur Beschreibung von Altersveränderungen als das chronologische Alter selbst.

Entwicklung ist damit nicht als universale Abfolge gewisser Phasen oder Stufen gefaßt, sondern als hoch-individuelles, inhaltlich-thematisch zu charakterisierendes Veränderungsgeschehen konzeptualisiert. In neueren Arbeiten Thomaes kennzeichnen die Begriffe „Reaktionsformen" bzw. „Reaktionshierarchien" diese Auffassung; Entwicklung im Alter wird als *Resultat einer komplexen Transaktion* zwischen Reaktionsformen und dem subjektiven Lebensraum gefaßt.

Ein theoretisch wie empirisch nur lose verankertes Konzept der Gerontopsychologie ist jenes der „Entwicklungskrise" nach Erikson. Erikson geht davon aus, daß erst die Bewältigung von Krisen im Lebenslauf Weiterentwicklung im Sinne einer Bewahrung und Entwicklung von Identität gestatte. Während im mittleren Lebensalter die ausschließliche Befassung mit der eigenen Person, Entwicklungsverlangsamung und Stagnation als lebensphasenspezifische Krise zu sehen ist, beinhaltet die Krise des hohen Alters das Akzeptierenkönnen des bislang gelebten Lebens einschließlich allem Unerreichten und Unerfüllten.

Eriksons Ansatz kann als Grundlage des von Havighurst (1963) vorgestellten Konzeptes der Entwicklungsaufgabe (developmental task), gesehen werden. Havighurst legt mit dem Begriff der „Entwicklungsaufgabe" dar, daß das höhere Lebensalter mit konkreten psychosozialen Anforderungen einhergehe (z.B. Anpassung an den Ruhestand, Akzeptieren nachlassender körperlicher Kräfte, Tod des Ehepartners). Die individuelle Auseinandersetzung und Bearbeitung von Entwicklungsaufgaben sieht Havighurst dabei als Voraussetzung einer aktiven und positiven Entwicklung bis ins hohe Alter. Wenngleich der Ansatz von Havighurst häufig als vordergründig, theoriefremd und normativ kritisiert wurde, bildete er doch die Grundlage eines umfänglichen gerontopsychologischen Forschungsfeldes, in dem Entwicklung bis ins hohe Alter als ein aktiver, vom Individuum gestaltbarer Prozeß herausgearbeitet wurde.

Neuere Ansätze in diesem Bereich gehen mit den Begriffen „current concerns", „life tasks", oder „commitments" über den Begriff „Entwicklungsaufgabe" hinaus, indem sie v.a. persönliche Anliegen und Bedürfnisse in ihrer handlungsleitenden und entwicklungsrelevanten Bedeutung betonen. Der Begriff „Plastizität" steht in der Gerontopsychologie für intraindividuelle Veränderungspotentiale, welche sich unter optimierten Entwicklungsbedingungen herbeiführen und erkennen lassen. „Plastizität" bildet ein Schlüsselkonzept einer interventionistisch akzentuierten Gerontopsychologie.

Entwicklung im Alter wird vor diesem Hintergrund als in bestimmten Grenzen beeinflußbares Geschehen verstanden. So haben Interventionsstudien in den Bereichen Intelligenz oder Gedächtnis belegen können, daß geeignete Förderansätze wesentlich zu einer Verbesserung oder Stabilisierung grundlegender kognitiver Fähigkeiten im Alter beitragen und damit die Alltagskompetenzen und Selbständigkeit erhalten helfen können. Psychotherapeutische Ansätze (Psychotherapie) unterschiedlicher Provenienz erbrachten Belege dafür, daß bis ins hohe Alter Verhaltensänderungen, eine Reduktion von Symptomen und selbst Veränderungen in der Persönlichkeitsstruktur möglich sind. Grenzen der Plastizität zeigen sich v.a. im Zusammenhang mit *dementiellen Entwicklungen* im Alter. Unter Einbeziehung hoch-individueller Förderansätze sind jedoch auch bei eingeschränkten kognitiven Leistungen ungenutzte Reserven zu aktivieren.

Zu einem zentralen Thema gerontopsychologischen Forschens sind Studien zur Auseinandersetzung mit *Belastungen im Alter* zu rechnen. Während verschiedene frühere Arbeiten Coping i.S. einer individuell relativ einheitlichen Form der Auseinandersetzung mit Belastungssituationen untersuchte, wurden in neueren Arbeiten persönlichkeitsspezifische Reaktionsmuster zunehmend in Frage gestellt. So konnte z.B. im Rahmen der *Bonner Längsschnittstudie* gezeigt werden, daß in Abhängigkeit der individuellen Ausgangslage die Konfrontation mit gesundheitlichen, familiären oder finanziellen Belastungen im Alter zu sehr unterschiedlichen Reaktionsmustern bzw. Reaktionshierarchien führt, die ihrerseits jedoch nur geringen Veränderungen mit dem Alter unterliegen. Sieht man von depressiven und negierenden Reaktionsmustern infolge gesundheitlicher Einschränkungen ab, so ergab sich insgesamt ein hohes Maß an situationsangemessenen Belastungsreaktionen bis ins höchste Lebensalter.

Aktuelle Forschungsprojekte und Entwicklungstendenzen

1) Als in der Tradition der kognitiven Alterstheorie stehend werden im Rahmen der auf über 20 Jahre angelegten ILSE-Studie (Interdisziplinäre Längsschnittstudie, Deutsches Zentrum für Alternsforschung DZFA in Heidelberg) vor allem Fragen zu Lebensstilen und Lebensformen im Kontext verschiedener Geburtskohorten (1930-32 vs. 1950-1952) sowie unterschiedlicher zeitgeschichtlicher Entwicklungsbedingungen (Ost-West-Vergleich) analysiert. Die Gerontopsychologie bildet in diesem Projekt einen inhaltlich-konzeptionellen Rahmen zur Bearbeitung sozialer, ökologischer und epidemiologischer Themenfelder und deren Relevanz für die Rehabilitation und Versorgung Älterer.

2) Ebenfalls in interdisziplinärer Perspektive verfolgt die Berliner Altersstudie (BASE) die Entwicklung einer repräsentativen Großstadtstichprobe. Differentiellem Altern, der Kontinuität bzw. Diskontinuität von Alternsverläufen sowie den Kapazitäts- und Handlungsreserven Älterer gilt das besondere Interesse dieser Studie.

3) Eine breit angelegte psychologische Interventionsstudie zum hohen Lebensalter ist das SIMA-Projekt (Selbständigkeit im Alter, Institut für Psychogerontologie, Erlangen). Die im Interventionsteil abgeschlossene Studie verfolgt die Frage, inwieweit Selbständigkeit im Alter durch ein psycho-edukatives Programm gefördert bzw. stabilisiert und damit Pflegebedürftigkeit hinausgezögert werden kann.

Wie diese Forschungsprojekte verdeutlichen, wird die Gerontopsychologie auch in Zukunft im Verständnis einer multidisziplinär verankerten Disziplin der Psychologie betrieben werden. Diese Orientierung dürfte sich nicht nur seitens der Gewinnung umfänglichen empirischen Wissens sondern auch im Rahmen der Entwicklung von Modellen und Theorien des Alterns als fruchtbar erweisen. Es ist davon auszugehen, daß sich das Forschungsterrain der Gerontopsychologie weiter ausweiten wird. Beispielhaft seinen hier genannt: Frühdiagnostik pathologischer Alternsentwicklungen, individuumszentrierte Ansätze der Kompetenzerhaltung, familiäre Integration und Pflege Älterer, Maßnahmen einer gezielten kognitiven Rehabilitation oder Prävention. Neben streng hypothesen-geleiteten grundlagenwissenschaftlichen Studien werden damit vermehrt anwendungsbezogene Forschungvorhaben die Gerontopsychologie mitprägen.

Literatur

Baltes, P.B., Baltes, M.M. (1990). Psychological perspectives on successful aging: the model of selective optimization with compensation. In P.B. Baltes & M.M. Baltes (eds.), *Successful aging: Perspectives from the behavioral sciences*. Cambridge University Press, 1-34.

Cumming, E. & Henry, W.E. (1961). *Growing old: the process of disengagement*. New York: Basic Books.

Havighurst, R.J. (1963). Successful aging. In C. Tibbitts & W. Donahue (Eds.), *Processing of aging*. New York: Williams.

Schaie, K.W. (1983). *Longitudinal studies of adult psychological development*. New York: Guilford Press.

Tartler, R. (1961). *Das Altern in der modernen Gesellschaft*. Stuttgart: Enke.

Thomae, H. (1983). *Altersstile und Altersschicksale. Ein Beitrag zur Differentiellen Gerontologie*. Bern: Huber.

Geschlechterforschung

Eva Bamberg

Zur Geschichte

Historisch gesehen hat sich Geschlechterforschung vor allem aus der Frauenforschung (Feministische Psychologie) entwickelt. Wesentlich ist beiden Richtungen die Kritik an geschlechtsspezifischen Macht- und Hierarchiestrukturen und der geschlechtsspezifischen Arbeitsteilung. Diese ist strukturierendes Element unserer Gesellschaft. Sie zeigt sich in der unterschiedlichen Zuordnung von Männern und Frauen zu Erwerbs- und Hausarbeit und konkretisiert sich in für beide Geschlechtsgruppen unterschiedlichen Tätigkeitsfeldern, Anforderungen, Möglichkeiten und Barrieren. Inwieweit damit geschlechtstypische Selbst- und Fremdbeschreibung, differierende Verhaltensstile, Kompetenzen, Interessen, Ziele etc., sowie für beide Geschlechtsgruppen differierende Normen und Werte verbunden sind, wird in der *Geschlechtsstereotyp-*, der *Geschlechtsrollen-* und der *Geschlechtsunterschiedsforschung* behandelt. Die Bedeutung geschlechtsspezifischer Arbeitsteilung aufgreifend wurden 1) wissenschaftsimmanente Kritikpunkte an der verbreiteten Forschungspraxis formuliert und 2) Konzepte der feministischen Frauenforschung erarbeitet, die 3) zur Grundlage der Geschlechterforschung wurden.

Kritik an der traditionellen Forschungspraxis

Kritik an einer quantitativ unzureichenden Berücksichtigung von Frauen bei Untersuchungen über Erwerbsarbeit oder über Erziehungsverhalten wurde in früheren Phasen der *Frauenforschung* immer wieder formuliert. Inwieweit die beiden Geschlechtsgruppen hinreichend berücksichtigt werden, ist aber insofern auch eine Frage der Qualität, als es darum geht, den spezifischen Lebenswelten von Frauen und Männern gerecht zu werden. Dies betrifft alle Phasen des Forschungsprozesses (Bamberg & Mohr, 1982).

1) *Theorieentwicklung*: Eine hinreichende Berücksichtigung von Männern und Frauen bei der Theorieentwicklung setzt voraus, daß gängige Konzepte immer wieder in Frage gestellt werden und inkonsistente theoretische Ansätze oder Untersuchungsergebnisse aufgegriffen werden. So wird etwa nach wie vor häufig von dem Drei-Phasen-Modell der Erwerbsbiographie von Frauen: Berufstätigkeit – Unterbrechung der Berufstätigkeit aufgrund von Erziehungsaufgaben – erneute Berufstätigkeit ausgegangen, ohne neuere Untersuchungsergebnisse zur Kenntnis zu nehmen, die zeigen, daß das Erwerbsverhalten der Mehrzahl der Frauen diesem Modell nicht entspricht.
2) *Formulierung von Fragestellungen*: Durch die Formulierung von Fragestellungen werden z.B. Frauen und Männer unreflektiert etikettiert, indem, im Falle von Arbeitslosigkeit bei männlichen Stichproben Wirkungen auf die Gesundheit, bei weiblichen Stichproben eine protektive Funktion der Hausarbeit in den Vordergrund gestellt wird. Erforderlich ist, für eine Differenz individueller Lebensbezüge offen zu sein.
3) *Durchführung von Untersuchungen*: Bei der Zusammensetzung der Stichprobe, bei den Untersuchungsmethoden und den Rahmenbedingungen von Studien werden Frauen und Männer häufig ungleichgewichtig berücksichtigt. Allein die Suche nach einer ausgewogenen Stichprobe, in der z.B. nicht nur männliche, sondern auch weibliche Führungskräfte, oder nicht nur alleinerziehende Mütter, sondern auch Väter vertreten sind, der Einsatz von Untersuchungsinstrumenten, deren Gütekriterien für beide Geschlechtergruppen geklärt ist, Untersuchungszeiten, die für Männer und Frauen akzeptabel sind, erfordern einen erheblichen Aufwand, der oft nicht betrieben und mit knappen Forschungsressourcen entschuldigt wird.
4) *Interpretation der Ergebnisse*: Es finden sich Interpretationen, die weitreichende Konsequenzen haben können, etwa dann, wenn Berufswechsel von männlichen Erwerbstäti-

gen mit Karriereorientierung, der von weiblichen Beschäftigten mit mangelndem Commitment erklärt wird (gender-bias).

Feministische Frauenforschung

Eichler (1997) faßt die Kritik am Forschungsprozeß in mehreren Forschungs-Sexismus-Typen zusammen. Dazu gehören Androzentrismus, d.h. die Übernahme einer männlichen Perspektive im Forschungsprozeß, und Überverallgemeinerung, wenn in einer Untersuchung zwar allgemeine Aussagen formuliert werden, aber lediglich eine Geschlechtsgruppe untersucht wird. Geschlechterinsensibilität ignoriert Geschlecht als gesellschaftlich relevante Kategorie. Geschlechterdichotomie, als Gegenpol zur Geschlechterinsensibilität behandelt Männer und Frauen als strikt voneinander getrennte Gruppen, statt Varianzen innerhalb der Gruppen und Gemeinsamkeiten zwischen den Gruppen zur Kenntnis zu nehmen. Ein doppelter Bewertungsmaßstab findet sich dann, wenn allein aufgrund der Geschlechtszugehörigkeit Prozesse oder Merkmale unterschiedlich bewertet werden.
Eichler entwickelt einen Fragebogen zur Analyse von Sexismus in der Forschung und schlägt Alternativen zur institutionalisierten Forschungspraxis vor, die der Aufrechterhaltung eines frauenfeindlichen und damit menschenfeindlichen Zustands diene. Die Frauenforschung setzt dem zentrale Positionen entgegen, die sich durch folgende gemeinsame Merkmale charakterisieren lassen: (a) *Parteilichkeit- und Interessengeleitetheit* geht über eine gezielte Berücksichtigung von Frauen in der Forschung hinaus; Forschungsthemen und -ziele werden unter Bezugnahme auf die Interessen von Frauen formuliert. (b) Die *Integration von Forschungs- und Bewußtwerdungsprozeß* erfolgt dadurch, daß die Forscherinnen die eigene Rolle, die eigenen Aufgaben und Entwicklungen als wesentliche Bestandteile des Forschungsprozesses sehen. (c) Die *Integration von Forschung und politischer Aktion* soll gewährleisten, daß sich wissenschaftliche Untersuchungen, praktische Arbeit und soziale Bewegung kontinuierlich gegenseitig beeinflussen und unterstützen.

Im deutschsprachigen Raum wurden in der Frauenforschung zunächst Themenstellungen bearbeitet, in denen weibliche Unterdrükkung, weibliche Kulturen, weibliche Praxen und Formen weiblicher Subjektivität (Becker-Schmidt, 1993) im Vordergrund standen. Damit war es möglich, gesellschaftliche Diskriminierungen aufzuzeigen. Dennoch ist diese Sicht aus mehreren Gründen verkürzt: Frauen werden damit vor allem als Objekt, in einer Opferrolle gesehen; als Handelnde werden sie kaum zur Kenntnis genommen. Durch die Betonung homogener Geschlechtergruppen werden Differenzierungen innerhalb der Geschlechtergruppen und innerhalb geschlechtstypischer Hierarchien sowie Gemeinsamkeiten zwischen den Geschlechtergruppen weitgehend ausgeklammert.

Von der Frauen- zur Geschlechterforschung

Wie die vor allem im anglo-amerikanischen Raum verbreitete Trennung zwischen „sex" und „gender" verdeutlicht, ist zwischen biologischer Geschlechtszugehörigkeit (sex) und den gesellschaftlich-sozialen Implikationen (gender) zu unterscheiden. Die Unterscheidung zwischen „sex" und „gender" ist zwar verbreitet, aber nicht unumstritten. Wie Kritikerinnen darauf verweisen, suggeriere diese Trennung eine klare Trennlinie zwischen Natürlichem und Kulturellem. Die Kategorie „sex" beruhe ferner auf der Behauptung zweier biologisch eindeutig verifizierbarer Geschlechter. Nach Judith Butler (1991) ist auch die biologische Unterscheidung zwischen zwei Geschlechtern sozial konstituiert. Was wir als Natur bezeichnen, sei gesellschaftlich bestimmt. Immer dann, wenn von einer Identität der Frauen ausgegangen wird, wenn Frauen im Gegensatz zu Männern gesehen werden, würde die Bedeutung des Geschlechts und die Geschlechterpolarität verfestigt. Geschlecht sei „performance". Anstelle der bestehenden binären Zuschreibung sei ein „spielerisch-subversiver" Umgang mit der Geschlechtszugehörigkeit vorzuziehen. Der Sicht von „Frauen in der Opferrolle" setzt Butler die Sicht eines äußerst flexiblen Umgangs mit der Geschlechtszugehörigkeit entgegen.

Auch wenn dieses Konzept nicht unumstritten ist, so verweist es doch auf ein zentrales Thema der Geschlechterforschung: die Geschlechterverhältnisse. Diese Perspektive sieht beide Geschlechtsgruppen in ihrem wechselseitigen Bezug, denn die Besonderheiten im weiblichen Lebenszusammenhang ergeben sich aus dem Verhältnis zur anderen Geschlechtsgruppe und werden nur im Vergleich mit ihr deutlich. Der Begriff Geschlechterverhältnisse umfaßt die Beziehungen und Abhängigkeiten zwischen den Geschlechtern und die Regulative, die dafür von Bedeutung sind – institutionelle und informelle Bedingungen sowie psychische Prozesse, die die Beziehungen zwischen den Geschlechtern beeinflussen, sie aufrecht erhalten, bzw. die Reproduktion dieser Beziehungen gewährleisten. Geschlechterverhältnisse beschreiben Abhängigkeiten – nicht-äquivalente Austauschprozesse zwischen den Geschlechtern. Generell besteht eine geschlechtstypische Hierarchisierung von Macht und Ressourcen, die sich je nach Handlungsfeld und Lebensbereich unterscheidet (Becker-Schmidt, 1993; Wetterer, 1995). Es geht in der aktuellen Geschlechterforschung nicht nur um Benachteiligung, sondern auch um Ressourcen, z.B.: Über welche Potentiale verfügen Frauen, deren Biographien nicht den traditionellen Geschlechtsmustern entsprechen? Es geht weniger um zwei homogene Gruppen – Männer und Frauen, sondern vielmehr um Differenzierungen innerhalb von Gruppen. Zu berücksichtigen sind auch Unterschiede innerhalb der Geschlechtergruppen, wie z.B.: Wie sind berufs- und branchentypische Differenzierungen bei Geschlechterhierarchien zu erklären? Es geht somit weniger darum, welche Unterschiede bestehen und wie ausgeprägt sie sind, sondern darum, unter welchen Voraussetzungen, durch welche Prozesse Differenzierungen entstehen und wie variabel sie sind.

Literatur

Bamberg, E. & Mohr, G. (1982). Frauen als Forschungsthema: Ein blinder Fleck in der Psychologie. In G. Mohr, M. Rummel & D. Rückert (Hrsg.), *Frauen. Psychologische Beiträge zur Arbeits- und Lebenssituation*. München: Urban und Schwarzenberg.

Becker-Schmidt, R. (1993). Geschlechterdifferenz – Geschlechterverhältnis: soziale Dimensionen des Begriffs „Geschlecht". *Zeitschrift für Frauenforschung*, 11, 1,2, 37-47.

Butler, J. (1991). *Das Unbehagen der Geschlechter*. Frankfurt: Campus.

Eichler, M. (1997). Feminist methodology. *Current Sociology*, 45,2,3-36.

Wetterer, A. (Hg.) (1995). *Die soziale Konstruktion von Geschlecht in Professionalisierungsprozessen*. Frankfurt: Campus.

Gesprächspsychotherapie

Reinhard Tausch

Charakteristische Merkmale

Gesprächspsychotherapie (= klientzentrierte Psychotherapie) ist eine wissenschaftlich geprüfte Psychotherapieform bei seelischen Beeinträchtigungen, begründet von Carl Rogers (1942; 1951). Charakteristisch für die Gesprächspsychotherapie ist: a) Bestimmte Haltungen und Verhaltensweisen des Psychotherapeuten sind entscheidende Wirkfaktoren; sie lösen im Gespräch deutlich förderliche Erfahrungen und Vorgänge beim Patienten/Klienten aus. b) Das Gespräch ist im gegenwärtigen Erleben und in Erfahrungen des Klienten zentriert. c) Aussagen über Vorgänge und Wirksamkeit der Gesprächspsychotherapie erfolgen aufgrund empirischer Erforschung des Psychotherapeut-Klienten-Verhaltens.

Gesprächspsychotherapie wird inzwischen an psychologischen Universitätsinstituten gelehrt. Sie kommt als Einzel- und Gruppentherapie in der Behandlung beeinträchtigter Personen in psychologischen, medizinischen und psychiatrischen Praxen sowie Reha-Kliniken zum Einsatz. Sie ist ferner sehr verbreitet als hilfreiche *Gesprächsführung* in psychosozialen Bereichen, so in Beratungsstellen (Erziehung, Ehe-Partnerschaft, Lebensberatung; Beratung), Telefonseelsorge, Sterbebegleitung (Thanatopsychologie) u.a. Gesprächsführung wird häufig gelehrt an Ausbildungsinstitutionen für Sozialpädagogik, Krankenpflege u.a. Gesprächspsychotherapie (Einzel- und Gruppengespräche) und erwies sich in vielen empirischen Untersuchungen in den USA und Europa als deutlich wirksam.

Wissenschaftliche Entwicklung

Das erste Buch von Carl Rogers (1942) war eine Sensation: die Abschrift der Tonaufnahmen einer ganzen Psychotherapie. Bisher war behauptet worden, Tonaufnahmen in der Psychotherapie seien wegen der Störung unmöglich. Die deutlichen Änderungen des Klienten traten ein ohne Dirigierung des Klienten, was er sagen sollte, ohne Interpretationen, Traumdeutungen, ohne Eingehen auf Unbewußtes, ohne Liegen auf einer Couch. Die seinerzeit umfassendste Untersuchung der Gesprächspsychotherapie von Patienten, verglichen mit Wartepatienten, und Feststellung des Zusammenhanges der Änderungen der Patienten mit dem Psychotherapeutenverhalten veröffentlichte Rogers 1954 (Rogers & Dymond, 1954). Später wandte er sich den in der Psychotherapie nachgewiesenen hilfreichen seelischen Wirkfaktoren in anderen zwischenmenschlichen Beziehungen zu. Er nannte sie *personzentrierte Haltungen*. Der Schwerpunkt lag auf personzentrierten Gruppengesprächen und personzentrierten Beziehungen zwischen Lehrern und Schülern-Studierenden. Carl Rogers starb 1987 kurz vor seiner Nominierung durch den Senat von Kalifornien für den Friedensnobelpreis, u.a. für seine Verdienste bei personzentrierten Gruppenbegegnungen von Schwarzen und Weißen in Südafrika zur Überwindung der Rassenkonflikte.

Wirksamkeit

Klaus Grawe führte eine Meta-Analyse aller internationalen empirischen Psychotherapie-Untersuchungen durch; die Effekte der Psychotherapieklienten wurden mit denen von Warte-Klienten verglichen. Danach ist die Gesprächspsychotherapie nach der Verhaltenstherapie die am besten wissenschaftlich erforschte Psychotherapieform. Und: „Die Wirksamkeit der Gesprächspsychotherapie kann als sehr gut bestätigt werden" (Grawe u.a., 1993). In Deutschland wurden die meisten empirischen Untersuchungen am Psychologischen Institut III der Univ. Hamburg durchgeführt, bei 450 Patienten-Klienten in Einzelpsychotherapie und 645 Klienten in Gruppenpsychotherapie. Die Änderungen der Klienten wurden mit psychologischen Tests vor und nach der Therapie erfaßt und mit den Teständerungen von Warte-Klienten verglichen. Die Gruppenpsychotherapie erstreckte sich auch auf Patienten mit Krebserkrankungen, Arbeitslose, alte Menschen über 70 Jahre und Lehrer mit seelischen Belastungen (Tausch & Tausch, 1990). Die Änderungen der Klienten betreffen ein positiveres Selbstkonzept von der eigenen Person, größere Selbstakzeptierung und Akzeptierung anderer, Verminderung innerer Spannungen, Klärung verzerrter Bedeutungswahrnehmungen und verwirrender Gefühle, Fortfall/Minderung psychosomatischer Symptome u.a. Gesprächspsychotherapie ist zeitlich ökonomisch; bei den Untersuchungen dauerten die Psychotherapien 8–25 Gespräche.

Indikation

Aufgrund empirischer Untersuchungen ist Gesprächspsychotherapie als Einzeltherapie und/oder Gruppentherapie wirksam bei Personen mit einem größeren Ausmaß *innerer* Spannungen/Konflikte, innerem Leidensdruck und einem geringeren Ausmaß an offenen Verhaltensstörungen, bei gleichzeitiger Motivation, die Leiden zu vermindern, bei recht verschiedenartigen seelischen Beeinträchtigungen (Tab. 1).

Gesprächspsychotherapie 1. Wirksamkeit der Gesprächspsychotherapie bei unterschiedlichen Beschwerden.

Negative Wahrnehmung der eigenen Person (negatives Selbstkonzept)
Depressive Verstimmungen
Psychosomatische Beschwerden
Existentielle Krisen und Sinn-Verluste, z.B. Verlust von Angehörigen
Belastungen in Ehe und Partnerschaft
Entscheidungsschwierigkeiten
Seelische Belastungen bei schweren chronischen Erkrankungen
Ängste vor Sterben und Tod
Als zusätzliche Psychotherapie, seelische Unterstützung und Klärung: Bei schweren seelischen Erkrankungen, die psychiatrisch-medikamentös behandelt werden, so schweren Depressionen, schweren Angstzuständen u.a.

Grundverhalten der Psychotherapeuten

Ein hohes Ausmaß an *einfühlendem Verstehen*, *Achtung* und *Aufrichtigkeit des Therapeuten* führt zu deutlichen Besserungen bei den Klienten; ein geringes Ausmaß zu keinen oder ungünstigen Änderungen. Die Verhaltensweisen im einzelnen:

1 a) *Genaues Verstehen der Erlebniswelt des Klienten-Patienten*. Der Psychotherapeut hört dem Klienten zu. Er ist intensiv bemüht, die vom Klienten geäußerten Gefühle und die damit zusammenhängenden Bedeutungen, Wahrnehmungen und Gedanken zu verstehen (sich zu vergegenwärtigen), gleichsam von der Innenseite des Klienten her.

1 b) Das wesentliche dessen, was der Therapeut verstanden hat, äußert er in konkreter klarer Form dem Klienten gegenüber, *ohne Bewertung* und akzeptierend. Er begleitet gleichsam den Klienten in seiner Erlebniswelt, in die von ihm geäußerte meist belastende angstvolle Gefühlswelt und die damit zusammenhängenden Vorstellungen. Der Fokus seines Wahrnehmens, Denkens und Vorstellens liegt immer im geäußerten Erleben des Klienten. Das Wesentliche davon hält er dem Klienten entgegen, *ohne* selber Ängste oder Erregung zu empfinden, die der Klient verspürt.

2) *Achtung-Respekt-Wärme-Sorgen*: Der Therapeut achtet/respektiert den Klienten vollständig als Person sowie sein jeweiliges Erleben und Fühlen. Er kritisiert nicht; sondern akzeptiert die Person. Er ist voller Hilfsbereitschaft sowie Wärme und Sympathie, zugewandt; ferner intensiv aktiv bemüht, seine Erlebniswelt genau in der Art zu verstehen, wie der Klient sie im Moment erlebt, um ihm dadurch bei der Änderung seines Erlebens zu helfen.

3) *Aufrichtigkeit*: Einfühlendes Verstehen sowie Achtung-Wärme-Sorgen sind kein Routineverhalten, kein berufsmäßiges Gehabe, keine Verstellung, keine Fassade; beim Therapeuten ist eine Übereinstimmung seines Sprechens, Denkens, Fühlens und Handelns vorhanden. Skepsis wurde/wird verschiedentlich geäußert, ob „nur" drei Haltungen entscheidend für konstruktive Änderungen der Klienten sein sollen, ferner ob Achtung, Einfühlung und Aufrichtigkeit zugleich sozialethische Haltungen sind und förderlicher sein sollen als kompliziert ausgedachte Methoden. Weitere Schwierigkeiten:

a) Das eigene Ego, eigene Vorstellungen, Erklärungsansätze, Diagnosen u.a. zurückzustellen und fortlaufend im Erleben des Patienten zentriert zu sein, dessen Erleben genau zu verstehen, ohne zu beurteilen.

b) Das Wesentliche der vom Patienten geäußerten Gefühle und damit zusammenhängenden Gedanken fortlaufend in kurzer konkreter Form zu äußern, und zwar besser, als es der Klient vermag.

c) Sich genau in das z.T. angstvolle Erleben des Patienten einzufühlen, ohne selbst Angst zu empfinden.

d) Viele Therapeuten halten sich für verständnisvoll, achtungsvoll-warm und aufrichtig. Untersuchungen mit Einschätzung der Tonaufnahmen der Psychotherapeuten durch neutrale Beurteiler sowie Einschätzung durch Patienten ergaben: Dies ist öfter Selbsttäuschung.

e) Für ein hohes Ausmaß von Einfühlung und Achtung sind gemäß Untersuchungen Persönlichkeitsmerkmale bedeutsam, Empathie, kein Dominanzstreben, Altruismus, Fehlen von Inkongruenz u.a. Ferner sind intensive praktische Erfahrungen in vielen Gesprächen mit Klienten notwendig, mit Einschätzung durch Klienten und Supervision der Tonaufnahmen, sowie Teilnahme als Mitglied an Gruppenpsychotherapien.

Änderungsprozesse im Patienten durch das Therapeutenverhalten

Die Aktivitäten des Therapeuten sowie die Vorgänge im bzw. Erfahrungen beim Klienten – sämtlich empirisch nachgewiesen – stehen in Wechselwirkungen (Tab. 2).

In empirischen Untersuchungen erwiesen sich die Wirkfaktoren der Gesprächspsychotherapie auch in anderen zwischenmenschlichen Beziehungen als die *Grundformen förderlichen Verhaltens*. Wurden Ehepartner, Freunde, Lehrer, Sporttrainer, Ärzte u.a. deutlich achtungsvoll und einfühlsam von ihren Partnern, Schülern, Patienten u.a. eingeschätzt, dann waren sie mit der Person des anderen und seinen Handlungen deutlich zufrieden und erlebten mehr Lebensqualität.

Gesprächspsychotherapie 2. Wirkungsprozesse in der Gesprächspsychotherapie (Tausch, 1997).

	Gesprächspsychotherapeut Haltungen-Aktivitäten	Klient-Patient Geförderte Erfahrungen und Vorgänge
I.	Achtet/respektiert den Patienten aufrichtig, nimmt ihn ernst	Zunahme von Selbstachtung, Abnahme von Minderwertigkeitsgefühlen, weniger ängstlich, fühlt sich ernstgenommen = mehr Vertrauen/Motivation
II. a	Hört aktiv aufmerksam zu, ohne Dirigierung, ohne Kritik/Belehrung, versteht in genauer Weise das Erleben des Klienten	Größere Bereitschaft, sich zu öffnen Äußert zunehmend seine belastenden Gedanken-Gefühle, mit weniger Scham/Angst; fühlt sich mehr verantwortlich für seine Aktivitäten; größere Motivation zur Arbeit mit Therapeuten und mit sich
II. b	Äußert fortlaufend in genauer Weise das Wesentliche der vom Patienten geäußerten wahrgenommenen Bedeutungen, persönlichen Gedanken und damit zusammenhängenden Gefühlen; ohne Beurteilung/Bewertung; geordneter/klarer als es der Patient vermag	Fortlaufende Erfahrungen, im Erleben genau verstanden zu werden (paradoxe Erfahrung), empfindet sein Erleben als validiert, deshalb keine Verteidigung/Abwehr Gewisse körperliche u. seelische Entspannung, weniger Unruhe/Ängstlichkeit Bleibt trotz minimaler Dirigierung fortlaufend fokussiert/zentriert in wesentlichen Wahrnehmungen und Gefühlen, in den Erfahrungen seines Selbst. Faßt seine belastenden Gefühle/Gedanken in Worte Mehr Selbstöffnung sowie mehr Nähe zum Psychotherapeuten Hört sein gefühlsmäßiges Erleben aus dem Munde des Therapeuten (äußere Wahrnehmung, Verbindung linker und rechter Gehirnhemisphäre) Sieht klarer, kommt zu neuen Sichtweisen (kognitive Umstrukturierung), Korrektur verzerrter Wahrnehmungen (falsche Attribuierungen), positivere Selbstwahrnehmung Verminderung der Blockierung des Problemlöseverhaltens durch Angstverminderung und günstigeres Selbstkonzept, sieht neue Perspektiven
X	Außerhalb der Psychotherapie-Stunden	Positive mentale Repräsentation des Therapeuten in der Vorstellung des Klienten. Klient führt des öfteren mit ihm Dialoge, ähnlich wie in Therapiestunden. Fühlt seelischen Halt beim Gedanken an den Therapeuten. Da minimale Dirigierung, kein Abhängigkeitsgefühl vom Therapeuten, zunehmende Selbstwirksamkeit durch erfahrene positive Änderungen.
	In späteren Stadien der Psychotherapie oder bei klientzentrierter Beratung	
	Gibt relevante Informationen, Anregungen, Hinweise für Bewältigungs- und Handlungsmöglichkeiten, jedoch ohne Druck auf den Klienten auszuüben. Hilft dem Klienten bei der Klärung seiner Vorsätze und Absichten Fördert und erleichtert das vom Klienten angestrebte Verhalten, u.a. durch Hinweise, mentales Training, Rollenspiel, „Hausaufgaben" u.a.	Nach deutlicher Verringerung von Ängsten und Blockierungen des Problemlöseverhaltens ist Klient offen für Anregungen, sieht neue Perspektiven, Handlungs-möglichkeiten Erfährt Klärung und Hilfen bei Schwierigkeiten, Erfolgen und Mißerfolgen neuen Verhaltens. Der Klient probiert, lernt neue Verhaltensweisen, trainiert sie, erfährt Ermutigung, Unterstützung, Bekräftigung.

Achtungsvolle einfühlsame Lehrer hatten Schüler mit günstigerem Selbstkonzept, weniger Angst, größerer Selbstöffnung, geringerem Störverhalten, größerer Mitarbeit sowie auch besseren fachlichen Leistungen! Ferner: Achtung und Einfühlung drückt sich in Alltagsbeziehungen weniger in Gesprächen, sondern vor allem in häufigen förderlichen Aktivitäten zur Unterstützung des anderen aus (Tausch & Tausch, 1991).

Zukünftige Entwicklung

Gesprächspsychotherapie ist bei meßbar hoher Qualifikation der Psychotherapeuten bei recht verschiedenartigen seelischen Beeinträchtigungen wirksam. Bei anderen seelischen Beeinträchtigungen, z.B. *schweren* Depressionen, Angstzuständen mit Verhaltensstörungen, jahrelang gelernten ungünstigen Bewältigungsformen, Suchtverhalten (Sucht) u.a. ist Gesprächspsychotherapie allein meist nicht hinreichend. Hier sind Formen der Verhaltenstherapie, der medikamentösen Therapie sowie der Streßverminderung (Streß) wirksam. Jedoch auch hier in dieser multimodalen schulunabhängigen Allgemeinen Psychotherapie hat die Gesprächspsychotherapie ihren Platz. Häufig wird sie im ersten Drittel der Psychotherapie im Vordergrund stehen, während Verhaltenstherapie und Streßverminderung danach überwiegen. Allerdings sind die klientzentrierten Haltungen „einfühlendes Verstehen" und „aufrichtige Achtung" auch hier wesentlich für die Wirkung; so erwiesen sich diese Haltungen allein aufgrund der Stimmqualität bei Sprechern von Entspannungs-Tonbändern als deutlich wirksam. Bei der psychiatrisch-medikamentösen Behandlung schwerer seelischer Störungen ist Gesprächspsychotherapie eine zusätzliche hilfreiche Unterstützung, sie ermöglicht Patienten eine sinnvollere Einordnung des Geschehens, mehr seelischen Halt u.a. Somit ist Gesprächspsychotherapie ein wichtiger wirksamer Teil einer sich entwickelnden *Allgemeinen Psychologischen Psychotherapie*. Und sie ist *die* wesentliche Psychotherapie für existentielle Krisen und Sinnverluste, Sterbebegleitung, Bewältigung der seelischen Folgen von schweren chronischen Erkrankungen oder Trennung vom Partner.

Literatur

Grawe, K., Donati, R. u. Bernauer, F. (1993). *Psychotherapie im Wandel*. Göttingen: Hogrefe.

Rogers, C. (1942). *Counseling and psychotherapy*. Boston: Houghton Mifflin. – In deutscher Sprache: Rogers, C. (1972). *Die nicht-direktive Beratung*. München.

Rogers, C. (1951). *Client-centered therapy*. Boston: Houghton Mifflin. – In deutscher Sprache: Rogers, C. (1983). *Die klientenzentrierte Gesprächspsychotherapie* (4. Aufl.). Frankfurt: Fischer-Taschenbuch.

Tausch, R. & Tausch, A. (1990). *Gesprächspsychotherapie* (9. Aufl.). Göttingen: Hogrefe.

Tausch, R. & Tausch, A. (1991). *Erziehungspsychologie* (10. Aufl.). Göttingen: Hogrefe.

Tausch, R. (1997). Hilfreiche Gespräche im Alltag: Untersuchungen zu einer wesentlichen Coping-Form bei seelischen Schwierigkeiten. In H. Mandl (Hrsg.), *40. Kongreß der Deutschen Gesellschaft f. Psychologie*. Göttingen: Hogrefe.

Gesundheitspsychologie

Ralf Schwarzer

Fragestellungen

Die Gesundheitspsychologie ist eine junge Teildisziplin innerhalb der Psychologie, die sich mit dem menschlichen Erleben und Verhalten angesichts gesundheitlicher Risiken und Beeinträchtigungen befaßt, aber auch mit der Optimierung von Gesundheit im Sinne von *Fitneß* und *Wellness*. Die Forschung fragt vor allem danach, wer krank wird (und warum), wer sich von einer *Krankheit* wieder gut erholt (und warum), und wie man Erkrankungen von vornherein verhütet. Im Unterschied zur Klinischen Psychologie, die sich mit seelischen Störungen und Verhaltensabweichungen befaßt, richten sich die Fragestellungen innerhalb der Gesundheitspsychologie auf *körperliche Erkrankungen* und *Behinderungen* sowie auf *riskante und präventive Verhaltensweisen*.

Die Gesundheitspsychologie ist eine empirisch orientierte Disziplin, die sich dem Theoriebestand der modernen Psychologie sowie einer anspruchsvollen Forschungsmethodik verpflichtet fühlt. Sie wird von einer *biopsychosozialen* Modellvorstellung geleitet. Dies bedeutet, daß in Abgrenzung zum biomedizinischen Modell den psychischen und sozialen Einflußgrößen sowie deren Wechselwirkungen auf Krankheit und Gesundheit besondere Beachtung geschenkt wird. Am engsten verwandt ist sie mit der Verhaltensmedizin, welche allerdings ein interdisziplinäres Fach darstellt, während die Gesundheitspsychologie als ein Fach innerhalb der Psychologie aufgefaßt wird. Im folgenden werden einige Gegenstände dieses Faches beispielhaft vorgestellt.

Persönlichkeit und Krankheit

Schon in der älteren Psychosomatik ist man der Annahme nachgegangen, daß einige Krankheiten überzufällig häufig mit einem bestimmten Persönlichkeitsprofil einhergehen. Die neuere gesundheitspsychologische Forschung hat eine Reihe wichtiger Befunde beigetragen (Siegrist, 1996). So war man seit den 60er Jahren bei der Ursachenbestimmung des Herzinfarkts dem sogenannten *Typ A-Verhalten* auf der Spur. Damit bezeichnet man ein Verhaltensmuster, das durch ehrgeiziges Leistungsstreben, Konkurrenzorientierung, Ungeduld, Zeitdruck, Feindseligkeit, Ärger, Aggressivität und explosive Sprechweise gekennzeichnet ist. Tatsächlich hat man in Längsschnittstudien Zusammenhänge dieses Persönlichkeitstyps mit der Auftretenshäufigkeit von *Herzinfarkt* gefunden. Man schätzte das *kardiale Mortalitätsrisiko* für den Typ A doppelt so hoch ein wie für den Typ B, der das gegenteilige Verhaltensmuster zeigte. Diese Zusammenhänge konnten jedoch später nicht mehr so deutlich repliziert werden. Nach heutigem Kenntnisstand ist vielmehr anzunehmen, daß einzelne Komponenten dieses Verhaltensmusters die Entstehung des Herzinfarktes begünstigen, insbesondere Feindseligkeit, Ärgerausdruck und zynisches Mißtrauen. Die Suche nach den psychischen Entstehungsbedingungen von *Herz-Kreislauf-Erkrankungen* beschränken sich jedoch nicht auf die Isolierung einzelner Risikofaktoren im Verhalten oder in der Persönlichkeit, sondern richtet sich ebenso auf die Mechanismen der Pathogenese, also auf das Zusammenwirken von biologischen, psychischen und sozialen Merkmalen und Prozessen über viele Jahre hinweg.

Auch für die *Krebserkrankung* hat man vorauslaufende Merkmale der Persönlichkeit identifizieren können (Hennig, 1998). Am ehesten scheinen depressive und anti-emotionale Menschen, die sich von anderen Personen abhängig machen und die zugleich konfliktscheu sind, dafür prädestiniert zu sein. Von manchen Forschern wird die These vertreten, daß die Wechselwirkung (Synergismus) von Risikofaktoren (wie z.B. Krebspersönlichkeit und Rauchen) am ehesten eine Vorhersage der Tumorgenese erlaubt.

Man muß jedoch bei allen Aussagen zur Persönlichkeitsabhängigkeit von Erkrankungen bedenken, daß zahlreiche Einflußgrößen auf den viele Jahre dauernden pathogenen Prozeß einwirken und daß es hier nicht um deterministische Beziehungen, sondern um die statistische Erklärung der Unterschiedlichkeit im Auftreten von Krankheitsmerkmalen in Populationen geht, was Rückschlüsse auf den Einzelfall nicht zuläßt.

Streß und Streßbewältigung

In der Gesundheitspsychologie wird Streß als ein potentiell krankmachender Prozeß angesehen. Streß meint dabei weder einen kritischen Reiz noch die Reaktion darauf, sondern vielmehr einen interaktiven Vorgang, bei dem eine Person angesichts einer kritischen Situation Einschätzungsprozesse (Kognitionen) vornimmt (Krohne, 1997; Schwarzer, 1996). Dabei werden objektive und erlebte Situati-

onsgefahren zu den eigenen *Bewältigungsressourcen* in Beziehung gesetzt. Aus solchen Kognitionen erwachsen dann emotionale und physiologische Reaktionen sowie Bewältigungsanstrengungen (*Coping*). Diese Sichtweise ist sehr verschieden von den Streßtheorien, die in Medizin und Naturwissenschaft vorherrschen. Ob jemand aufgrund von Streß krank wird oder nicht, hängt nicht nur von der streßreichen Situation ab, sondern auch von den Ressourcen, von den kognitiven Einschätzungen und von den zum Einsatz gebrachten *Copingstrategien* und deren Erfolg.
Langanhaltende, schwere Streßepisoden, wie zum Beispiel bei Krankheit und Tod eines geliebten Partners, enthalten somit ein hohes Potential für einen pathogenen Prozeß, der sich in *Morbidität und Mortalität* niederschlagen kann. Nach einer Verwitwung z.B. ist die Lebenserwartung des verbleibenden Partners statistisch gesehen reduziert. Einer der Mechanismen, die dem zugrundeliegen, ist die *Immunsuppression*. Wenn der Organismus durch Krisen und Depressionen belastet ist, wird das Immunsystem geschwächt, so daß sich Infektionskrankheiten und Tumorneubildungen häufiger beobachten lassen. Dies ist Gegenstand der Psychoneuroimmunologie (Hennig, 1998), einem wichtigen Zweig der Gesundheitspsychologie.
Ein streßtheoretisches Modell, das die biopsychosoziale Entstehung von Krankheiten verdeutlicht, ist in Abb. 1 dargestellt. Danach wird angenommen (von rechts nach links in der Abb.), daß *pathogene physiologische Prozesse* sich aus dem Miteinander von *Emotionen*, *Coping* und *Gesundheitsverhalten* ergeben, welches seinerseits vom Ausmaß des *psychischen Stresses* maßgeblich mitbestimmt wird. Streß schließlich resultiert aus der *subjektiven Einschätzung von Anforderungen* im Verhältnis zu den eigenen *Bewältigungsressourcen*.

Protektive Ressourcen

Um die Geschicke des Lebens bewältigen zu können, braucht man Ressourcen, darunter die sozialen und die *persönlichen Ressourcen*. Zu letzteren zählt man auch die subjektiven Kompetenzerwartungen (Selbstwirksamkeits-Erwartungen). Damit ist die optimistische Überzeugung gemeint, streßreiche Anforderungen aufgrund eigener Fähigkeit und Anstrengung bewältigen zu können. Bei der Krankheitsbewältigung hat sich dieses Persönlichkeitsmerkmal als einflußreich erwiesen. Die Rehabilitation nach Herzinfarkt oder Bypass-Operation z.B. verläuft bei Patienten mit hoher Selbstwirksamkeits-Erwartung günstiger als bei solchen mit niedriger Selbstwirksamkeits-Erwartung. Wer optimistisch an eine gute Genesung glaubt, Pläne schmiedet und wieder aktiv werden möchte, erweist sich in der Tat als erfolgreicher bei der Wiederanpassung an neue Lebensumstände als jemand, der pessimistisch oder ängstlich den Einschränkungen oder Behinderungen entgegensieht, die auf ihn zukommen mögen.
Auch von den *sozialen Ressourcen* weiß man seit langer Zeit, daß sie den Genesungsverlauf günstig beeinflussen können. Patienten, die gut in ihr soziales Netz eingebettet sind und sich unterstützt fühlen, werden im Durchschnitt schneller gesund als diejenigen, die sich einsam und ungeborgen fühlen (vgl. Schwarzer, 1996).

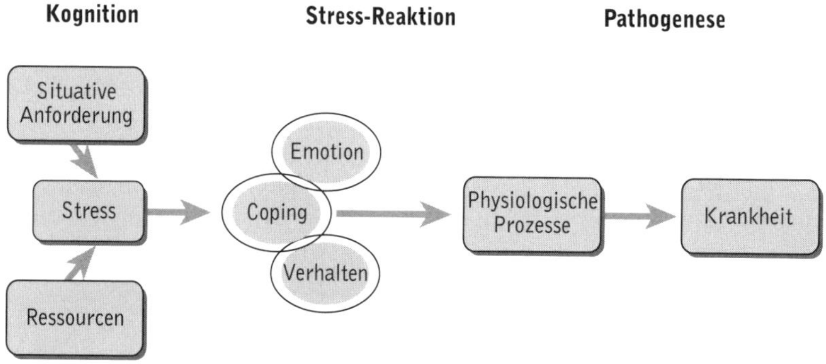

Gesundheitspsychologie 1. Biopsychosoziales Modell der Krankheitsentstehung (Schwarzer, 1996, S. 150).

Gesundheitsverhalten

Ressourcen sind auch für den Aufbau des Gesundheitsverhaltens bedeutsam, weil es sich dabei meist um sehr schwierige Aktivitäten handelt, die viel Selbstdisziplin und mitmenschliche Unterstützung erfordern. Unter Gesundheitsverhalten versteht man eine präventive Lebensweise, die Schäden fernhält, die Fitness fördert und somit auch die Lebenserwartung verlängern kann. Körperliche Aktivität, präventive Ernährung, Kondombenutzung bei neuen Sexualpartnern, Anlegen von Sicherheitsgurten und Zahnpflege sind Beispiele dafür. Risikoverhaltensweisen wie Rauchen, Alkohol- und Drogenkonsum oder rücksichtsloses Autofahren sind das Gegenteil davon. Menschen entwickeln einen Lebensstil, der meist auch riskante Verhaltensweisen einschließt, was als *individuelle Anpassungsstrategie* an die besondern Lebensumstände verstanden werden kann. Die Gesundheitspsychologie fragt z.B. danach, inwieweit ein Risikoverhalten mit einer Copingstrategie (Coping) gleichzusetzen ist und ob es andere, funktional äquivalente Verhaltensweisen gibt, die es dem Individuum erlauben, das Leben zu bewältigen, ohne dabei die Gesundheit zu schädigen. Die Forschung richtet sich ebenfalls darauf, welche Sozialisationseinflüsse z.B. den Beginn des Rauchens bestimmen und welche Interventionen bei der Entwöhnung vom Rauchen hilfreich sind. Um die Änderung von schwierigen Verhaltensweisen verstehen und erklären zu können, bedarf es theoretischer Vorstellungen, in denen die Einflußgrößen und Wirkmechanismen abgebildet werden. Dazu hat die Gesundheitspsychologie eine Reihe von *Gesundheitsverhaltensmodellen* entwickelt (Schwarzer, 1996). So wird heute angenommen, daß Menschen zunächst einen konflikthaften Entscheidungs- und Motivierungsprozeß durchlaufen, der in einer Zielsetzung gipfelt, bevor sie darangehen, das neue oder schwierige Verhalten auszuprobieren. In dieser ersten Phase werden sie von Kognitionen geleitet, vor allem von Ergebniserwartungen und Selbstwirksamkeits-Erwartungen. Wenn sie sich dann ein konkretes Handlungsziel setzen („Ich will ab übermorgen nicht mehr rauchen"), steigen sie in eine motivational ganz andere Phase ein, in der es zunächst um die Planung und Handlungsinitiative geht und später um die Handlungsausführung, -aufrechterhaltung und -wiederherstellung nach Rückfällen. Auch in dieser Phase erweisen sich personale und soziale Ressourcen als anstoßend und unterstützend. Wer optimistisch an die eigene Kraft zum Durchhalten glaubt oder bei Bedarf sein soziales Netz geschickt zu mobilisieren weiß, vermag sein Leben nachhaltig zu verändern, auch wenn erst Widerstände überwunden werden müssen. Dieses Modell wird in Abb. 2 veranschaulicht.

Gesundheitsförderung

Bei der Gestaltung und Bewertung von Interventionsprogrammen sind die Erkenntnisse der Gesundheitspsychologie von großem Nutzen. Will man effektiv und ökonomisch vorgehen, so muß man zunächst feststellen, in wel-

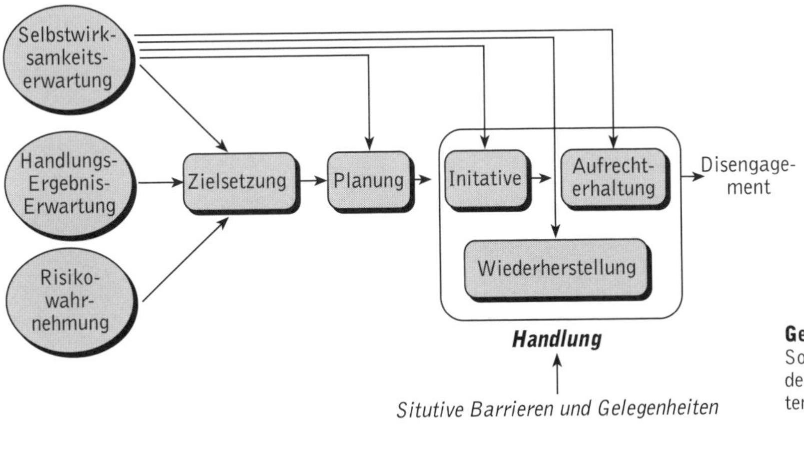

Gesundheitspsychologie 2. Sozialkognitives Prozeßmodell des Gesundheitsverhaltens (Schwarzer, 1996).

cher psychischen Phase der Änderungsmotivation sich die Adressaten für ein solches Programm befinden. Wer sich zum Beispiel noch nie darüber Gedanken gemacht hat, das Rauchen aufzugeben, muß ganz anders angesprochen werden als jemand, der es schon mehrfach vergeblich versucht hat. Gleichzeitig müssen die verfügbaren personalen und sozialen Ressourcen ins Kalkül gezogen werden. Es gibt moderne Konzepte davon, wie ein solches *maßgeschneidertes Programm* aussehen kann. Der Mangel vieler Förderungsansätze liegt darin, daß keine umfassende Prozeßtheorie zugrundeliegt und keine methodisch anspruchsvolle Evaluation stattfindet, die auch die Analyse von differentiellen Effekten und von Nebenwirkungen einschließt (Mittag & Jerusalem, 1997). Für die Zukunft bedarf es hier innovativer Maßnahmen, denn der Primärprävention von Erkrankungen kommt die höchste Bedeutung zu. Dies gilt nicht nur mit dem Ziel der Vermeidung von individuellem Leid, sondern auch im Hinblick auf die volkswirtschaftliche Seite des Problems. Die Gesellschaft kann sich auf Dauer keine technisch perfekte und personell aufwendige kurative Medizin für alle Bürger leisten. Nur durch Vorbeugung läßt sich dem Problem einer immer älter werdenden Bevölkerung, die von Multimorbidität gekennzeichnet ist, entgegentreten. Die Gesundheitspsychologie verfügt über tragfähige Konzepte, mit denen man *primärpräventive Gesundheitsprogramme* entwickeln kann.

Literatur

Hennig, J. (1998). *Psychoneuroimmunologie*. Göttingen: Hogrefe.

Mittag, W. & Jerusalem, M. (1997). Evaluation von Präventionsprogrammen. In R. Schwarzer (Hrsg.), *Gesundheitspsychologie. Ein Lehrbuch* (2. erw. Aufl., S. 595-611). Göttingen: Hogrefe.

Krohne, H. W. (1997). Streß und Streßbewältigung. In R. Schwarzer (Hrsg.), *Gesundheitspsychologie. Ein Lehrbuch* (2. erw. Aufl., S. 267-283). Göttingen: Hogrefe.

Schwarzer, R. (1996). *Psychologie des Gesundheitsverhaltens* (2. Aufl.). Göttingen: Hogrefe.

Siegrist, J. (1996). *Soziale Krisen und Gesundheit*. Göttingen: Hogrefe.

H

Hochschulpsychologie

Andreas Helmke und Johannes Wildt

Gegenstand

Gegenstand der Hochschulpsychologie ist die psychologische Beschreibung und Erklärung von Prozessen der Erziehung und der Sozialisation, des Lehrens und Lernens im Kontext der Hochschule. Im Gegensatz zum angelsächsischen Sprachraum (Clark & Neaves, 1996) – und im Gegensatz auch zur etablierten Schulpsychologie – entwickelt sich die Hochschulpsychologie erst allmählich zu einem überschaubaren und eigenständigen Forschungsbereich (Viebahn, 1990; Helmke & Krapp, 1999). Um den Facettenreichtum der Hochschulpsychologie zu dokumentieren, gehen wir von den klassischen psychologischen Teildisziplinen aus und skizzieren einige Ansätze, die für den Hochschulbereich besonders bedeutsam und fruchtbar sind.

Lehren und Lernen aus allgemeinpsychologischer Sicht

In der Hochschulausbildung geht es schwerpunktmäßig um den Erwerb neuen Wissens. Die neueren kognitionspsychologischen Ansätze demonstrieren die Bedeutung des strategischen Umgangs mit Wissen, seine Integration in vorhandene kognitive Strukturen und deren Modifikation (*conceptual change*). Sie belegen, daß angesichts komplexer Wissensinhalte Wiederholungsstrategien zwar durchaus ihren Platz haben, daß aber erst einsichtsorientierte Informations- bzw. Wissensverarbeitung den nachhaltigen Erwerb von und den kompetenten Umgang mit Wissen fördert. Theorien des Wissenserwerbs unterstreichen die Bedeutung von Beispielen, Anschauung und Anwendung. Dies begünstigt nicht nur die Verankerung von Wissensbeständen in den kognitiven Strukturen, sondern erleichtert auch die Verfügbarkeit („Abruf") des Wissens. Die psychologische Hochschulforschung ist reich an Beispielen für die Schwächen eines vorwiegend rezeptiven Lernens, das zu *trägem Wissen* führt, welches in realen Handlungssituationen nur schwer nutzbar gemacht werden kann; als überlegen haben sich Formen des *situierten Lernens* erwiesen, wobei das Wissen im Kontext von Problemlösungs- bzw. Anwendungszusammenhängen strukturiert wird. Das Lernen an der Hochschule unterscheidet sich vom schulischen Lernen dadurch, daß Studienwahl und Studieren in erheblichem Maße wesentlich interessenorientiert erfolgen. Zwar ist „intrinsisch" motiviertes Lernen, das dem *Interesse* an der Sache und dem Vergnügen am Vollzug von Tätigkeiten entspringt, nicht jederzeit und bei jedem Thema herstellbar. Doch es ist gut belegt, daß die subjektiv wahrgenommene Zuschreibung von Autonomie und Kompetenz, eine positiv erlebte soziale Umgebung, im übrigen auch der Enthusiasmus von Lehrenden, ebenso wie eine Didaktik der Problemorientierung (die Rätsel aufgibt, verfremdet und Neugier erzeugt) das Interesse fördern. Und Interesse ist wiederum eine günstige Bedingung für vertieftes Verständnis von Sachverhalten (deep approach vs. surface approach). Eine ausgeprägte intrinsische Motivation, die von Sachinteresse und im Extremfall sogar vom Interesse an der Tätigkeit selbst bis hin zum sogenannten Flußerleben (d.h. einem selbstvergessenen Aufgehen in der Tätigkeit, „flow") gekennzeichnet ist, kann bei kreativem wissenschaftlichem Lernen und Arbeiten auftreten. Weiterhin ist ein stabiles Interesse, verbunden mit einem positiven Selbstkonzept der eigenen Leistungen und Fähigkeiten, eine wichtige Bedingung dafür, sich ausdauernd mit unbequemem, trokkenem Lehrstoff zu befassen und vorübergehende Schwierigkeiten und Frustrationen zu meistern („Persistenz"). Das heißt nun nicht, daß nicht auch „extrinsische" Motivierung, die auf positive oder negative Anreize setzt, durchaus erfolgreiche Lernprozesse initiieren kann.

Perspektive der Pädagogischen Psychologie

Reformen von Studium und Lehre zielen darauf ab, Lernbedingungen zu modifizieren und Lehr-Lernsituationen zu arrangieren. Das geschieht innerhalb wie außerhalb regulärer Lehrveranstaltungen, die sich auch als spezialisierte *Lehr-Lernarrangements* verstehen lassen. Lehrkompetenz ist dabei zweifellos eine wesentliche Einflußgröße. Unter pädagogisch-psychologischer Perspektive ist dabei insbesondere die Frage nach den Mechanismen des Lernens in Lehr-Situationen und nach Möglichkeiten seiner Optimierung durch Lehrprozesse von Interesse. Die zahlreichen Untersuchungen zum Vergleich von Lehrveranstaltungsformen (z.B. lecture vs. discussion groups vs. independent study, Mk-Keachie, 1994) haben allerdings nicht zu eindeutigen Ergebnissen geführt. Produktiver ist es da schon, einzelne Variablen des Lehr-Lerngeschehens zu untersuchen, um einzelne Veranstaltungen bzw. didaktische Strategien in diesen Veranstaltungen zu optimieren. Überprüft wird dabei etwa, wie Feedback wirkt, Veranstaltungsmitschriften angefertigt werden, Visualisierungen als Lernhilfe dienen, Lesen effektiv gestaltet werden kann. Es ist davor zu warnen, nach dem generalisierten Typ des hervorragenden akademischen Lehrers zu suchen. Wie die Forschung zur schulischen Unterrichtsqualität belegt, können Lehrende auf verschiedene Weise „gut" sein, und es gibt vielfache Möglichkeiten der wechselseitigen Kompensation von Defiziten und Stärken. Dazu kommt, daß es oft auch von Persönlichkeitsmerkmalen und vom Vorwissen der Studierenden abhängt, welcher Lehr- und Unterrichtsstil „ankommt" und lernförderlich ist. Weitere wichtige pädagogisch-psychologische Themen sind: Bedingungsfaktoren des Studienerfolges bzw. des Studienabbruchs, Lernverhalten und Zeitbudget von Studierenden; auf institutioneller und instruktionaler Ebene die Wirksamkeit innovativer Ansätze (wie projektorientiertes Studium, fachübergreifendes Studium wie Studium integrale, fundamentale oder generale, *Microteaching* und *Team Teaching*; Handbuch Hochschullehre, 1996).

Entwicklungspsychologische Perspektive

Erst die entwicklungspsychologische Perspektive eröffnet den Blick auf Studieren als einen dynamischen Prozeß, der je nach Studiengang mit ganz unterschiedlichen Initiationsriten, Verlaufsstrukturen und Abschlüssen verknüpft sein kann. Diese Kontextbedingungen geben den Rahmen ab, in dem sich Lern- bzw. Studienbiographien mit all ihren Brüchen und Bewältigungsstrategien entfalten (insbesondere an den Nahtstellen von Hochschuleintritt/-austritt, Übergang Schule – Universität) und mit tiefgreifendem Wandel von Einstellungen und Weltbildern einhergehen. Auf besonderes Interesse ist der Einstellungswandel von Lehramtsstudierenden gestoßen (Praxisschock, Konstanzer Wanne). Im Laufe des Studiums treten in verschiedenen Studienabschnitten unterschiedliche Orientierungen in den Vordergrund, wenn etwa einer Prüfungsorientierung am Studiumsende eine Sachorientierung in der Mitte des Studiums oder eine Sozialorientierung zu Beginn des Studiums gegenübersteht. Der Fortgang des Studiums läßt sich dann auch als ein Parcours von Entwicklungsaufgaben beschreiben, die von der sozialen Integration bis hin zur Bewältigung von Leistungsanforderungen reichen. Aus kognitiver Perspektive kann man von einer Entwicklungssequenz verschiedener Auffassungen von Wissen ausgehen: etwa von einer zunächst einfachen dualistischen Konzeption (Wissen ist entweder „richtig" oder „falsch") bis hin zur kritischen Bewertung der Gültigkeit und Reichweite des zu erwerbenden Wissens (Helmke, 1998).

Sozialpsychologische und ökologische Perspektiven

Die Zentrierung der Studienreform auf die Kreation von Lehr-Lernarrangements und ihrer Sequenzierung in Studiengängen läßt leicht außer acht, daß sich wichtige Einflüsse auf Lehren und Lernen nur in Kenntnis des institutionellen und organisatorischen Rahmens und der Einbettung in vorliegende Interaktionsstrukturen erklären lassen. Dieses Bedingungsgefüge läßt sich unter ökologischer Perspektive auch als Kultur beschreiben, in der sich Werte, Normen, Verhaltenserwartungen ausprägen und sich dann auf subjektiver Ebene Wahrnehmungs-, Denk- und Handlungsmuster habitualisieren, die gruppenspezifische Charakteristika aufweisen. Ein bevorzugter Gegenstand der Forschung zur Hochschulsozialisation sind die differenten Fachkulturen, die sich entlang der Fächer bzw. Fächergruppen ausdifferenziert haben und jeweils prägende Lernumwelten für Studierende und Lehrende bilden. Letzlich erfordert dies eine kulturvergleichende Betrachtung der Lehr-Lern-Organisation und der ihr zugrundeliegenden Konzepte und Werthierarchien als auch der Bedingungsfaktoren der Leistungen und des Lernverhaltens. Seit den ersten Belegen einer deutlichen Überlegenheit von Schülern und Studierenden aus südostasiatischen Ländern (neuerdings wieder bei der *TIMSS-Studie*) gilt das Interesse vergleichenden Analysen des Lern- und Leistungsverhaltens von Studierenden dieser Regionen (Helmke & Schrader, 1999).

Differentialpsychologische Perspektive

Eine lediglich allgemeinpsychologisch ausgerichtete Perspektive vernachlässigt differentielle Gesichtspunkte. Die Vielfalt der Phänomene des Lehrens und Lernens an der Hochschule erschließt sich erst, wenn die Differenzen zwischen den Akteuren in Betracht genommen werden. Als produktiv hat sich etwa die Untersuchung unterschiedlicher Lernstrategien und -stile erwiesen. Eine wesentliche Rolle spielt etwa die Unterscheidung zwischen dem „deep approach", der das Lernen mit Hilfe elaborativer Methoden (z.B. Herstellen von Zusammenhängen, kritisches Hinterfragen, Suche nach Anwendungsbezügen) angeht und auf Verstehen abzielt – gegenüber einem „surface approach", der das Lernen eher auf das Einprägen und Reproduzieren von Fakten ausrichtet.

Klinisch-psychologische Perspektive

Hochschulen werden wegen der dort oft anzutreffenden Bedingungen – Vermassung, Anonymität, Orientierungsschwierigkeiten, Kommunikationsdefizite, unklare Leistungsanforderungen – gelegentlich als pathogene Institutionen bezeichnet, die persönliche Krisen auslösen und zu Überforderung im sozialen und im Lernbereich führen können. Die umfassenden regelmäßigen Untersuchungen etwa des Deutschen Studentenwerks haben einen erheblichen psychologischen Beratungs- und Unterstützungsbedarf aufgezeigt, der eine Vielzahl von klinisch-psychologischen Aufgabenstellungen deutlich macht. In der Praxis sind allerdings die derzeitigen Möglichkeiten der Psychologischen Beratungsstellen an Universitäten kaum ausreichend, um den bestehenden Bedarf zu decken (Beratung). Zudem herrscht eine zunehmende Kluft zwischen dem aktuellen Stand der wissenschaftlichen Psychologie und den in der Praxis entwickelten „Trainings“ und „Therapien“.

Ausblick

Gerade im deutschen Sprachraum erscheint es uns dringend erforderlich zu sein, die vorhandenen eklatanten Lücken zwischen dem Fortschritt der wissenschaftlichen Psychologie einerseits und dem Praxisfeld „Hochschule“ andererseits zu schließen und dabei die noch vielfach vorherrschende, auf die „Schubladen“ psychologischer Teildisziplinen beschränkte und bornierte Perspektive zu überwinden. Dies gilt für die Verbesserung der Hochschullehre und des Prüfungswesens in gleichem Maße wie für die Effektivierung des studentischen Lern- und Leistungsverhaltens und der *Studienberatung*. Dies erfordert nicht nur einen die Teildisziplinen der Psychologie übergreifenden Ansatz der Hochschulpsychologie, sondern darüber hinaus auch verstärkte interdisziplinäre Bemühungen, insbesondere Verknüpfungen mit Konzepten und Methoden der *Hochschulpädagogik* und der *Bildungssoziologie*.

Literatur

Clark, B. R. & Neave, G. R. (Hrsg.). (1996). *The encyclopedia of higher education.* Oxford: Pergamon Press.

Helmke, A. (1998). Hochschulsozialisation. In D. H. Rost (1998). *Handwörterbuch Pädagogische Psychologie* (S. 188-192). Weinheim: Psychologie Verlags Union.

Helmke, A., Krapp, A. (1999). Lehren und Lernen der Hochschule. *Zeitschrift für Pädagogik*.

Helmke, A. & Schrader, F.-W. (1999). Lernt man in Asien anders? Empirische Untersuchungen zum studentischen Lernverhalten in Deutschland und Vietnam. *Zeitschrift für Pädagogik*.

Helmke, A. & Schrader, F.-W. (1996). Kognitive und motivationale Bedingungen des Studierverhaltens: Zur Rolle der Lernzeit. In J. Lompscher & H. Mandl (Hrsg.), *Lehr-Lernprobleme im Studium – Bedingungen und Veränderungsmöglichkeiten*. Bern: Huber.

McKeachie, W. J. (1994). *Teaching tips. Strategies, research, and theory for college and university teachers (9th edition).* Lexington, Mass.: Heath and Company.

Raabe-Fachverlag für Wissenschaftsinformation. (1996). *Handbuch Hochschullehre.* Bonn: Raabe-Verlag.

Viebahn, P. (1990). *Psychologie des studentischen Lernens. Ein Entwurf der Hochschulpsychologie.* Weinheim: Deutscher Studienverlag.

I

Interkulturelle Psychologie

Alexander Thomas

Entwicklungslinien

Seit Beginn der modernen naturwissenschaftlich orientierten Psychologie hat es immer wieder Forscher gegeben, die sich der kulturellen Bedingtheit psychischer Prozesse und deren Erforschung bewußt gewesen sind. Dazu gehört an erster Stelle W. Wundt (1913), aber durchaus auch S. Freud, C. G. Jung sowie M. Lazarus und H. Steinthal (1882) und W. Hellpach. Alle diese Autoren beschäftigten sich unter dem Schlüsselbegriff Völkerpsychologie mit Überlegungen, die, zurückgehend auf Johann Gottfried Herder (1784), in dem Walten des „Volksgeistes“ eine schöpferische und vereinigende Quelle der historischen Entwicklung verschiedener Völker vermuteten. Die Völkerpsychologie kann durchaus als ein Vorläufer der gegenwärtigen Kulturpsychologie betrachtet werden, da sie schon relativ früh die Defizite einer am naturwissenschaftlichen Ideal ausgerichteten wissenschaftlichen Psychologie aufzuweisen versucht hat, obwohl es ihr selbst nicht gelungen ist, den von ihr gestellten Ansprüchen gerecht zu werden.

Sie hat sich gegenüber anderen Kulturen nicht geöffnet, sondern sich mit ihnen lediglich in theoretisch spekulativer Weise auseinandergesetzt und blieb dabei weitgehend der europäischen Denktradition verhaftet, einschließlich der damit verbundenen Überlegenheitsattitüde. An kulturspezifischen Fragen interessierte Psychologen haben bislang zwei unterschiedliche Forschungskonzepte ausgebildet, die mit den Begriffen „Kulturvergleichende Psychologie“ und „Kulturpsychologie“ bezeichnet werden können (Thomas, 1993). In jüngster Zeit kommt die Interkulturelle Psychologie als Drittes hinzu.

Definition und Gegenstand

Wenn man „Psychologie“ allgemein definiert als die Wissenschaft, die sich mit den seelischen Grundlagen, Verlaufsprozessen und Wirkungen menschlichen Verhaltens und Erlebens befaßt, dann kann „Interkulturelle Psychologie“ definiert werden als ein spezifischer Teilaspekt der Psychologie, der sich mit der Analyse psychischer Bedingungen, Verlaufsprozesse und Wirkungen menschlichen Erlebens und Verhaltens in Sonder- und Grenzsituationen befaßt, die dadurch gekennzeichnet sind, daß Menschen aus verschiedenen Kulturen einander begegnen, bedeutsam füreinander werden, miteinander kommunizieren und evtl. sogar miteinander kooperieren. Für die psychologische Forschung werden dabei relevant die Analyse der verhaltens- und erlebnissteuernden psychologischen Prozesse, wie die gegenseitige Wahrnehmung, die Informationsverarbeitung, diverse Bewertungs- und Urteilsprozesse (Urteile), Attributionen, Emotionen sowie Handlungen in ihren jeweils kulturspezifischen Ausprägungsformen, Verlaufsformen und situations- und personbestimmenden Resultaten. Für die mehr anwendungspsychologische Forschung und die psychologische Praxis sind in diesem Zusammenhang bedeutsam: die Entwicklung von Verfahren zur Erfassung, Veränderung und Qualifizierung von Prozessen der *interkulturellen Wahrnehmung*, des *interkulturellen Lernens*, des *interkulturellen Verstehens* und der *interkulturellen Handlungskompetenz* (Thomas, 1996; Landis & Bhaghat, 1996). Die interkulturelle Psychologie in Forschung und Praxis ist eng verbunden mit der in der Tradition der deutschen Psychologie seit den bahnbrechenden völkerpsychologischen Studien von Wundt, Lazarus und Steinthal, Hellpach u.a. sowie der viel stärker der angloamerikanisch-psychologischen Forschungstradition verbundenen Kulturvergleichenden Psychologie (*cross-cultural psychology*), wie sie im Handbook of cross-cultural psychology (Berry, 1997) dokumentiert ist.

Interkulturelle Begegnungen und Erfahrungen

Gegen Ende des letzten Jahrhunderts wurde Sir Robert Hart, Generaldirektor des chinesischen Zolldienstes, der über 40 Jahre in China gelebt und gearbeitet hatte, gefragt, ob er aus seinen reichhaltigen Erfahrungen Neulingen in China etwas zum Verständnis dieses Landes und seiner Menschen vermitteln könnte. Er antwortete: „China ist wirklich ein schwer zu verstehendes Land. Vor ein paar Jahren glaubte ich, endlich so weit gekommen zu sein, etwas von seinen Angelegenheiten zu wissen, und ich suchte meine Ansichten darüber zu Papier zu bringen. Heute komme ich mir wieder wie ein vollkommener Neuling vor. Wenn ich jetzt aufgefordert würde, drei oder vier Seiten über China zu schreiben, würde ich nicht recht wissen, wie ich dies anfangen sollte. Nur eins habe ich gelernt. In meinem Vaterlande heißt es gewöhnlich: „Laß Dich nicht biegen, und wenn es dabei auch zum Bruche kommt!“, in China dagegen gerade umgekehrt: „Laß Dich biegen, aber laß es nicht zum Bruche kommen!“ (zitiert im Vorwort zum Buch von A.H. Smith „Chinesische Charakterzüge“, Würzburg, 1900).

Zum Verständnis der interkulturellen Psychologie lassen sich aus dieser Aussage schon zwei wichtige Aspekte ableiten:

1) Mit der Dauer und der Intensität des Lebens und Arbeitens in einer fremden Kultur und zusammen mit Menschen, die eine andere kulturelle Sozialisation erfahren haben, steigt nicht automatisch der subjektive Eindruck, die Kultur und das Verhalten der ihr zugehörenden Menschen wirklich verstanden zu haben. Tatsächlich zeigen vielfältige Untersuchungen, daß die Dauer des Kulturkontaktes und die Qualität des Kulturverstehens nicht linear miteinander zusammenhängen bzw. daß die psychischen Probleme, die mit dem Einleben in eine fremde Kultur verbunden sind keineswegs linear mit der Dauer des Kulturkontaktes abnehmen, vielmehr sind in der Realität eher U- bzw. W-kurvenförmige Verlaufsprozesse zu beobachten (Akkulturationsstreß).

2) Aus den Schlußfolgerungen von Sir Robert Hart ist leicht zu erkennen, daß es aufgrund kultureller Unterschiede zu erheblichen Mißverständnissen und Kommunikationsproblemen zwischen Menschen kommen kann. So kann ein Mensch großen Wert darauf legen, ein festes System von Meinungen, Überzeugungen, Werten, Normen und Verhaltensregeln über sich, seine Mitmenschen und die Umwelt ausgebildet zu haben, er kann sich zudem zu bestimmten Werten, Normen und Verhaltensregeln als den einzig richtigen be-

kennen. Er ist stolz darauf, aufrichtig, gradlinig, ehrlich und zuverlässig diese seine Ansichten, Werte und Verhaltensüberzeugungen zu vertreten und ist womöglich unter keinen Umständen bereit, sich von anderen Menschen oder bestimmten situativen Gegebenheiten von all dem abbringen, also „verbiegen" zu lassen. Wenn er nun in einem Land wie China mit Menschen zusammentrifft, zusammenleben und zusammenarbeiten muß, in deren Kultur zwar auch Überzeugungen, Wertvorstellungen und Verhaltensregeln ausgebildet wurden, in der auch Aufrichtigkeit und Verläßlichkeit hoch bewertet werden, deren Kultur aber gerade der Herstellung, Stärkung und dem Erhalt einer harmonischen zwischenmenschlichen Beziehung, zumindest aber der Aufrechterhaltung eines gewissen Maßes an positivem interpersonalem Kontakt einen so hohen Wert beimißt, daß man dafür bereit sein muß, Kompromisse einzugehen, Veränderungen an den eigenen Überzeugungs- und Wertkonzepten vorzunehmen oder zumindest das Beharren auf ihnen zeitweise auszusetzen, dann wird es auf allen psychologischen Ebenen (Denken, Fühlen, Handeln) zu Problemen kommen.

Kritische Interaktionssituationen und ihre Konsequenzen

Das verfügbare Handlungsrepertoire und sein flexibler Einsatz reichen in erstaunlich vielen Fällen aus, die Begegnung zwischen kulturell fremden Personen für beide Seiten befriedigend und erfolgreich zu organisieren. In einigen Fällen werden zwar unerwartete und unverständliche Abweichungen vom Erwarteten beobachtet und mit Verwunderung, evtl. auch Ablehnung, registriert, aber sie sind für den Handlungsverlauf relativ unwichtig. Manchmal bemerken die Partner kulturelle Divergenzen in ihren Interaktionsbeziehungen schon allein aus Unwissenheit, Naivität, Überforderung etc. überhaupt nicht. Es gibt aber eine nicht unerhebliche Zahl von Fällen, und diese nehmen mit der Bedeutung der Begegnung und der Komplexität des Interaktionsgeschehens extrem zu, in denen sich die Begegnung zu einer „kritischen Interaktionssituation" entwickelt. Kritische Interaktionssituationen entstehen dann, wenn das Partnerverhalten den Erwartungen zuwiderläuft, wenn es als nicht richtig, zielführend und nutzlos erkannt bzw. interpretiert wird, wenn die Ursache in einem Fehlverhalten oder einer negativ bewerteten Eigenschaft des Partners gesehen wird, wenn die Reaktionen des Partners nicht mehr verstanden oder womöglich als aggressiv gemeintes Verhalten interpretiert werden und wenn so die Handlungsorientierung verloren zu gehen droht.

Die Reaktion auf solche kritischen Interaktionssituationen können von einer mehr reflektierenden und Interesse für das Fremde wekkenden Aufmerksamkeit über resignatives Feststellen eigener Handlungsunfähigkeit bis hin zur tiefgehenden Verärgerung über den Partner mit einem unaufhaltsamen und endgültigen Abbruch der Beziehung reichen. Jeder, der gezwungen oder freiwillig in einer kulturellen Überschneidungssituation sich mit fremdkulturell sozialisierten Partnern beschäftigt, muß ein gewisses Maß an Bereitschaft zum interkulturellen Lernen zeigen. Er wird versuchen, die ihm fremden Reaktionsweisen des Partners zu verstehen, um sie antizipieren und in adäquater Form darauf reagieren zu können. Untersuchungen haben gezeigt, daß dieses *Lernen aus der Erfahrungsbildung* heraus („Learning by doing") die *interkulturelle Kommunikation* und Kooperation erleichtert, man gewöhnt sich allmählich an die Fremde, erträgt manches Unvertraute und schwer zu Akzeptierende besser und lernt, sich auf die auch nach Jahren noch fremd erscheinenden und als unangenehm empfundenen Verhaltensweisen einzustellen. Ein wirkliches Verständnis für das fremdkulturelle Orientierungssystem, die funktionale Bedeutung des so andersartig erscheinenden Verhaltens kann auf diese Weise aber nur selten gewonnen werden. Dazu bedarf es des gezielten interkulturellen Trainings, das auf sorgfältigen psychologischen Untersuchungen der Binnenstruktur, der Funktionalität und der Handlungswirksamkeit der miteinander konfligierenden kulturspezifischen Orientierungssysteme beruhen muß. Es hat sich gezeigt, daß eine zielgruppenspezifische Vorbereitung die Bewältigung der aus der interkulturellen Kommunikation und Kooperation entstehenden Wahrnehmungs-, Verstehens-

und Handlungsprobleme (z.B. Vorbereitung auf einen Jugend-, Schüler- und Studentenaustausch, ein Auslandsstudium, eine berufsbedingte Auslandsentsendung) erleichtert (Reduktion der Akkulturationsbelastung), das produktive interkulturelle Lernen steigert, zum vertieften interkulturellen Verstehen beiträgt, die Entwicklung einer interkulturellen Handlungskompetenz fördert und schließlich zu einer positiven Bilanz der Auslandserfahrung auf emotionaler und kognitiver Ebene führt.

Literatur

Berry, J.W. (1997). *Handbook of cross-cultural psychology*. Boston: Allyn and Bacon.

Landis, D. & Bhagat, R.S. (Ed.). (1996). *Handbook of intercultural training* (2nd Edition). London: Sage.

Lazarus, M. & Steinthal, H. (Hrsg.). (1882). *Zeitschrift für Völkerpsychologie und Sprachwissenschaft*.

Thomas, A. (Hrsg.). (1993). *Kulturvergleichende Psychologie – Eine Einführung*. Göttingen: Hogrefe.

Thomas, A. (Hrsg.). (1996). *Psychologie interkulturellen Handelns*. Göttingen: Hogrefe.

Wundt, W. (1913). *Elemente der Völkerpsychologie – Grundlinien einer psychologischen Entwicklungsgeschichte der Menschheit*. Leipzig: Kröner.

J

Jugendpsychologie

Arne Stiksrud

Jugend als Entwicklungsabschnitt

Die Einteilung der Lebensspanne des Individuums in voneinander deutlich unterscheidbare Segmente wird von der Lebenspraxis in den unterschiedlichen Kulturen vorgegeben und hat biologische, kulturelle und gesellschaftliche Gründe. Stadien, wie die *Kindheit*, das *Erwachsenenalter* und das *Greisenalter* bedürfen keiner Existenzbegründung. Das Stadium der *Jugend* hingegen ist eine Übergangsetappe zwischen Kindheit und Erwachsenen-Lebensabschnitt mit biologischen Eintrittsmerkmalen, die von Kultur und Gesellschaft unabhängig zu sein scheinen. Die sog. *Säkulare Akzeleration,* d.h. die entwicklungsmäßige Beschleunigung des Eintritts von biologischen Reifungsmerkmalen bei jugendlichen Populationen, verglichen mit solchen früherer Zeiten (z.B. der Eintritt des Stimmbruchs bei den Regensburger Domspatzen in der Dekade 1960–70, verglichen mit der Dekade 1860–70; die Vorverlagerung der geschlechtlichen Reifung – Menarche – im 20. Jahrhundert, verglichen mit dem 19. Jahrhundert in den Industrienationen), ist im Kontrast zur sog. *Säkularen Dezeleration* zu diskutieren als von epochalen und geographischen Einflußgrößen abhängiges Phänomen.

Die Austritts-Zeit aus dem Entwicklungsabschnitt Jugend und deren Endmerkmale variieren beträchtlich und sind sozialer wie individueller Normierung unterworfen. Aus den 20er Jahren (von Ber) stammt die These von einer *Jugend im kulturellen Sinne*, worunter er die Jugend einer Partei, einer Kunstbewegung, der Revolution usf. versteht; die verlängerte Entwicklungszeit der Mitglieder dieser Bewegungen wird als „gestreckte Pubertät" bezeichnet. Polar dazu wurde in dieser Zeit (von Lazarsfeld) das Konzept von der „verkürzten Pubertät" des Proletariers, dem durch verfrühtes Eintreten in die Arbeitswelt ein Großteil seiner freien Entwicklung und Umwelterweiterungen verlorengeht. Die hier angedeutete Abhängigkeit der Beendigung des Jugendentwicklungs-Abschnitts von Schicht- bzw. Klassenzugehörigkeit weist auf die soziokulturelle Dimension der Definition von Jugend hin.

Der Oberbegriff für das transitorische Stadium zwischen endender Kindheit und beginnender Erwachsenenzeit ist Jugend; *Pubertät* bleibt den biologischen Aspekten des Jugendalters vorbehalten. Unter *Adoleszenz* wird das Entwicklungsprozessuale des Jugendalters in allen psychologischen Aspekten verstanden.

Pubertät und Transeszenz

1) Die *Vorpubertät* kennzeichnet das Auslaufen der physischen Kindheit über den ersten puberalen Wachstumsschub etwa im Alter von 10-12 Jahre, der bei Mädchen deutlich früher eintritt als bei Jungen (Tab. 1). Die veraltete sozialpsychologische Kennzeichnung dieser Phase als Flegeljahre, negative Phase, Auflehnungszeit ist aufgrund empirischer Befunde als kontinuierlicher Differenzierungsprozeß im Selbstkonzept mit Erfahrungsverarbeitung im sozialen Nahraum zu interpretieren, der relativ unabhängig von biologischen Prozessen abläuft.
2) Die *Pubertät* kennzeichnet den biologischen Entwicklungsabschnitt, in dem Auftreten, Wachstum und Akzentuierung der sekundären Geschlechtsmerkmale die weibliche und männliche Erscheinungsform des Jugendlichen bestimmen und den biologischen Erwachsenen ausbilden. Die Entwicklung der Reproduktionsorgane, z. B. Ovarien und Testes, die endokrinologischen Veränderungen, die Veränderung des Fettanteils zu Muskelgewebe, die wachsende Belastbarkeit von Atmungs-und Blutkreislauf zusammen mit den sich nach und nach ausbildenden sekundären Geschlechtsmerkmalen und das verglichen mit der Kindheit überproportionale Wachtum machen die Pubertät aus. Das Zusammenhangsmuster von Hormonen und ihren Eingriffsorganen (Schmitz & Stiksrud, 1994) gibt keine Hinweise über die „innere Uhr“, die bspw. den Zeitpunkt der *Menarche* auszulösen in der Lage ist. Für die körperlichen Veränderungen spielen viele Hormone zusammen, insbesondere die *Gonadotropine*, die in der Reifezeit und später die Produktion von weiblichen (*Östrogene*) und männlichen Sexualhormonen (*Androgene*) stimulieren. Das sog. *endokrine Geschlecht* resultiert aus dem relativen Überwiegen der Androgen- bzw. Östrogenproduktion. Das Jugendalter ist ein

Jugendpsychologie. Mädchen und Jungen in der körperlichen Pubertät.

Veränderungen	Alter des Beginns (ungefähr)
Mädchen	
Brust-Wachstum	8.–13.
Wachstum der Schamhaare	8.–14.
Körper-Längenwachstum	9,5–14,5 (Durchschnitt: 12)
Menarche	10.–16,5 (Durchschnitt: 12,5)
Achselhaare	ca. 2 Jahre nach Schamhaaren
Fett und Schweiß erz. Drüsen (Akne)	parallel zu den Achselhaaren
Jungen	
Hoden-Wachstum	10.–13,5
Wachstum der Schamhaare	10.–15.
Körper-Längenwachstum	10,5–16. (Durchschnitt: 14.)
Penis-Wachstum	11.–14,5
Prostata-, Samenbläschen-Vergr.	(Durchschnitt: 12,5)
Stimmbruch (Mutation)	11.–14,5 (Durchschnitt: 12,5)
Bart- u. Achselhaarwuchs	ca. 2 Jahre nach Schamhaaren
Fett und Schweiß erz. Drüsen (Akne)	parallel zu den Achselhaaren

besonders wichtiger Lebensabschnitt für die Auseinandersetzung mit der *Geschlechterdifferenzierung*, da die Aufmerksamkeit der Jugendlichen und ihrer sozialen Umwelten verstärkt auf die eigene und fremde weibliche und männliche Körperlichkeit infolge der sichtlichen Veränderungen der Pubertät gerichtet wird. Dabei wird auch kognitiv das andere Geschlecht zum potentiellen Sexualpartner und die geschlechtstypisch verteilten Rollen und Aufgaben des entwicklungsmäßig bevorstehenden Erwachsenenalters in Familie und Beruf rücken in zeitliche Nähe.
3) Unter *Transeszenz* (etwa vom 12.–14. Lebensjahr) versteht man den Übergang von der Kindheit in die Adoleszenz. Dieses von Eichhorn geprägte Übergangskonzept fokussiert vor allem auf die emotionalen, sozialen und kognitiven Veränderungen in dieser Alternszeit. Die zügige Veränderung der Körperlichkeit (erste Regelblutung, erste Pollution), die Veränderung der Beziehungen zur eigenen Leiblichkeit, die erhöhte *Vulnerabilität*, die sich in erhöhter Gewalttätigkeit und Devianzneigung (z.B. Drogen- und Nikotinabusus, Suizidalität; Sucht) bis zum 14. Lebensjahr

abzeichnet, sowie die ersten Herausforderungen zur Entwicklungs-Selbstgestaltung (z.B. Schulpräferenzen, Berufswahlen) machen diese Entwicklungsphase zu einer Streß-Zeit.

Adoleszenz und junge Erwachsene

1) Die *frühe Adoleszenz* reicht etwa bis zum vollendeten 17. Lebensjahr. Der im juristischen Sinne Jugendliche mit vermehrten Rechten und Pflichten ist schulisch meist in die Varianten der Sekundarstufe I eingebunden, bzw. macht erste berufliche Lernerfahrungen als sog. Auszubildender. Eine immer noch nicht überholte Systematik der Entwicklungsaufgaben des Jugendlichen für die Entwicklungszeit vom 13. bis zum 18. Lebensjahr (von Havighurst aus dem Jahre 1953) trifft zwar die hier mit Adoleszenz bezeichnete Periode, einzelne Entwicklungsaufgaben sind allerdings phasentypisch auch in andere Entwicklungsabschnitte translozierbar.

2) Die *späte Adoleszenz* entspricht dem Terminus des „Heranwachsenden" und umfaßt die Entwicklungsspanne vom 18. bis zum vollendeten 20. Lebensjahr. Im deutschen Jugendstrafrecht können unter Hinzunahme psychologischer (Un-) Reifeargumente Taten als von einem noch Jugendlichen begangen entsprechend milder beurteilt werden. Die Entwicklungsaufgaben der Entwicklungsspanne vom 18. bis zum vollendeten 20. Lebensjahr sind nicht mehr so *zukunfts*gerichtet, wie die der frühen Adoleszenz. Ihr präsentischer Charakter hat Themen der Bewältigung im „hic et nunc", wie Wahl des Lebenspartners und Lebensorganisation mit ihm, Gründung einer Familie und Erziehung der Kinder, Management des Haushalts, Beruf, Verantwortlichkeit in der Gemeinde und „Finden einer kongenialen Gruppe". Das zentrale Thema der späten Adoleszenz ist der Status-Zugewinn als Erwachsener, dessen Rollen, Aufgaben und Verpflichtungen zunehmen und graduell anwachsend akzeptiert oder auch partiell abgelehnt werden können (Wehrdienst, Zivildienst, Heirat, Wahlmündigkeit, Abschluß der Lehre oder des Gymnasiums, Studienfach- und Studienortwahl, Geselle).

3) Die *jungen Erwachsenen* (21.–25. Lj.) haben die Last (und Lust?) eines immer länger werdenden Ausbildungsweges zu tragen. Sie haben alle Rechte und Pflichten Erwachsener, nicht aber alle Möglichkeiten, da verlängerte Ausbildungs- und Qualifikationswege, die zu späterer beruflicher Selbständigkeit und Autonomie führen, oft mit einer unangemessen langen ökonomischen Abhängigkeit von Eltern und/oder staatlichen Geldgebern verknüpft sind. Die Aufnahme partnerschaftlicher und geschlechtlicher Verhältnisse ist nicht mehr mit der individuellen und sozialen Verpflichtung verbunden, für eine Familie aufzukommen. Die verwandtschaftliche und geschwisterliche Versorgungspflicht gegenüber den Eltern bzw. jüngeren Geschwistern besteht nur noch selten bzw. ist delegiert an staatliche Institutionen. Angesichts der Zuwanderung ganzer Sippen aus Gebieten und Völkern mit großfamiliären Stützungs- und Kontroll-Mechanismen werden Vor- und Nachteile zu früher bzw. zu später sozioökomischer Reife sichtlich.

4) Die *Postadoleszenz* kennzeichnet das Nachstadium von Adoleszenz und jugendlichem Erwachsenen: In ihm wird dem reifenden Individuum die Harmonisierung und Integrierung der Bestandteile seiner Persönlichkeit abverlangt. Dieser, aus neoanalytischer Ich-Psychologie stammenden Konzeption entspricht die Aktivierung der sozialen Rollen mit Werbung, Ehe, Elternschaft und Beruf. Die Findung und Begrenzung der Lebensziele sowie ihre Durchsetzung als Lebensaufgaben in der Form dauernder Bindungen, Rollen und Milieuwahlen sind die Hauptsorge der Spätadoleszenz. Neuere Verwendungen dieses Begriffs haben sich weit entfernt von dieser Reifungskonzeption, sie verzögern ein adoleszentes Lebensgefühl bis über das 30. Lebensjahr hinaus, assoziieren es mit studentischer Protest-Subkultur, oder nutzen es als konzeptuelles Sammelbecken für sog. freiwillige und unfreiwillige „Aussteiger" (Schmitz & Stiksrud, 1994).

Psychologische Theorien der Adoleszenz

Mit der speziellen Problemlagerung der Adoleszenz befaßt sich die *Marginalitäts-Theorie* von Lewin. Die emotionalen Turbulenzen (erhöhte *Aggressivität* und *Sensitivität*) sind Folge eines *kognitiven* Konfliktes zwischen dem Lebensraum der Kindheit und des Erwachsenen, der beschleunigten Bewegung von einem Stadium in das andere, der mangelnden kognitiven Strukturierung der Zielregion, in die hinein man sich entwickelt, der erhöhten Plastizität und Formbarkeit – aber auch Verführbarkeit (jugendlicher Radikalismus) infolge der Lageinstabilität zwischen den Bezugsgruppen (Stiksrud, 1994).

Coleman versucht mit der *Fokal-Theorie* der Adoleszenz wider die *Katastrophen*theorien des Jugendalters zu argumentieren. Die Jugendlichen der modernen Industrienationen meistern die normalen Probleme ihrer Altersgruppen nach und nach, sie nehmen ihre Probleme sukzessiv in den „focus" und sind demzufolge in der Lage, Bewältigungsressourcen über die Entwicklungsstrecke der gegenüber früher verlängerten Jugendzeit zu aktivieren (Ewert, 1983; Stiksrud, 1994).

Eine dritte Theoriegruppe zum Thema *Identitätsentwicklung* in der Adoleszenz (nach Erikson) löste sich ursprünglich aus psychoanalytischen Katastrophenszenarios und formulierte als zentrale Aufgabe des Jugendalters das Finden der eigenen Identität, die sich als zentraler Gefühlszustand gegen die dazu polare „Identitätsdiffusion" für einen Zustand psychischer Gesundheit durchzusetzen hat. Die positive Seite der normalen (nicht klinisch-psychopathologischen!) Konfliktlösung der *Adoleszenzkrise* wird ausgefüllt mit Finden einer Zeitperspektive, einer Selbstgewißheit, Experimentieren mit Rollen, Vertrauensfindung in die eigene Leistungsfähigkeit; geschlechtliche Identität, Führungs- und Ideologie-Polarisierung sind weitere Seiten der positiven Entwicklung (Ewert, 1983).

Die moderne, da mit Fragebogen und Selbstkonzept-Skalen operierende, Jugendpsychologie greift die alten Themen Eriksons auf und bringt sie in Entwicklungskontexte wie z.B.:

- Religiöse Entwicklung im Jugendalter (Religionspsychologie),
- Geschlechtskategorien im Jugendalter,
- Selbstkonzept und kognitive Fähigkeiten Hochbegabter (Hochbegabung),

(um nur einige empirisch bearbeitete Themen aus dem die deutsche Jugendpsychologie repräsentierenden Band von Schumann-Hengsteler & Trautner, 1996, anzuführen).

Relativ losgelöst von den biologisch determinierten Faktoren des Jugendalters ist die im Gefolge von Piaget und Ewert sich orientierende Forschung zu *hypothetisch-deduktivem Denken* (kognitive Entwicklung) zu *sozial-moralischer* Entwicklung (in Fortsetzung der Kohlberg-Ansätze; moralische Entwicklung) und zu adoleszenzspezifischem *Wertewandel*. Die Verzahnung biologischer und jugendpsychologischer Themen wird von *soziobiologischen* Richtungen vertreten (Soziobiologie). Mit der Soziologie gemeinsam hat die Jugendpsychologie das Problem der *Generationsbeziehungen* und *Generationskonflikte*. Der *Psychopathologie* des Jugendalters bleiben Themen wie Drogenabusus, nicht gelingende Formen der Ablösung vom Elternhaus und destruktive Tendenzen aufgegeben (Klinische Kinder- und Jugendpsychologie, Sucht).

Literatur

Schumann-Hengsteler, R. & Trautner, A. (Hrsg.).(1996). *Entwicklung im Jugendalter. Göttingen: Hogrefe.*

Schmitz, E. & Stiksrud, A. (1994). *Erziehung, Entfaltung und Entwicklung*. (2. Aufl.). Heidelberg: Asanger.

Stiksrud, A. (1994). *Jugend im Generationen-Kontext. Sozial- und entwicklungspsychologische Perspektiven.* Opladen: Westdeutscher Verlag.

Ewert, O. (1983). *Entwicklungspsychologie des Jugendalters*. Stuttgart: Kohlhammer.

Liepmann, D. & Stiksrud, A. (Hrsg.). (1985). *Entwicklungsaufgaben und Bewältigungsprobleme in der Adoleszenz*. Göttingen: Hogrefe.

K

Kinderpsychologie

Stefan Schmidtchen

Gegenstand und Themen der Kinderpsychologie

Kinderpsychologie ist ein (nicht in der Prüfungsordnung für Diplom-Psychologen vorkommendes) Teilgebiet der Psychologie, das sich mit der Beschreibung und Erklärung seelischer Prozesse im Leben von Kindern *im Alter von einem Monat bis zu elf Jahren* befaßt. Diese Prozesse sind wegen der Wechselwirkung mit biologischen (Reifung) und sozioökologischen Faktoren (Sozialisation) so starken Veränderungen unterworfen, wie sie in keinem anderen Lebensabschnitt des Menschen vorkommen. Während das Kind in der Neuzeit durch die Freistellung von Arbeitsprozessen und die Zuerkennung eines kindspezifischen Lebensraumes einen eigenen gesellschaftlichen Status besitzt, galten Kinder im Altertum und Mittelalter als „kleine Erwachsene". Ihr Leben war auf eine möglichst schnelle Übernahme von Erwachsenenaufgaben ausgerichtet und wies keine Zwischenstadien einer speziellen Kinder- oder Jugendlichenwelt auf (Aries, 1978).

Im folgenden sollen sieben *psychische Kompetenzbereiche* beschrieben werden, die Kinder im Verlauf ihrer Entwicklung ausbauen müssen. Es handelt sich um: 1) sensomotorische Kompetenzen; 2) emotional-affektive Kompetenzen; 3) selbstsystembildende Kompetenzen; 4) Bindungskompetenzen; 5) intellektuell-denkerische Kompetenzen; 6) sprachliche und schulische Kompetenzen; 7) geschlechtsrollen-differenzierende Kompetenzen. Die Entwicklung dieser Fertigkeiten startet jeweils in einem bestimmten Lebensabschnitt des Kindes und verläuft dann kontinuierlich weiter über das Jugendalter (Jugendpsychologie) bis zum Erwachsenenalter.

Sensomotorische Kompetenzen

Der Ausbau der sensomotorischen Kompetenzen vollzieht sich zu Beginn des Lebens so schnell, daß der Säugling nach den Erkenntnissen der modernen Entwicklungspsychologie als ein „kompetentes Wesen" (Dornes, 1993) zu bezeichnen ist und nicht mehr, wie zu Anfang des Jahrhunderts, als eine „biologische Frühgeburt". Seine Kompetenz drückt sich darin aus, daß er in aktiver Weise versucht, seine Umwelt so zu beeinflussen, daß er eine optimale Versorgung und Entwicklungsförderung erhält. Im einzelnen besitzt der Säugling bereits kurz nach der Geburt (oder wenige Monate später) die Fähigkeit, seine physiologischen Funktionen wie Kreislauf, Verdauung, Wach- und Schlafzustand etc. selbständig zu regulieren; Spannungen abzubauen; Blickkontakt zu Menschen aufzunehmen und durch das Fixieren von Objekten anzuzeigen, was ihn interessiert. Des weiteren kann er schon im Mutterleib recht gut hören, von Geburt an Gerüche erkennen und seiner Umwelt durch verschiedene Arten des Weinens signalisieren, was ihn belastet oder bedroht (Pränatale und Perinatale Psychologie).

Unterstützt wird die Entwicklung dieser zahlreichen Fertigkeiten durch ein bestimmtes *entwicklungsförderndes Elternverhalten,* das in passender Weise auf die sensomotorischen Möglichkeiten des Säuglings zugeschnitten ist. Es besteht aus:

- einem feinfühligen Beachten und Verstehen der kindlichen Signale;
- einer angemessenen Bedürfnisbefriedigung;
- einer blickbezogenen personalen Begegnung;
- einer entwicklungsgemäßen Stimulation (durch gemeinsame Spiele, Nachahmungsangebote und zur Verfügungstellung von Umweltreizen);
- einer Abschirmung vor Reizüberflutungen und starken negativen Affekten (z.B. Ängsten, depressiven Verstimmungen etc. von Bezugspersonen) und
- einem kindgemäßen Kommunizieren in Form der „Babysprache".

Emotional-affektive Kompetenzen

Durch die sehr frühe Entwicklung von emotional-affektiven Kompetenzen ist der Säuglings bereits kurz nach der Geburt in der Lage, in nichtsprachlicher Weise mit seiner Umgebung zu kommunizieren. Neuere Forschungen haben ergeben, daß Säuglinge weltweit in ihrer Mimik sieben *Primäraffekte* in Form von Freude, Überraschung, Furcht, Wut, Verachtung, Ekel und Trauer (Keller, 1998) aktivieren können, mit deren Hilfe sie ihrer Umwelt Zustände der Zufriedenheit, des Interesses, der Angst, der Ablehnung, der Gefahr und des Wunsches nach personaler Nähe oder Distanz signalisieren können. Durch das Zeigen dieser affektiven Signale kann sich das Kleinkind sehr schnell in die Erfahrungwelt der Erwachsenen einklinken und von ihr fürsorgerisch und lernend profitieren (Emotion).

Selbstsystembildende Kompetenz

Die selbstsystembildende Kompetenz ermöglicht es dem Kleinkind, ein eigenständiges Regulations- und Handlungssystem (genannt *Selbst* bzw. *Ich*) aufzubauen, mit dessen Hilfe es das Innen- und Außenleben seiner Person nach seinen Interessen gestalten kann. Die Ausbildung des Selbstsystems vollzieht sich schrittweise und besteht aus folgenden Systemkomponenten (Stern, 1993):

- einem *auftauchenden Selbstempfinden;*
- einem *Kernselbstempfnden;*
- einem *subjektiven Selbstempfinden,* das die Unterscheidung und Abgrenzung von anderen ermöglicht und
- einem *verbalen Selbst.*

Durch die Ausbildung dieser Kompetenzen lernt das Kind bereits in den ersten drei Lebensjahren, zwischen eigenen und den Gefühlen anderer zu unterscheiden, ein Urheberschaftserleben für seine Handlungen zu entwickeln und sprachlich die Eigenschaften zu benennen, die zu seiner Person gehören. Eine besondere Aufgabe hat das Selbst (bzw. Ich) bei der Lösung innerer Konflikte, die sich aus Dissonanzen zwischen Trieb- bzw. Bedürfnisansprüchen und Gewissensnormen ergeben (Psychoanalyse). Gelingt dem Selbst keine adäquate Lösung dieser Konflikte, dann können *psychische Störungen* entstehen.

Bindungsbezogene Kompetenzen

Durch die Entwicklung von bindungsbezogenen Kompetenzen baut sich der Säugling eine überlebensnotwendige Schutz-, Fürsorge- und Stimulationsbeziehung zu seinen Eltern auf. Hier gewährleisten angeborene Mechanismen bei Eltern und Kind den Ausbau eines inneren Verhaltensprogrammes, das aus den Qualitäten einer „sicheren“ oder „unsicheren“ Bindung bestehen kann. Das „sichere“ Bindungsprogramm ist dadurch gekennzeichnet, daß sich die Bezugsperson bei Angst- und Streßsignalen des Kindes diesem zuwendet und es durch Worte tröstet und durch Körperkontakt schützt. Hat sich das Kind beruhigt, dann löst die Bezugsperson behutsam den Körperkontakt und fördert Strebungen des Kindes, die angstauslösenden Reizbedingungen zu erkunden. Das „unsichere“ Bindungsprogramm kann in den Qualitäten *vermeidende, ambivalente* und *desorganisierte* Bindung auftreten. Sein Vorliegen kann zu einem Mangel an innerer Geborgenheit sowie zu Beziehungs- und Entwicklungsstörungen führen (Bindungsforschung, Entwicklungspsychologie). Diese Aussage gilt insbesondere für die „unsichere“ Bindung nach dem desorganisierten Typus. Diese Bindungsform ist als genereller Risikofaktor für die unterschiedlichsten Formen von *psychischen Störungen* anzusehen (Klinische Kinder- und Jugendpsychologie).

Intellektuell-denkerische Kompetenzen

Die Entwicklung der intellektuell-denkerischen Kompetenzen ist eng mit der *geistigen Entwicklung* des Kindes verbunden. Letztere geschieht nach Piaget (1973) in vier Stadien:
a) im *sensomotorischen Stadium* (ein bis zwei Jahre) werden Reflexmechanismen geübt, Handlungen zur Erreichung eines bestimmten Zweckes wiederholt sowie Handlungsprogramme (bzw. Schemata) koordiniert und ausgebaut.
b) Im Stadium des *voroperatorischen, anschaulichen Denkens* (drei bis vier Jahre) werden Ereignisse aus einer egozentrischen Perspektive animistisch, artifizialistisch oder finalistisch erklärt. Das Denken ist noch sehr eingeschränkt und kann nur sehr wenige Aspekte berücksichtigen. Es bezieht sich im wesentlichen auf die sinnlichen Wahrnehmungen.
c) Im Stadium des *konkret-operatorischen Denkens* (fünf bis neun Jahre) kann das Kind Zusammenhänge zwischen Sachverhalten durch logische Operationen herstellen. Es kann schlußfolgernd rechnen, handeln und sprechen sowie komplexe Situationen analysieren und innerseelische Prozesse reflektieren.
d) Im *formal-operatorischen Stadium* (ab zehn Jahren) ist die Denkfähigkeit so weit ausgebildet, daß auch nicht vorhandene Informationen, die erst durch ein planvolles Experimentieren oder geistiges Probehandeln gewonnen werden müssen, mit berücksichtigt werden können. Des weiteren kann das Kind mehrdimensionale Perspektiven einnehmen, Abstraktionen vornehmen und hypothetische Überlegungen („Was wäre wenn?“) durchführen (Denken).

Sprachliche Kompetenzen

Die Entwicklung der sprachlichen Kompetenzen findet mit etwa 1 1/2 Jahren statt und verläuft parallel zum nicht-sprachlichen Verhalten. Mit ca. drei Jahren hat das Kind einen Sprachschatz von ca. 1000 Wörtern erworben und kann bereits Sätze mit Mehrfachwörtern bilden, die vom etwa 5. bis 6. Lebensjahr an eine richtige grammatikalische Struktur aufweisen (Grimm, 1999). Beginnend mit dem Vorschulalter gewinnt die *sprachliche Kommunikation* gegenüber der nichtsprachlichen eine solche Vorrangstellung, daß das Kind immer mehr Zeit mit dem Lesen von Büchern und Zeitschriften, dem Hören von Fernseh- und Radiosendungen und später dann mit dem Erwerb und der Vertiefung von schulischen Fertigkeiten verbringt. Mit dem *Eintritt in die Schule* beginnt für das Kind ein neuer Lebensabschnitt, der so bedeutsam ist, daß er alle folgenden Lebensvollzüge (insbesondere die des zukünftigen Berufes) prägt. Durch die schulisch geförderte sprachlich-begriffliche Entwicklung (Weinert, 1997), kann das Kind sehr schnell das verbal übermittelte Wissen der Kultur erwerben und mit diesem eigengestalterisch arbeiten. Es kann damit eine wissensmäßige Kompetenz entwickeln, die nicht einmal Erwachsene anderer Jahrhunderte besessen haben (Kommunikation, Interaktion, Sprache).

Geschlechtsrollen-differenzierende Kompetenzen

Da unsere Welt sehr stark von geschlechtstypischen Traditionen und Vorurteilen geprägt ist, müssen Kinder recht früh geschlechtsrollen-differenzierende Kompetenzen erwerben (Alfermann, 1996). Zu diesen Kompetenzen gehört das Wissen über die Rollenstereotype von Jungen und Mädchen: die biologischen Geschlechtsunterschiede von Mann und Frau; das Zusammenleben von Jungen und Mädchen in verschiedenen Altersklassen sowie die Rechte und Pflichten der verschiedenen Geschlechter z.B. im Umgang mit den Gefühlen von Wut, Angst oder Enttäuschung. Wichtig im Rahmen der *Geschlechtsrollenerziehung* ist des weiteren, daß die Kinder nicht nur ein Wissen über das gesellschaftlich gewünschte Verhalten der Geschlechter erwerben, sondern auch lernen, sich mit dem eigenen Geschlecht zu identifizieren (Sexualität).

Literatur

Alfermann, D. (1996). *Geschlechstrollen und geschlechtstypisches Verhalten*. Stuttgart: Kohlhammer.

Aries, P. (1978): *Geschichte der Kindheit*. München: dtv.

Dornes, M. (1993): *Der kompetente Säugling*. Frankfurt: Fischer.

Grimm, H. (1999). *Störungen der Sprachentwicklung*. Göttingen: Hogrefe.

Keller, H. (Hrsg.). (1998). *Lehrbuch Entwicklungspsychologie*. Bern: Huber.

Piaget, J. (1973): *Das Erwachen der Intelligenz beim Kinde*. Stuttgart: Klett.

Stern, D. N. (1993): *Die Lebenserfahrung des Säuglings*. Stuttgart: Klett-Cotta.

Weinert, F. E. (Hrsg.). (1997). *Psychologie des Unterrichts und der Schule*. Göttingen: Hogrefe.

Klinische Kinder- und Jugendpsychologie

Franz Petermann und Petra Warschburger

Begriffsbestimmung

Die Klinische Kinder- und Jugendpsychologie stellt jene Teildisziplin der Psychologie dar, die sich mit psychischen Störungen, den psychosozialen Aspekten körperlicher Erkrankungen und Risikoverhaltensweisen im Entwicklungsverlauf von Kindern und Jugendlichen beschäftigt. Es handelt sich dabei um ein neues Anwendungsfeld mit starkem interdisziplinären Charakter. Die Auffälligkeiten oder außergewöhnlichen *Bewältigungsaufgaben* (wie *Krankheiten, familiäre Krisen, Unfälle, Trennungen*), mit denen sich Kinder und Jugendliche konfrontiert sehen, können durch psychologische Hilfe erfolgreich bewältigt werden. Hierzu sind alters-, entwicklungs- und familienorientierte Interventionen vonnöten; die Planung solcher Interventionen setzt Kenntnisse der Entwicklungspsychopathologie, das heißt solche über die Entstehung, den Verlauf und die Prognose der psychosozialen Belastungen und psychischen Störungen voraus.

Die Klinische Kinder- und Jugendpsychologie befindet sich im Schnittfeld verschiedener Teilgebiete der Psychologie und der Pädiatrie. Zu nennen sind vor allem die Entwicklungspsychologie, die Klinische Psychologie und die Pädagogische Psychologie. Die Entwicklungspsychologie liefert für die Klinische Kinder- und Jugendpsychologie wichtige Grundlagen über die Entstehung und Bedeutung von Entwicklungsrisiken. Ohne differenzierte Annahmen über die Entstehung und den Verlauf psychischer Störungen können keine fundierten Interventionen im Kindes- und Jugendalter geplant und angemessen umgesetzt werden. Die Entwicklungspsychologie bietet gleichzeitig den Hintergrund für die Ableitung von präventiven Maßnahmen und trifft Aussagen über die Stabilität und die *Komorbidität von psychischen Störungen*. Die Klinische Kinder- und Jugendpsychologie beschäftigt sich darüber hinaus mit den psychosozialen Auswirkungen körperlich-chronischer Erkrankungen. In diesem Zusammenhang bestehen enge Bezüge zur Psychologie in der *Kinderheilkunde* (*Pädiatrische Psychologie*). Mit der Klinischen Psychologie hat die Klinische Kinder- und Jugendpsychologie den Fokus auf psychische Störungen und psychosoziale Aspekte bei körperlichen Erkrankungen gemeinsam. Im Vergleich zur Klinischen Psychologie im Erwachsenenalter muß jedoch die Klinische Kinder- und Jugendpsychologie viel stärker den entwicklungsbezogenen Aspekt berücksichtigen. In der *Entwicklungsabfolge* ändern sich bei Kindern und Jugendlichen sehr schnell Anforderungen und psychische Reaktionen, wodurch die Belastungen und ihre Verarbeitung nicht mit denen Erwachsener vergleichbar sind. So können Verhaltensweisen, die im Erwachsenenalter als deviant oder psychopathologisch bezeichnet werden, im Kindes- und Jugendalter eine normale und vorübergehende Phase der Entwicklung darstellen. Bei der Definition von auffälligen Verhaltensweisen im Kindes- und Jugendalter ist es notwendig, diese Verhaltensweisen mit dem normalen Verhaltensmuster der jeweiligen Altersgruppe in Beziehung zu setzen. Die Pädagogische Psychologie liefert allgemeines Grundwissen zu Lernprozessen, die bei der Planung von Maßnahmen zur Prävention, Intervention und Rehabilitation bedeutsam sind. Der kindgemäße Zugang ist besonders zu berücksichtigen. Abb. 1 soll das Arbeitsgebiet der Klinischen Kinder- und Jugendpsychologie sowie die Überlappung mit anderen Gebieten verdeutlichen.

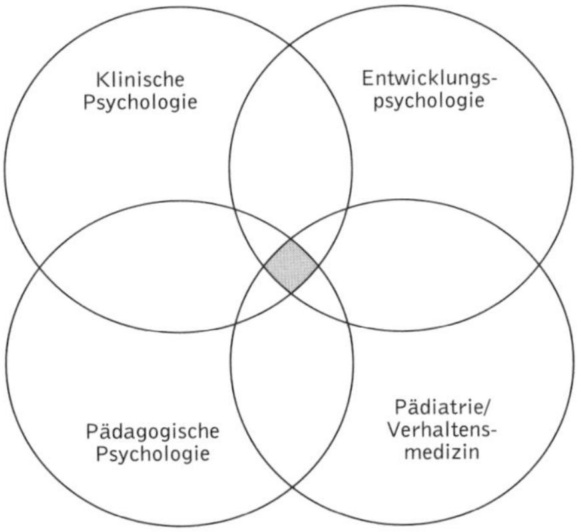

Klinische Kinder- und Jugendpsychologie 1. Arbeits- und Überlappungsgebiete der Klinischen Kinder- und Jugendpsychologie.

Theoretische Grundlagen und Methoden

Allgemein bedient sich die Klinische Kinder- und Jugendpsychologie einem *Risiko- und Schutzfaktorenmodell*, um die Entstehung und den Verlauf von Belastungen, Beeinträchtigungen und psychischen Störungen vorauszusagen sowie entsprechende präventive, interventionsbezogene und rehabilitative Maßnahmen zu planen. Dabei werden Risikofaktoren (= Faktoren, die die Auftretenswahrscheinlichkeit von Problemen erhöhen) nicht nur auf seiten des Kindes (z. B. mangelnde soziale Kompetenz), sondern auch auf seiten seiner sozialen Umgebung (z. B. *Alkoholabusus* der Eltern) betrachtet. Eine ähnliche Einteilung kann für die Schutzfaktoren (= Faktoren, die die Auftretenswahrscheinlichkeit von Problemen vermindern wie gutes Selbstvertrauen oder soziale Unterstützung) gebildet werden. Die Balance zwischen Risiko- und Schutzfaktoren stellt eine wichtige Beurteilungsgrundlage für die psychosoziale Situation des Kindes beziehungsweise Jugendlichen dar. Sie zeigen gleichzeitig für den Klinischen Kinderpsychologen Möglichkeiten der *Interventionsplanung* auf, indem zum Beispiel Belastungen reduziert oder, falls dies nicht möglich ist, Ressourcen auf seiten des Kindes oder seiner Umgebung gestärkt werden. Solche Modelle sollten in Zukunft stärker entwicklungsorientiert formuliert und auf spezifische Krankheitsbilder übertragen werden, um theoriegeleitet Vorhersagen treffen und Interventionen planen zu können. Abb. 2 verdeutlicht das Zusammenspiel von Risiko- und Schutzfaktoren.

Tabelle 1 illustriert beispielhaft, wie durch präventive, therapeutische und rehabilitative Maßnahmen Risikofaktoren reduziert und Schutzfaktoren aufgebaut werden können (entsprechende Behandlungsprogramme: Petermann, 2000; Petermann & Warschburger, 2000).

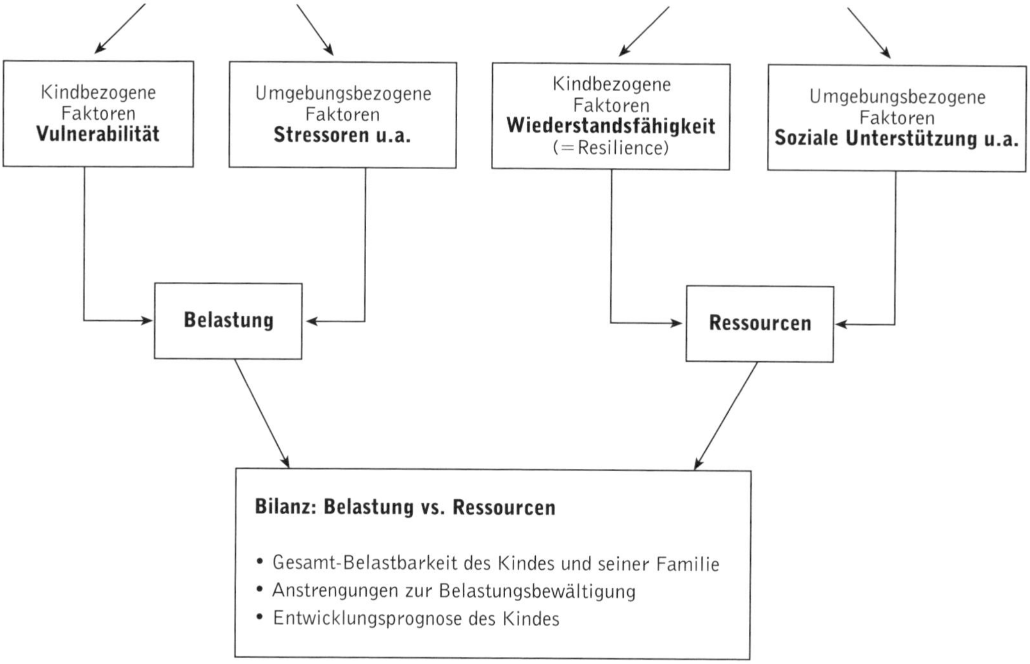

Klinische Kinder- und Jugendpsychologie 2. Risiko- und Schutzfaktoren der kindlichen Entwicklung (nach Petermann, 1997a, S. 3).

Anwendungsfelder der Klinischen Kinder- und Jugendpsychologie

Mit der obigen Definition sind im Wesentlichen bereits die Anwendungsfelder der Klinischen Kinder- und Jugendpsychologie benannt worden. Psychische Störungen weisen eine Vielfalt von Erscheinungsbildern auf. Einen Überblick über die Störungen, die gewöhnlich zuerst im Kleinkindalter, in der Kindheit oder im Jugendalter diagnostiziert werden, bieten diagnostische Systeme wie zum Beispiel *das Diagnostische und Statistische Manual psychischer Störungen (DSM-IV)* (Saß, Wittchen & Zaudig, 1996). Zu diesen Störungsbildern zählen beispielsweise die Lernstörungen (z.B. *Lese- oder Rechenstörungen*), die Kommunikationsstörungen (z.B. expressive Sprachstörungen oder Stottern), die tiefgreifenden Entwicklungsstörungen wie der Autismus, die *geistige Behinderung* (Behinderung, geistige), die Störung der Aufmerksamkeit, der Aktivität und des Sozialverhaltens (z.B. Aggression oder Aufmerksamkeits- und Hyperaktivitätsstörung), *Tic-Störungen*, Störung der Ausscheidung (z.B. Enuresis und Enkopresis), Angststörungen im Kindesalter sowie Eßstörungen (z.B. die Pubertätsmagersucht). Für viele dieser Bereiche liegen bereits etablierte Therapiemethoden und Förderprogramme vor (vgl. Petermann, 2000).

Bei den körperlich-chronischen Erkrankungen wird zunehmend die Rolle von emotionalen, kognitions- und verhaltensbezogenen Faktoren als Krankheitsfolgen betont. Neben der Rolle, die psychischen Faktoren bei der Aufrechterhaltung von chronischen Erkrankungsbildern zukommt, gilt zu beachten, daß eine chronische Erkrankung einen Belastungsfaktor in der normalen Entwicklung bildet und damit zu vielfältigen Einschränkungen und einer reduzierten Lebensqualität führen kann. Generell wird davon ausgegangen, daß mittlerweile jedes zehnte Kind zumindest zeitweise oder lebenslang unter einer körperlich-chronischen Erkrankung leidet. Zu den häufigsten Erkrankungen dieser Art im Kindes- und Jugendalter gehören die Atopische Dermatitis, das Asthma und die Adipositas. Nicht nur Fragen der Bewältigung solcher außergewöhnliche Belastungen werden betrachtet, sondern auch Möglichkeiten frühzeitiger Intervention beziehungsweise Prä-

Klinische Kinder- und Jugendpsychologie. Risiko- und Schutzfaktoren als Ansätze für Interventionen.

Interventionsformen	Schutzfaktoren	Risikofaktoren
Gewaltprävention (in der Schule)	Wissen über gewaltfreie Lösungen	Soziale Ablehnung
Drogenprävention	Stabile Sozialkontakte außerhalb der „Szene"	Rauchen/Alkoholkonsum
Behandlung autistischer Störungen	Sprachkompetenz	Intelligenzminderung
Behandlung kindlicher Depression	Soziale Fertigkeiten	Negative Denkstile/Attributionsstile
Rehabilitation asthmakranker Kinder	Notfallfertigkeiten	Rauchen
Rehabilitation neurodermitiskranker Kinder	Hautpflege	Mangelnde Körperakzeptanz

vention erprobt. Des weiteren liegen Konzepte für Maßnahmen zur Steigerung der Compliance und Lebensqualität der Betroffenen vor. Solche Maßnahmen dienen der Verbesserung der Krankheitsbewältigung und werden als *Patientenschulung* (*health education*, vgl. Petermann & Warschburger, 1998) bezeichnet.

Ein weiteres Anwendungsgebiet der Klinischen Kinder- und Jugendpsychologie bezieht sich auf die Entstehung und die Auswirkung von Risikoverhalten, die gerade im Jugendalter massive Folgen zeigen. Zu nennen sind hierbei vor allem Alkohol und Drogen oder Unfälle, die durch zu schnelles und unbedachtes Verhalten entstehen. Gerade im Jugendalter stellt delinquentes Verhalten ein mittlerweile immer weitere Kreise ziehendes Problem in unserer Gesellschaft dar. An die Kinder und Jugendlichen werden darüber hinaus eine Reihe von Entwicklungsaufgaben gestellt, die zum Beispiel den Aufbau von Beziehungen mit *Gleichaltrigen*, von Autonomie, einer eigenen Identität oder Akzeptanz des eigenen Körpers betreffen. Eine nicht angemessene Auseinandersetzung und Bewältigung solcher Entwicklungsaufgaben kann zu einer psychosozialen Belastung der weiteren Entwicklung führen.

Aufgabenfelder

Aufgrund der vielfältigen Überschneidungen zu anderen Teilgebieten der Psychologie, aber auch der Medizin und Pädagogik, sind die Aufgaben in der Klinischen Kinder- und Jugendpsychologie breit gefächert. Hierzu zählen beispielsweise die Deskription und Klassifikation von psychischen Störungen, die Betrachtung von epidemiologischen Fragestellungen über die Häufigkeit von bestimmten Störungsbildern und Risikoverhaltensweisen, sowie die Entwicklung von entsprechenden diagnostischen Instrumenten zur Beurteilung und Prognose des jeweiligen Zustandes. Der Erforschung der *Entstehungszusammenhänge* und aufrechterhaltenden Bedingungen kommt gerade im Kontext der Interventionsplanung eine ebenso wichtige Rolle zu, wie Studien zum Verlauf von bestimmten Störungsbildern. Auf diesen grundlegenden Erhebungen basieren Maßnahmen zur Prävention von psychischen und körperlichen Erkrankungen sowie von Risikoverhaltensweisen, zur Therapie und gegebenenfalls von rehabilitativen Maßnahmen, vor allem im Kontext der *medizinischen Kinderrehabilitation*. Gerade im Bereich der Kinderrehabilitation haben sich in den letzten Jahren entscheidende Veränderungen durch die Etablierung von strukturierten *Patientenschulungsprogrammen* für Betroffene sowie von *Mediatorentrainings* (z. B. für die Eltern) ergeben (vgl. Petermann & Warschburger, 1998).

Literatur

Petermann, F. (Hrsg.). (1997). *Fallbuch der Klinischen Kinderpsychologie*. Göttingen: Hogrefe.

Petermann, F. (Hrsg.). (1998). *Lehrbuch der Klinischen Kinderpsychologie und -psychotherapie.* (4. vollst. überarb. und erweiterte Aufl.). Göttingen: Hogrefe.

Petermann, F. & Warschburger, P. (Hrsg.). (1998). *Kinderrehabilitation*. Göttingen: Hogrefe.

Saß, H., Wittchen, H. U. & Zaudig, M. (1996). *Diagnostisches und Statistisches Manual psychischer Störungen DSM-IV.* Göttingen: Hogrefe.

Klinische Psychologie

Willi Butollo und Markos Maragkos

Einleitung, Definition, Geschichtliches

Die Klinische Psychologie ist der Teilbereich der Psychologie (s.a. Allgemeine Psychologie), der sich mit der wissenschaftlichen Erforschung und Behandlung von abweichendem menschlichen Erleben und Verhalten bzw. mit Störungen in diesen Bereichen (Psychische Störung, Psychotherapie) beschäftigt. Sie bemüht sich dabei, den psychisch erkrankten Menschen als Gesamtheit zu sehen und die psychischen Symptome (Psychopathologie), in denen sich die Erkrankung manifestiert und die oft von körperlichen Symptomen begleitet werden, innerhalb dieser Gesamtheit einzuordnen und zu klassifizieren (Diagnostik). Insofern gehört die Klinische Psychologie zu den Disziplinen der Angewandten Psychologie (Angewandte Psychologie). Die Anfänge der Klinischen Psychologie reichen bis zu den Ursprüngen der Menschheit zurück. In prähistorischen Gesellschaften wurden psychische Störungen als das Werk *böser Geister* betrachtet und durch chirurgische Eingriffe (z.B. Trepanation) wurde der Versuch unternommen, diese aus dem Körper des betroffenen Menschen zu entfernen. Zur Zeit der Antike hingegen wurden Erkrankungen wie *Manie*, *Hysterie* oder *Melancholie* hauptsächlich als Störungen des Gleichgewichts der von Hippokrates postulierten vier *Körpersäfte* (schwarze Galle, gelbe Galle, Schleim und Blut) verstanden. Medizinische Erklärungen gestörten Verhaltens traten gegen Ende des Mittelalters mehr in den Mittelpunkt. Ab der Mitte des 16. Jahrhunderts verschlechterten sich die guten Versorgungsbedingungen psychisch Kranker der Renaissance wieder nachhaltig. Es war die Zeit der Irrenhäuser, in denen die Insassen ein trostloses Dasein führten. Erst mit dem französischen Psychiater *Philipp Pinel* im 19. Jahrhundert verbesserten sich die Betreuungsbedingungen abermals. Die Patienten erfuhren nicht nur eine bessere, menschlichere Betreuung, sondern auch mehr Rechte und gesetzlich verankerten Schutz. Mit Emil Kraepelin im späteren 19. Jahrhundert erlebte die *somatogene Sichtweise* der Entstehung psychischer Erkrankungen einen Auftrieb. Die medizinische Forschung zeigte, daß vielen dieser Erkrankungen medizinische Faktoren zugrunde lagen (z.B. der Syphiliserreger als Verursacher der Progressiven Paralyse). Doch auch gegenteilige Erklärungsversuche kamen auf. Die *psychogene Sichtweise* betrachtete – als Gegenstück zur somatogenen – psychische Ursachen als Kernbedingung gestörten menschlichen Verhaltens. Entsprechende Entdeckungen in diesem Bereich (z.B. das Zusammenspiel von *Hysterie* und Hypnose) führten auch hier zu Behandlungsfortschritten. Danach fächerte sich das Gebiet der Klinischen Psychologie in verschiedene „Schulen" (Behaviorismus, Kognitive Psychologie, Humanistische Psychologie) auf. Die heute praktisch tätigen klinischen Psychologen und Psychotherapeuten arbeiten vorwiegend nicht nach der Theorie und Therapietechnik einer bestimmten Schule, sondern *eklektisch*: Entsprechend ihrer eigenen Orientierung und ihrem eigenen Zugehörigkeitsgefühl kommen theoretische Annahmen und therapeutische Techniken verschiedener psychologischer/psychotherapeutischer Richtungen gemeinsam zur Anwendung. Die wichtigsten Aufgaben der Klinischen Psychologie sind: *Klinische Diagnostik* und Klassifikation psychischer Störungen, Therapie, *Prävention* und *Rehabilitation* sowie *Psychotherapieforschung*.

Klinische Diagnostik

Bei der Diagnostik, d.h. der Feststellung psychischer Erkrankungen, geht es um die spezielle Natur und die Ursprünge (Comer, 1995) der psychischen Auffälligkeiten. Der klinisch tätige Psychologe geht dabei nach drei Schritten vor (ebd.). Während der *klinischen Untersuchung* werden so viele Informationen über die Probleme des betreffenden Patienten gesammelt wie möglich, die in der *Interpretati-*

onsphase in ein klinisches Bild umgewandelt werden. Wenn die erfaßten Symptome einer psychischen Störung entsprechen, wird schließlich eine *Diagnose* vergeben, die weniger im Sinne eines Etiketts zu verstehen ist, sondern eine momentane Zustandsbeschreibung des Patienten bedeutet, Veränderungen unterliegt und dem Kliniker Hilfestellung für sein weiteres Vorgehen bietet. Zusätzlich zu den zusammengeführten Informationen dient die Diagnose der Bestimmung, welchen Verlauf die psychische Erkrankung aller Erfahrungswerte nach nehmen wird (Prognose) und welche Therapieform am geeignetsten zu deren Behandlung erscheint (Indikation). Die klinische Diagnostik leitet somit gleichzeitig die Therapieplanung ein und muß – aufgrund ihres prozessuralen Charakters – gegebenenfalls wiederholt durchlaufen werden. Dabei greift der klinisch tätige Psychologe auf verschiedene diagnostische Verfahren zurück. Die Klassifikation einer psychischen Störung folgt einem der beiden gängigen Klassifikationssysteme: DSM oder ICD.

Therapie

Das wohl wichtigste Tätigkeitsfeld innerhalb der Klinischen Psychologie ist die Therapie psychischer Störungen. Je nach therapeutischer Orientierung bedient sich der Kliniker dabei Techniken aus den verschiedenen Schulen: Tiefenpsychologische, Lerntheoretische/Kognitive, Humanistische, Systemische und Körperorientierte Ansätze.

Die längste therapeutische Tradition besitzen die tiefenpsychologischen Ansätze. Sie gehen auf *Sigmund Freud* und die Psychoanalyse zurück. Grundgedanke aller tiefenpsychologisch orientierter Ansätze ist die Annahme eines unbewußten Konflikts, der sich in einem psychischen Symptom manifestiert und nach dessen Bearbeitung und Auflösung auch die Symptomatik verschwindet. Lerntheoretische Ansätze (s.a. Verhaltenstherapie) basieren auf der Lerntheorie, nach der jegliches Verhalten, also auch das gestörte, gelernt ist und somit wieder auch verlernt werden kann. Grundlegende Annahme ist ein Reiz-Reaktions-Mechanismus, nach dem der Mensch auf bestimmte äußere oder innere Reize mit bestimmten Verhaltensweisen reagiert.

Beim Versuch zwischen Reiz- und Reaktionsauch eine Organismusvariable einzufügen, nach der der Mensch nicht einfach Reizen ausgeliefert ist, sondern diese nach seinen eigenen Maßstäben bewertet (Attribution), entstand eine weitere Psychotherapierichtung: die Kognitiven Verfahren (s.a. Kognitive Psychologie). Den humanistischen Verfahren (Humanistische Psychologie) ist die Betonung der organismischen Selbstregulation (Organismische Selbstregulation) gemeinsam. Sie haben sich in den 60er Jahren als „Dritte Kraft" (neben den tiefenpsychologischen und lerntheoretischen Verfahren) etabliert. Die wichtigsten therapeutischen Schulen der humanistischen Psychologie sind die Gesprächspsychotherapie und die Gestalttherapie. Während die 60er Jahre von den humanistischen Psychotherapieschulen dominiert waren, standen die 70er besonders unter dem Einfluß der sogenannten „systemischen Ansätze" (Systemische Ansätze). Mit diesen Verfahren kam es zu einem „Paradigmenwechsel" in der Psychotherapie, d.h. einem Wechsel des ganzen psychotherapeutischen Weltbildes (Kriz, 1994). *Körperorientierte Verfahren* bedienen sich des Körpers als erstem Zugang zur Psyche und zu psychischen Störungen. Der Körpertherapeut behandelt zuerst körperliche Fehlhaltungen und besonders angespannte („verkrampfte") Muskelpartien, indem er versucht diese Areale für den Patienten deutlicher spürbar zu machen und auf muskulärer Ebene zu entspannen. In der Regel sind die aufgefundenen Verspannungen und Verkrampfungen mit verschiedenen unterdrückten oder unbewußten Gefühlen verbunden, die mit Auflösung der Verspannung an die Oberfläche kommen und vom Körpertherapeuten bearbeitet werden. Um die Neutralität des Therapeuten zu gewährleisten und um seine eigene Psychohygiene zu wahren, ist es für ihn notwendig, regelmäßig Supervision in Anspruch zu nehmen.

Prävention und Rehabilitation

Prävention ist definiert als Vorbeugung (lat. *preavenire*, zuvorkommen) gegen Erkrankungen. Abhängig von deren zeitlichen Verlauf unterteilt *Caplan* (1964) in *primäre*, *sekundäre* und *tertiäre* Prävention. Die primäre Prävention zielt darauf ab, das erstmalige Auftreten einer Krankheit zu verhindern. Sekundärpräventive Maßnahmen konzentrieren sich hingegen auf die Weiterentwicklung einer bereits eingetretenen Erkrankung und versuchen diese abzuwenden, während die tertiäre Prävention Vorkehrungen gegen eine Verschlimmerung bzw. Chronifizierung umfaßt. Im Bereich der Rehabilitation übernimmt der klinisch tätige Psychologe die Aufgabe, den ehemals erkrankten Menschen auf die Wiedereingliederung in sein altes sozioökonomisches Beziehungsgefüge vorzubereiten und ihn dabei zu unterstützen. Die Reintegration kann sich insofern als schwierig erweisen, als daß diese (familiären oder beruflichen) Bedingungen ätiologisch mit der psychischen Symptomatik in Zusammenhang stehen können. Der Betroffene muß u.U. wieder in ein Gefüge zurück, welches vielleicht für seine Erkrankung verantwortlich war. Insofern kommen der Rehabilitation auch Aufgaben der Prävention zu. Aus gesundheitsökonomischen Gründen rücken Präventions- und Rehabilitationsprogramme in den letzten Jahren immer mehr in den Mittelpunkt.

Klinisch-Psychologische Forschung

Den Beginn klinisch-psychologischer Forschung datiert *Sigmund Freuds* und Josef *Breuers* Werk „Studien zur Hysterie". Diese als *klassisch* bezeichnete Phase der Psychotherapieforschung bestand hauptsächlich in der Transkription von therapeutischen Sitzungen und die Erklärung bzw. Deutung des dortigen Geschehens. Eysencks Kritik von 1952, Psychotherapie bei Neurotikern sei nicht effektiver bzw. hätte den gleichen Effekt wie eine Placebo-Behandlung bzw. eine Spontanremission, läutete die *Rechtfertigungs- oder Legitimationsphase* ein und forcierte Anstrengungen, Ergebnisse von psychotherapeutischen Behandlungen empirisch nachzuweisen (Effektivitätsstudien). Nachdem sich die Psychoanalyse als Therapieform etabliert hatte, entwickelten sich weitere Psychotherapieschulen, die teilweise auf der Psychoanalyse aufbauten und diese differenzierten, teilweise neu waren (*Konkurrenzphase*). Besonders die Gesprächspsychotherapie zeichnete sich bereits in der Phase der Legitimation dadurch aus, daß sie – mittels Tonbandaufnahmen – nicht nur versuchte, Wirkungsergebnisse zu ermitteln, sondern diese auch in einen engen Zusammenhang mit dem psychotherapeutischen Verlauf brachte und analysierte. Diese Versuche waren Vorläufer der Prozeßforschung. Die verschiedenen diesbezüglichen Untersuchungen erbrachten geringere Unterschiede zwischen den unterschiedlichen Psychotherapierichtungen, als man gemeinhin annahm („everybody has won and all must have prizes"). Die Phase der „globalen Ermittlung von Effektivität" kann mittlerweile als abgeschlossen gelten. Es existieren ausreichend Belege für die *Effektivität der Psychotherapie*. Ungeklärt bleibt die *differentielle Wirksamkeit* unterschiedlicher Psychotherapierichtungen und, innerhalb derer, spezifischer *Interventionstechniken*. Ab den 70er Jahren (*Phase der Differenzierung*) galt das Interesse der Therapieforschung mehr der Interaktion von Klienten- (z.B. Alter und Intelligenz), Therapeuten- (z.B. *Echtheit* und Aktivität) und Technikvariablen (z.B. Reihenfolgen der Items in der *Systematischen Desensibilisierung*). Das Testen von Therapien oder therapeutischen Interventionen trat allmählich in den Hintergrund, da zunehmend Faktoren des *Therapieprozesses* untersucht wurden, die zum *individuellen* Therapieerfolg beitrugen (*differentielle Psychotherapieforschung)*. Der Prozeßansatz stößt da an seine Grenzen, wo die Forschungsdesigns so weitgehend standardisiert sind, daß sie die Praxis der Therapiesituation nicht mehr angemessen abbilden und somit die Umsetzung der Ergebnisse auf die alltägliche Therapiesituation unmöglich machen. Die Lösung dieses Dilemmas wird nun von der verstärkten Zuwendung an das Prozeßgeschehen im nicht durch forschungsbedingte Vorlagen eingeschränkten Therapieren erwartet – die Einzelfallanalyse (s.a. Grawe, 1988). Zwar werden nicht viele Klienten untersucht, dafür aber wird das, was in der Therapie tatsächlich geschieht, akribisch dokumentiert und anschließend analysiert (Mikroanalyse). Befunde mancher Studien, daß unterschiedliche

Behandlungskonzepte zum gleichen Therapieergebnis führen, leiteten die letzte Phase der Psychotherapieforschung (*Phase der Integration*) ein und verstärkten die Einsicht, daß sich Therapeuten verschiedener Schulen in ihrem Vorgehen weit ähnlicher waren, als man gemeinhin annahm und die betroffenen Therapeuten bereit waren einzugestehen. Das legt nahe, anstatt schulenspezifischer Überbetonung der Unterschiede gleich nach den allen gemeinsamen Wirkfaktoren zu suchen. Ein eklektischer Ansatz wird der therapeutischen Ausrichtung der Praktiker gerechter: Integrative Therapie (s.a. Butollo et al. 1997). Einen Schritt weiter geht der Psychotherapieforscher Klaus Grawe (Grawe, 1998), der die Trennung der verschiedenen Psychotherapieschulen für überflüssig und den Bedürfnissen der Patienten und der Therapeuten nicht angemessen sieht und für eine „allgemeine Psychotherapie" plädiert.

Literatur

Butollo, W., Kelwing, C., Krüsmann, M., Maragkos, M. & Wentzel, A. (1997). Integration verschiedener psychotherapeutischer Ansätze bei Angststörungen: Gestalt- und Verhaltenstherapie. In P. Hoffmann, M. Lux, C. Probst, M. Steinbauer, J. Taucher. & H. G. Zapotoczky (Hrsg.), *Klinische Psychotherapie*. Wien: Springer.

Caplan, G. (1964). *Principles of preventive psychiatry*. New York.

Comer, R. J. (1995). *Klinische Psychologie*. Heidelberg: Spektrum Akademischer Verlag.

Grawe (1988). *Psychologische Therapie*. Göttingen: Hogrefe.

Kriz, J. (1994). *Grundkonzepte der Psychotherapie*. Weinheim: Beltz.

Kognition

Rainer H. Kluwe

Begriff

Der Begriff Kognition wird als Sammelbezeichnung für die geistige Aktivität von Menschen verwendet. In der kognitionspsychologischen Forschung bezeichnet Kognition die Gesamtheit der informationsverarbeitenden Prozesse und Strukturen eines intelligenten Systems (Intelligenz), unabhängig vom materiellen Substrat dieses Systems. Menschliche intelligente Systeme umfassen Prozesse und Strukturen für Wahrnehmung und Aufmerksamkeit, für Gedächtnis, Denken und Problemlösen, für Lernen sowie für Sprachverstehen und Sprachproduktion (Sprache). Von einem intelligenten System, das über solche Funktionen verfügt, wird angenommen, daß es zu flexiblem, adaptiven Verhalten in einer vielfältigen, sich verändernden Umgebung in der Lage ist; es verfügt über die Möglichkeit, in der aktiven Auseinandersetzung mit seiner Umgebung zu lernen, d.h. Wissen über seine Umgebung, über die Effekte seines Handelns sowie über sich selbst zu erwerben. Gegenstand kognitionspsychologischer Grundlagenforschung sind demnach die Prozesse und die Strukturen, die spezifischen intelligenten Leistungen zugrundeliegen, d.h die Analyse der Strukturkomponenten, die Analyse der Operationen, die kognitive Prozesse konstituieren, deren Organisationsprinzipien sowie das Zusammenwirken dieser Prozesse.

Historische Entwicklung

Historisch werden die Anfänge einer systematischen, experimentellen und theoretischen Analyse von Kognition in der Psychologie auf die sechziger Jahre zurückgeführt. Erste umfassende Ansätze für eine kognitionspsychologische Grundlagenforschung stammen u.a. von Miller, Galanter und Pribram (1960) sowie Neisser (1967). Der bis dahin dominierende Behaviorismus war vorrangig an gesetzmäßigen Zusammenhängen zwischen beobachtbaren Stimuli und Reaktionen des Organismus interessiert. Interne geistige Prozesse und Strukturen galten als der Beobachtung und damit einer empirischen Prüfung nicht zugänglich. Die behavioristische Forschung stieß dort an die Grenzen ihrer Erklärungsansätze, wo es galt, komplexe kognitive Leistungen wie *Sprachverstehen und -produktion*, *Erinnern* und *Behalten* sowie *Problemlösen* zu analysieren. Überdies verwiesen eine Reihe von lern- und gedächtnispsychologischen Befunden auf die Wirksamkeit konstruktiver strategischer Prozesse bei geistigen Leistungen, für die es keine Entsprechung in behavioristischen Konzepten gab.

Intelligentes Verhalten

Menschliches intelligentes Verhalten wird durch eine Reihe von Leistungen charakterisiert, die wiederum für das Verständnis von Kognition wichtig sind. Menschen zeigen zielgerichtetes, adaptives Verhalten; sie sind in der Lage, auf vielfältige Veränderungen ihrer Umgebung flexibel zu reagieren. Adäquates Verhalten in einer komplexen, dynamischen Umgebung verlangt die Beachtung und Verarbeitung von vielen Reizen sowie die Nutzung von umfangreichen Wissensbeständen zur Auswahl der Verhaltensantwort, und es verlangt kontinuierliches Lernen aus den Effekten von Handlungen. Menschen kommunizieren durch Sprache und erwerben ein Konzept ihrer selbst (Newell, 1980). Von einem *kognitiven System*, das solche Leistungen hervorbringen soll, wird angenommen, daß es folgende Komponenten umfaßt: ein *Gedächtnissystem*, eine *interne, symbolische Repräsentation* der Umgebung, Prozesse, die über der internen Repräsentation arbeiten, Prozesse, die als Ergebnis interner Verarbeitung Verhalten generieren; ferner Systeme für Wahrnehmung und Motorik als Schnittstellen mit der Umgebung des Organismus zur Aufnahme von Information sowie zum Handeln.

Interne Strukturen und Prozesse

Zentral für die kognitionspsychologische Grundlagenforschung ist die Annahme einer *internen Repräsentation* der Umgebung des Organismus. Damit ist die weitere Annahme verbunden, daß die geistige Ausstattung eines Menschen als ein System zur Verarbeitung von Information aufgefaßt werden kann. Damit richtet die *Kognitionspsychologie* die Aufmerksamkeit auf interne, konstruktive Prozesse bei der Verarbeitung von Stimuli und bei der Selektion von Verhaltensantworten. Kognition basiert demnach auf hypothetischen, internen Strukturen (z.B. Gedächtnisstrukturen) sowie auf Prozessen (z.B. Erinnern, Wiedererkennen), die aus der Umgebung aufgenommene und intern gespeicherte Information verarbeiten. Die symbolisch repräsentierten Inhalte bilden die Information, die gespeichert und unter Beteiligung verschiedener Teilsysteme für Wahrnehmung, Aufmerksamkeit, Behalten und Erinnern verarbeitet wird. Die gespeicherte interne Repräsentation der Umgebung umfaßt auch die wahrgenommenen Effekte eigenen Handelns und konstituiert insgesamt das Wissen eines kognitiven Systems. Dieses kann unvollständig und fehlerhaft sein, aber trotzdem individuell adaptives Verhalten zulassen. Mit der Annahme einer internen Repräsentation der Umgebung sowie der Effekte eigenen Handelns ist die Vorstellung verbunden, daß kognitive Systeme, ohne daß Sachverhalte konkret vorliegen, eigenes Handeln antizipieren können. Der Zugriff auf das eigene Wissen, die Möglichkeit zum *internen Probehandeln* erlaubt eine Bewertung und Einschätzung der eigenen Handlungsmöglichkeiten sowie der eigenen kognitiven Aktivität unter Bezug auf spezifische Ziele. Dies wiederum ist eine Grundlage für die Auswahl adäquaten Verhaltens sowie für die Anpassung von Verhalten an situative Erfordernisse (allgemeines Schema eines Systems zur Informationsverarbeitung s. Abb.). Die Interaktion eines kognitiven Systems mit seiner Umgebung erfolgt durch Strukturen und Prozesse für die Wahrnehmung physikalischer Veränderungen (*Sensorik*) sowie durch Strukturen und Prozesse zur Selektion und Steuerung motorischer Antworten. Vom *sensorischen System* wird angenommen, daß

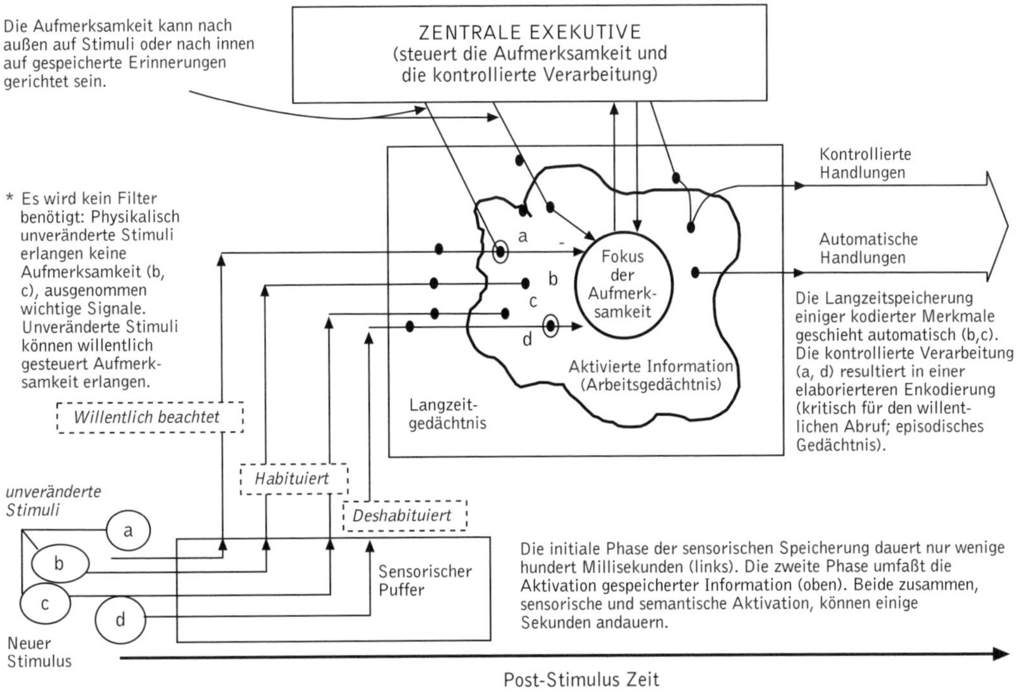

Kognition. Ein allgemeines Modell der Informationsverarbeitung (nach N. Cowan).

es nicht direkt mit den Gedächtnissystemen verbunden ist, sondern daß modalitätsspezifische sensorische Puffer den Input aus der Umgebung in das Gedächtnissystem vermitteln. Die Beachtung und Verarbeitung wahrgenommener Signale und die Verhaltensauswahl erfolgen auf der Basis gespeicherten Wissens, sind also nicht unabhängig vom Gedächtnisbesitz des kognitiven Systems. Bezüglich des postulierten Gedächtnissystems ist die Unterscheidung zwischen *Langzeitgedächtnis* und *Arbeitsgedächtnis* (Gedächtnis) zentral. Als Aufgabe der kognitionspsychologischen Grundlagenforschung ergibt sich a) die Analyse der internen Repräsentation der Umgebung eines Systems, d.h. der Wissensstrukturen und Wissenseinheiten, ihrer Organisation und ihrer Dynamik, b) die Spezifikation der Prozesse der Informationsverarbeitung, die an Sprachverstehen und -produktion, Wahrnehmung, Behalten und Erinnern, Denken und Problemlösen beteiligt sind, sowie der Prozesse, die zum Erwerb (Lernprozesse) und zur Nutzung von Wissen (z.B. in Problemlöseprozessen) für Ziele des Organismus eingesetzt werden.

Repräsentation von Wissen

Bezüglich der Repräsentation von *Wissen* wurden zur Modellbildung von Wissensstrukturen sog. *semantische Netzwerke* entwickelt, in denen Begriffe als Knoten, Relationen zwischen den Begriffen als Kanten des Netzwerks abgebildet wurden. Von Bedeutung wurde die Vorstellung einer sich ausbreitenden Aktivation im Netzwerk, die Suchprozessen im Gedächtnis zugrundeliegt. Eine andere Form der Modellbildung ist die Abbildung von Wissen in Form von *Produktionsregeln*. Solche Regeln bestehen aus *Bedingungs-Aktions-Verknüpfungen*. Ist der Bedingungsteil der Regel durch den im Arbeitsgedächtnis aktiven Zustand erfüllt, dann „feuert" die Regel, d.h. der Aktionsteil wird effektiv. Dies Prinzip ist für die Simulation menschlicher Kognition durch Computerprogramme wichtig geworden. Schließlich werden Wissensstrukturen durch mentale Modelle beschrieben. Dieses Konzept wurde inbesondere zur Beschreibung der internen Abbildung komplexer, dynamischer Sachverhalte eingeführt. Die

Funktion mentaler Modelle wird nicht nur in der Organisation eines komplexen Wissensbestandes, sondern auch in der Möglichkeit gesehen, Zustände intern zu simulieren, zu antizipieren und Effekte von Eingriffen zu bewerten. Die interne Repräsentation der Umgebung eines Organismus erfolgt vermutlich in verschiedenen Kodierungsformaten. Eine verbreitete Unterscheidung sieht eine duale *Kodierung* vor. Danach werden verbale und nonverbale Repräsentationsformate unterschieden.

Serielle verus parallele Verarbeitung

Bezüglich des Verlaufs der Informationsverarbeitung ist lange Zeit angenommen worden, daß diese streng seriell sei und einem stufenweisen Prozeß folgen würde. Stimuli werden über das Wahrnehmungssystem aufgenommen, intern repräsentiert und werden dann einer festen Folge von Stufen folgend verarbeitet, um schließlich eine Verhaltensantwort auszuwählen. Dem entsprechen die regelbasierten symbolischen Architekturen in vielen *Simulationsprogrammen*. Eine Unzulänglichkeit dieser Sichtweise besteht u.a. darin, daß die kognitiven Prozesse im wesentlichen datengetrieben, d.h. von externen Stimuli ausgehend aktiviert werden *(bottom-up-Verarbeitung)*. Es ist jedoch davon auszugehen, daß die Informationsverarbeitung auch konzeptuell geleitet wird, d.h. von den individuellen Erfahrungen und Erwartungen beeinflußt wird (*top-down-Verarbeitung*). Überdies muß angenommen werden, daß sich kognitive Prozesse überlappen, und daß sie parallel verlaufen können. In den letzten 15 Jahren wurde die Annahme einer parallelen Verarbeitung zunehmend elaboriert. Mit dem *Konnektionismus* sind als wichtige Ergänzung zur bis dahin dominierenden symbolischen Repräsentation und regelbasierten Verarbeitung neue Modellvorstellungen vorgetragen worden. Die Architektur konnektionistischer Systeme sieht zahlreiche einfache, untereinander verknüpfte Verarbeitungseinheiten vor; diese sind, anders als in den bisherigen symbolisch orientierten Modellen jedoch nicht bedeutungshaltige Einheiten. Es wird nicht mehr angenommen, daß die Verarbeitung von Information durch serielle Anwendung von Regeln erfolgt. Die Verarbeitungseinheiten arbeiten parallel.

Neuropsychologie

Von besonderer Bedeutung sind seit einigen Jahren *neuropsychologische Analysen* für das Verständnis menschlicher Kognition geworden (Neuropsychologie). Aus experimentellen Untersuchungen an Patienten mit spezifischen zerebralen Läsionen wird angestrebt, systematisch Einsichten in die neuroanatomischen Substrate und Strukturen zu gewinnen, die hypothetischen kognitiven Prozessen und Strukturen der Sprache, des Gedächtnisses, der Wahrnehmung und der Aufmerksamkeit zugrundeliegen. Es werden Schlußfolgerungen bezüglich der neuroanatomischen Substrate formuliert, die intakten kognitiven Leistungen zugrundeliegen könnten. Biopsychologische, experimentelle Analysen mit gesunden Personen setzen außer EEG-Analysen vermehrt bildgebende Verfahren ein, wie fMRI (funktionelle Kernspintomographie), PET (Positronen-Emissions-Tomographie). Es ist z.B. auf diese Weise möglich geworden, Annahmen über die Beteiligung verschiedener Gedächtnissysteme an Speicherungs- und Erinnerungsleistungen zu prüfen.

Begrenzte Kapazität menschlicher Informationsverarbeitung

Eine bedeutende durch empirische Befunde gestützte Annahme betrifft die *Begrenztheit* und *Selektivität* menschlicher Informationsverarbeitung. Zu einem Zeitpunkt kann nur eine begrenzte Menge von Information im *Arbeitsgedächtnis* aktiviert und verarbeitet werden. Die ältere Annahme eines strukturellen Flaschenhalses des menschlichen kognitiven Systems ist heute umstritten. An ihre Stelle sind Annahmen über sog. *exekutive Prozesse* getreten, die den Verlauf der Informationsverarbeitung so steuern, daß selektiv Information verarbeitet wird. Die Funktion dieser Selektivität wird darin gesehen, daß sie koordiniertes Handeln ermöglicht.

Kontrolle und Steuerung

Von zentralem Interesse bei der Analyse menschlicher Kognition ist die Frage, in welchem Umfang einem intelligenten System der Zugriff auf die eigenen kognitiven Prozesse und Strukturen möglich ist. Eine wichtige Annahme geht dahin, daß menschliche Kognition vor allem auch dadurch zu kennzeichnen ist, daß die Wissensbestände und die Ergebnisse kognitiver Aktivität selbst wieder zum Gegenstand der Informationsverarbeitung gemacht werden können. In diesem Zusammenhang wird von *Metakognition* gesprochen. Der Begriff bezieht sich auf Wissen über die eigene kognitive Ausstattung, deren Stärken und Schwächen (z.B. *Metagedächtnis*) sowie auf Prozesse, die zur Kontrolle und Steuerung eigener kognitiver Aktivität eingesetzt werden. Letztere werden heute unter dem Begriff der *exekutiven Funktionen* diskutiert und stellen derzeit eine wichtige Thematik kognitions- und neuropsychologischer Forschung. Damit sind Mechanismen gemeint, die eine Kontrolle und Bewertung sowie eine flexible Steuerung kognitiver Prozesse leisten. Es ist auf diese Weise möglich, zwischen verschiedenen kognitiven Anforderungen zu wechseln, sich auf Ereignisse antizipierend vorzubereiten, kognitive Aktivität gegenüber Störungen aufrechtzuerhalten und abzuschirmen, oder abzubrechen, wenn wichtigere Ziele zu verfolgen sind. Damit ist es dem Menschen möglich, die eigene kognitive Aktivität unabhängig von den aktuellen situativen Gegebenheiten zu selegieren und zu steuern. Seit langer Zeit wird in der Kognitionspsychologie angenommen, daß die Kontrolle und Steuerung des kognitiven Geschehens durch eine übergeordnete, zentrale Instanz, oft als zentrale *Exekutive* bezeichnet, erfolgt. Bislang liegen weder experimentelle noch neuroanatomische Befunde vor, die diese Annahme stützen. Kontrolle und Steuerung kognitver Aktivität wird häufig mit Arealen des präfrontalen Cortex (Zentralnervensystem) in Verbindung gebracht. Die Befundlage ist jedoch uneinheitlich; der gegenwärtige Forschungsstand läßt derzeit eine spezifische Lokalisation exekutiver Funktionen in neuroanatomischen Strukturen nicht zu.

Kontrollierte und automatische Informationsverarbeitung

Kognitive Aktivität ist nicht notwendig bewußt und kontrolliert. Elementare, umfangreiche Anteile kognitiver Aktivität verlaufen automatisch, d.h. ohne daß sie willentlich beeinflußbar sind, und ohne daß sich das Individuum dieser Prozesse gewahr wird. Andere Prozesse gelten als kontrolliert, weil sie gezielt selegiert und gesteuert werden. Solche kontrollierten Prozesse verlaufen langsam, gelten als leicht änderbar und beanspruchen das *Arbeitsgedächtnis*. Bei ausreichend langen Übungssequenzen können kontrollierte Prozesse zunehmend automatisiert werden, d.h. sie werden im Verlauf des Lernprozesses sukzessiv rascher und fehlerlos ablaufen. Ein wesentliches Merkmal automatisierter kognitiver Aktivität ist die Fähigkeit, gleichzeitig weitere Aufgaben bewältigen zu können.
Bewußtsein wird in diesem Zusammenhang mit dem Vorgang des Sichgewahrwerdens der eigenen kognitiven Prozesse, der Ergebnisse kognitiver Aktivität und der sensorischen Empfindungen gleichgesetzt. In der Regel wird angenommen, daß ein Individuum darüber Auskunft geben kann. Allerdings gelten subjektive, auf Introspektion basierende Mitteilungen als unzuverlässige Datenquelle. Überdies muß zwischen verschiedenen Formen des Bewußtseins unterschieden werden. Die Möglichkeit zur Kontrolle und Steuerung kognitiver Prozesse wird auch als entscheidendes Kriterium für den freien Willen eines kognitiven Systems diskutiert.

Forschungsmethoden

Unter den wissenschaftlichen *Methoden* zur Analyse menschlicher Kognition dominieren experimentelle Analysen, in denen kognitive Prozesse unter systematisch hergestellten und kontrollierten Bedingungen im Labor untersucht werden (Experiment). Eine weitere Methode besteht in der Entwicklung von Modellen zur *Simulation* kognitiver Prozesse und Strukturen in Form von Computerprogrammen. Dabei wird aufgrund theoretischer Überlegungen und auf der Basis experimenteller Befunde ein Computerprogramm entwikkelt, dessen Leistung mit jenen von Menschen verglichen werden.

Literatur

Anderson, J. (1983). *The architecture of cognition*. Cambridge, MA.: Harvard University Press.
Miller, G.A., Galanter, E. & Pribram, K.H. (1960). *Plans and the structure of behavior*. New York: Holt, Rinehart & Winston.
Newell, A. (1980). Physical symbol systems. *Cognitive Science* 4, 135-183.
Neisser, U. (1967). *Cognitive Psychology*. New York: Appleton-Century-Crofts.

Kulturpsychologie

Elfriede Billmann-Mahecha

Kulturbegriff und kulturbezogenes Denken in der Psychologie

Der Begriff „Kultur", im 17. Jhd. aus dem lateinischen „cultura" entlehnt, wurde von Anfang an sowohl für die Bodenbewirtschaftung als auch für die Pflege geistiger Güter verwendet. Aus der zweiten Bedeutung entwickelte sich ein Kulturbegriff, der die Gesamtheit geistiger, künstlerischer und humanitärer Errungenschaften sowie die alltagskulturelle Praxis einer ethnisch, geographisch und/oder historisch abgrenzbaren menschlichen Gemeinschaft umfaßt. Um partielle Unterschiede zwischen verschiedenen Gruppen innerhalb einer Kultur zu kennzeichnen, spricht man von *Subkulturen* (z.B. von verschiedenen *Jugendkulturen*). Ob dieser traditionelle Kulturbegriff im Sinne relativ klar voneinander abgrenzbarer (Sub-)Kulturen angesichts der verschiedenen Milieus, in denen Menschen sich heute gleichzeitig bewegen, noch greift, wird u.a. in der Soziologie diskutiert und insbesondere von Vertretern der Postmoderne bestritten.

In der wissenschaftlichen Psychologie ist weitgehend unbestritten, daß nicht nur die Formen menschlichen Zusammenlebens kulturell bestimmt sind, sondern auch individuelles Fühlen, Denken, Wollen und Handeln kulturellen Einflüssen unterliegen. Insofern hat kulturbezogenes Denken in alle traditionellen Teilgebiete der Psychologie Eingang gefunden. Allerdings unterscheiden sich die Forschungsprogramme, die sich dieser Thematik explizit widmen, in der Art der theoretischen Konzeptualisierung der kulturellen Bedingtheit menschlichen Erlebens und Handelns und in den methodologischen Ansätzen. Die *kulturvergleichende Psychologie* geht von einem traditionellen Kulturbegriff aus. Sie konzipiert „Kultur" als eine mögliche verhaltensbeeinflussende Variable und untersucht vergleichend, wie sich bestimmte Erlebens- und Verhaltensweisen, Einstellungen und Werthaltungen, soziale Beziehungen u.a. unter verschiedenen kulturellen Rahmenbedingungen darstellen. Im einfachsten Fall werden Menschen, die sich in Alter, Bildung, Geschlecht oder anderen relevanten Variablen gleichen, aber verschiedenen ethnischen Gruppen angehören und/oder in verschiedenen geographischen Weltregionen leben, hinsichtlich des interessierenden Verhaltens miteinander verglichen. Das Verdienst solcher Studien liegt in einer allgemeinen Sensibilisierung für die kulturelle Variationsbreite menschlicher Erlebnisweisen und Daseinsgestaltungen, insbesondere in Bereichen, die oft unhinterfragt als „natürlich" konzipiert werden. Ein anderes Anliegen kulturvergleichender Studien ist die Suche nach kulturinvarianten menschlichen Ausdrucksformen, um diese, unterstützt von sozio- und verhaltensbiologischen Sichtweisen, als mögliche anthropologische Konstanten ausweisen zu können (z.B. in der Emotionsforschung).

Kulturvergleichende Arbeiten der genannten Art sind allerdings mit einer Reihe von Problemen behaftet, die zu einer weitverzweigten theoretischen und methodologischen Diskussion in der Ethnologie, Kultursoziologie und Kulturpsychologie geführt haben. So ist man sich inzwischen weitgehend einig darüber, daß „Kulturen" nicht mehr einfach nach geographischen oder nationalen Gesichtspunkten unterschieden werden können; Versuche jedoch, Kriterien für die Einteilung von Kulturen zu begründen oder relevante kulturelle Bedingungsfaktoren zu isolieren, stoßen auf neue theoretische Probleme. Es ist auch fraglich, ob „Kultur" überhaupt den logischen Status einer unabhängigen Variablen haben kann, wenn man bedenkt, daß die psychologischen Konstrukte, hinsichtlich derer Menschen aus verschiedenen Kulturen miteinander verglichen werden sollen, selbst kulturell vermittelt sind. Dies gilt auch für Variablen wie Bildung und Schichtzugehörigkeit; selbst vermeintlich kulturunabhängige Variablen wie Alter und Geschlecht sind, wie wir heute wissen, immer schon kulturell interpretiert.

Die interkulturelle Psychologie befaßt sich mit psychologisch relevanten Prozessen und Problemen, die sich ergeben können, wenn Menschen mit verschiedenen kulturellen Hintergründen zusammentreffen, z.B. in internationalen Arbeitsgruppen und Geschäftsbeziehungen oder im Falle der Migration. Ein zentrales Anliegen der interkulturellen Psychologie ist die Identifikation und Analyse handlungsregulierender „Kulturstandards".

Die Psychologie kultureller Erscheinungen widmet sich unter verschiedenen psychologischen Fragestellungen bestimmten Teilbereichen einer Kultur. Dazu gehören insbesondere die Kunstpsychologie, die Musikpsychologie und die Literaturpsychologie, aber auch die Religionspsychologie.

Die Kulturpsychologie schließlich versteht sich als eigenständige psychologische Disziplin (so z.B. Shweder 1990) oder als alternative Forschungsrichtung innerhalb der gesamten Psychologie, die im Prinzip alle psychischen Phänomene und menschlichen Hervorbringungen als kulturell verfaßt konzeptualisiert (so z.B. Jahoda 1992). „Kultur" wird dabei nicht wie in der kulturvergleichenden Psychologie als „Einflußvariable" aufgefaßt, sondern als genuiner Bestandteil jeglicher psychologisch relevanter menschlicher Äußerungen. Die verschiedenen kulturpsychologischen Richtungen gehen von einem Kulturbegriff aus, der zusammenfassend charakterisiert werden kann als Zeichen-, Wissens-, Regel- und Symbolsystem, das einerseits als kulturspezifisches Fundament den Handlungsraum von Menschen strukturiert, andererseits aber selbst im Vollzug der Handlungs- und Lebenspraxis (re-) konstruiert und verändert wird (vgl. Straub 1998).

Richtungen kulturpsychologischen Denkens

Die Kulturpsychologie, die sich seit einigen Jahrzehnten in Europa und den USA (neu) zu etablieren versucht, gründet auf verschiedenen Denktraditionen. Sie kann u.a. als Weiterentwicklung der *kulturvergleichenden Psychologie* (Jahoda, Eckensberger), der Handlungspsychologie (Boesch, Werbik), der Tiefen- und Gestaltpsychologie (Salber), der ökologischen Psychologie und der Semiotik (Lang) oder der Sprach- und Kognitionspsychologie (Bruner) aufgefaßt werden, um nur einige prominente Vertreter zu nennen. Darüber hinaus weist kulturpsychologisches Denken eine eigenständige europäische Tradition auf, die bis ins 18. Jhd. zurückreicht. Exemplarisch für diese Tradition, die bisher am umfassendsten von Jahoda (1992) aufgearbeitet worden ist, seien hier nur Johann Gottfried Herders Sprach- und Geschichtsphilosophie, Karl Philipp Moritz' Erfahrungsseelenkunde, Wilhelm von Humboldts Sprachphilosophie und Wilhelm Wundts Völkerpsychologie erwähnt.

Heute zeichnet sich die Kulturpsychologie durch eine Vielfalt an theoretischen Positionen und interdisziplinären Bezügen aus, die bislang noch kaum zusammenfassend reflektiert worden sind. Zwei wichtige theoretische Ansätze, die in mehrere Konzeptionen Eingang gefunden haben, sollen hier stellvertretend genannt werden: der handlungstheoretisch-symbolische Ansatz von Ernst E. Boesch (1991) und der narrativ-sprachpsychologische Ansatz von Jerome Bruner (1997).

Handlung als zentrale Analyseeinheit

In Boeschs Konzeption, die u.a. auf der Feldtheorie von Kurt Lewin und auf der Handlungstheorie von Pierre Janet aufbaut, ist die menschliche Handlung als dynamisches Bindeglied zwischen Individuum und Kultur die zentrale Analyseeinheit. Kultur wird von Boesch als „Handlungsfeld" verstanden, das die dinglichen und geistigen Hervorbringungen des Menschen und seine Institutionen umfaßt, das die Möglichkeiten und Grenzen von Handlungen absteckt und das umgekehrt durch menschliches Handeln geformt und verändert wird. Kultur ist somit sowohl als Struktur als auch als Prozeß zu verstehen. Konkrete Handlungen stehen für das Individuum in Beziehung zu verschiedenen „Handlungsbereichen" und Zielsystemen; sie sind „polyvalent" und haben nicht nur einen sachlich-instrumentalen Charakter, sondern immer auch symbolische Gehalte, die über den aktuellen Handlungsinhalt hinausreichen. Die Symbolqualität jeder einzelnen Handlung verleiht den Dingen, mit denen wir umgehen, und damit den Handlungen selbst erst einen Sinn innerhalb des individuellen Handlungssystems und innerhalb des kulturellen Bedeutungssystems. Damit erfüllt die Symbolik der Handlung eine integrative Funktion.

Erzählung als zentrale Analyseeinheit

Auch Bruner, ehemals Protagonist der „kognitiven Wende", geht davon aus, daß wir den Menschen in seiner Alltagspraxis nur verstehen können, wenn wir verstehen, welchen Sinn er mit seinen Handlungen verbindet. Sinn und Bedeutung bildet der Mensch im Kontext historisch gewachsener und sozial geteilter Symbolsysteme aus, wobei für Bruner als wichtigstes Symbolsystem die Sprache und als wichtigste Form sprachlich vermittelter Bedeutungsgehalte die Erzählung im Zentrum der Aufmerksamkeit steht. Indem ein Kind über interaktive, sprachlich begleitete Handlungsformate seine Muttersprache erwirbt, erwirbt es zugleich die Bedeutungssysteme der Kultur, in die es hineingeboren wird und die es später selbst mitprägt (vgl. Bruners Spracherwerbstheorie). Für die Ausbildung, Tradierung, Neu- und Umgestaltung von Bedeutungssystemen in bestimmten historischen und kulturellen Kontexten spielen Erzählungen deshalb eine wichtige Rolle, weil Menschen nach Bruner von Anfang an dazu disponiert sind, ihre Erfahrungen in Geschichten zu verwandeln. Erzählungen organisieren die Struktur menschlicher Erfahrungen und stiften einen Sinnzusammenhang zwischen einzelnen Ereignissen über die Zeit hinweg.

Menschenbild und methodologische Begründung der Kulturpsychologie

Kulturpsychologie läßt sich auf der Basis der beiden beschriebenen Denkansätze auch methodologisch begründen. Ausgangspunkt ist ein Bild vom Menschen als sozial situiertes *reflexives Subjekt*, das seinem Denken, Fühlen, Tun und Lassen sowie den Widerfahrnissen des Lebens Sinn und Bedeutung verleiht, das sich Ziele setzt und weiterreichende Lebensorientierungen verfolgt. Psychologische Forschungsprogramme, die von einem solchen *Subjektmodell* des Menschen ausgehen, kommen kaum umhin, die kulturell tradierten und sprachlich-symbolisch vermittelten Bedeutungssysteme, die als soziokulturelle Kontexte mit den untersuchten psychischen Prozessen verknüpft sind, in die Analyse einzubeziehen. Hierfür reichen standardisierte, am nomologischen Programm der traditionellen Psychologie orientierte Methoden nicht aus, weil Sinn- und Bedeutungsstrukturen weder „objektiv" beobacht- und meßbar, noch über standardisierte Fragebögen einfach abfragbar sind. Erforderlich ist hingegen ein je nach Fragestellung variierendes breiteres Methodenspektrum, wobei das Primat den qualitativen Methoden, d.h. interpretativen, kontextsensitiven Erhebungs- und Auswertungsverfahren, zukommt. Beispiele hierfür sind die teilnehmende Beobachtung, das narrative Interview, die Gruppendiskussion, die Analyseverfahren der „grounded theory" nach Glaser und Strauss, aber auch Metaphernanalysen, Dokumentenanalysen etc.
Eine solchermaßen begründete Kulturpsychologie erfordert eine interdisziplinäre theoretische Sensibilisierung, wobei – je nach

Themenfeld – als Bezugswissenschaften insbesondere die Ethnologie bzw. Kulturanthropologie, die Philosophie, die Soziologie, die Geschichtswissenschaften und die kognitive Linguistik von Bedeutung sind. Weitere wichtige theoretisch-methodologische Bezüge innerhalb und außerhalb der Psychologie stellen die Ethnomethodologie, der symbolische Interaktionismus, der Sozialkonstruktivismus, die ökologische Psychologie, die narrative Psychologie, die Biographieforschung, die Tiefenpsychologie sowie die Handlungspsychologie (Handlung) dar.

Forschungsperspektiven

Die Kulturpsychologie tritt in nahezu allen aktuellen Varianten mit einem emanzipatorischen Anspruch auf. Sie kann diesen Anspruch dort einlösen, wo sie einen Beitrag zum Selbst- und Fremdverstehen des Menschen in seinen sinnhaften Lebensbezügen leistet und dabei sowohl die Geschichtlichkeit und Kulturalität menschlichen Erlebens und Handelns als auch die Spielräume der Interpretation und Neukonstruktion durch das Individuum aufzeigt. Damit zeigen kulturpsychologische Forschungen, welche Bandbreite menschlicher Erlebens- und Handlungsformen unter bestimmten biographischen und soziokulturellen Bedingungen auffindbar und denkbar ist. Sie tun dies nicht in Form ahistorischer gesetzesförmiger Aussagen, sondern z.B. in Form von kontextbezogenen Typologien, die Muster spezifischer Bedingungskonstellationen und der mit diesen verbundenen Handlungs- und Deutungsmuster darstellen. Empirisch kann dies jeweils nur an konkreten Fragestellungen illustriert werden. Die derzeit zum großen Teil nur verstreut vorliegenden empirischen Arbeiten deutlicher als bisher thematisch zu bündeln und aufeinander zu beziehen, ist ein wichtiges Forschungsdesiderat. Hinsichtlich der theoretischen Schwerpunktsetzungen unterscheiden sich die verschiedenen kulturpsychologischen Richtungen trotz gewisser gemeinsamer Grundhaltungen nicht unerheblich voneinander. Dies muß nicht als Nachteil gesehen werden; vielmehr wäre es kaum zu begründen, die Vielgestaltigkeit menschlicher Daseinsweisen aus nur einer theoretischen Perspektive untersuchen zu wollen. Der gelegentlich erhobenen Forderung nach einer vereinheitlichenden Integration der verschiedenen Standpunkte ist aus dieser Sicht mit Skepsis zu begegnen.

Literatur

Boesch, E. E. (1991). *Symbolic Action Theory and Cultural Psychology*. Berlin: Springer.

Bruner, J. (1997). *Sinn, Kultur und Ich-Identität. Zur Kulturpsychologie des Sinns*. Heidelberg: Auer (Original: Acts of Meaning, Cambridge MA 1990)

Jahoda, G. (1992). *Crossroads Between Culture and Mind. Continuities and Change in Theories of Human Nature*. Hertfordshire: Harvester Wheatsheaf.

Shweder, R. A. (1990). Cultural Psychology – What is it? In J. W. Stigler, R. A. Shweder & G. Herdt (Hrsg.), *Cultural Psychology. Essays on Comparative Human Development* (S. 1-43). Cambridge: Cambridge Univ. Press.

Straub, J. (1998). *Handlung, Interpretation, Kritik. Grundzüge einer interpretativen Handlungs- und Kulturpsychologie*. Berlin: de Gruyter.

Kunstpsychologie

Rainer Schönhammer

Gegenstandsbereich

Dem Gegenstandsbereich nach ist die Kunstpsychologie ein Abkömmling der *philosophischen Ästhetik*, die sich traditionell als die „Wissenschaft vom Schönen und der Kunst" definierte. Die Kunstpsychologie befaßt sich mit psychologischen Aspekten der Aufnahme und Schöpfung von Werken der verschiedenen Kunstgattungen und darüber hinaus mit dem ästhetischen Erleben auch jenseits der Kunst. In der Entwicklung der akademischen Psychologie wurden ab der Mitte des 20. Jahrhunderts *ästhetische Fragestellungen*, die noch zu Beginn des Jahrhunderts starke Resonanz bei der Generation der Gründer der wissenschaftlichen Psychologie fanden, zur Randerscheinung ohne institutionelle Verankerung.

Kunstwerk und soziale Wertung

Die Rede vom „Kunstwerk" enthält eine Wertung: Kunst wird von Nicht-Kunst abgehoben, etwa der „bloßen" Gefälligkeit eines Dings, der Unterhaltsamkeit eines Geschehens. Die traditionelle Ästhetik bemühte sich um die Rechtfertigung entsprechender Wertungen. Die Kunstpsychologie sollte, gemäß modernem wissenschaftlichem Selbstverständnis, diese normative Differenzierung dagegen sozusagen von außen betrachten, das Bedürfnis nach entsprechender Wertung selbst zum Gegenstand der Untersuchung machen. Das weist auf die sozialpsychologische Dimension des ästhetischen Erlebens und Verhaltens hin, die etwa von der Soziologie der *sozialen Schichtung* untersucht wurde. In zahlreichen Publikationen zur Kunstpsychologie werden allerdings Wertungen hinsichtlich Kunst und Nichtkunst unreflektiert übernommen oder eingeführt. Eine Gratwanderung zwischen ideologischer Legitimation und wissenschaftlicher Beschreibung und Analyse sind andererseits die Versuche, etwa den Unterschied von Kunst und Kitsch ausdrücklich zu thematisieren. Hinsichtlich des normativen Gehalts des Kunstbegriffes lavieren Kunstpsychologen einerseits zwischen Affirmation und Analyse. Anderseits operiert ein Teil der kunstpsychologischen Forschung schon von der Methodik her mit einem antielitären Begriff des ästhetischen Erlebens: das Gefallen der Mehrheit ist das Kriterium des *ästhetischen Charakters* (*Präferenz-Paradigma*). Nicht zuletzt auf Basis dieses methodisch vogegebenen Populismus sehen sich Psychologen, die sich mit ästhetischen Fragen beschäftigen, gerne in den Spuren von Gustav Theodor Fechner, der in seiner 1876 erschienenen „Vorschule der Ästhetik" die Parole einer „Ästhetik von unten" ausgab. Die Erforschung des ästhetischen Erlebens kann sich also nicht auf Produktion und Rezeption der kanonisierten Kunst beschränken. Eine juristische Dimension erhält die – wissenschaftlich nicht begründbare, sondern lediglich konstatierbare – Qualifikation als „Kunst" gegenüber purem sinnlichem Genuß im Falle der zensurrelevanten Gegenüberstellung von erotischer Kunst und Pornographie.

Ästhetisches Erleben: wertende Wahrnehmung

Das dem Kunstbegriff inhärente Wertproblem hat seinen Ursprung darin, daß *Wertung* und *ästhetisches Erleben* nicht zu trennen sind. Das Schöne und das Häßliche, das Erhabene und das Schreckliche sind Kategorien, die sich auf ein Wahrnehmen oder Vorstellen mit deutlichem affektivem, und d.h. wertendem, Akzent beziehen. Der Bereich des Ästhetischen liegt im Schnittpunkt von Wahrnehmung, im umfassenden, sensuellen sowie intellektuellen Sinn, und Gefühls- sowie Triebleben. „Geschmack" weist in seiner ursprünglichen Bedeutung auf die Einheit von Wahrnehmung und Stellungnahme im ästhetischen Erleben hin. Es ist wohl kein Zufall, daß ein Bereich der Sinneswahrnehmung, der unmittelbar mit Genuß oder Widerwillen gekoppelt ist, zur Metapher für den ästhetischen Aspekt auch der Wahrnehmung in anderen Sinnesmodalitäten wird. Auf der anderen Seite erntet man Erstaunen oder Heiterkeit, wenn man „Kochkunst" ernstlich als solche betrachtet. Die zwiespältige Würdigung des *Geschmackssinnes* in ästhetischer Hinsicht berührt ein Themenfeld der Kunstpsychologie, das unter dem Motto „Wettstreit der Künste" bereits von der traditionellen Ästhetik aufgegriffen wurde: die spezifische Rolle der Sinnesmodalitäten im ästhetischen Erleben im Allgemeinen und ihre Nähe zur Kunst im Besonderen. Die phänomenologisch orientierte Wahrnehmungspsychologie ist hier richtungsweisend.

Theorien ästhetischer Wirkung

Entsprechend den faktischen Schwerpunkten der Kunst finden Aspekte von visueller und akustischer Wahrnehmung die stärkste Beachtung der Kunstpsychologie. Dabei stieß man allerdings immer wieder auf intermodale Zusammenhänge (Synästhesie) und transmodale organismische Resonanzen (Spannungszustände, Bewegungsimpulse). Letztere gaben Anlaß zu umfassenden theoretischen Erklärungsversuchen (Einfühlung, Erregungsniveau, optimales). Eine transmodale Qualität der Objekte ist auch ihr Informationsgehalt, der am Verhältnis von Ordnung und Komplexität gemessen wird. Dieses Merkmal wurde in der Pionierphase von Kybernetik und Digitalisierung als theoretischer Universalschlüssel favorisiert (*Informationsästhetik*). Auf einer konkreteren Ebene als der der Information hat die Gestaltpsychologie Strukturgesetze der Wahrnehmung untersucht und in Zusammenhang mit der Rezeption von Kunst gebracht. Würde sich die Kunst bzw. das ästhetische Erleben danach richten, auf welche Erscheinungen der theoretische Zugang am besten zugeschnitten ist, wären sie angesichts der genannten prominenten Zugänge auf ungegenständliche und farblose Objekte beschränkt. Der Inhalt, d.h. die Geschichten, die Kunstwerke der verschiedenen Gattungen, vom Bild bis zur Oper, auf je spezifische Art „erzählen", fällt tatsächlich in starkem Maß unter den Tisch. Das gilt auch für die jeweilige Inszenierung von Geschichten, also nicht zuletzt die atmosphärischen bzw. expressiven Aspekte von Gestaltung. So spielt selbst die Wirkung von Licht und Farbe in der Kunstpsychologie eine untergeordnete Rolle. Eine Ausnahme von der Inhaltsvergessenheit bilden psychoanalytische Beiträge zur Kunstpsychologie. Sie machen bei aller kritisierbaren Einseitigkeit der Interpretation die Bedeutung der Triebe, nicht zuletzt der Sexualität, für Produktion und Genuß von Kunst unübersehbar. Neben psychoanalytischen Deutungen haben hermeneutisch orientierte Untersuchungen, vor allem in der Literaturwissenschaft, die bedeutende Rolle auch negativer Gefühle für das ästhetische Erleben kenntlich gemacht: Angst und Schrecken sind für einen Teil der Kunst wesentlich. Solche Werke ziehen das Publikum offensichtlich dadurch in ihren Bann, daß sie Fährnisse und Abgründe menschlicher Existenz aus einer schützenden Distanz vorstellig machen. In der zeitgenössischen Kunstpsychologie findet dieser Bereich von Erscheinungen, der in der klassischen Ästhetik als das „Erhabene" vom „Schönen" abgegrenzt wurde, kaum Beachtung. Das interdisziplinäre Feld, in dem Kunstpsychologie sich diesbezüglich einzubringen hätte, umfaßt anthropologische Zugänge (vergleichende Religionswissenschaft, Ethnologie) ebenso wie Formen der Medienforschung (Literaturwissenschaft, Filmanalyse).

Spezifischer Bewußtseinszustand

Ein Mehr oder Minder an Wertschätzung eines Wahrnehmungsgegenstandes ist nicht gleichbedeutend mit Vorliegen oder Ausbleiben eines „ästhetischen Erlebnisses" im emphatischen Sinn. Der Unterschied zwischen Stufen des Gefallens und der besonderen Art der Zuwendung, die von Kunstwerken – oder allgemeiner: spezifischen Wahrnehmungsangeboten – ausgelöst werden kann, wird innerhalb der Kunstpsychologie erstaunlicherweise kaum reflektiert (Cupchik, 1992). Teils ist dieses Defizit methodisch bedingt: Untersuchungen nach dem verbreiteten *Bevorzugungs-Paradigma* provozieren Werturteile, die nicht erkennen lassen, ob oder wie die jeweilige Vorlage im spontanen Erleben gewürdigt worden wäre. Umschreibungen wie „Berührt-“, „Ergriffen-“ oder gar „Entrücktwerden“, mit denen bezeichnet wird, was Kunstwerke auslösen können oder zumindest sollen, heben den ästhetischen Wahrnehmungsakt unverkennbar vom alltäglichen Fungieren der Wahrnehmung ab. Konzepte aus der Psychologie des Spiels (Funktionslust; Flow-Erlebnis) helfen diese Besonderheit zu verstehen. Das Außergewöhnliche des ästhetischen Erlebens wurde und wird durch zeitliche und örtliche Hervorhebung unterstützt. *Religiöses Ritual*, Fest, Theateraufführung, Konzert und Museum rahmen den Erlebnisstrom und schaffen so einen Freiraum für den Genuß am Wahrnehmen selbst. Auch *Bilderrahmen* dienen der Inszenierung ästhetischer Betrachtung. Naturwüchsige Formen der Rahmung spielen offenbar bei der ästhetischen Umweltwahrnehmung (Landschaftserleben; Fernblick) eine Rolle. Die Konzentration der Kunstpsychologie auf strukturelle Merkmale der wahrgenommen Objekte brachte die Vernachlässigung des Aspekts der materiellen und sozialen Rahmung von Kunst mit sich. Einschlägige psychologische Aspekte werden eher von soziologischen, ethnologischen und medien- bzw. kommunikationswissenschaftlichen Ansätzen angesprochen. Gerade Erscheinungen der Kunst des 20. Jahrhunderts (Ready made; Aktionskunst/Performance) erschließen sich in erster Linie unter dem Gesichtspunkt der Inszenierung.

Motive des Gestaltens

Das Schaffen von Kunstwerken wurde in verschiedener Hinsicht zum Thema der Kunstpsychologie. Einmal geht es um Psychologie bzw. Psychopathologie der Persönlichkeit von Künstlern. Darauf konzentrierte sich die psychoanalytische Kunstpsychologie. Zum anderen wird allgemein, d.h. in einem anthropologischen Sinn, nach Motiven und Prozessen von Gestaltung, die über praktische Bedürfnisse hinausgeht, gefragt. In der zeitgenössischen Kulturpsychologie wird das Motiv betont, eine Spur zu erzeugen und zu hinterlassen, um die Differenz von Ich und Nicht-Ich, Mensch und Welt, zu überbrücken (Boesch, 1983). Das konkrete Wie der Gestaltung, etwa das universell feststellbare Erzeugen hörbarer oder sichtbarer Rhythmen, erfordert eine spezifischere Betrachtung, nicht zuletzt die Klärung des Verhältnisses von Gestaltung und körperlicher Organisation des Menschen. Die Unterstellung, Kunst transzendiere immer praktische Zwecke, ist allerings nicht unproblematisch: *Körperschmuck* etwa, eine der „Urformen“ von Kunst, läßt sich mit Markierung von Gruppenzugehörigkeit, der Biologie der Partnerwahl sowie magischer Erweiterung der Körperkräfte bzw. magischer Gefahrabwehr in Verbindung bringen; solche Thesen finden sich in Humanethologie (Ethologie), Ethnologie und neuerdings Evolutionspsychologie. Soziale und magische Zwecke und ein Zusammenhang zu religiösen Ritualen lassen sich auch bei kleineren Objekten (vom Fetisch bis zum verzierten Werkzeug) und nicht zuletzt bei Höhlengemälden nachweisen oder vermuten. Religiöse und im weitesten Sinn politische Motive spielen, wie die Kunstgeschichte lehrt, auch bei der Kunst in historischer Zeit eine Rolle.

Ein mit den magisch-mythischen Quellen der Kunsterzeugung verbundenes Thema ist die Frage nach der Rollen- bzw. Arbeitsteilung von Produzent und Publikum. Neben der Hythothese einer Ungeschiedenheit von Machen und Aufnehmen in vor- und frühgeschichtlichen musisch-tänzerischen Ritualen stehen Indizien für ein Spezialistentum bei der Herstellung steinzeitlicher Höhlengemälde. Wahrscheinlich erscheint ein Nebeneinander von ritueller Involvierung aller Beteiligten und Ansatz zur Rollen- und Arbeitsteilung im religiösen Kontext (Schamanismus). Im modernen bzw. zeitgenössischen Kult um den Künstler läßt sich in dieser Perspektive ein *Atavismus* vermuten.

Stil und Stilwandel

Die Beutung von *Stil* und *Stilwandel* wurde und wird nicht von Psychologen, sondern unter Rückgriff auf psychologische Konzepte von Kunsthistorikern untersucht. Dabei geht es um einen Zusammenhang von epochalen bzw. kulturtypischen Mentalitäten und Gestaltungs- bzw. Wahrnehmungsweisen (etwa:

überbordende, „barocke“ Sinnlichkeit vs. „klassische“ *Strenge*). Berühmt wurde die Deutung ornamentaler Kunst (vs. abbildende) aus dem Motiv der *Angstabwehr* durch Ordnungsstiftung in Wilhelm Worringers zuerst 1908 erschienem Buch „Abstraktion und Einfühlung“. Ein weiteres außerhalb des Faches Psychologie diskutiertes Thema einer historischen Wahrnehmungspsychologie ist etwa die Frage nach den Gründen für die „Entdeckung der Landschaft“ in der nachmittelalterlichen Malerei. Die Stilentwicklung im 20. Jahrhundert ist teils durch eine Rezeption psychologischer Themenfelder, Theorien und einzelner Forschungsbefunde durch Künstler gekennzeichnet (z.B. Kinderzeichnungen, Kunst und Psychopathologie, das Unbewußte, Synästhesie).

Ausblick

Ein möglicher Beitrag der Kunstpsychologie zu den meisten der angesprochenen Fragestellungen setzt sachliche und methodische Offenheit voraus, die in der Psychologie um die Mitte des 20. Jahrhunterts gegenüber dem Kriterium experimenteller Erforschbarkeit stark in die Defensive gerieten. Dieses Desiderat steht nicht im Gegensatz zu Fechners Schlachtruf „Ästhetik von unten!“, der gegen eine Denkweise gerichtet war, die nicht analysiert, sondern dekretiert. Will die Kunstpsychologie nicht eine „Ästhetik am Rande“ bleiben, steht sie vor der Notwendigkeit zur Grenzüberschreitung, nicht zuletzt der Herausforderung, kultur- und biowissenschaftliche Zugänge zu integrieren.

Literatur

Boesch, E. E. (1983). *Das Magische und das Schöne.* Stuttgart: Frommann-Holzboog.
Cupchik, G. C. (1992). From perception to production: A multilevel analysis of the aesthetic process. In G. C. Cupchik & J. László (Eds.), *Emerging visions of the aesthetic process* (83-99). Cambridge (N.Y.): Cambridge University Press.

M

Medienpsychologie

Roland Mangold

Grundbegriffe

Aufgabe der Medienpsychologie ist die grundlagenwissenschafliche sowie anwendungsbezogene Erforschung (Angewandte Psychologie) der psychischen Zustände und Vorgänge (sowohl auf der Seite der Produzenten von *Medienbotschaften* als auch auf der Seite der *Mediennutzer*) bei der medialen Massen- und Individualkommunikation. Dabei kommt das gesamte Theorie- und Methodeninventar der empirischen Psychologie zum Einsatz.
Medien bieten eine Ausweitung der menschlichen Wahrnehmungs- und Kognitionsorgane (insbesondere der Fernsinne *Auge* und *Ohr*) bei der Aufnahme, Verarbeitung und Speicherung von in Form komplexer Energiemuster kodierter bedeutungstragender *Informationen*. Transportmedien (wie Rundfunk und Fernsehen) führen Informationen aus für die unmittelbare Kommunikation zu weit entfernten Orten heran, *Speichermedien* (wie Buch oder Anrufbeantworter) konservieren Informationen für eine spätere Nutzung. Nach dem Kommunikationsmodell von Shannon und Weaver (1949) unterscheidet man den Sender einer Botschaft, den Übertragungskanal und den Empfänger. Bei *Distributionsmedien* (= Medien zur Massenkommunikation) verteilt ein Sender mit technischen Mitteln eine Medienbotschaft an eine große Zahl von Empfängern und es herrscht *Einwegkommunikation* vor. Für die Individualkommunikation zwischen räumlich und zeitlich voneinander entfernten Personen werden Medien zur wechselseitigen Interaktion benutzt. Im Zuge der weltweiten Vernetzung von Personalcomputern haben sich heute darüber hinaus diverse Zwischenstufen der *Gruppenkommunikation* entwickelt.

Geschichte

Ausgangspunkt der empirischen Medienwirkungsforschung war die in den zwanziger Jahren dieses Jahrhunderts einsetzende Wirkungs- und Kampagnenforschung, deren Fragestellung mit der sog. Laswell-Formel umschrieben werden kann. Die Vorstellung von den *starken Medien* wurde durch Befunde, wonach die Medienwirkungen sowohl durch interpersonale Beziehungen als auch durch die defensive Selektivität der Rezipienten bedeutend beeinflußt werden, in Frage gestellt und durch das Konzept der schwachen Medien ersetzt. Der gegenwärtigen *Medienforschung* liegt der Ansatz des *aktiven Nutzers* zugrunde, der die Medien mit ihren jeweils spezifischen Eigenheiten und Funktionen für seine aktuellen Bedürfnisse und Ziele instrumentalisiert. Die Einsicht in die Bedeutung sozialer Beziehungen war Ausgangspunkt für die Diffusionsforschung; auf Überlegungen zur defensiven Selektivität gründet sich der *Nutzen- und Belohnungsansatz*. Die Beobachtung von nutzerspezifisch variierenden Medienwirkungen stimulierte zudem die Entwicklung von *Rezipiententypologien*.

Forschungsmethoden

Für die empirische Medienpsychologie müssen psychologische Variablen auf der Rezipienten- und der Produzentenseite meßbar gemacht sowie die übermittelten Medienbotschaften in ihren kommunikationsrelevanten Eigenschaften exakt beschrieben werden. Für die Bestimmung formaler und inhaltlicher Eigenschaften von Medienangeboten (= *Medienanalyse*) wird auf die inhaltsanalytische Methode zurückgegriffen, bei der die Medienbotschaft in Analyseeinheiten zerlegt und jede Analyseeinheit vorgegebenen Kategorien zugeordnet wird. Ausmaß und Art der Mediennutzung werden zumeist mit Hilfe der Telemetrie erfaßt, wobei dieses Verfahren jedoch keine Anhaltspunkte dazu liefert, auf welche Weise der Nutzer die dargebotenen Informationen verarbeitet und welche kognitiven und emotionalen Wirkungen deren Verarbeitung auslöst. Mit Hilfe der Videoaufzeichnung der Zuschaueraktivität beim Fernsehen (= *Verhaltensbeobachtung*) kann festgestellt werden, in welchem Ausmaß sich die Zuschauer dem Fernsehgerät zuwenden bzw. wie häufig sie beim Fernsehen Nebentätigkeiten nachgehen. Durch die *Eyes-on-screen-Methode* kann demonstriert werden, daß sich Zuschauer nur während eines Teils der vor dem Fernsehgerät verbrachten Zeit dem Programm zuwenden und daß die *Kontaktquote* (= Verhältnis der Zuwendungsdauer zu der vor dem Bildschirm verbrachten Zeit) bei spannenden Spielfilmen und beim Wetterbericht am höchsten ist. Dabei ist die Wahrscheinlichkeit, daß ein Zuschauer weiterhin dem Programm folgt, um so größer, je länger er sich diesem Programm bereits zugewandt hat (= Aufmerksamkeitsträgheit). Selbst bei einer eindeutigen Zuwendung zum Bildschirm kann aufgrund der Beschaffenheit der Sinnesorgane und der Besonderheiten des Wahrnehmungssystems die Informationsaufnahme nur selektiv erfolgen. Aus diesem Grund bietet es sich an, zur detaillierten Beschreibung der Aufnahme visuell dargebotener Informationen die Registrierung von Blickbewegungen einzusetzen. Mit Hilfe dieses Verfahrens können Zuschauer danach unterschieden werden, ob sie sich mit geringer oder aber großer Aufmerksamkeit spezifischen Reizarten im medialen Angebot (z.B. symbolischen Darstellungen von Produktmarken) zuwenden. Dabei hat sich gezeigt, daß aufgrund interindividuell unterschiedlicher reizbezogener Aufmerksamkeitswerte etwa die Erinnerungsleistung für die auf dem Bildschirm dargebotenen Informationen (z.B. die Produktmarken) vorhergesagt werden kann.

Weiterhin kommen die Befragungsverfahren der empirischen Psychologie (Interview, Fragebogen, projektive und psychometrische Tests) zum Einsatz, mit denen rezeptionsrelevante Faktoren wie *Nutzungsmotive* oder *Programmpräferenzen*, aber auch Persönlichkeitseigenschaften (wie z.B. *Sensationssuche* oder *Kognitionsbedürfnis*) gemessen werden. Häufig gehen mit der Filmrezeption begleitende emotionale Wirkungen einher; dabei macht eine umfassende und zutreffende Beurteilung von Stimmungen und Emotionen einen Zugang auf mehreren Ebenen (subjektives Empfinden, Verhalten, Physiologie) erforderlich (Emotion). In den medienpsychologischen Rezeptionsstudien kommen neben Fragebögen zur Erfassung der erlebten subjektiven Empfindungen oftmals auch Meßgeräte für physiologische Erregungsindikatoren (Hautleitfähigkeit, Herzfrequenz, Blutdruck) zum Einsatz. Mit der Nutzung audiovisueller Darbietungsmedien ist die Zuwendung zu einem fortwährend veränderlichen Reizangebot (= *dynamische Stimuli*) verbunden; aus diesem Grund gewinnen in neuerer Zeit Verfahren zur kontinuierlichen Reizbeschreibung und Reaktionserfassung an Bedeutung. Zur Beurteilung des Verlaufs von Film- und Fernsehwirkungen müssen kognitive und emotionale Reaktionen in kurzen Zeitabständen (= hohe *Abtastrate*) gemessen werden und durch die Filmhandlung ausgelöste Reaktionen sollten mit einer nur kurzen Verzögerung angezeigt werden. An die Stelle der Befragung kann hier die fortwährende Einschätzung der subjektiven Empfindung der Zuschauer mit Hilfe eines Reglers oder Joysticks treten; dieses Verfahren wird auch zur kontinuierlichen Programmbewertung (z.B. gut-schlecht) eingesetzt. Eine weitere Methode zur Bewertung des Emotionsverlaufs ist die Aufzeichnung der *Gesichtsmimik* während der Filmrezeption (Mimik). Mit Hilfe eines geeigneten Analysesystems können Hinweise zu den zu spezifischen Zeitpunkten der Darbietung erlebten Emotionen gewonnen werden.

Theoretische Ansätze

Bedeutsame (ausgewählte) medienpsychologische Forschungsfelder sind ideologische Medienwirkungen und Effekte von Nachrichten (z.B. auf das Behalten), Motive und Aktivitäten der Mediennutzer (etwa bei der Programmwahl), Medieneinflüsse auf Sozialisation und Bildung, Wirkungen von Gewalt, die emotionale Verarbeitung erregender Medienbotschaften, der Aufbau parasozialer Beziehungen zu medialen Personen oder die Besonderheiten der computervermittelten Kommunikation. Zur Erklärung der Befunde wurden unter anderem folgende theoretische Ansätze entwickelt: a) Der *Wissenskluft-Hypothese* zufolge beseitigt das Fernsehen nicht Wissens- und Bildungsunterschiede zwischen gesellschaftlichen Schichten, sondern vergrößert sie vielmehr. b) Zentrale Aussage der *Agenda-Setting-Hypothese* ist, daß die medial dargebotenen Themen (= *Medienagenda*) die Rangfolge der öffentlich diskutierten Themen (= *Publikumsagenda*) bestimmen. c) Gemeinsame Annahme der *Kultivierungshypothesen* ist, daß ein häufiger und intensiver Fernsehkonsum aufgrund der Eigenarten des Mediums (z.B. seiner Realitätsnähe) bei den Zuschauern überdauernde Veränderungen im Bereich der kognitiven Fähigkeiten (cultivation of cognitive skills) oder der Einstellungen (cultivation of beliefs) hinterläßt. d) Innerhalb des *Nutzen-und-Gratifikations-Ansatzes* wird untersucht, aufgrund welcher kurzfristigen Belohnungen (= *gratifications*) bzw. aufgrund welchen langfristigen Nutzens (= 'uses') ausgewählte Medieninhalte rezipiert werden. e) Zwei bedeutsame theoretische Ansätze zur Erklärung der emotionalen Vorgänge bei der Rezeption von Filmen und Fernsehsendungen stellen die *Erregungs-Transfer-Hypothese* und die *Stimmungs-Regulations-Theorie* ('mood-management') dar. f) Theorien zur Wahl von Kommunikationsmedien erklären, von welchen personalen und situativen Faktoren (insbesondere in Organisationen) die Wahl von Medien zur Individualkommunikation abhängt. Hier sind insbesondere die *Media-Richness-Theorie*, die *Theorie sozialer Einflußprozesse* und der *Dual-Capacity-Ansatz* hervorzuheben.

Ausblick

In der Informations- und Kommunikationsgesellschaft gewinnen die Medien sowohl im beruflichen als auch im privaten Sektor weiter an Bedeutung. Damit wird eine Intensivierung medienpsychologischer Forschungsaktivitäten einhergehen, was sich heute schon an der ansteigenden Zahl medienpsychologischer Publikationen und Vorträge bei Kongressen abzeichnet. Künftige Entwicklungen werden insbesondere die Verbesserung der Methoden sowie die Ausdehnung der Studien in den Bereich der sog. Neuen Medien (Multimedia, CD-ROM und Online-Medien) betreffen. Es ist zu erwarten, daß verlaufsanalytische Verfahren zur vielkanaligen Beschreibung der Dynamik von Film- und Fernsehwirkungen leistungsfähiger werden und daß es einen verstärkten Einsatz hirndiagnostischer Verfahren zur Bestimmung spezifischer neuronaler Aktivitäten bei der Mediennutzung geben wird. Zur Lösung der mit der rasanten Technologieentwicklung verbundenen Problemstellungen wird es intensivierte Kooperationen der Medienpsychologie mit Nachbargebieten wie der Software-Ergonomie (bei Fragen der Gestaltung der Oberfläche elektronischer Medien) oder der Pädagogischen Psychologie (bei der Analyse des mediengestützten Fernlernens) geben.

Literatur

Bryant, J. & Zillmann, D. (Eds.), *Responding to the screen. Reception and reaction processes.* Hillsdale, N. J.: Erlbaum.
Höflich, J. (1996). *Technisch vermittelte Individualkommunikation. Grundlagen, organisatorische Kommunikation, Konstitution „elektronischer Gemeinschaften".* Opladen: Westdeutscher Verlag.
Schenk, M. (1987). *Medienwirkungsforschung.* Tübingen: Mohr.
Winterhoff-Spurk, P. (1986). *Fernsehen. Psychologische Befunde zur Medienwirkung.* Bern: Huber.
Winterhoff-Spurk, P. (1999). *Medienpsychologie. Eine Einführung.* Stuttgart: Kohlhammer.

Medizinische Psychologie

Klaus Wildgrube und Hans-Dieter Rösler

Gegenstand der Medizinischen Psychologie sind psychologische Aspekte bei Entstehung, Verlauf und Chronifizierung von Krankheiten und in der Diagnose, Therapie und Verarbeitung von besonders auch organischen Krankheiten, unter Betonung jener Patienten, die prämorbid psychisch eher gesund und unauffällig sind. Der Prävention und Gesundheitsförderung gilt gezielte Aufmerksamkeit.
Fragen einer speziellen Genese von psychischen Erkrankungen und psychopathologische Reaktionen im engeren Sinn gehören *nicht zum Kernbereich* der Arbeit in der Medizinischen Psychologie.
Der Begriff „Psychologie in der Medizin" hingegen umfaßt neben der Medizinischen Psychologie weitere Fachdisziplinen: Psychosomatik und Psychotherapie, Psychiatrie, Klinische Psychologie, *Verhaltensmedizin*, Klinische Neuropsychologie, Psychoneuroimmunologie. Thematische Nähe besteht zur *Medizinischen Soziologie*, *Sozialmedizin* und zur *Gesundheitsmedizin/-psychologie*. Medizinische Psychologie mit einem breiten Spektrum von Inhalten entwikkelt sich als Fachgebiet weiter und kann am besten *operational definiert* werden:

Entwicklung der Medizinischen Psychologie

Wahrscheinlich haben psychologische Aspekte in ärztlicher Tätigkeit vor der Entstehung systematischen medizinischen Wissens eine relativ noch größere Rolle gespielt, als sie es in breitem Maße bis auf den heutigen Tag tun. G. Huppmann (1992) gibt eine Vielzahl von Hinweisen auf historische Vorläufer heutiger Arbeit im Gebiet der Medizinischen Psychologie. Er konnte Persönlichkeiten namhaft machen, die im Rahmen zeitgeschichtlicher und gesellschaftspolitischer Forderungen und Arbeitsbedingungen handelnd, forschend und publizierend medizinpsychologisch tätig waren, wie zum Beispiel:
Frühgeschichte: G.E. Stahl (1659–1734), F. Hoffmann (1660–1742), H. Gaub (1705–1780), F.Ch.G. Scheidemantel (1735–1796), J.D. Metzger (1739–1805), M. Herz (1747–1808), J.Ch. Reil (1759–1813), Ch.W. Hufeland (1762–1836), G. Wedekind (1761–1831), C.G. Carus (1789–1869), E.v. Feuchtersleben (1806–1849), R.H. Lotze (1817–1881).
Phase der Etablierung: W. Wundt (1832–1920), S.S. Korsakow (1854–1900), K. Rieger (1855–1939), E. Kraepelin (1856–1926), S. Freud (1856–1939), E. Bleuler (1857–1939), O. Külpe (1962–1915), A. Moll (1862–1939), K. Marbe (1869–1953), N. Ach (1871–1946), W. Hellpach (1877–1955), W. Peters (1880–1963), L. Binswanger (1881–1966), K. Jaspers (1883–1969), J.H. Schultz (1884–1970), P. Schilder (1886–1940), V. v. Weizsäcker (1886–1957), E. Kretschmer (1888–1964), C.G. Jung (1895–1961). Als wichtiges Datum

darf die Inauguration des Begriffes „Medizinische Psychologie“ durch den Berliner Hausarzt und Philosophen M. Herz (1773) gelten. Der Arzt F. Hoffmann ist bereits (1715, 1752) „für den Einsatz moralischer (seelischer), der Philosophie entlehnter Mittel *auch bei körperlich begründeten Krankheiten* eingetreten“. Der Kant-Schüler M. Herz forderte die „genaue Verknüpfung zwischen Seele und Körper“ und wollte im Medizinstudium „neben den Lehrer der Körperzerschneidung einen Lehrer der Seelenzergliederung“ stellen. J.Ch. Reil trug 1803 den Plan vor, ein Fach „Psychologie für Ärzte“ einzuführen (Physiologie und Pathologie der Seele; psychische Therapie, ärztliches Verhalten gegenüber Sterbenden). Tatsächlich gab es von 1825 bis 1861 in Preußen in der ärztlichen Prüfungsordnung das Fach „Medizinische Psychologie“. G. Wedekind befaßt sich im Rahmen einer Medizin als „Gesunderhaltungs- und Herstellungskunde“ mit Fragen der Wahrheit am Krankenbett und mit der Wichtigkeit des Vertrauens von Patienten für die Therapietreue. Er entwirft eine Psychophysiologie der Affekte. C.G. Carus, Vertreter eines psychophysischen Monismus, weiß bereits dezidiert über Phänomene des Unbewußten zu berichten, 100 Jahre vor Freud. E.v. Feuchtersleben spricht in seinem „Lehrbuch der ärztlichen Seelenkunde“ 1845 von medizinischer oder ärztlicher Psychologie und vertritt einen patientenzentrierten Ansatz. R.H. Lotze hat in seiner „Physiologie der Seele“ auch psychische Symptome akuter und chronischer körperlicher Störungen als Aufgaben einer „Medizinischen Psychologie“ gesehen. Dieser Akzent ist bis heute erhalten geblieben.

Zu einem eigenständigen Fach hat sich die Psychologie erst seit W. Wundt (1879) entwikkelt. Also kann im engeren Sinn von Medizinischer Psychologie sowohl als einem Grundlagenfach als auch einer Angewandten Psychologie erst ab dieser Zeit gesprochen werden. Das Mutterfach Psychologie entwickelte sich weiter und bot bald transferierbare Inhalte und professionelle Identität (Diplomprüfungsordnung von 1941). Der Anwendungsaspekt der Psychologie war zunächst zugunsten der Grundlagenforschung umstritten. Daher entwickelte sich die Medizinische Psychologie z. T. durch Bedarf und Selbsthilfe innerhalb der Medizin. Bleuler veröffentlichte 1914 eine Arbeit mit dem Titel „Die Notwendigkeit eines medizinisch-psychologischen Unterrichts“. 1922 erschien das „Lehrbuch der Medizinischen Psychologie“ von E. Kretschmer. Flankiert und vorbereitet waren die Forderungen nach psychologischer Kompetenz für den Arzt durch sozialmedizinisches/sozialhygienisches Engagement. Ärzte gründeten in den 20er Jahren Vereine und Zeitschriften für medizinische Psychologie. 1928 erschien Birnbaums Wörterbuch der Medizinischen Psychologie. Es sollte noch vier Jahrzehnte dauern, bis die ärztliche Forderung nach psychologischen Anteilen in der medizinischen Ausbildung zum Erfolg führte.

Institutionalisierung im geteilten und vereinten Deutschland

In der DDR hat die Medizinische Psychologie einen eigenständigen Weg beschritten von einer fakultativen psychiatrischen Propädeutik zu einem (ab 1966) obligatorischen, vorklinischen und klinischen Lehr- und Prüfungsfach für Studierende der Medizin und Zahnmedizin, außerdem für angehende Diplom-Krankenpfleger und Diplom-Psychologen. Ein zentrales Forschungsprojekt galt psychonervalen Störungen, medizinpsychologisch besonders vorangebracht an der Universität Leipzig. Es gab allerdings kein eigenständiges medizinpsychologisches Institut und nicht an jedem medizinischen Hochschulbereich Lehrstühle oder Dozenturen für Medizinpsychologen.

Eine Zwischenbilanz zur Lage der Medizinischen Psychologie in der Bundesrepublik findet sich bei Rosemeier (1988). 1970 wurde Medizinische Psychologie als vorklinisches Lehr- und Prüfungsfach in das ärztliche Studium aufgenommen. (Die „psychologische Achse“ wird im klinischen Studium durch Psychosomatik/Psychotherapie und Psychiatrie fortgeführt). Medizinische Psychologie ist an medizinischen Fakultäten verankert, was der Tradition und dem Aufgabengebiet entspricht. An nahezu jeder Medizinausbildungsstätte gibt es eigenständige Institute oder Abteilungen für Medizinische Psychologie (z.Zt. 37 Professuren).

Die Fachgesellschaft DGMP (Deutsche Gesellschaft für Medizinische Psychologie) vereinigt die auf dem Gebiet der Medizinischen Psychologie tätigen Ärzte und Psychologen, die das Fach in Lehre, Forschung und Krankenversorgung vertreten.

Forschung

Forschungsfragen der Medizinischen Psychologie lassen sich systematisieren nach den Achsen medizinischer und psychologischer Bereiche. Kerngegenstände sind so komplexe Themen wie *Arzt-Patient-Beziehungen*, subjektives Erleben, *Krankheitsverarbeitung*, Therapietreue (Compliance), *Sterben* u.ä. Medizinpsychologische Forschungsergebnisse liegen z.B. zu folgenden Teilgebieten vor: Psychologie in der Kardiologie (u.a. bei Herz-Kreislauferkrankungen), Onkologie (mit speziellen Unterdifferenzierungen), Nephrologie, Gastroenterologie, Dermatologie, Diabetologie, Transplantationsmedizin, Humangenetik und Reproduktionsmedizin, Sexualmedizin (z.B. Fertilitätsstörungen), Zahnmedizin, Neurologie, Neuropsychologie, Schmerztherapie (Rheumatologie, Migräne, Kopf-, Rückenschmerz), Neuropsychologische Rehabilitation (z.B. visuelle Funktion nach Hirnverletzung), Psychosoziale Gerontologie, Medizinische Psychologie einzelner Lebensalter, Krankheitsverarbeitung bei Kindern und Jugendlichen.

Die Mehrzahl dieser Themen entspricht dem Titel jeweils eines „Jahrbuches der Medizinischen Psychologie". Die Jahrbücher erscheinen seit 1988, eines stellt ausdrücklich die *Forschungsmethoden der Medizinischen Psychologie* dar (Strauß & Bengel, 1997) (Forschungsmethoden).

Weitere Forschungsfragen betreffen generelle Belastungen bei chronischen Erkrankungen, Interaktionsprobleme Erkrankter in Familie und Beruf, Copingstrategien, *Selbsthilfegruppen,* Compliance vs. *Empowerment*, Akzeptanz therapeutischer Interventionen. Besondere Bedeutung hat dabei die Frage der Beachtung und Optimierung der Lebensqualität von Patienten während und nach medizinischen Therapieformen. Auch werden die Möglichkeiten des Einsatzes spezieller Formen der Psychotherapie (etwa Musiktherapie, Kunsttherapie, *Imaginationsformen*) erkundet und evaluiert. Medizinpsychologisches Engagement bezieht sich auch auf Intensivmedizin und *Sterbebegleitung*, thanatologisch: die Auseinandersetzung mit Tod und Sterben (Thanatopsychologie, Death Education).

Spezialisierte Psychodiagnostik schafft Instrumente für gezielte Fragestellungen in einzelnen medizinischen Anwendungsfeldern. Diese zukunftsträchtige Arbeit steht u.a. im Zusammenhang mit medizininternen Bemühungen um Qualitätssicherung. Schwerpunkte im Bereich der Grund-lagenforschung sind vor allem: Hirnforschung (Beispiel: Kortikale Aufmerksamkeit), Chronobiologie und Zeiterleben, Psychomotorik und EMG-Forschung, Psychoneuroimmunologie.

Lehre

Medizinstudierende müssen vor der Ärztlichen Vorprüfung nachweisen, daß sie an einem Kursus der Medizinischen Psychologie teilgenommen haben. Für die etwa 10000 Studenten pro Jahr werden also in deren ersten vier Semestern Pflichtkurse und fakultative Vorlesungen angeboten. Als Lernziel gilt der Erwerb psychologischer *Kompetenzen* (psychologisch aufgeschlossene Haltung gegenüber Patienten, Selbst- und Fremdwahrnehmung, Problembewußtsein für medizinisch-psychologische Methodik, Gesprächsführung als Element ärztlich-psychologischen Handelns, psychologische Aspekte des Diagnostizierens und Therapierens, professionelle Kooperation).

Das für zentrale Prüfungen im Medizinstudium zuständige IMPP (Institut für Medizinische und Pharmazeutische Prüfungsfragen) definiert terminologische und kognitive Grundkenntnisse, die mit *multiple-choice-Fragen* überprüft werden.

Brähler (1998) hat eine Zusammenstellung aller *Lehrbücher* der Medizinischen Psychologie vorgelegt. Von den bisher bekannt ersten Lehrbüchern (E.v. Feuchtersleben, Lehrbuch der ärztlichen Seelenkunde, Wien 1845; R.H. Lotze, Medicinische Psychologie oder Physiologie der Seele, Leipzig, 1852) bis zum Jahre

1998 waren 96 Lehrbücher erschienen, 23 davon vor 1970. Diese hohe Veröffentlichungszahl der letzten Jahrzehnte zeigt einerseits die Virulenz und Pionierarbeit des Faches. Andererseits läßt sich erkennen, daß Medizinische Psychologie noch nicht saturiertes Lehrgebiet mit einem schon Tradition gewordenen Standardwerk ist.

Krankenversorgung

Rund die Hälfte der 36 Medizinpsychologischen Institute in der Bundesrepublik ist klinischen Einheiten zugeordnet (Innere Medizin, Psychosomatik, Nervenheilkunde), die andere Hälfte zur Gruppe der vorklinischen Fächer. Praktisch alle Medizinpsychologischen Institute sind an direkter Patientenversorgung beteiligt in Konsiliar- oder Liaisondiensten oder in eigener ambulanter Tätigkeit.

Unter Einsatz verschiedener psychotherapeutischer Techniken, Verhaltenstherapie, Beratung und Gesprächspsychotherapie werden besonders Patienten mit Problemen in der Verarbeitung einer organischen Erkrankung betreut. Als Beispiel sei der stark angewachsene Einsatz von Psychologen in der Schmerztherapie genannt (Basler et al. 1999). Eigenständige psychologische Beiträge gelten der Schmerzdiagnostik und -dokumentation und der Einzel- und Gruppenbetreuung von Patienten (z.B. durch Schmerzbewältigungsprogramme, Entspannungskurse, Biofeedback, Schmerzmittelentzug).

Die Veränderung des Krankheitsspektrums zu mehr chronischen Krankheiten und solchen, die in direktem Bezug zu Lebensführung und Umwelt stehen, zieht einen zunehmenden Bedarf an medizinpsychologischer Hilfe in der Krankenversorgung nach sich, den im Hauptgewicht Ärzte leisten müssen, die entsprechend ausgebildet sind in Diagnostik, Prävention, Rehabilitation und Evaluation. Bei aller Notwendigkeit psychologischer Aspekte in der Medizin darf es auch nicht zu einer unkritischen Pseudopsychologisierung medizinischer Aufgabenbereiche kommen. Die Kooperation mit dem Fachpsychologen ist unabdingbar.

Literatur

Basler, H.-D. et al. (1999). *Psychologische Schmerztherapie* (4. Aufl.). Berlin: Springer.

Brähler, E. (1998). *Bibliographie der Lehrbücher Med. Psychologie und Med. Soziologie. Mitt. d. DGMP 66*, S.29-33.

Huppmann, G. (1992). Markus Herz (1747-1803): Arzt, Philosoph und Medizinischer Psychologe. *Z.f. Med. Psych. 2*, S.90-95.

Rosemeier, H. P.(1988). Medizinische Psychologie. In R. Asanger, & G. Wenninger (Hrsg.), *Handwörterbuch der Psychologie* (S.436-440). München: PVU.

Strauß, B. & Bengel, J. (Hrsg.). (1997). Forschungsmethoden in der Medizinischen Psychologie, *Jb. d. Med. Psych. 14*, Göttingen: Hogrefe.

O

Ökonomische Psychologie

Erwin Kirchler und Erik Hölzl

Fragestellungen und Grundannahmen der Ökonomischen Psychologie

Die Ökonomische Psychologie entwickelte sich ab den 70er Jahren zu einer eigenständigen Disziplin der Angewandten Psychologie. Im Spannungsfeld zwischen Psychologie und Ökonomie wird das Erleben und Verhalten, v.a. das *Entscheidungsverhalten* im wirtschaftlichen Kontext, auf unterschiedlichen Aggregatsstufen untersucht: Individuum, private Haushalte, Betriebe und Staat (Abb.).

a) Der *wirtschaftliche Kontext* von Individuen, Haushalten und Betrieben wird von den allgemeinen Wirtschaftsbedingungen beeinflußt. Zu untersuchen sind Beziehungen zwischen der allgemeinen Wirtschaftslage und den Möglichkeiten von Haushalten und Firmen, ökonomische Handlungen zu setzen. b) Die beteiligten Akteure handeln auf Basis ihrer *subjektiven Interpretation* wirtschaftlicher Bedingungen. Der wahrgenommene Wirtschaftskontext wird je nach Eigenheiten der Akteure (Persönlichkeit, Ziele) unterschiedlich sein und in Verbindung mit den Umgebungsbedingungen ihr wirtschaftliches Handeln beeinflussen. Zu untersuchen ist die *Wahrnehmung der Wirtschaftslage* und deren Beziehung zu wirtschaftlichem Handeln (insbesondere Kauf-, Arbeits- und Steuerverhalten). c) Wirtschaftliche Entwicklungen schlagen sich auch in *individuellem Wohlbefinden* nieder, das sich über die Gesamtheit wirtschaftender Personen zum gesamtgesellschaftlichen Stimmungsbild verdichtet. Die Ökonomische Psychologie untersucht *Zusammenhänge zwischen individuellem Befinden, Konsumenten- und Produzentenstimmung und wirtschaftlichem Handeln*.

Insbesondere in (neo-) klassischen Ansätzen der Ökonomie wird angenommen, daß Menschen rational handeln und ihr Verhalten der Maximierung eines bestimmten Zieles dient. Empirische Forschung fand allerdings verschiedene Anomalien und Verletzungen des *Rationalitätsprinzips*. So setzen Akteure verkürzende *Urteilsheuristiken* ein, statt die gesamte Information zu verwenden. In Entscheidungen mit unsicherem Ausgang wählen Akteure trotz objektiv gleicher Situation je nach Darstellung (*framing*) der Situation unterschiedliche Alternativen. Bei wiederholten

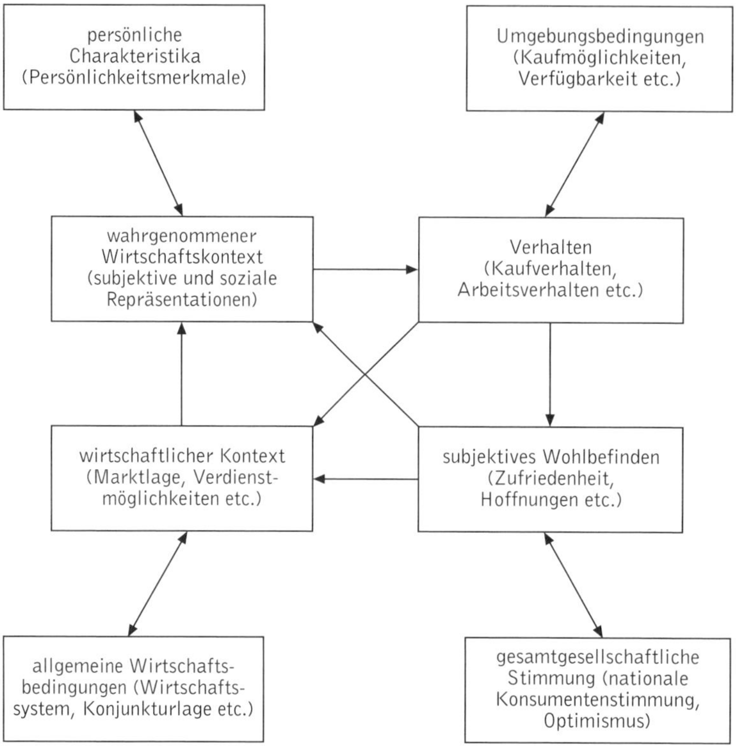

Ökonomische Psychologie. Forschungsmodell der ökonomischen Psychologie (nach van Raaij et al., 1988)

Entscheidungen, in denen die Problemdarstellung verändert wird, finden sich häufig Veränderungen der Präferenzordnung. Diese Phänomene stellen ökonomische Rationalitätsannahmen in Frage.

Alltagsverständnis von Ökonomie

Die Untersuchung von Laientheorien wirtschaftlicher Phänomene ermöglicht Erklärungen für sonst „irrational", unwirtschaftlich erscheinendes Verhalten von Individuen, Firmen oder Institutionen. Laien nehmen komplizierte ökonomische Zusammenhänge wie Staatsverschuldung, Wirtschaftskrisen oder Arbeitslosigkeit nicht nur unvollständiger, sondern auch anders strukturiert wahr. Im Gegensatz zu Fachleuten formen Laien ihre Vorstellungen von Wirtschaft nicht aufgrund von Expertenwissen und gezielter Informationssuche, sondern vor allem auf Basis von *alltäglichen Erfahrungen* und *Medienberichten*. Die so entstehenden *kognitiven Schemata* dienen zur Erklärung wirtschaftlicher Phänomene und zur Handlungsplanung. Mit Rückgriff auf *Attributionstheorien* und die Theorie Sozialer Repräsentationen wird die Ausformung dieser Schemata analysiert. Untersuchungen zeigten, daß in Laienvorstellungen z.B. Armut häufig als internal verursacht gesehen wird, d.h. im Einflußbereich der betreffenden Person oder Gruppe liegend. Armen Leuten fehle demnach Initiative und Engagement; ökonomische oder politische Ursachen wären vernachlässigbar. Auf Basis dieser Laientheorien wäre ein mangelnder Erfolg von Appellen für Solidarität mit ärmeren Bevölkerungsschichten erklärbar.

Nachfrage nach Konsumgütern in privaten Haushalten.

Während sich Marketingexperten primär mit dem Angebot an Konsumgütern beschäftigen, wird im Rahmen der ökonomischen Psychologie das *Nachfrageverhalten* von Einzelnen, privaten Haushalten und Betrieben untersucht, v.a. *ökonomische Entscheidungen in privaten Haushalten* (Kaufentscheidungen,

Geldmanagement, Sparentscheidungen, Vermögens- und Anlagemanagement).
1) In *normativen Modellen* werden *Kaufentscheidungen* als Prozesse mit klarem Beginn und Ende konzipiert, die sich in Wunsch-, Informationssammlungs- und Bewertungsphasen unterteilen lassen und rationales Entscheiden nahelegen. Allerdings ist fraglich, ob diese Modelle geeignet sind, die Komplexität von Entscheidungen in privaten Haushalten abzubilden.
2) *Deskriptive Modelle* hingegen gehen vom komplexen Alltagsgeschehen aus und versuchen, mit Hilfe von Tagebuchverfahren den *Prozeß der Entscheidungsfindung* zwischen Partnern (z.B. abhängig von der Beziehungsstruktur) zu beschreiben. Demnach werden bei Entscheidungen gleichzeitig zwei Ziele verfolgt: Einerseits wollen sie ihre egoistischen Wünsche durchsetzen, andererseits wollen sie ein gewisses Maß an Beziehungsqualität erhalten. Vor allem in *harmonischen Beziehungen* dürften die Partner bestrebt sein, Rücksicht auf die Wünsche des anderen zu nehmen und den gemeinsamen Nutzen zu maximieren. In *unglücklichen Beziehungen* hingegen ist anzunehmen, daß bestehende Machtunterschiede zwischen den Partnern ausgenützt werden, um egoistische Wünsche durchzusetzen. Ökonomische Entscheidungen sind in andere, scheinbar triviale Aktivitäten des Alltags eingebettet; sie werden nicht am runden Tisch getroffen, sondern während anderer Tätigkeiten, die Aufmerksamkeit vom eigentlichen Problem abziehen.

Nachfrage und Angebot von Arbeit

Aus der Sicht der Ökonomie sind Märkte, also auch der Arbeitsmarkt, durch das Wechselspiel zwischen Angebot und Nachfrage bestimmt. Arbeitnehmer sind bei steigenden Löhnen eher bereit, ihre Arbeitskraft anzubieten; Unternehmer stellen jedoch zu höheren Löhnen eher weniger Arbeitnehmer ein. Am Schnittpunkt der Angebots- und Nachfragekurve ergibt sich der sogenannte Gleichgewichtslohn, an dem sich laut ökonomischer Theorie die Löhne einpendeln müssen. In der Realität findet man jedoch häufig Unternehmen, die Löhne über dem theoretischen Gleichgewichtslohn zahlen. Aus psychologischer Sicht sind höhere Löhne „Geschenke" der Unternehmer an die Arbeitnehmer, die an Normen von Loyalität und gegenseitiger Verpflichtung appellieren. Hier sind also nicht Kosten-Nutzen-Abwägungen, sondern soziale Normen dafür verantwortlich, daß auf höhere Löhne mit höherer Leistung reagiert wird. Empirische Untersuchungen zeigen, daß unter Bedingungen, in denen Reziprozität möglich ist, die Gesetze von Angebot und Nachfrage durch Kooperation, Fairneß und Vertrauen, abgeschwächt oder außer Kraft gesetzt werden. In Experimenten von Fehr, Kirchler, Weichbold und Gächter (1998; Kirchler, 1999) wurden Arbeitgeber-Arbeitnehmer-Interaktionen in Lohnverhandlungen simuliert. Die „Arbeitgeber" konnten Löhne anbieten, die „Arbeitnehmer" mußten danach angeben, wie hoch ihre Leistung zum angebotenen Lohn wäre. Einen hohen Lohn anzubieten, stellte ein Risiko dar, da keinerlei Gewähr für die Kooperation der „Arbeitnehmer" gegeben war. Trotz des Risikos zeigte sich, daß *Reziprozitätsnormen* auch auf experimentellen Arbeitsmärkten wirksam sind. Die gebotenen Löhne blieben deutlich über der von der ökonomischen Theorie vorhergesagten Lohnhöhe und die Leistungsniveaus der Arbeiter deutlich über dem Minimum. Die Zusammenhänge zwischen Lohnhöhe und Leistungsniveau waren positiv: Höhere Löhne führen somit zu höheren Leistungsniveaus. In der Kontrollgruppe ohne Möglichkeit zur Reziprozität folgten die Ergebnisse hingegen tendenziell den ökonomischen Voraussagen: Die Lohnhöhe näherte sich dem vorhergesagten Minimum. Unternehmer können somit durch ihre Entscheidungen die Arbeitsmarktlage durchaus beeinflussen.

Individuum, Gemeinschaft und Wirtschaft

Beim Wechselspiel zwischen individuellen und gemeinschaftlichen ökonomischen Interessen entstehen *soziale Dilemmata*: Für die Einzelperson ist es von Vorteil, nicht zu kooperieren – für die Gemeinschaft ist die Kooperation aller Einzelpersonen am besten. Da die Einzelperson jedoch Teil der Gemeinschaft ist, wäre es auch für sie kooperatives

Verhalten letztlich von Vorteil. In diesem Dilemma spielt Vertrauen in die übrigen Akteure eine wichtige Rolle. In der ökonomischen Psychologie finden in diesem Kontext *Steuerverhalten* und *Steuerhinterziehung* Beachtung. Während aus ökonomischer Sicht vor allem die Wahrscheinlichkeit der Entdeckung eines Steuerdelikts und die Höhe der Steuerstrafe relevant erscheinen, wird von seiten der Psychologie die „Steuermoral" als Einstellung der Steuerpflichtigen zu Steuern, Steuerdelikten, Steuerstrafen und der Person des Steuerhinterziehers seit den 60er Jahren unter verschiedenen theoretischen Blickwinkeln erforscht. Gerechtigkeitstheorien und Austauschtheorien betonen die Bedeutung wahrgenommener Gerechtigkeit für das Steuerverhalten. Reaktanztheorien fokussieren auf die wahrgenommene Einschränkung der Handlungsfreiheit durch Steuerauflagen, und sehen Steuerhinterziehung als Versuch, Freiräume zurückzugewinnen. Neuere Ansätze integrieren situative und persönliche Anreize und Hindernisse in ein gemeinsames Modell. Die Prospect-Theorie nimmt an, daß die Bereitschaft zur Steuerhinterziehung auch von der subjektiven Interpretation der Steuersituation abhängt. Steuernachzahlungen legen eine Verlustinterpretation nahe – damit dürfte das Risiko der Steuerhinterziehung eher in Kauf genommen werden, während bei Steuerrückzahlungen kein Risiko eingegangen wird.

Literatur

Fehr, E., Kirchler, E., Weichbold, A. & Gächter, S. (1998). When social norms overpower competition: Gift exchange in experimental labor markets. *Journal of Labor Economics, 16,* 324-351.

Kirchler, E. (1999). *Wirtschaftspsychologie* (2. Auflage). Göttingen: Hogrefe.

Lea, S. E. G., Tarpy, R. M. & Webley, P. (1987). *The Individual in the Economy. A Survey of Economic Psychology.* Cambridge: Cambridge University Press.

Van Raaij, W. F., Van Veldhoven, G. M. & Wärneryd, K.-E. (Eds.). (1988). *Handbook of Economic Psychology.* Dordrecht: Kluwer.

Wiswede, G. (1995). *Einführung in die Wirtschaftspsychologie* (2. Auflage). München: UTB.

P

Pädagogische Psychologie

Alexander Renkl

Statt einer Definition

Wie sieht guter Schulunterricht aus? Können Studierende ihr Wissen später im Beruf auch nutzen? Welche Möglichkeiten und Gefahren eröffnet der Computer für das Lernen? Wie kann man Studierende bei Lernschwierigkeiten beraten? Welche Auswirkungen auf Kinder haben Gewaltdarstellungen im Fernsehen? Wie kann man bei Kindern gesundheitsförderndes Verhalten stärken? Welche Bedeutung hat es, ob man Einzelkind ist oder Geschwister hat? Wie kann man Eltern bei *Erziehungsschwierigkeiten* beraten? Dies ist eine Auswahl von interessanten Fragen, mit denen sich die Pädagogische Psychologie befaßt. Typischerweise wird versucht, durch quantitativ-empirische Forschung und darauf aufbauende Formulierung von Theorien zu Antworten zu kommen. Die genannten Fragen stammen aus den zwei Hauptbereichen der Pädagogische Psychologie: „Lehren und Lernen" sowie „Erziehung und Sozialisation". In der Forschung zum *Lehren und Lernen* (Weinert, 1996; 1997) wird eine Vielzahl von Themen aufgegriffen, die mit Bedingungen, Prozessen und Effekten des Lehrens und Lernens in Zusammenhang stehen: Individuelle Lernvoraussetzungen (z.B. Vorwissen, Lernmotivation), Lernprozesse (z.B. Lernstrategien), Unterscheidung von unterschiedlichen Lernzielen (z.B. verschiedene Wissensarten), Determinanten des Lernens (z.B. Design von Lernumgebungen), Möglichkeiten der Diagnose von Lernvoraussetzungen und Lernerfolg (z.B. Intelligenztests), Lernstörungen (z.B. Lese-Rechtschreib-Schwäche), Beratung (z.B. Schullaufbahnberatung), Evaluation von Unterrichtsversuchen, internationale Schulleistungsvergleiche u.v.a.m. Der Bereich des Lehrens und Lernens ist der Hauptschwerpunkt der PP. So waren gut die Hälfte der Beiträge auf den letzten Tagungen der Fachgruppe „Pädagogische Psychologie" in der Deutschen Gesellschaft für Psychologie diesem Bereich zuzuordnen.

Auf dem Gebiet der *Erziehung und Sozialisation* (Schneewind, 1994) geht es um die Persönlichkeitsentwicklung im Kontext der gesellschaftlich vermittelten sozialen und materiellen Umwelt (Sozialisation). Der Erziehung kommt dabei ein besonderer Stellenwert zu.

Betrachtet man das Gesamt der Sozialisationsbedingungen, so kann man verschiedene Ebenen unterscheiden. Auf einer Mikroebene untersucht man vor allem Auswirkungen von (elterlicher) Erziehung und von Familienprozessen. Auf der Mesoebene geht es darum, wie sich verschiedene Mikrosysteme gegenseitig beeinflussen (z.B. Elternhaus und Schule). Als Exosysteme werden Kontexte in ihrer Wirkung untersucht, an denen das Kind zwar nicht selbst teilnimmt, die für dieses aber dennoch von Bedeutung sind (z.B. Arbeitsplatz der Eltern, Medien). Schließlich thematisiert man auf einer Makroebene den Einfluß der Kultur auf Sozialisationsprozesse (z.B. Kulturvergleiche). Neben den Analysen von Erziehungs- und Sozialisationseinflüssen sind auch darauf bezogene Interventionen Gegenstand der Forschung (z.B. Beratung). Mit „Erziehung und Sozialisation" beschäftigte sich auf den letzten Tagungen der Fachgruppe „Pädagogische Psychologie" grob ein Viertel der Beiträge. Daneben werden noch weitere Themen aufgegriffen, so z.B. Arbeitslosigkeit, Ausländerintegration, Hochbegabung, kindliches Spiel und *Ökopsychologie*. Schließlich: Bei etlichen forschungsmethodologischen und statistischen Entwicklungen waren Pädagogische Psychologen beteiligt, wie z.B. – in der jüngsten Zeit – bei der Entwicklung von mehrebenenanalytischen Verfahren, damit in Zusammenhang stehend, von Wachtumskurvenmodellen.

Befunde der Pädagogische Psychologie: eine Auswahl

1) Das wohl am besten abgesicherte Ergebnis ist, daß die stärkste Einzeldeterminante des Lernens das *Vorwissen* der Lernenden ist. Je mehr jemand über ein Sachgebiet weiß, um so leichter kann er dazulernen. Dies läßt sich u.a. damit erklären, daß gute Vorkenntnisse es erlauben, dem dargebotenen Stoff Bedeutung zuzuweisen und Anknüpfungspunkte für das Neue in der eigenen Wissensbasis zu finden. Vorwissen kann jedoch auch hinderlich sein. Wenn Konzepte den wissenschaftlichen Auffassungen widersprechen, dafür aber in der *Alltagserfahrung* verwurzelt sind, ist es sehr schwierig, diese zu verändern. So geben Kinder etwa das intuitive Konzept der flachen Erde deshalb so ungern auf, weil die Vorstellung einer runden Erde Ableitungen aus grundlegenden Theorien der Kinder widerspricht. Diese besagen, daß im Falle einer runden Erde „Australier auf dem Kopf stehen und von der Erde fallen müßten". Es läßt sich festhalten, daß Vorwissen das Lernen zumeist stark erleichtert. Bisweilen behindern aber *intuitive Vorstellungen* den Wissenserwerb nachhaltig. Neben dem Vorwissen spielen natürlich noch weitere Lernermerkmale eine Rolle, wie etwa die Intelligenz, Interessen oder schulbezogenes Selbstkonzept (Selbstvertrauen). Zudem bestimmt die *Qualität des Unterrichts* den Lernerfolg. Dabei zeigt sich im übrigen, daß Kinder mit höherer Intelligenz und Vorwissen weniger durch Qualitätsdefizite des Unterrichts beeinträchtigt werden als diejenigen mit ungünstigen Lernvoraussetzungen („Aptitude-Treatment-Interaktion").

2) Die Antwort auf die Frage nach *gutem Unterricht* hängt insbesondere vom Lernziel ab. Beim Erwerb grundlegender Kenntnisse oder basaler Rechen- oder Lesefertigkeiten ist ein Unterricht günstig, der meist mit dem Begriff „Direkte Instruktion" belegt wird. Diese zeichnet sich durch eine starke Lehrersteuerung, ein „kleinschrittiges" Vorgehen mit vielen Übungs- und Rückmeldungsgelegenheiten und klare Struktur aus. Der Lehrer nimmt die Lernenden gewissermaßen an der Hand und induziert wichtige Lernprozesse.

3) Besteht das Ziel darin, den ein tieferes Verständnis von Konzepten (z.B. der Evolutionstheorie) zu vermitteln oder sollen intuitive Konzepte, wie etwa dasjenige der flachen Erde, verändert werden, erweist sich *Direkte Instruktion* als suboptimal. Hier sollten Kinder eine mental aktivere Rolle einnehmen. Durch die tiefe Auseinandersetzung mit komplexen Problemstellungen, durch Artikulation des eigenen Vorverständnisses, durch das Geben von Erklärungen oder Begründungen, durch Reflexion und Diskussion in kooperativen Kleingruppen, durch aktives (Nach-)Entdecken von Zusammenhängen und ähnliches mehr kann es hier zu produktiven Lernprozessen kommen. In den letzten Jahren wurden etliche instruktionale Modelle, in deren Rahmen sich die genannten Lernaktivitäten

verwirklichen lassen, entworfen (z.B. *Verankerte Instruktion*). Diese sog. *Modelle des situierten Lernens* enthalten Komponenten, wie *Projektunterricht*, *kooperatives Lernen*, *Lernen mit computerbasierten Simulationen* usw. Das Hauptproblem ist dabei, daß die genannten Lehr-Lern-Formen mit geringerer Wahrscheinlichkeit zum Ziel führen als Direkte Instruktion im Falle des Erwerbs grundlegender Fertigkeiten. Dies liegt u.a. daran, daß Schüler, etwa wenn sie an komplexen Problemen lernen sollen, vielfach überfordert sind und deshalb kompetente Unterstützung brauchen. Diese zu leisten ist aber für die Lehrenden eine äußerst anspruchsvolle Aufgabe, für die sie in ihrer Ausbildung meist unzureichend vorbereitet wurden. An diesem Punkt besteht auch noch erheblicher Forschungsbedarf. Vielfach werden in empirischen Untersuchungen unter „privilegierten" Umständen (hoher Implementationsaufwand, hoch motivierte Lehrende usw.) neue instruktionale Modelle verwirklicht, die zu günstigen Effekten führen. Meist ergeben sich aber bei einer Einführung dieser Modelle auf breiter Basis und in der täglichen Unterrichtspraxis mannigfaltige Probleme. Notwendig ist eine profunde *Implementationsforschung*.

Pädagogische Psychologie: Für wen?

Die Rezipienten und damit die potentiellen Anwender der Pädagogischen Psychologie lassen sich grob in drei Gruppen aufteilen: Forscher außerhalb der Pädagogischen Psychologie, Studierende und Praktiker. a) Der Einfluß der Pädagogischen Psychologie auf die übrigen psychologischen Subdisziplinen ist, sieht man von einigen forschungsmethodischen Entwicklungen ab, gering. Als sog. Anwendungsfach greift die Pädagogische Psychologie hingegen häufig auf Konzepte der Entwicklungs-, der Sozial-, der Allgemeinen und der Differentiellen Psychologie zurück. Gleichwohl ist eine Charakterisierung der Pädagogischen Psychologie als (reines) Anwendungsfach insofern unzutreffend, als in dieser auch sehr viele grundlagenwissenschaftliche Untersuchungen zu Lern-, Erziehungs- und Sozialisationsprozessen durchgeführt werden. Am engsten ist die Pädagogische Psychologie mit der *Empirischen Pädagogik* verbunden, von der sie kaum zu unterscheiden ist. So ist auch das jährliche Treffen der „American Educational Research Association" die bedeutendste internationale Tagung sowohl für die Pädagogische Psychologie als auch für die Empirische Pädagogik. b) Die größte Anzahl der Studierenden, die sich mit Pädagogischer Psychologie auseinandersetzen, sind, sowohl national als auch international, Studierende der Lehrämter. Dies findet u.a. darin seinen Niederschlag, daß international viel verwendete Lehrbücher (z.B. Gage & Berliner, 1996) sich ganz auf Fragen des *schulischen Lernens* konzentrieren. Im Diplomstudiengang Psychologie ist die Pädagogische Psychologie ein verpflichtendes Anwendungsfach im Hauptstudium. Bei einem entsprechenden Studienangebot ist ein Fokus auf schulischem Lernen nicht zweckmäßig, da sich in diesem Bereich kaum Berufschancen ergeben. Schwerpunkte, wie etwa Erwachsenenbildung oder *Lernen mit Neuen Medien*, sind hier sinnvoller. c) Praktiker, die Befunde aus der Pädagogischen Psychologie anwenden, sind natürlich Schulpsychologen und Erziehungsberater. In den letzten Jahren findet Pädagogische Psychologie vermehrt auch in der Erwachsenenbildung Beachtung. Zum Teil erfolgen auch Kooperationen von entsprechenden Lehrstühlen mit Unternehmen oder Industrie- und Handelskammern, die in ihren Aus- und Weiterbildungskonzeptionen instruktionale Modelle aus der Pädagogischen Psychologie aufgreifen.

Aktuelle Trends

Für die Frage, wohin sich die Pädagogische Psychologie entwickeln wird, ist es aufschlußreich, sich die aktuellen Trends vor Augen zu führen. Exemplarisch sollen hier drei wichtige Entwicklungen angeführt werden. 1) *Anwendungsorientierung.* Bei der Beurteilung von Arbeiten gewinnt neben der forschungsmethodischen Qualität die praktische Relevanz zunehmend an Bedeutung. Dies steht u.a. mit der gesellschaftlichen Forderung in Verbindung, daß Wissenschaft und Praxis in stärkeren Austausch treten sollten. 2) *Methodenvielfalt.* Während bis vor wenigen Jahren bei der Bewertung von Forschung darauf geachtet wurde, daß die Kriterien einer quantitativ-empirischen Forschungsmethodik eingehalten wurden, werden nun in immer stärkerem Maße auch Arbeiten mit qualitativer Methodik geschätzt. Auch bei quantitativ-empirischen Arbeiten finden sich zunehmend ergänzende qualitative Auswertungen. Während einige Forscher darin eine Aufgabe wissenschaftlicher Standards sehen, bewerten andere diese Tendenz als Rücknahme einer aus der Zeit des *Positivismus*-Streits übrig gebliebenen Engstirnigkeit und als Bereicherung der Methodenvielfalt. 3) *Aktuelle Themenbereiche:* Erwachsenenbildung, *Erwerb anwendbaren* Wissens, *Lernen mit* Neuen Medien. So heterogen die genannten Themenbereiche auf den ersten Blick auch zu sein scheinen, sie hängen doch eng zusammen. In den letzten Jahren erfolgt eine vermehrte Zuwendung auf das Lernen im Erwachsenenalter (Weinert & Mandl, 1997). Dabei geht es typischerweise um den Erwerb von Wissen, das dann z.B. im Beruf eingesetzt werden soll. Damit rückt die Frage nach der Anwendbarkeit von Wissen, das in Schule, Universitäten und Aus- und Weiterbildungsangeboten erworben wird, in den Vordergrund. Da das erworbene Wissen oft nur unzureichend nutzbar ist (*träges Wissen*), wurden instruktionale Ansätze mit dem Ziel des Erwerbs anwendbaren Wissens entwickelt. Dabei spielt das Lernen mit Neuen Medien eine prominente Rolle.

Literatur

Gage, N. L., & Berliner, D. C. (1996). *Pädagogische Psychologie* (5. Aufl.). Weinheim: Beltz.
Schneewind, K. A. (Hrsg.). (1994). *Psychologie der Erziehung und Sozialisation* (Band 1 der Serie Pädagogische Psychologie, Enzyklopädie der Psychologie). Göttingen: Hogrefe.
Weinert, F. E. (Hsrg.). (1996). *Psychologie des Lernens und der Instruktion* (Band 2 der Serie Pädagogische Psychologie, Enzyklopädie der Psychologie). Göttingen: Hogrefe.
Weinert, F. E. (Hsrg.). (1997). *Psychologie des Unterrichts und der Schule* (Band 3 der Serie Pädagogische Psychologie, Enzyklopädie der Psychologie). Göttingen: Hogrefe.
Weinert, F. E., & Mandl, H. (Hsrg.). (1996). *Psychologie der Erwachsenenbildung* (Band 4 der Serie Pädagogische Psychologie, Enzyklopädie der Psychologie). Göttingen: Hogrefe.

Parapsychologie

Eberhard Bauer und Walter von Lucadou

Begriff

Der Begriff geht auf einen von dem Berliner Psychologen und Philosophen Max Dessoir (1867-1947) stammenden Vorschlag zurück, „die aus dem normalen Verlauf des Seelenlebens heraustretenden Erscheinungen *parapsychische*, die von ihnen handelnde Wissenschaft *Parapsychologie* zu bezeichnen. Dessoir wollte mit dieser *provisorischen* Bezeichnung eine Gruppe außergewöhnlicher Phänomene kennzeichnen, über die in der Kulturgeschichte zwar immer wieder berichtet wird, deren Existenz aber seit jeher umstritten ist: es handelt sich um verbreitete Erscheinungen und Vorgänge wie Gedankenübertragung, „Zweites Gesicht", Wahrträume, Ahnungen, Spuk- oder Geistererscheinungen, die zumeist als nicht-alltäglich und emotional besonders bedeutsam eingestuft werden. In der *historischen Entwicklung* der Parapsychologie lassen sich drei Phasen unterscheiden: 1) die Massenbewegung des *Spiritismus* seit Mitte des 19. Jahrhunderts, die Elemente des Mesmerismus inkorporiert (z. B. Fluidum, Séancen und behauptete „Jenseitskontakte" durch besonders „begabte" Medien), 2) die Gründung der heute noch aktiven *„Societies for Psychical Research"* in London (1882) und in den USA (1885), die den Beginn einer systematischen und vorurteilslosen Erforschung „okkulter" Phänomene markiert, und

3) die Etablierung der *Psi-Forschung* an vereinzelten Universitäten Anfang der dreißiger Jahre des 20. Jahrhunderts.

Gegenstand

Den Gegenstandsbereich der heutigen Parapsychologie bildet eine Gruppe „anomal“ anmutender Erlebnis- und Verhaltensweisen, die unter dem Oberbegriff *Psi-Phänomene* zusammengefaßt werden (nach dem 23. Buchstaben des griechischen Alphabets). Diese werden üblicherweise in zwei Gruppen untersucht: 1) als *Außersinnliche Wahrnehmung* („extrasensory perception“, ESP) in den Formen „Telepathie“ (= „Übertragung“ von psychischen Inhalten von einer Person auf eine andere ohne Beteiligung bekannter Kommunikationskanäle), „Hellsehen“ (= Erfassung von ‘objektiven’ Sachverhalten, die niemandem bekannt sind), „Präkognition“ (= Erfassung zukünftiger Vorgänge, die rational nicht erschließbar sind und auch nicht als Folge des Vorauswissens auftreten dürfen); 2) als *Psychokinese*, worunter die „direkte“ Beeinflussung physikalischer oder biologischer Systeme in Abhängigkeit von der Intention eines Beobachters ohne Beteiligung bekannter naturwissenschaftlicher Wechselwirkungen verstanden wird. Bei Außersinnlicher Wahrnehmung und Psychokinese handelt es sich um rein *deskriptive Begriffe*; zur Vermeidung der erkenntnistheoretischen Problematik von Negativdefinitionen werden Psi-Phänomene in der Forschungspraxis *operational* definiert. Die *Aufgabe* der parapsychologischen Forschung besteht darin, Erklärungsmodelle für behauptete Psi-Phänomene zu finden, worunter auch konventionelle („natürliche“) Erklärungen in Form von subjektiven Täuschungen oder Artefakten fallen können. Im Unterschied zu einem weitverbreiteten Mißverständnis hängt die *Legitimität* dieser Forschung also nicht davon ab, daß sich „Psi“ als eigenständiges Konstrukt verifizieren läßt.

Forschungsstrategien

Die Parapsychologie verwendet folgende Forschungsmethoden (Krippner, 1977-1997):

1) *Sammlung, Dokumentation und Klassifikation paranormaler Spontanberichte* unter phänomenologischen, psychologischen und soziologischen Aspekten. Die soziale Relevanz dieser Forschungsrichtung geht aus Umfragen hervor, denenzufolge über die Hälfte der erwachsenen Bevölkerung der USA über *subjektive paranormale Erfahrungen* im Sinne von „Gedankenübertragung“ oder Hellsehen berichtet. Subjektive paranormale Erfahrungen können folgendermaßen klassifiziert werden: a) nach *Psi-Modus* („gleichzeitige“, d.h. telepathische oder Hellsehphänomene und „präkognitive“ Phänomene), b) nach *Erlebnisformen* (Ahnungen, Halluzinationen, „symbolische“ vs. „realistische“ Träume und Visionen, c) nach dem *Bewußtseinszustand* (Wachzustand oder Traum), d) nach vorhandenem oder fehlendem *Bedeutungsbewußtsein*, e) nach vorhandener oder fehlender psychologischer *Motivation*, f) nach *inhaltlicher Thematik*, g) nach *Bezugspersonen*. Alle diese subjektiven paranormalen Erfahrungen sind in ein komplexes Muster kognitiver, soziokultureller, emotionaler, motivationaler, neuropsychologischer und psychodynamischer Faktoren eingebettet. Durch den *quantitativen Vergleich* zeitlich und geographisch unterschiedlicher Fallsammlungen wird nach gemeinsamen bzw. divergierenden Patterns gefragt, die sich möglicherweise durch konventionelle Hypothesen erklären lassen.

2) In der Feldforschung geht es um die detaillierte Untersuchung solcher Situationen, in denen Psi-Effekte gehäuft aufzutreten scheinen. Paradigmatisch dafür sind die sog. „Spukfälle“ (recurrent spontaneous psychokinesis-Phänomene), bei denen „unerklärte“ physikalische Vorfälle (z. B. Klopfgeräusche) zumeist in Gegenwart eines pubertierenden Jugendlichen („Spukauslöser“, Fokusperson) auftreten. Eine „objektive“ Dokumentation dieses Geschehens, die immer das Verkennen „natürlicher“ Ursachen und Betrugsmöglichkeiten berücksichtigen muß, wird mit der einzel- und gruppendiagnostischen Erfassung des Interaktionsgeschehens zwischen Fokusperson und seinem sozialen Umfeld (z. B. Familie) gekoppelt, die auf geeignete Interventionsmaßnahmen abzielt.

3) Kontrollierte Laborexperimente haben zum Ziel, operational definierte Außersinnli-

che Wahrnehmungs- und Psychokinese-Hypothesen mit unausgewählten Versuchspersonen zu testen. Gebräuchlich sind zwei Vorgehensweisen: Bei der „beweisorientierten" Überprüfung der Außersinnlichen Wahrnehmungs-Hypothese muß ein sensorisch abgeschirmter „Empfänger" eine zufällig erzeugte Abfolge von Symbolen, die ein räumlich entfernter „Sender" betrachtet, „erraten". Eine statistisch signifikante Abweichung der Trefferanzahl von der Zufallserwartung bei genügend langen Versuchsserien wird als „Telepathie" definiert, „Hellsehen" ist dann gegeben, wenn kein Sender vorhanden ist, bei „Präkognition" erfolgt der Ratevorgang, bevor die Zielfolge generiert wurde. Bei allen drei Versuchsmodalitäten sind die Wahlalternativen zwischen den Zielsymbolen begrenzt (forced-choice-Methode). Zur Überprüfung der Psychokinese-Hypothese müssen Versuchspersonen durch bloßes „Wünschen" physikalische Zufallsereignisse in eine vorher festgelegte Richtung „beeinflussen". Zum heutigen Standard der Psychokinese-Forschung gehören die *Schmidt-Maschinen*, die auf dem spontanen radioaktiven Zerfall beruhen und mit verschiedenen Displays (optisch/akustisch) betrieben werden, sowie die Experimente zur „Beeinflussung" biologischer Systeme (*distant mental interaction on living systems*), bei denen die physiologische Reaktion eines sensorisch abgeschirmten Probanden gemessen wird (z. B. die elektrodermale Aktivität) (Radin, 1997). Der „prozeßorientierte" Zugang zielt auf die Untersuchung der psychologischen, situativen oder physikalischen (Rand-)Bedingungen ab, von denen die Psi-Effekte möglicherweise abhängen. Als Beispiel für einen Zusammenhang zwischen Persönlichkeitsvariablen und Psi-Trefferleistungen ist der „Sheep-Goat-Effekt" zu erwähnen, der besagt, daß die durch einen Fragebogen gemessene „positive" oder „negative" Einstellung der Versuchsperson paranormalen Phänomenen gegenüber bzw. ihr Glaube an „Erfolg" oder „Mißerfolg" im Experiment das Ergebnis beeinflußen kann. Der prozeßorientierte Zugang verwendet zumeist „free-response"-Methoden, bei denen die Versuchsperson das ihr unbekannte Zielobjekt (Target) in freien Einfällen beschreibt. Zu den erfolgreichen Forschungsparadigmen in dieser Hinsicht gehören a) die *experimentelle Beeinflussung von Trauminhalten* unter Laborbedingungen; b) die *Remote-Viewing (Fernwahrnehmungs-)Experimente*; c) die *Ganzfeld-Experimente*, bei denen der „Empfänger" in den Zustand einer milden sensorischen Deprivation versetzt wird, während der „Sender" ein zufällig ausgewähltes komplexes Target (z. B. ein Bild) betrachtet (Radin, 1997).

Forschungsstand

Die Mehrzahl der professionellen „Parapsychologen", die in der Regel Mitglieder der 1957 gegründeten „Parapsychological Association" sind, geht von folgendem *Forschungsstand* aus: es gibt auf phänomenologischer Ebene *Psi-Anomalien*, die sich bisher nicht mit konventionellen Hypothesen erklären lassen; „Psi-Effekte" sind zwar schwach, aber statistisch gesehen „robust", wie insbesondere Metaanalysen von Experimenten mit Außersinnlicher Wahrnehmung und Psychokinese belegen (Radin, 1997; Utts, 1991); sie scheinen eher von psychologischen Faktoren (etwa Persönlichkeitsmerkmalen wie Extraversion/emotionale Stabilität oder Einstellungen) abzuhängen als von räumlichen oder zeitlichen Distanzen), ohne daß sie steuerbar oder trainierbar wären; veränderte Bewußtseinszustände (Meditation, Hypnose, Entspannung, Reizentzug) begünstigen zwar ihr Auftreten („psi conducive-states"), aber spezifische Bedingungen sind noch nicht bekannt; manche Experimentatoren sind offenbar „erfolgreicher" als andere (*Psi-Experimentator-Hypothese*). In der heutigen *Theorienbildung* der Parapsychologie (Übersicht bei Lucadou, 1995) ist man von klassischen, an der Psychophysik orientierten Vorstellungen, die unter Außersinnliche Wahrnehmung eine „Übertragung" von Information, unter Psychokinese eine energetische „Beeinflussung" sehen, weitgehend abgekommen; experimentell überprüfbare Modellannahmen werden als *observational theories* zusammengefaßt, die Psi-Effekte als *nicht-lokale Korrelationen* zwischen quantenmechanischen Fluktuationen und einem psychisch disponierten „System" (Beobachter) auffassen. Diese Modelle versuchen, sowohl die Experimentatorabhängigkeit als auch die auffallende *Elusivität* (Flüchtigkeit) der Psi-Phänomene zu erklären. Außerdem wird dadurch verständlich, weshalb sich bei Psi-Experimenten der Effekt nicht beliebig statistisch akkumulieren läßt, was zu einer Einschränkung der *Reproduzierbarkeit* führt. Der Status der parapsychologischen Forschung ist in der wissenschaftlichen Gemeinschaft umstritten (*Psi-Kontroverse*); die Parapsychologie hat sich auf der einen Seite vom Verdacht der *Pseudowissenschaft* abzugrenzen, auf der anderen von einem *dogmatischen Skeptizismus*, der in allen Psi-Effekten nur Selbsttäuschungen, statistische bzw. experimentelle Artefakte oder Betrug und Manipulation seitens Experimentator und/oder Versuchsperson sieht. Obwohl es Ansätze zu einem konstruktiven Dialog zwischen Parapsychologen und ihren Kritikern gibt, ist es eher unwahrscheinlich, daß in absehbarer Zeit Psi-Effekte im Rahmen der akademischen Psychologie als legitimes Forschungsobjekt anerkannt werden; die Vertreter der wissenschaftlichen Parapsychologie unterliegen insofern einem ständigen Legitimationszwang und sehen sich mit der Rezeptionsproblematik einer „unorthodoxen" Wissenschaft konfrontiert. Wichtige *universitäre Forschungseinrichtungen* sind: Division for Personality Studies am Medical Center der Universität Charlottesville (Virginia), Princeton Engineering Anomalies Research Laboratory an der Universität Princeton (New Jersey), Arthur-Koestler-Lehrstuhl für Parapsychologie am Psychologischen Institut der Universität Edinburgh (Schottland). In *Deutschland* ist die parapsychologische Beratungs-, Informations- und Forschungarbeit an zwei Institutionen geknüpft, die alle in Freiburg i.Br. ihren Sitz haben: das 1950 gegründete Institut für Grenzgebiete der Psychologie und Psychohygiene e.V., das über eine umfangreiche Spezialbibliothek verfügt, sowie die im Rahmen der Wissenschaftlichen Gesellschaft zur Förderung der Parapsychologie e.V. gegründete Parapsychologische Beratungstelle. Diese Einrichtungen sehen sich vor allem mit psychologischen und psychohygienischen Auswirkungen der „modernen" Okkultismus- und Esoterik-Welle konfrontiert.

Literatur

Krippner, S. (1977-1997). (Ed.). *Advances in parapsychological research, vols. I-VIII.* New York: Plenum Press 1977-1982; Jefferson, NC & London: McFarland 1984-1997. [Bisher 8 Bände]

Lucadou, W.v. (1995). *Psyche und Chaos: Theorien der Parapsychologie.* Frankfurt a. M.: Insel Verlag (auch als Insel-Taschenbuch erschienen unter dem Titel: *Psi-Phänomene: Neue Ergebnisse der Psychokinese-Forschung.* Frankfurt a. M./Leipzig: Insel Verlag 1997, it 2109).

Radin, D. (1997). *The conscious universe: The scientific truth of psychic phenomena.* San Francisco: HarperEdge.

Utts, J. (1991). Replication and meta-analysis in parapsychology. *Statistical Science*, *6*, 363-403.

White, R. A. (1990). *Parapsychology: new sources of information, 1973-1989.* Metuchen, N. J., & London: Scarecrow.

Persönlichkeit

Klaus A. Schneewind

Definition

Zum Verständnis der menschlichen Persönlichkeit existiert eine Fülle von Theorien und methodischen Zugangsweisen, denen ihrerseits unterschiedliche wissenschaftstheoretische Positionen und Menschenbildannahmen zugrunde liegen. Vor dem Hintergrund eines *transaktionalen Konzepts* des Person-Umwelt-Bezugs werden menschliche Individuen als evolutionär entwickelte psychophysische Lebewesen gesehen, die in aktiver Auseinandersetzung mit den jeweils aktuell wirkenden natürlichen und sozio-kulturellen Lebensbedingungen die konkrete Ausformung ihrer Persönlichkeit und deren Entwicklung selbst gestalten. Die individuelle Persönlichkeit eines einzelnen Menschen kann dabei aus einer strukturellen und prozessualen Perspektive betrachtet werden. Die *Struktur der individuellen Persönlichkeit* ist das zu jedem Entwicklungszeitpunkt eines bestimmten menschlichen Individuums einzigartige Gesamtsystem a) seiner grundlegenden physischen und psychischen Merkmale, b) seiner charakteristischen Anpassungsweisen in der Auseinandersetzung mit personinternen und personexternen Gegebenheiten sowie c) seines Selbst- und Welterlebens. Die *individuelle Persönlichkeit als Prozeß* bezieht sich auf die Entwicklung des Gesamtsystems der Persönlichkeit eines bestimmten menschlichen Individuums über die gesamte Lebensspanne. Aus der Dynamik des Zusammenwirkens des für dieses Individuum charakteristischen Persönlichkeitssystems und der jeweiligen personexternen Gegebenheiten ergibt sich der unverwechselbare Verlauf seiner *individuellen Persönlichkeitsentwicklung*.

Intra- und extrapersonale Bedingungen der Persönlichkeitsentwicklung

Die individuelle Persönlichkeitsentwicklung läßt sich auf dem zeitlichen Kontinuum von Vergangenheit, Gegenwart und Zukunft verorten. Dabei können zu jedem beliebigen Zeitpunkt hinsichtlich der *personinternen Entwicklungsvoraussetzungen* folgende drei miteinander in Beziehung stehende Variablenklassen unterschieden werden:

a) *grundlegende Merkmale und Dispositionen*. Hierzu gehören die genetische Ausstattung der Person, ihre physischen Merkmale (z.B. Geschlecht, Alter, äußeres Erscheinungsbild, Gesundheitszustand), allgemeine und spezifische kognitive Fähigkeiten (z.B. Intelligenz, Kreativität, Wahrnehmungs- und Denkstile; Wahrnehmung, Denken), generelle Motiv- und Interessendispositionen (z.B. Bedürfnis nach Wirksamkeit, Kontrolle, Bezogenheit; person- und sachbezogene Interessen), generelle Temperaments- und Persönlichkeitseigenschaften (z.B. Emotionalität, Soziabilität, Aktivität sowie die als Big Five Persönlichkeitsfaktoren Neurotizismus, Extraversion, Gewissenhaftigkeit, Verträglichkeit und Erfahrungsoffenheit).

b) *Charakteristische Anpassungsweisen*. Diese umfassen tägliche Routinen, Gewohnheiten sowie spezifische Fähigkeiten und Fertigkeiten in der Auseinandersetzung mit herausfordernden bzw. belastenden Situationen. Im einzelnen lassen sich folgende *sechs Klassen von dynamischen Prozessen* der Persönlichkeit unterscheiden:

- *Informationsverarbeitungsprozesse* (z.B. Wahrnehmung, klassisches und operantes Konditionieren, implizites Lernen, deklarative und prozedurale Wissensschemata),
- *Bewältigungs- und Abwehrprozesse* (z.B. Strategien der Handlungsregulation und Emotionskontrolle, problem- bzw. emotionsfokussierte Formen der Belastungsbewältigung, generalisierte Abwehrmechanismen),
- *volitionale Prozesse* (z.B. Belohnungsaufschub, rationale Wahlentscheidungen, Planungs- und Handlungsinitiierung),
- *Emotionsregulationsprozesse* (z.B. emotionale Reaktionen bei Kampf bzw. Flucht, Ausdruck bzw. Unterdrückung von Affekten, hedonistische Anpassung),
- *interpersonale Prozesse* (z.B. Bindungs- und Beziehungsformen in engen bzw. formellen persönlichen Beziehungskontexten, Strategien der Nähe-Distanzregulation, Formen der Autonomiebehauptung und Machtdurchsetzung, Kommunikations- und Konfliktlösungsfertigkeiten),
- *Identitätsbildungsprozesse* (z.B. Selbstentdeckung, Sinnsuche, Selbstkonsistenz und Selbstveränderung, persönliche Ziele und Projekte).

c) *Selbst- und Welterleben*. Hierzu gehört bezüglich des Selbst das individuelle Selbst- und Identitätserleben wie es sich u.a. im Erleben des eigenen Selbstwerts, des Selbstkonzepts und der Selbstkohärenz, in der subjektiven Erfahrung von personaler Kontrolle und Selbstwirksamkeit, in der besonderen Art der privaten und öffentlichen Selbstpräsentation oder Selbstüberwachung, in der Konzeption möglicher Selbstentwürfe oder in der biographisch verankerten Selbst- und Identiätskonstruktion in Form „persönlicher Mythen“ manifestiert (Identität). Hinsichtlich des Welterlebens sind diesem Bereich auch subjektive Sichtweisen und Bedeutungszuschreibungen von Situationen und Umwelten zuzuordnen wie sie etwa in Form interner Repräsentationen von leistungs- oder beziehungsthematischen Situationen, in der Wahrnehmung sozialer Klimata im Kontext von Familie, Beruf und Freizeit oder in der subjektiven Sicht unterschiedlicher Formen gesellschaftlicher Opportunitäten, Gleichheit und Gerechtigkeit zum Ausdruck kommen.

Neben seiner Verortung auf dem zeitlichen Kontinuum ist das individuelle Persönlichkeitssystem und dessen Entwicklung auch im Kontext seiner *personexternen Entwicklungsbedingungen* zu sehen. In ihrer Gesamtheit umfassen sie die *objektive Lebenslage* einer Person, wobei sich externe Umwelteinflüsse und biographische Ereignisse unterscheiden lassen. Zu den *externen Umwelteinflüssen*, die von personinternen Umweltrepräsentationen zu unterschieden sind, gehören z.B. situationsbedingte Einschränkungen und Opportunitäten, die Einbindung in familiäre, berufliche und sonstige soziale Netzwerke, die Verfügbarkeit finanzieller Ressourcen, die Art der Wohnung und die Besonderheiten der Wohnumgebung, die Zugehörigkeit zu einer bestimmten Kultur bzw. Subkultur sowie die gesellschaftlichen Gegebenheiten in einer bestimmten geschichtlichen Epoche.

Neben den externen Umwelteinflüssen stellen *biographische Ereignisse* all jene Aspekte der Umwelt dar, mit denen eine Person sich im Laufe ihres bisherigen Lebensganges auseinanderzusetzen hatte und die über die oben genannten charakteristischen Anpassungsweisen der Person zur je individuellen Ausgestaltung ihres Persönlichkeitssystems beigetragen haben. Hierzu gehören Erziehungs- und Sozialisationseinflüsse im Kontext von Herkunftsfamilie (Familie), Gleichaltrigengruppe, Paarbeziehungen, Freundschaften, Schule, Beruf und Medien (Erziehung, Sozialisation). Daneben spielen aber auch traumatische und kritische Lebensereignisse von mehr oder minder nachhaltiger Chronizität (z.B. Krieg, Umweltkatastrophen, Unfälle, Krankheiten, Personenverluste, Trennung und Scheidung etc.) eine wichtige Rolle für die Entwicklung und Verfestigung des individuellen Persönlichkeitssystems (Psychotraumatologie).

Obwohl die Konfrontationen mit Umwelteinflüssen in manchen Fällen (z.B. Krieg, Umweltkatastrophe) als von der Person nicht zu verantwortende Widerfahrnisse zu verstehen sind, trifft dies nicht für alle biographischen Ereignisse zu. So können etwa Unfälle oder Krankheiten durch den spezifischen persönlichkeitsbedingten Lebensstil einer Person von ihr selbst hervorgerufen werden (z.B. aufgrund einer Vorliebe für Risikosportarten – Risiko, Alkoholabusus (Sucht), ungesunde Ernährungsweise – Ernährungspsychologie) und somit die weitere Persönlichkeitsentwicklung entscheidend mit beeinflussen. Dies gilt gleichermaßen für *dysfunktionale* wie *funktionale* Formen der Persönlichkeitsentwicklung. Insofern lassen sich das individuelle Persönlichkeitssystem einer Person und die für ihren Lebensgang charakteristischen Umwelteinflüsse und biographischen Ereignisse als ein übergreifendes *Person-Umwelt-System* begreifen, in dem sich die Person und ihre Umwelt im Sinne eines sich wechselseitig beeinflussenden koevolutionären Prozesses entwickeln.

Mechanismen und Phasen der Persönlichkeitsentwicklung

Vor dem Hintergrund der bisherigen Ausführungen erfolgt die Persönlichkeitsentwicklung des Einzelnen auf dem Wege eines aktiven *Aneignungsprozesses*. Von besonderer Bedeutung ist dabei die Frage, wie dieser Aneignungsprozeß im einzelnen abläuft. Erneut kommen hier auf der personinternen Seite die bereits angesprochenen charakteristischen Anpassungsweisen einer Person ins Spiel, soweit sie sich in der bisherigen Lebens- und Erfahrungsgeschichte einer Person entwikkelt haben. Diese fließen generell in die als primäre Motoren der Entwicklung anzusehenden *proximalen Prozesse* ein, die als reziproke Interaktionen einer Person mit konkreten Personen, Objekten und Symbolen ihrer unmittelbaren Umwelt zu verstehen sind. Damit proximale Interaktionsprozesse mehr oder minder nachhaltige Entwicklungseffekte hervorbringen, müssen sie im allgemeinen mit einer gewissen Regelhaftigkeit und Dauerhaftigkeit erfolgen. Proximale Prozesse ereignen sich in *proximalen Settings* (z.B. Familie, Schule, Gleichaltrigengruppe, Arbeitsplatz), die ihrerseits Bestandteil übergeordneter *distaler Umweltkontexte* (z.B. soziale Schicht, ökonomisches, sozio-kulturelles und religiöses Gesellschaftssystem) sind.

Die Realisierung und Wirksamkeitsentfaltung proximaler Prozesse vollzieht sich für die einzelne Person häufig im Rahmen primärer und sekundärer Entwicklungskontexte. Dabei sind *primäre Entwicklungskontexte* dadurch gekennzeichnet, daß Personen, die in bestimmten Lebensbereichen erfahrener sind als die lernende Person, diese in einer ihrem Entwicklungsstand angemessenen Weise in einen neuen Erfahrungsbereich einführen. *Sekundäre Entwicklungskontexte* sind hingegen solche, in denen die lernende Person die zuvor unter Anleitung erfahrenerer Personen vermittelten Kompetenzen ohne deren Anwesenheit eigenständig konsolidiert und weiterentwickelt. Auf diese Weise werden zunehmend Prozesse der *Selbstentwicklung* bzw. *Selbstsozialisation* in Gang gesetzt. Eine genauere Analyse proximaler Prozesse zeigt, daß in Anlehnung an entsprechende Überlegungen, die im Bereich der verhaltensgenetischen Persönlichkeitsforschung (Verhaltensgenetik) entwickelt wurden, folgende drei Varianten von Person-Umwelt-Transaktionen unterschieden werden können:

a) *Reaktive Person-Umwelt-Transaktionen.* Hierbei handelt es sich um das Phänomen, daß unterschiedliche Personen, wenn sie mit derselben Umwelt konfrontiert werden, diese in unterschiedlicher Weise wahrnehmen, interpretieren und entsprechend reagieren. Beispiel hierfür ist etwa, daß aggressive im Gegensatz zu nicht-aggressiven Kindern und Jugendlichen uneindeutige soziale Situationen tendentiell als Ausdruck einer aggressiven Haltung ihres Gegenübers interpretieren und sich daraufhin selbst häufiger aggressiv verhalten, wobei sie zugleich eine aggressive Verhaltensstrategie als vorteilhafter einschätzen als eine nicht-aggressive Strategie.

b) *Evokative Person-Umwelt-Transaktionen.* Diese sind dadurch gekennzeichnet, daß spezifische Persönlichkeitsmerkmale einer Person bei anderen bestimmte Reaktionen evozieren. Dies gilt etwa für Kinder mit einem schwierigen Temperament, deren Verhalten von ihren Eltern oder von anderen Bezugspersonen als aversiv erlebt wird, was mit negativen Emotionen einhergeht und vermehrt kontrollierende Reaktionen hervorruft. Auf Dauer führt dies zu einer Verfestigung stark konflikthafter und einschränkender Transaktionszyklen zwischen den Beteiligten.

c) *Proaktive Person-Umwelt-Transaktionen.* Diese treten dann auf, wenn Personen ihre Umwelten selbst auswählen bzw. selbst schaffen. Beispiele für die *Selektion von Umwelten* sind Freundschaftswahlen, Berufswahl oder die Wahl von Freizeitaktivitäten, wodurch persönliche Kompetenzen und Interessen- bzw. Werthaltungen entwickelt und stabilisiert werden. Ähnlich wie bei der Auswahl von Umwelten läßt sich die *Kreation von Umwelten* im materiellen, sozialen und symbolischen Bereich nachweisen. Beispiele hierfür sind etwa die Schaffung neuer Lernumwelten zur Optimierung von Lernprozessen, die Zeugung, Geburt und Aufzucht eigener Kinder oder eigene schriftliche bzw. künstlerische Vergegenständlichungen.

Bei einer Betrachtung der Persönlichkeitsentwicklung über die gesamte Lebensspanne lassen sich verschiedene *Entwicklungsphasen* und zugehörige Entwicklungsaufgaben unterscheiden. Auf der individuellen Ebene manifestieren sich Entwicklungsaufgaben im Zusammenspiel des jeweiligen psychophysischen Reifungszustands des Persönlichkeitssystems mit altersgradierten gesellschaftlichen Erwartungen. Dabei können in normativer Abfolge neun Entwicklungsphasen nebst exemplarischen Entwicklungsaufgaben unterschieden werden: 1) frühe Kindheit (Anhänglichkeit, Objektpermanenz, sensumotorische Intelligenz), 2) Kindheit (Selbstkontrolle, Sprachentwicklung, Phantasie und Spiel), 3) frühes Schulalter (Geschlechtsrollenidentifikation, einfache moralische Urteile, konkrete Intelligenzoperationen), 4) mittleres Schulalter (soziale Kooperation, Selbstbewußtsein, Erwerb der Kulturtechniken), 5) frühe Adoleszenz (körperliche Reifung, formale Intelligenzoperationen, Aufnahme sexueller Beziehungen), 6) späte Adoleszenz (Autonomie von den Eltern, internalisiertes moralisches Bewußtsein, Berufswahl), 7) frühes Erwachsenenalter (Heirat und Geburt von Kindern, Arbeit/Beruf, Entwicklung eines eigenen Lebensstils), 8) mittleres Erwachsenenalter (Heim/Haushalt führen, Kinder in die Eigenständigkeit entlassen, berufliche Karriere), 9) spätes Erwachsenenalter (Integration neuer Lebensrollen, rückschauende Akzeptanz des eigenen Lebens, Auseinandersetzung mit Sterben und Tod). Diese normative Entwicklungssequenz erfährt in aller Regel je nach den personspezifischen externen Umwelteinflüssen bzw. biographischen Ereignissen eine Veränderung und gibt somit der Entwicklung des individuellen Persönlichkeitssystems seine besondere und einzigartige Gestalt.

Literatur

Amelang, M. & Bartussek, D. (1997). *Differentielle Psychologie und Persönlichkeitsforschung* (4. Aufl.). Stuttgart: Kohlhammer.
Asendorpf, J. (1996). *Psychologie der Persönlichkeit*. Berlin: Springer.
Fisseni, H-J. (1998). *Persönlichkeitspsychologie* (4. Aufl.). Göttingen: Hogrefe.
Pervin, L.A. (1996). *The science of personality*. New York: Wiley.
Schneewind, K.A. (1996). *Persönlichkeitstheorien I und II* (2 Bände, 2. Aufl.). Darmstadt: Primus.

Pharmakopsychologie

Gisela Erdmann und Wilhelm Janke

Kennzeichnung und Einordnung

Die Pharmakopsychologie ist ein Teilgebiet der Psychologie, das die psychischen und mit diesen korrespondierende physiologische und biochemische Wirkungen chemischer Substanzen auf „gesunde" Personen und Tiere untersucht. Innerhalb der Psychologie kann sie als Teildisziplin der Physiologischen Psychologie, speziell der Chemopsychologie, der Angewandten Psychologie (insbesondere der Klinischen, der Verkehrs- und der Arbeitspsychologie) und als Forschungsmethode aller Teilgebiete gesehen werden. Die Pharmakopsychologie ist zugleich Subdisziplin eines interdisziplinären Forschungsgebiet, das als „Neuropsychopharmakologie" (oder auch kurz als Psychopharmakologie) bezeichnet wird (Tab.). Hier trägt sie u.a. zur Aufklärung bzw. Erklärung psychischer Wirkungen und verhaltensorientierten Klassifikation von *Pharmaka* bei und fungiert damit auch im Sinne einer Basis- bzw. Hilfswissenschaft medizinischer und biologischer Disziplinen. Als Begründer der Pharmakopsychologie gilt der Psychiater Emil Kraepelin.

Psychische Wirkungen chemischer Stoffe als Gegenstand der Pharmakopsychologie

Seit Einführung der ersten „modernen" *Psychopharmaka* in den 50er Jahren hat sich die Pharmakopsychologie hauptsächlich mit Substanzen befaßt, die als Arzneimittel zur Behandlung von Angststörungen (*Tranquillen*), Depressionen (*Antidepressiva*), der Schizophrenie (*Neuroleptika*) oder kognitiven Störungen (*Nootropika*) eingesetzt werden können. Aber auch Psychopharmaka, die nicht therapeutisch, sondern als *Genuß- oder Rauschmittel* benutzt werden (z.B. Coffein, Nicotin, Alkohol, Cocain, sog. *Psychotomimetika* wie Meskalin oder LSD), wurden zum Teil intensiv untersucht. Für die Pharmakopsychologie als Physiologische Psychologie sind vor allem solche Stoffe interessant, die sich zur möglichst spezifischen Beeinflussung körpereigener Substanzen (*„Neurotransmitter"* und *„Neuromodulatoren"*) des Zentralnervensystems (ZNS) eignen. Hierzu finden außer eingeführten Stoffen eine Reihe „experimentel-

Pharmakopsychologie. Teildisziplinen der Neuropsychopharmakologie.

Disziplin	Thematik
Pharmazie	Analyse und Herstellung von Drogen und Pharmaka
Pharmakologie	
Neuropharmakologie	Wirkungen von Pharmaka, die das Nervensystem beeinflussen
Psychopharmakologie	Wirkungen von Pharmaka, die Verhalten und Erleben beeinflussen
Toxikologie	
Neurotoxikologie	toxische Wirkungen chemischer Stoffe auf das Nervensystem
Verhaltenstoxikologie	toxische Wirkungen chemischer Stoffe auf das Verhalten von Tieren
Biochemie	
Neurochemie	neurochemische Wirkungen von chemischen Stoffen
Physiologie	
Pharmakophysiologie	Beeinflussung physiologischer Vorgänge durch chemische Stoffe
Psychiatrie	
Pharmakopsychiatrie	Wirkungen von Pharmaka auf gestörtes Verhalten und Erleben
Psychopharmakotherapie	Therapie psychischer Störungen durch psychotrope Stoffe
Psychologie	
Pharmakopsychologie	Beeinflussung des Verhaltens und Erlebens gesunder Menschen und Tiere durch psychotrope Stoffe
Chemopsychologie	Beziehungen zwischen psychischen und biochemischen Vorgängen

ler" Substanzen Anwendung. Auch Stoffe, die hauptsächlich in die Signalübertragung im peripheren Nervensystem eingreifen (insbesondere vegetative Pharmaka) und Hormone (Psychoneuroendokrinologie) sind wichtige „Forschungswerkzeuge" (research tools). Unter Anwendungsgesichtspunkten kommen viele weitere Stoffgruppen, die direkt oder indirekt psychische Wirkungen hervorrufen können, hinzu (psychotrope Stoffe). Die meisten Substanzen haben Breitbandwirkungen, d.h. sie greifen gleichzeitig in mehrere Funktionsbereiche ein. Die Wirkungen auf eine bestimmte psychische Funktion (Teilfunktion) lassen sich daher nur anhand zu deren spezifischer Abbildung geeigneten Untersuchungsanordnungen prüfen. Sowohl Ausmaß als auch Richtung der Wirkung ein und der gleichen Substanz können in gleicher Dosierung und Darreichungsform inter- und intraindividuell erheblich variieren (so kann z.B. ein *Sedativum* eventuell zu einer „paradoxen" Erregung führen). Zur Beschreibung, Erklärung und Vorhersage solcher Wirkungsdifferenzen aus psychologischer Sicht hat sich als spezielle Subdisziplin der Pharmakopsychologie die *Differentielle Pharmakopsychologie* herausgebildet.

Pharmakopsychologie als psychologische Grundlagenforschung

1) *Pharmakopsychologie als Teildisziplin der Physiologischen Psychologie*. Pharmaka entfalten ihre psychischen Wirkungen über die Beeinflussung neurochemischer und damit neurophysiologischer Vorgänge im Organismus. Sie ergänzen andere Techniken zur Variation somatischer Vorgänge, wie Läsion und elektrische Stimulation. Insbesondere im Humanbereich ist die Verabreichung von Pharmaka vielfach die einzig praktikable und ethisch vertretbare Methode, somatische Prozesse experimentell in der Funktion unabhängiger Variablen zu untersuchen. In den letzten Jahren wurden erstaunliche Fortschritte bei der Aufklärung der primären Angriffspunkte und chemischen Wirkungsmechanismen vieler Pharmaka erzielt. Besonders bedeutungsvoll ist die Entdeckung, daß viele Stoffe an spezifischen Rezeptoren wirken. Die gegenwärtige Pharmakopsychologie bezieht diese Kenntnisse zunehmend ein und ist somit in starkem Maße neurochemisch orientiert (Chemopsychologie). Daneben existieren auch Ansätze, in denen Pharmaka zur Variation von Erregungs- und Hemmungspro-

zessen im Nervensystem bzw. seiner Teilsysteme eingesetzt werden.
2) *Pharmakopsychologie als Forschungsmethode aller psychologischen Teilgebiete.* Pharmaka können, auch ohne Einbeziehung von Kenntnissen oder Hypothesen über ihre somatischen Wirkungen, zur Induktion psychischer Veränderungen eingesetzt werden. Dieser Ansatz ist in allen psychologischen Teilgebieten möglich. In der Tat beziehen sowohl die klassischen Grundlagenfächer der Psychologie als auch angewandte Disziplinen in ihre Theorienbildung Ergebnisse pharmakopsychologischer Untersuchungen ein. Insbesondere wenn vorübergehende Veränderungen des psychischen Zustands angezielt sind, ist der pharmakopsychologische Ansatz (z.B. wegen der über Dosisvariationen relativ einfachen intensitätsmäßigen Abstufbarkeit) oft praktikabler als andere Methoden der experimentellen Psychologie.
3) *Forschungsbereich Leistungen.* Schon in den Anfängen der Pharmakopsychologie wurde erkannt, daß sich Leistungen nicht verstehen lassen, wenn – wie bei vielen Tests – lediglich Endresultate betrachtet werden. Sie müssen als ein Prozeß aufgefaßt werden, an dem simultan und/oder sukzessiv verschiedene Teilfunktionen beteiligt sind, die ihrerseits durch allgemeine Komponenten (wie Aktivierung, Motivation, Koordination, Konzentration) beeinflußt werden. Wichtige Befunde in diesem Zusammenhang sind: a) Diskrepanzen zwischen „Leistungsfähigkeit" und „Leistungsergebnis" (z.B. „paradoxe" Leistungssteigerungen nach Gabe von Alkohol oder Schlafmitteln); b) Dissoziationen zwischen verschiedenen Leistungsindikatoren (z.B. zwischen objektiver und subjektiver Leistung oder zwischen Leistungsgeschwindigkeit und -güte); c) Veränderungen der faktoriellen Struktur von Leistungstests unter Pharmakoneinfluß. Pharmaka mit spezifischen Angriffspunkten an Rezeptoren des ZNS mit regional unterschiedlicher Verteilung dienen dazu, die in Informationsverarbeitungsmodellen aus der Kognitiven Psychologie postulierten Verarbeitungsschritte und ihre Abhängigkeit von jeweils verschiedenen „energetischen" Mechanismen zu überprüfen.
4) *Forschungsbereich Gedächtnis.* Seit einigen Jahren stehen alters- und krankheitsbedingte Gedächtnisbeeinträchtigungen im Vordergrund, vor allem wegen Befunden, wonach die Alzheimersche Erkrankung mit einem drastischen *Acetylcholinmangel* in basalen Vorderhirnkernen (Ncl. basalis Meynert) verbunden ist und der immer stärker werdenden Evidenz, daß viele *Neuropeptide* sowie Hormone (etwa Substanz P, ACTH, Corticosteroide) die Informationsaufnahme, -speicherung und -wiedergabe beeinflussen können. Nach neuropsychologischen Befunden unterscheidbare *Gedächtnisformen* (z.B. *implizites vs. explizites Gedächtnis*) werden derzeit intensiv auf die Beteiligung verschiedener neurophysiologisch-neurochemischer Systeme überprüft. Neben diesen „neurochemisch" orientierten Ansätzen existieren ältere, die sich z.B. auf die bereits von Hebb postulierte Aufrechterhaltung neuronaler Erregungsprozesse während der Gedächtniskonsolidierung beziehen. Auch das in den 60er Jahren als „zustandsabhängiges Lernen" bekannt gewordene Phänomen, wonach Informationen, die unter einem bestimmten (pharmakologisch induzierten) Zustand aufgenommen wurden, unter diesem Zustand auch am besten verfügbar/abrufbar sind, ist ein nach wie vor wichtiges Forschungsthema. Schon die Vielzahl von (ZNS-wirksamen) Stoffen, bei denen das Phänomen beobachtet werden kann, läßt spezifische neurochemische Erklärungsansätze dafür als wenig geeignet erscheinen. Aus ähnlichen Gründen dürfte auch die bei der Übertragung des Phänomens auf die allgemeine Gedächtnispsychologie meist hervorgehobene Bedeutung des emotionalen Zustands zu kurz greifen.
5) *Forschungsbereich Emotion.* Die meisten psychologischen Emotionsdefinitionen beziehen zentral-nervöse, vegetative und hormonelle Veränderungen als ein Definitionsmerkmal ein. Pharmaka, die in diese Aktivitäten eingreifen, können daher benutzt werden, um deren Beziehungen zu psychischen – erlebnis-, verhaltens- und ausdrucksmäßigen – Emotionskomponenten aufzuklären. Zentrale Frage ist derzeitig die Verknüpfung spezifischer Emotionen mit bestimmten neurophysiologisch-neurochemischen Systemen. Recht gut gesichert werden konnte ein Zusammenhang zwischen Emotionen positiver Valenz und einem dopaminergen System in-

nerhalb des ursprünglich von Olds und Milner beschriebenen Belohnungssystems, dessen Aktivität möglicherweise durch endogene Opiate moduliert wird. Das bekannteste Beispiel für Ansätze dieser Art dürfte die *Gray'sche Angsttheorie* sein, in der – auf der Basis der Verhaltenseffekte sog. *Antiangst-Pharmaka* (Tranquillantien, Barbiturate, Alkohol) – ein neuroanatomisch, -physiologisch und -chemisch genauer charakterisiertes „Verhaltenshemmsystem" als Grundlage der Angst postuliert wird. Immer deutlicher wird, daß die zugrundegelegten Emotionskonstrukte zu differenzieren sind, so z.B. Angst im Sinne des Gray'schen Verhaltenshemmsystems abzuheben ist von der sog. Panik-Angst. Die Verwendung vegetativer Pharmaka, wie sie durch die *James-Lange-Theorie* und deren Modifikation durch Schachter angeregt wurde, ist aufgrund zahlreicher Befunde, wonach peripher-physiologische Veränderungen weder hinreichend noch notwendig für das Entstehen und die Differenzierung von Emotionen sind, eher zurückgetreten. Bedeutung haben VNS-Pharmaka aber auch heute noch zur Aufklärung der mit Emotionen verbundenen Regulationsveränderungen innerhalb des vegetativen Nervensystems.

6) *Forschungsbereich Motivation*. Nahezu alle Pharmaka greifen in Vorgänge der Aktivierung ein. Von daher lassen sich Veränderungen der Stärke vieler Motivationsqualitäten erwarten. In differenzierten Untersuchungen konnten darüber hinaus spezifischere Beziehungen zwischen grundlegenden Motivationsqualitäten und neurochemisch-physiologischen Systemen wahrscheinlich gemacht werden, so die Beteiligung eines noradrenergen Systems im *Hypothalamus* und verschiedener *Neuropeptide* (wie Cholecystokinin, Bombesin u.a.) an der Regulation von Hunger und Sättigung, eines Hirnstamm und limbische Vorderhirnstrukturen (insbesondere den Ncl. accumbens) verbindenden *dopaminergen Systems* an der *Anreizmotivation* sowie anatomisch bislang noch unzureichend gekennzeichneter cholinerger, serotonerger und *norardrenerger Systemen* und der Aggression. Dabei ist es schwierig, emotionale und motivationale Anteile zu differenzieren. Eine weitere Schwierigkeit ergibt sich aus der Heterogenität der Konstrukte (z.B. Aggression oder auch Sexualität). Auch neurophysiologisch-neurochemisch dürften diese daher heterogen sein.

7) *Forschungsbereich Differentielle Psychologie und Persönlichkeitsforschung*. Schon immer wurde versucht, Unterschiede in der psychischen Wirkung von Pharmaka mit individuellen Besonderheiten in Verbindung zu bringen (so z.B. von Pawlow). Am bekanntesten dürfte das Drogenpostulat von Eysenck sein, in dem er Sedativa und Stimulantien zur Überprüfung der von ihm als Basis der Extraversion vs. Introversion angenommenen Erregungs- und Hemmungsprozesse im ZNS vorschlug. Empirische Daten belegen auch den Einfluß von Neurotizismus. Dabei zeigte, daß eine Erklärung der Reaktionsvariabilität auf Pharmaka allein durch grundlegende Persönlichkeitsmerkmale nicht möglich ist, sondern auch der jeweilige Zustand sowie Situations- und Umgebungseinflüsse einzubeziehen sind. Vorherrschend sind aber bis heute Versuche, unterschiedliche Reaktionen auf Pharmaka über habituelle Personmerkmale aufzuklären, ohne explizite Überprüfung von Wechselwirkungen mit aktuellen Bedingungen. Neben breiten Persönlichkeitsmerkmalen stehen dabei spezifischere Eigenschaften (z.B. Impulsivität, Aggressivität, Stimulationssuche) in ihrer Beziehung zu genauer definierten neurophysiologisch-neurochemischen Systemen zur Diskussion.

Anwendungsfelder der Pharmakopsychologie

1) *Klinischer Bereich*. Die klinisch orientierte Pharmakopsychologie ist eng bezogen auf die *psychiatrische Pharmakotherapie*, dem Hauptanwendungsgebiet psychisch wirksamer Arzneimittel. Wichtige Aufgaben betreffen: a) die Vorhersage therapeutischer Wirksamkeit von Psychopharmaka aufgrund von Untersuchungen an gesunden Probanden und Tieren und die Erarbeitung dafür geeigneter Prüfmodelle; b) die genaue Erfassung der psychischen Wirkungen von Pharmakotherapeutika im Hinblick auf mögliche Beeinträchtigungen des Verhaltens im Arbeits-, Sozial- und Privatbereich; c) die Verlaufs- und Effektivitätskontrolle der psychiatrischen Pharmakotherapie anhand psychologischer Metho-

den; d) den Vergleich der Effizienz von Pharmakotherapien und Psychotherapien sowie deren gegenseitiger Beeinflussung.
2) *Mißbrauch und* die *Abhängigkeit.* Sie sind das derzeit bedeutsamste Anwendungsproblem. Es reicht in zahlreiche weitere Anwendungsgebiete hinein, so in die Forensische Psychologie (aufgrund der Häufung straffälligen Verhaltens im Zusammenhang mit Abhängigkeitsproblemen) oder in die Pädagogische Psychologie (aufgrund des zunehmenden Alkohol- und Drogenmißbrauchs bereits im Jugendalter). Die Pharmakopsychologie trägt durch die genaue Erfassung der psychischen Wirkungen von Pharmaka viel zur Abschätzung von Abhängigkeitspotentialen bei. Auch spezielle Anordnungen, z.B. die ursprünglich für den *Tierversuch* (Ethik und Tierversuche) entwickelte Methode der Selbstapplikation, haben das Verständnis sehr gefördert. Verbesserte Kenntnisse über das Entstehen und die Aufrechterhaltung von Drogenabhängigkeit haben leider noch nicht zu wirklich greifenden Therapien für Abhängigkeitsprobleme geführt.
3) *Bereich Verkehr.* Im Mittelpunkt stehen Beeinträchtigungen der Verkehrstüchtigkeit nach Einnahme von Psychopharmaka, in erster Linie Alkohol, gefolgt von den häufig als Schlafmitteln eingesetzten Tranquillantien. Auch andere Psychopharmaka mit sedierenden Wirkungen (z.B. Neurolep-tika und Antidepressiva) werden untersucht, selten aber *Somatotherapeutika*, die durchaus mit Beeinträchtigungen bei der Fahrzeugführung verbunden sein können. Im Vordergrund steht die Überprüfung von Leistungen, die für das Führen eines Kraftfahrzeugs für bedeutsam gehalten werden. Motivationale Veränderungen, die für das Verhalten im Straßenverkehr ebenso bedeutsam sein dürften (z.B. erhöhte *Risikobereitschaft*) werden bislang eher vernachlässigt.
4) *Bereich Arbeit.* Hier tauchen alle für den Verkehrsbereich relevanten Stoffgruppen wieder auf, bezogen auf das Verhaltens am Arbeitsplatz. Ein zusätzlicher Komplex betrifft die Frage, wieweit bestimmte Stoffe in der Arbeitsumgebung und/oder in Arbeitsmitteln psychische Prozesse kurz- oder langfristig beeinflussen. Solche Stoffe sind z.B. Blei, Cadmium, Quecksilber, Benzol, Formaldehyd und vielerlei Chemikalien. Bedeutsame Effekte sind bei bestimmten Risikoberufsgruppen wie Anstreichern, Automechanikern, Tankwarten, Verkehrspolizisten oder ADAC-Helfern zu erwarten. Ein in den letzten Jahren immer bedeutsamer gewordener Problembereich ist Alkohol- und Drogenmißbrauch mit Abhängigkeit am Arbeitsplatz.
5) *Bereich Umwelt.* Hauptgebiet ist die Untersuchung von „Umweltschadstoffen" (s. psychotrope Stoffe), die mit der Nahrung, dem Trinkwasser, der Atemluft oder über die Haut in den Organismus gelangen. Besonders bedeutsam sind Befunde, wonach solche Stoffe insbesondere beim jungen Organismus über eine Beeinträchtigung der Hirnentwicklung zu dauerhaften Schädigungen führen können. Die Pharmakopsychologie trägt durch Methoden, die meist der Klinischen Neuropsychologie entstammen, viel zur Charakterisierung der neuropsychologischen Wirkungen solcher Stoffe bei.

Literatur

Born, J. & Debus, G. (1998). Psychophysiologische Korrelate endokrinologischer und pharmakologischer Intervention. In F. Rösler (Hg.), *Enzyklopädie der Psychologie, Bd.5 Ergebnisse und Anwendngen der Psychophysiologie* (S. 681-797). Göttingen: Hogrefe.

Feldman, R. S., Meyer, J. S. & Quenzer, L. F. (1997). *Principles of neuropsychopharmacology.* Sunderland: Sinauer.

Hartman, D. E. (1995). *Neuropsychological toxicology. Identitification and assessment of human neurotoxic syndromes.* New York: Plenum Press.

Janke, W. (1994). Pharmakologie und Toxikologie. In W.-D. Gerber, H.-D. Basler & U. Tewes (Hg.), *Medizinische Psychologie* (S. 339-362). München: Urban & Schwarzenberg.

Janke, W. & Erdmann, G. (1992). Pharmakopsychologie. In P. Riederer, G. Laux & W. Pöldinger (Hg.), *Neuropsychopharmaka. Ein Therapie-Handbuch. Bd.1 Allgemeine Grundlagen der Pharmakopsychiatrie* (S. 109-130). Wien: Springer.

Spiegel, R. (1995). *Einführung in die Psychopharmakologie.* Bern: Huber.

Politische Psychologie

Helmut Moser

Der Gegenstand und seine Probleme

Politische Psychologie beschäftigt sich mit der Interaktion von subjektiven Orientierungen, Motivationen und Verhaltensbereitschaften einerseits und Machtausübung und Herrschaft andererseits, vermittelt durch Inter- und Intragruppenprozesse. Da aber alles Handeln in gesellschaftliche und politische Bezüge eingebettet abläuft, ist ein solcher Gegenstandsbereich schwer abzugrenzen: Fast jedes Erleben und Verhalten hat Bezüge zu Politischer Psychologie. Um den Gegenstand der Politischen Psychologie einzugrenzen, wird folgendermaßen vorgegangen. 1) Einbezug von jeweils vorherrschenden „politischen Fragestellungen": Politische Psychologie ist „regierungsbezogen" (gouvernemental), Forschungsfragen und Kategorien werden den politischen Alltagsdiskursen entnommen. Die Politische Psychologie greift eine Fülle von Themen auf, die zudem theoretisch oft wenig integriert sind, und läßt sie wieder fallen, wenn sie nicht mehr aktuell sind. 2) Politische Psychologie als integrative Sozialwissenschaft: Politische Psychologie tritt mit dem Anspruch auf, „unter gleichzeitiger und zugleich wechselwirkungsgerichteter Berücksichtigung der sozialwissenschaftlichen Trias: subjektiv-individuelle, sozial-gesellschaftliche und gesellschaftspolitische Betrachtungsebene, mit den wissenschaftlichen Hilfsmitteln der Sozialwissenschaften die für politische Geschehensabläufe bestimmenden menschlichen Bedürfnisse und Verhaltensweisen zu erforschen, um damit Erkenntnismittel bereitzustellen, die für die Erlangung menschlicher Selbstverwirklichung hilfreich sein können. Sie ist pluralistisch im Sinne des Umgreifens verschiedener, jeweils in sich möglichst geschlossener, konkurrierender erkenntnistheoretischer Ansätze" (Moser, 1979, S. 49). Diese Strategie erfordert einen großen konzeptuellen und methodischen Aufwand. 3) Wahl einer Gesellschaftstheorie als Ausgangspunkt und Anreichern mit psychologischen Konzepten, Befunden und Methoden: So verfahren die *Kritische Theorie des Subjekts*, die in der Tradition der *Frankfurter Schule* Gesellschaftskritik und Psychoanalyse zu verbinden sucht, und die Kritische Psychologie. Von vornherein werden dadurch Grundkonzeptionen in Kauf genommen, die für andere Forscher oft wenig überzeugend sind. Das Gros der mittlerweile unübersehbaren Veröffentlichungen zur Politischen Psychologie folgt der ersten Gegenstandsbestimmung. Dabei dominieren die nach naturwissenschaftlichen Vorbildern entwickelten empirisch-experimentell-statistischen Sichtweisen, denen die theoretische Verknüpfung – auch nach Eingeständnis der *amerikanischen* einschlägigen Standardwerke (Knutson 1973; Herman 1986) – schwerfällt. Die unter der dritten Strategie arbeitenden Forscher haben zumeist eigene Kommunikationskontexte aufgebaut. Somit bietet Politische Psychologie heute ein fragmentiertes Bild: Sie hat viele Foren, aber keinen Einheitsrahmen (Moser, 1998).

Forschungsgebiete

Auch die Themenvielfalt ist enorm – „Ausbildung" von Folterern, politische Sozialisation, Wertewandel, Umweltbewußtsein, Gewaltbereitschaft (Gewalt), Führung, kollektive Identitäten, politische Traumatisierung, Verwaltungsreform, Mediation, Propaganda, Soziale Repräsentationen, Medienwirkungen (Hermann 1986; Knutson 1973; Zeitschrift für Politische Psychologie ab Jg. 1, 1993).

Die Suche nach *Universalien der menschlichen Natur* gehört zu den frühesten Gebieten der Politischen Psychologie und hat sich bis heute gehalten (Politische Anthropologie).

Seit dem frühen 20sten Jahrhundert war die *Massenpsychologie* die einflußreichste sozialpsychologische Richtung: In Massen würden Menschen durch emotionale Ansteckung irrational, hysterisch und führungsbedürftig (Kollektives Verhalten).

Lasswell (1951; erstmals 1930) schuf eine *Psychopathologie der Politik-Aktivisten*. Er unterschied Agitatoren-, Administratoren-

und Theoretiker-Typ und erklärte *politische Bewegungen* durch kollektiv gleichgeartete Projektionen der Mitglieder. Zentrale Bedeutung haben in diesem Feld bis heute die Forschungen über den Autoritären Charakter (Adorno u.a.; Fromm; u.a.m.; Autoritäte Persönlichkeit).

Politische Biographie: Beginnend mit den entwicklungspsychologischen Studien Eriksons zu Luther und Gandhi haben historische Persönlichkeiten immer wieder im Zentrum von *Psycho-Biographien* gestanden – herausragend häufig: Adolf Hitler. Die Diagnosen divergieren stark: Ursachen für Hitlers politische Verbrecherlaufbahn werden jeweils in einer starken Mutter, einem terroristischen Vater, einem nekrophilen Charakter oder eigenen Mißbrauchserfahrungen Hitlers gesehen. Ein methodisch ungelöstes Problem ist auch hier die inhärente Personalisierung und Psychologisierung gesellschaftlicher Zusammenhänge.

- *Politische Orientierungen:* Alte soziale Bindungen lösen sich auf; dadurch entstehen neue, individuell aushandlungsfähige Entwicklungs- und Verhaltensspielräume. Dieser Thematik der Soziologie (Individualisierungsthese) ging auch die Politische Psychologie nach.
- *Politische Kommunikation und Partizipation*: Politische Teilnahme und Apathie entstehen in Sozialisationskreisläufen. Mit dem Bildungsniveau der Bevölkerung wächst seit Jahren das Gefühl persönlicher politischer Kompetenz bei gleichzeitigem Enttäuschtsein von politischen Eliten und Gremien. Zur *Politik(er)verdrossenheit* beigetragen haben vermutlich die Skandalfolgen seit den 80er Jahren und Verteidigungsreaktionen der ertappten Politiker: erst Leugnen, dann möglichst Umdeuten, dann persönliche Verantwortung bestreiten, schließlich die eigene Schuld abstreiten, da man nicht anders habe handeln können, um damit die negativen Sanktionen zu unterlaufen.
- *Arbeitslosigkeit* trägt zu politischer Apathie bei. Der schmerzhafte Kontrollverlust schwächt das Selbstwirksamkeitsgefühl und löst eine Distanzierung von der Politik aus. Individuelle Bewältigungsversuche fördern internal-individuelle Ursachen-Attributionen. Politisches Handeln würde auch eine positive Identifikation mit der Arbeitslosen-Rolle voraussetzen; das aber blokkiert der Diskurs der Massenmedien, wo Arbeitslosigkeit individualisiert, d.h. als Problem einzelner, als unausweichliches Schicksal und als Folge persönlicher Defizite, geschildert wird.
- *Terrorismus*: Die ersten Studien suchten in der Biographie von Terroristen nach Faktoren personaler Devianz (Persönlichkeit der Mutter, Beruf des Vater o.ä.). Da solche nicht zuverlässig wirkten, wird Terrorismus heute als Ergebnis eines bewußt-lernenden Interaktionsprozesses zwischen Gesellschaft, sich radikalisierender Minderheit und Staatsorganen aufgefaßt, wobei auf allen Seiten Mißtrauen, Verengungen der Wahrnehmungsmuster, Gewaltbereitschaft und Empathieunfähigkeit eskalieren (vgl. Moser, 1981).
- *Fremdenfeindlichkeit*: Zur Erklärung *ethnischer Ausgrenzung* werden verschiedene Ansätze herangezogen: 1) die sozialpsychologische Theorie Sozialer Identität. 2) die Theorie vom *Autoritären Charakter* (Autoritäre Persönlichkeit): Unter dem sozialisatorischen Einfluß eines willkürlich-übermächtigen Vaters bilde sich durch Identifikation mit dem Aggressor sowie Projektion und Abspaltung verbotener Triebregungen ein Persönlichkeitssyndrom mit den Merkmalen: konventionelle Mittelstandswerte, autoritär-unkritische Unterwürfigkeit, autoritäre Aggression gegen abweichende Minderheiten, Abwehr von Phantasie, Einfühlung und allem Fremden, Stereotypie, Rigidität, Machtdenken und Zynismus sowie sexuelle Verdrängungen und Projektionen (F-Skala). Die Wirksamkeit dieses Syndroms ist bis heute durch breite Empirie belegt, wobei über die genaue Form, Tiefe und Ursache Dissens besteht. a) Das Syndrom wird als Reaktion auf allgemeine *soziale Verunsicherung* gesehen. b) Im Dogmatismus-Konzept werden das Links- und Rechtsextreme gleichermaßen als Feinde der Open-Mindedness abgebildet. c) Andere Untersuchungen verfolgen den Übergang von einem innen- zu einem außengeleiteten Sozialcharakter: Verhalten werde nicht mehr durch

verinnerlichte Werte des starken Über-Ich etwa einer protestantischen Ethik gelenkt, sondern immer mehr über die Antizipation von Markt- und Gruppenerwartungen, durch Konformismus. 3) die *Desintegrations-Theorie*: Soziale „Desintegration" (Heitmeyer) zerstöre im Gefolge der Individualisierung den soziokulturellen Wert traditioneller biographischer Pläne, Bildungsabschlüsse und Gruppenzugehörigkeiten und vermittele durch verschärfte wirtschaftliche Konkurrenz Erfahrungen von Ohnmacht, Vereinsamung und Entsolidarisierung, die die rechtsextreme Clique durch eine Ideologie der Zugehörigkeit, Machterfahrungen und soziale Unterstützung kompensiere. 4) die Theorie *vom Neuen Sozialisationstypus* (Bielikki): Die Gewaltbereitschaft tragende Generation weise infolge einer mutterzentrierten, unstrukturierten familialen Sozialisation besonders häufig den narzißtisch gestörten „neuen Sozialisationstypus" auf, der ein fragmentiertes Körperbild durch Gewalt stabilisiere und in der Gruppe symbiotische Verschmelzungswünsche auslebe. 5) Theorie der Dominanzkultur" (Rommelspacher): Schließlich seien Erfolg und Überlegenheit auch der Leitwert der gesamtgesellschaftlichen „Dominanzkultur", die Ausgrenzung legitimiere und einübe und von Gewalttätern nur besonders offen realisiert werde. 6) „Kulturelle Unterströmung": Als solche betrachtet die Forschung den durch Demoskopie und Interviewstudien in Deutschland noch immer nachweisbaren Antisemitismus, der zumeist tabuisiert – zu Fremdenfeindlichkeit beiträgt, aber von ihr weitgehend unabhängig exisitiert.

– *Internationale und interkulturelle Verständigung*: Klassische Feindbilder wie die religiös überhöhten Vorstellungen vom kommunistischen „Reich des Bösen", in der amerikanischen Außenpolitik seit den 50er Jahren nachgewiesen, scheinen nach dem Aufbrechen der globalen Bipolarität rückläufig. Sie zeichneten spiegelbildlich die gegnerischen politischen Eliten als Diener eines aggressiven Systems und die Massen als seine verführten Opfer und erwiesen sich infolge *selektiver Wahrnehmung* als äußerst resistent gegen Tatsachen. Die Forschung über transkulturelle Begegnungen (bes. Jugendaustausch) zeigt, daß Kontakthäufigkeit und -dauer auch keineswegs notwendig zu besserem Verstehen führen, sondern zugleich auch zu Differenzerfahrungen, deren Tiefe und Wirkung auf Einstellungen von Art und Feld des Kontaktes abhängt (Vorurteile). Empfehlung zum Management bei Klein- und Großgruppenkonflikten: Soziale Beziehungen wirken als selbstverstärkende Schleifen; Mißtrauen, Ablehnung, Mißverstehen, Kommunikationsrückgang, Drohungen und Aggression wirken ebenso selbstherstellend wie andererseits Vertrauen, Vorleistungen, Bemühungen um Fairness und Verständigung.

Perspektiven

Infolge wachsender gesellschaftlicher wie institutioneller Komplexität und Steuerungsprobleme ist für Politische Psychologie wachsende Nachfrage zu erwarten. Politische Psychologie trägt dadurch zu Berufsfelderschließung, Methodeninnovation und theoretischer Perspektivenweiterung bei und gewinnt zunehmende Akzeptanz als informelles „kleines Anwendungsfach" der Psychologie. Die potentiellen Beiträge der Politische Psychologie zur Professionalisierung des Gesamtfaches sind daher noch lange nicht ausgeschöpft.

Literatur

Dollase, R., Kliche, Th. & Moser, H. (Hrsg.) (1999). *Politische Psychologie der Fremdenfeindlichkeit. Opfer – Täter – Mittäter.* Weinheim: Juventa.

Hermann, M. G. (Hrsg.) (1986). *Political Psychology. Contemporary Problems and Issues.* San Francisco, London: Jossey-Bass.

Knutson, J. N. (Hrsg.) (1973). *Handbook of Political Psychology.* San Francisco: Jossey-Bass.

Moser, H. (1979). Ansätze und inhaltliche Struktur einer Politischen Psychologie. In: H. Moser, (Hrsg.), Politische Psychologie. *Politik im Spiegel der Sozialwissenschaften.* Weinheim: Beltz, 19-52.

Moser, H. (Hrsg.) (1981). *Fortschritte der Politischen Psychologie.* Band I. Weinheim Basel: Beltz.

Moser, H. (1998). Politische Psychologie. In S. Grubitzsch & K. Weber (Hrsg.), *Psychologische Grundbegriffe. Ein Handbuch.* Reinbek: Rowohlt, 426-429.

Pränatale und Perinatale Psychologie

Horst Nickel

Entwicklung und Stand der Disziplin

Das menschliche Leben vor und unmittelbar nach der Geburt wurde erst in den letzten Jahrzehnten von der Psychologie als Forschungsgegenstand entdeckt. Zwar wiesen bereits seit der Mitte dieses Jahrhunderts verschiedene Autoren darauf hin, daß aus biologischer bzw. physiologischer Sicht zwischen pränataler und postnataler Entwicklung deutliche Zusammenhänge bestehen und daß die Geburt keineswegs einen Neubeginn darstellt, doch wurde das Neugeborene weiterhin in erster Linie hinsichtlich seines körperlichen Reifungsstandes betrachtet. Das änderte sich erst mit dem Konzept vom *kompetenten Säugling* und schließlich auch vom *kompetenten Neugeborenen* (Neugeborene); demzufolge beide nicht nur über die wichtigsten basalen psychischen Funktionen verfügen, sondern auch die eigene Entwicklung aktiv mitgestalten. Schließlich konnten in letzter Zeit ähnliche Annahmen bereits für das ungeborene Kind elaboriert werden. Allerdings waren daran vorwiegend medizinische Fachdisziplinen sowie die Psychoanalyse beteiligt. In der empirischen Psychologie wurden diese Befunde lange Zeit wenig beachtet oder sehr kontrovers diskutiert (Schindler, 1987; Nikkel, 1995). Im Verlauf des letzten Jahrzehnts hat sich jedoch die Pränatale und Perinatale Psychologie als *eigenständige Teildisziplin der Psychologie* etabliert. Sie steht allerdings weiterhin in enger Kooperation mit einschlägigen medizinischen Disziplinen, und zwar sowohl in der Grundlagenforschung als auch bei der praktischen Anwendung ihrer Ergebnisse in Schwangerschaft und Geburt (Fedor-Freybergh & Vogel, 1988). Dies ist sowohl sachlich als auch historisch begründet. Sachlich erfordert allein schon die Tatsache, daß die Anfänge menschlichen Verhaltens zuerst in physiologischen, besonders neurologischen Prozessen sichtbar werden, und in dieser frühen Zeit nicht exakt zwischen physischen und psychischen Vorgängen unterschieden werden kann, eine solche Zusammenarbeit. In praktischer Hinsicht erleichtern Gynäkologen, Kinderärzte und auch Hebammen nicht nur den Zugang zu Ungeborenen und Neugeborenen, sondern sie sind auch wichtige Mediatoren zur Umsetzung von entsprechenden Erkenntnissen in geeignete praktische Maßnahmen. Eine formale Institutionalisierung fand diese Zusammenarbeit von Psychologen und Medizinern in der 1986 gegründeten „International Society for Prenatal and Perinatal Psychology and Medicine (ISPPM)“, die aus der ursprünglich psychoanalytisch orientierten Internationalen Studiengemeinschaft für Pränatale Psychologie hervorging. Damit ist zugleich auch auf die beiden wichtigsten Vorläufer dieser jüngsten psychologischen Teildisziplin verwiesen.

Forschung

Die ersten systematischen Untersuchungen zur Entwicklung von Embryo und Fetus erfolgten in den siebziger Jahren aus Sicht einer pränatalen Anatomie und Physiologie und sind in Deutschland vor allem mit Namen wie Blechschmidt und Prechtl verbunden. Auf dieser Grundlage konnten im Verlauf der 80er Jahre detaillierte Kenntnisse der *pränatalen Funktionsreifung* sowie der darauf basierenden Entwicklung des sensorischen und motorischen Verhaltensrepertoires in den verschiedenen Entwicklungsstadien gewonnen werden, die das bisherige Bild vom Ungeborenen radikal veränderten und die o.a. Annahme vom aktiven und kompetenten Neugeborenen bereits für die vorgeburtliche Zeit bestätigten. So treten erste unterscheidbare Bewegungsmuster schon um die 8. Woche nach der Konzeption auf, die in der Folgezeit in regelrechte Aktivitätsschübe übergehen und zyklenartig mit Ruhepausen alternieren. In sensorischer Hinsicht lassen sich bereits um die fünfte Schwangerschaftswoche erste Reaktionen in der Mundregion registrieren, und etwa von der 33. Woche an beginnt ein aktives Hören, das in der Folgezeit dem Ungeborenen

auch das Mithören des extrauterinen Geschehens ermöglicht.
An der Nahtstelle von Psychologie, Physiologie bzw. Neurologie besitzt die Psychneuroendokrinologie eine große Bedeutung zur Erforschung der pränatalen Entwicklung. Sie konnte inzwischen insbesondere vielfältige Wechselbeziehungen zwischen Mutter und Kind während der verschiedenen Stadien der *Schwangerschaft* aufdecken. Das bezieht sich sowohl auf eine positive frühe emotionale Beziehung als auch auf die Auswirkungen zahlreicher pränataler Risikofaktoren, wie z.B. Ernährungs- und Suchtgewohnheiten der Mutter, Nikotin und Alkoholkonsum oder bestimmte körperliche Aktivitäten (Nickel, 1995). Sehr viel weiter zurück als die medizinischen reichen die psychoanalytischen Vorläufer. Bereits im Jahre 1913 unternahm der ungarische Psychoanalytiker Ferenczi den Versuch einer systematischen Darstellung der pränatalen Entwicklung, und 10 Jahre später postulierte Rank, wie Ferenczi ein Freudschüler, die Annahme, daß im *Geburtstrauma* (Geburtserlebnis) die Ursachen der meisten späteren psychischen Störungen zu suchen sind. Beide gingen bereits von einer Kontinuität des menschlichen Lebenslaufs unter Einbezug der prä-, peri- und postnatalen Entwicklung aus, ein Konzept, das erst in den siebziger Jahren wieder von Graber aufgegriffen wurde (Schindler, 1987). Darauf basiert bis heute das Bemühen, in der Psychoanalyse psychische Inhalte aus dieser ersten Lebenszeit wieder zu aktualisieren und über ihre therapeutische Verarbeitung entsprechende Störungen zu heilen. So wurden in den beiden letzten Jahrzehnten zahlreiche Beispiele pränataler und perinataler Erinnerungsinhalte sowie affektiver Prozesse eruiert und zu einem Gesamtbild des seelischen Erlebens für diese Zeit zusammengefaßt. Gleichzeitig wurden auch vielfältige Möglichkeiten *prophylaktischer Unterstützung* und *therapeutischer Hilfen* erarbeitet (Janus & Haibach, 1997). Allerdings entziehen sich diese Ansätze vielfach noch einer objektiven empirischen Kontrolle und bewegen sich eher auf der Ebene subjektiver Evidenz bzw. bestenfalls auf der einer indirekten Bestätigung.
Die *empirische Psychologie* fand demgegenüber lange Zeit nur sporadisches Interesse an diesem frühen Lebensabschnitt. Dafür spielte zwar auch der Umstand eine Rolle, daß verschiedene Annahmen der Psychoanalyse über ein „vorgeburtliches Seelenleben“ den ganzen Forschungsbereich als einer empirischen Untersuchung unzugänglich erscheinen ließen, vor allem aber waren es die Schwierigkeiten, die einer exakten experimentellen Analyse solcher Prozesse entgegenstanden, insbesondere die Tatsache, daß pränatales Verhalten nicht direkt beobachtbar war. So beschränkten sich die Untersuchungen entweder auf Frühgeburten (Frühgeborene) bzw. Aborten, die aber keineswegs einen lebendigen gleichaltrigen Fetus repräsentieren können, oder man mußte einen indirekten Zugang zum Ungeborenen über die Mutter suchen. Auf diese Weise konnten in einigen einfallsreichen experimentellen Anordnungen durchaus wichtige psychische Verhaltensleistungen von Ungeborenen aufgedeckt werden. So gelang es z.B. bereits in den vierziger Jahren, mittels verschiedener *Töne* und *Vibrationen*, die am Bauch der Mutter appliziert wurden, bei Ungeborenen eine klassische Konditionierung auszulösen, einschließlich späterer Löschung und spontaner Wiederverstärkung. Damit war sowohl die Lernfähigkeit nachgewiesen als auch die Verfügbarkeit der dafür erforderlichen sensorischen Funktionen. In einem Experiment aus neuerer Zeit wurde ein hochsensibles Spezialmikrophon bei der werdenden Mutter eingeführt, um damit die akustische Wahrnehmungswelt des Ungeborenen zu erfassen und experimentell zu variieren. Beobachtungen der Verhaltensreaktionen auf verschiedene akustische Signale nach der Geburt wiesen darauf hin, daß die pränatal dargebotenen Reize wiedererkannt werden konnten, also bereits ein entsprechendes Gedächtnis verfügbar sein muß.

Pränatale Diagnostik

Völlig neue Möglichkeiten eröffneten sich einer empirischen Pränatalen Psychologie durch die Entwicklung der *Ultraschall-Techniken* „Echtzeit-Darstellung“ sowie „Doppler-Sonographie“ und ihre regelmäßige Anwendung in der pränatalen Diagnostik im Rahmen allgemeiner Vorsorgeuntersuchungen. Dabei erweist sich ein Zusammenwirken von Psychologen und Gynäkologen im Sinne des o.a. interdisziplinären Vorgehens nicht nur als notwendig, sondern auch inhaltlich als sinnvoll, wie folgendes Experiment verdeutlichen mag: In einer Ultraschall-Untersuchung wurden die Körper- und Augenbewegungen von Feten über zwei Stunden aufgezeichnet, während man gleichzeitig die Gefühle der Mütter durch einen Film beeinflußte. Es ergab sich ein hoher Zusammenhang zwischen dem erhobenen Angstniveau der Mütter und dem Ausmaß motorischer Aktivitäten ihrer Kinder. Durch gleichzeitige Messung des Cortisonspiegels der Mütter konnte nachgewiesen werden, daß diese gesteigerten Aktivitäten nicht durch hormonale Vorgänge ausgelöst wurden, sondern davon unabhängig erfolgten.

Emotionale Wechselbeziehungen

Den emotionalen Wechselbeziehungen zwischen Eltern und ihren ungeborenen bzw. neugeborenen Kindern gelten in letzter Zeit zahlreiche Forschungsprojekte. Sie beziehen sich besonders die Bedeutung eines pränatalen und perinatalen Bondings, wie man eine enge Eltern-Kind-Bindung während dieser Zeit bezeichnet, im Unterschied zum späteren Attachment. Erstes weltweites Aufsehen hatten auf diesem Gebiet bereits in den achtziger Jahren die amerikanischen Forscher Klaus und Kennell mit Befunden erregt, nach denen ein *direkter Kontakt* von Neugeborenen und Müttern unmittelbar nach der Geburt nicht nur den Aufbau einer engen Bindung wesentlich begünstigen, sondern auch die weitere Entwicklung positiv beeinflussen soll. Sie vermuteten, daß bei Müttern im Postpartum eine entsprechende hormonell gesteuerte Bereitschaft besteht, die sie für eine solche Beziehungsaufnahme besonders sensibilisiert. Schließlich wurden auch die Väter in diese Beziehung einbezogen, bei denen vor allem das Geburtserlebnis als auslösender Faktor eine wichtige Rolle spielen soll. Spätere experimentelle Überprüfungen konnten in einigen Bereichen tatsächlich einen Entwicklungsvorsprung von Erstkontaktkindern bestätigen, z.B. vermehrte aktive Selbstberuhigung und größeres Interesse an ihrer Umwelt; ihre Eltern zeigten im Umgang mit dem Baby eine größere Sensibilität und Herzlichkeit.

Praktische Konsequenzen

Praktische Konsequenzen aus solchen Befunden führten vielfach zu einer Umgestaltung von Geburtsstationen im Sinne eines sog. Rooming in, das den Eltern weitgehenden Kontakt mit dem Neugeborenen während des Klinikaufenthalts ermöglicht. Es ließ sich auch eine wachsende Teilnahme von Vätern an der Geburt beobachten (z.Zt. 80 bis 90%), ferner eine kritischere Einstellung werdender Eltern zur Geburtsmethode sowie eine Wiederbelebung von Hausgeburten. Spätere Untersuchungen zeigten, daß der Aufbau einer *emotionalen Eltern-Kind-Beziehung* nicht erst mit der Geburt beginnt, sondern durchaus schon in der Pränatalzeit möglich ist, und zwar durch beide Elternteile, auch wenn Väter zunächst nur einen indirekten Kontakt zu Ungeborenen aufnehmen können, z.B. über den Bauch der Mutter; spätesten in den letzten Schwangerschaftsmonaten hört und erkennt dann das Kind auch die Stimme des Vaters. Alle diese Befunde trugen u.a. wesentlich dazu bei, die Akzeptanz ökologisch-systemischer Konzepte auch in der Pränatalen Psychologie zu fördern. Einige Autoren bezeichnen die Situation des Kindes im Uterus geradezu als den Prototyp einer ökologischen Nische. Darüber hinaus bieten gerade die ökosystemischen Konzepte einen angemessenen theoretischen Bezugsrahmen für ein interdisziplinäres Vorgehen (Nickel, 1993). Im Zentrum dieser Theorie steht zum einen die Annahme eines *engen Wechselwirkungsprozesses* zwischen Individuum und Umwelt (Konzept der Transaktion). Zum anderen geht sie von einer dezentrierten Perspektive aus, die sich nicht mehr nur auf das Ungeborene bzw. Neugeborene als *Entwicklungsträger* richtet, sondern auch auf seine *Entwicklungspartner*, hier besonders die Eltern; weiterhin bezieht sie auch alle *Bedeutungsträger* der Umwelt und die jeweiligen kulturellen Gegebenheiten ein. Der Fokus kann dabei zwischen Entwicklungsträgern und Entwicklungspartnern, z.B. zwischen Kind und Eltern, oszillieren (Nickel, 1993). Damit wandelte sich die

Pränatale und Perinatale Psychologie von einem bloßen Teilaspekt einer *Lebenslangen Entwicklungspsychologie* zu einer eigenständigen Disziplin, die das Erleben und Verhalten der Eltern ebenso berücksichtigt wie das des Kindes, und zwar in enger Kooperation mit entsprechenden medizinischen sowie sozial- und kulturwissenschaftlichen Disziplinen (Nickel, 1993,1995).

Aktuelle Aufgabenfelder

Unter dieser Perspektive lassen sich gegenwärtig folgende aktuelle Aufgabenfelder der Pränatalen und Perinatalen Psychologie skizzieren (Fedor-Freybergh & Vogel, 1988; Janus & Haibach, 1997): 1) Erforschung der psychophysischen Entwicklung des ungeborenen und neugeborenen Kindes einschließlich der psychologischen Betreuung von Frühgeborenen. 2) Analyse des Elternverhaltens sowie der Eltern-Kind-Beziehung vor, während und nach der Geburt und ggf. unterstützende psychologische Interventionen, z.B. Förderung der Elternidentität, psychologische Vorbereitung auf Geburt und Kind, Unterstützung des Bindungsprozesses, psychologische Betreuung bei Risikoschwangerschaften bzw. Risikogeburten. 3) Elternberatung und psychotherapeutische Intervention in kritischen Situationen, z.B. vor und nach Schwangerschaftsabbrüchen, bei Geburtstraumata oder bei Fehlgeburten. 4) Analyse der sozial-kulturellen Aspekte von Schwangerschaft und Geburt und ihre Auswirkungen auf die Entwicklung des Kindes und das Verhalten der Eltern (einschließlich ethischer Konsequenzen). Wie diese Aufgabenbereiche verdeutlichen, versteht sich die Pränatale und Perinatale Psychologie nicht nur als eine interdisziplinär arbeitende psychologische Disziplin, sondern sie bemüht sich auch um eine enge Verbindung von Grundlagenforschung und praxisbezogener, angewandter Wissenschaft.

Literatur

Fedor-Freybergh, F. & Vogel, V. (Eds.).(1988). *Prenatal and Perinatal Psychology and Medicine*. Lancs & Park Ridge: The Parthenon Publishing Group.

Janus, L & Haibach, S. (Hrsg.).(1997). *Seelisches Leben vor und während der Geburt*. Neu-Isenburg: LinguaMed Verlag.

Nickel, H. (1993). Pränatale und perinatale Entwicklungsforschung auf der Grundlage ökologisch-systemischer Entwicklungstheorien. In Nickel, H. (Hrsg.), *Psychologie der Entwicklung und Erziehung*. Pfaffenweiler: Centaurus-Verlagsgesellschaft.

Nickel, H. (1995). Pränatale Psychologie aus ökologischer Perspektive: Plädoyer für ein noch immer vernachlässigtes Gebiet der Entwicklungspsychologie. *Psychologie in Erziehung und Unterricht, 42,* 77-81.

Schindler, S. (1987). *Das Bild vom Ungeborenen*. Zum Konzept einer Entwicklungspsychologie der Pränatalzeit. In P.Fedor-Freybergh (Hrsg.), *Pränatale und Perinatale Psychologie und Medizin*. Älvsjö: Saphir Verlag.

Professionalisierung

Ernst-H. Hoff und Hans-Uwe Hohner

Begrifflichkeit

Personen, die einen *Beruf* ausüben, haben dafür spezielles Wissen erworben, eine institutionalisierte Ausbildung durchlaufen und sich in ihrer Lebensplanung auf eine mehr oder minder vorgezeichnete *Berufsbiographie* eingestellt. Das gilt für die Angehörigen von Berufen, deren Ausübung (in den deutschsprachigen Ländern) eine *Lehre* voraussetzt – etwa im handwerklichen, industriellen oder kaufmännischen Bereich, und für Personen in *akademischen* Berufen. Ihr Studienabschluß, der durch akademische Zertifikate bzw. Titel honoriert wird, hat ihnen vielfach Zugang zu jenen oberen Sektoren des

Arbeitsmarktes eröffnet, die durch Positionen mit höherem Einkommen und Prestige gekennzeichnet sind. Besonders solche Berufe bezeichnet man als *Professionen*. Daneben etablieren sich zunehmend *Semi*professionen, z. B. im Bereich von Krankenpflege, Sozialarbeit oder Verwaltung, deren Ausbildungsgänge ebenfalls wissenschaftsorientiert sind, allerdings (noch) nicht in dem Maße wie die der „vollen" Professionen. In der *Soziologie* versteht man *Professionalisierung* nicht nur im Sinne einer beruflichen Entwicklung einzelner Individuen, sondern auch und vor allem im Sinne der *Entwicklung von Berufen in ihrer Gesamtheit*. Weiter wird Professionalisierung, d. h. die Herausbildung der Berufe von Juristen, Ärzten, Architekten, Ingenieuren usw. nicht lediglich als Teilprozeß oder Teilprodukt, sondern als zentraler Bestandteil des *Modernisierungsprozesses* von Gesellschaften verstanden (Giddens, 1990). Die folgenden Hauptmerkmale von Professionalisierung sind also zugleich diejenigen von Modernisierung schlechthin: a) die *Verwissenschaftlichung der Berufe*, b) ihre *Ausdifferenzierung, Arbeitsteilung und Institutionalisierung*, und c) die Ausbildung von *Spezialisten*- bzw. *Expertenrollen*.

Verwissenschaftlichung der Psychologie

Die *Geschichte der Psychologie* (als Profession) kann also zuerst unter dem Aspekt der *Verwissenschaftlichung* betrachtet werden: Im Vergleich zu einer „klassischen" Profession wie der Medizin, deren wissenschaftliche Erfolge die Etablierung des Berufsstandes im 19. Jahrhundert vorantrieben, setzte die Entwicklung der Psychologie als eigenständige Wissenschaft erst spät, und diejenige der Profession in außeruniversitären Berufsfeldern noch später ein – nämlich etwa in der zweiten Dekade des 20. Jahrhunderts (Psychologie als Hochschulfach). Schwer entscheidbar erscheint die Frage, inwieweit die umstrittene Einordnung der Wissenschaft Psychologie zwischen den Geistes- und den Naturwissenschaften zunächst auch ein Problem für die Herausbildung beruflicher Praxisfelder dargestellt hat. Später dürfte dann jedoch die Dominanz einer naturwissenschaftlich-empirischen Orientierung – die in Deutschland besonders in Anlehnung an das Wissenschaftsverständnis im angelsächsischen Raum nach dem Zweiten Weltkrieg einsetzte – der Profession einen *Reputationsgewinn* eingebracht haben. Denn das naturwissenschaftliche Wissen mit dem Primat universell und überdauernd geltender Gesetzmäßigkeiten, der Betonung isolierter Ursache-Wirkungszusammenhänge, der Ausrichtung auf immerwährenden Erkenntnis-„Fortschritt" durch Wissenserweiterung etc. schien nicht nur dem *Alltagswissen*, sondern auch allem anderen wissenschaftlichen Wissen überlegen zu sein. Die Entwicklung der beruflichen Praxis ist nun jedoch nicht einseitig und ausschließlich durch Wissenschaft beeinflußt worden, sondern psychologische Professionalisierung ergab sich auch aus gesellschaftlichen Anforderungen. Gesellschaftlicher Problemdruck und politische Entwicklungen erzeugten Fragen an die Berufspraxis und wurden von dort an die Wissenschaft weitergegeben, was wiederum deren Entwicklung vorantreibt. Professionalisierungsschübe lassen sich etwa im Zusammenhang mit beiden *Weltkriegen* (Psychotechnik) sowie im *Nationalsozialismus* (Nazi-Psychologie) ausmachen, als man Psychologen zur Auslese geeigneter Personen für spezifische militärische Aufgaben benötigte (Geuter, 1984). Die quantitativ bedeutsamste Veränderung der Psychologie an den Universitäten und in der Berufspraxis begann Ende der sechziger Jahre (mit dem Anwachsen der Anzahl an Psychologen von etwa 3.000 auf über 30.000 bis zur Jahrtausendwende). Sie fiel einerseits mit einer Expansion der wissenschaftlichen Wissensbestände und andererseits mit einer Expansion des gesamten Bildungssystems zusammen, in deren Folge sich auch das Beschäftigungssystem wandelte, wobei immer mehr Berufsfelder für Psychologen (besonders im Klinischen Bereich) entstanden (Klinische Psychologie, Psychotherapie).

Ausdifferenzierung, Arbeitsteilung und Institutionalisierung der Psychologie

Die Professionalisierung der Psychologie ist von einer zunehmenden Arbeitsteilung zwischen der *Psychologie und anderen Professio-*

nen sowie zu Abgrenzungen gegenüber der Medizin, den pädagogischen Berufen usw. gekennzeichnet. Und es gab eine zunehmende *interne* Ausdifferenzierung der Psychologie-Teilbereiche. Konkurrenz und Abgrenzung nach außen begünstigte die Identitätsbildung der Profession und ihre innere Ausdifferenzierung; und umgekehrt trieb die innere Spezialisierung in stark expandierende Teilbereiche die Abgrenzung gegenüber anderen Professionen voran. In dem Maße, wie z. B. klinische Psychologen innerhalb der Profession ihre Spezialisierung als Kliniker ausbauten, mußten sie sich zugleich gegenüber den Medizinern abgrenzen, indem sie wiederum ihre Spezialisierung als Psychologen und damit ihre Bindung an die gesamte Profession hervorhoben. Das gleiche gilt für Arbeits-, Organisations- und Wirtschaftspsychologen, für Pädagogische Psychologen und zum Teil auch für die Grundlagenfächer an den Universitäten. Auch die Arbeitsteilung zwischen *wissenschaftlicher Psychologie* (und hier zwischen Grundlagen- und Anwendungsfächern) und *beruflicher Praxis* wurde deutlicher. Dies geschah in Wechselwirkung mit der Institutionalisierung und Ausdifferenzierung der wissenschaftlichen Gesellschaften, der berufsständischen Organisationen und ihrer Unterteilung in Sektionen. Beim Vergleich der Professionsentwicklung der Psychologie *in unterschiedlichen Ländern* (Psychologie in weltweiter Perspektive) fällt auf, daß es die in Deutschland vorhandene Trennung zwischen einer wissenschaftlichen Gesellschaft (der im Jahre 1904 gegründeten Gesellschaft für experimentelle Psychologie, ab 1929: *Deutsche Gesellschaft für Psychologie*) und einer berufsständischen Organisation (dem 1946 gegründeten *Berufsverband Deutscher Psychologinnen und Psychologen*) z. B. in englischsprachigen Ländern nicht gibt. Damit stellt sich die Frage, ob Arbeitsteilung und Institutionalisierung nicht auch allzu weit getrieben werden können, so daß sich die für Professionalisierung so wichtige enge Bindung zwischen Wissenschaft und Praxis aufzulösen droht. Bekanntester Ausdruck von Professionalisierung sind sicherlich die eingangs erwähnten akademischen Zertifikate und Titel. In Deutschland gibt es seit 1941 das Diplom als wichtigstes Zertifikat (mit dem dazugehörigen Titel des Diplom-Psychologen), das die Voraussetzung für eine weitere wissenschaftliche Qualifikation und für die Mehrzahl der Zusatzausbildungen nach dem Studium darstellt (Ausbildung in Psychologie). Mit der erwähnten Expansion der Psychologie seit Ende der sechziger Jahre hat die Anzahl der Verbände und Organisationen mit der entsprechenden Anzahl von Zusatzausbildungen (vor allem im Klinischen Bereich) so zugenommen, daß sich auch hier Nachteile für die Profession angesichts von Überspezialisierung und Unübersichtlichkeit nicht auszuschließen sind.

Ausbildung von Spezialisten- und Expertenrollen

Die Ausbildung von *Spezialisten- und Expertenrollen* ergibt sich unmittelbar aus den ersten Merkmalen: In dem Maße, wie *Diplom-Psychologen* in der Praxis auf die anwachsenden Wissensbestände ihrer Wissenschaft zurückgreifen konnten, wurden sie im eigenen und öffentlichen Verständnis zu Experten, die in der Praxis den Klienten bzw. „Laien“ ohne ein solches Wissen gegenübertraten. Hinzu kam die Spezialisierung durch Zusatzausbildungen. Stärker als z. B. in der Medizin (wo die Fachärzte in Relation zu den „Allgemein“-Medizinern immer zahlreicher wurden) stellt sich allerdings in der Psychologie die Frage, ob in den zentralen Berufsfeldern nicht neben den *spezifischen Qualifikationen* immer auch zugleich *fachübergreifende* „Schlüsselqualifikationen“ sozialer und kommunikativer Art erforderlich sind. Überdies nehmen Psychologen auch ihre Klienten nicht mehr nur als unmündige „Laien“, sondern zunehmend als Experten wahr. Immer stärker entwickelt sich in der Profession ein neues Verständnis der eigenen Rolle des Experten im Sinne eines *Mediators* von unterschiedlichen Wissensbeständen oder im Sinne eines *Moderators* bei der Vermittlung unterschiedlicher Interessen, Werte und Normen.

Professionalisierung und Geschlecht

Verschiebungen im Geschlechterverhältnis sind für die Profession noch bedeutsamer als alle anderen Veränderungen in den letzten

Jahren – wie z. B. die Zusammenführung der ost- und westdeutschen Psychologie nach der Wende (Schorr, 1995). Während es in den 70er Jahren noch ebenso viele weibliche wie männliche Studienabsolventen gab, hat sich der Anteil der Frauen gegenüber dem der Männer bis in die 90er Jahre hinein verdoppelt. Ob sich auch der an das Studium anschließende Beruf insgesamt zu einem „Frauenberuf" entwickelt, ist unklar. Deutlich ist jedoch im Augenblick jenes Phänomen, das in der *Arbeitsmarkt- und Berufsforschung* als *horizontale Arbeitsmarktsegregation* bezeichnet wird: Psychologinnen überwiegen in bestimmten Bereichen, z. B. in der Klinischen Psychologie, während andere Felder, z. B. die Arbeits- und Organisationspsychologie, eher Domänen von Männern sind. Deutlich ist auch eine *vertikale Segregation*: Frauen gelangen in allen Bereichen weniger häufig in höhere und sehr selten in höchste Positionen („Marginalisierung" der Frauen: Wetterer, 1995). Eine Erklärung dafür ist, daß die Berufsverläufe von Frauen viel stärker als die von Männern durch familial bedingte Unterbrechungen und Teilzeitarbeit bestimmt sind.

Ausblick

Die wichtigsten *Berufsfelder* zur Jahrtausendwende in Deutschland lassen sich zumindest grob anhand der Mitgliedszahlen in den entsprechenden Sektionen des Berufsverbandes identifizieren: Die mit Abstand meisten Mitglieder arbeiten in der *Klinischen Psychologie*, für deren Professionalisierung das 1997 erlassene *Psychotherapeutengesetz* von besonderer Bedeutung ist, weil es weiterqualifizierten, approbierten Psychologen nunmehr eine eigenverantwortliche Tätigkeit garantiert. Bemerkenswert ist daneben die Professionalisierung der *Arbeits-, Betriebs- und Organisationspsychologie* sowie *Markt- und Kommunikationspsychologie*. Die Expansion in diesem Bereich resultiert vor allem aus dem Bedarf an psychologischer Expertise in bislang eher „psychologiefernen" Feldern (*Personalwesen*, *Unternehmensberatung*, *betriebliche Weiterbildung*). Eine dritte größere Gruppe von Psychologen ist im Bildungssystem beschäftigt, in der Ausbildung in Psychologie an Hochschulen sowie an Schulen (*Schulfach Psychologie*); die Professionalisierung geht mit zunehmender didaktischer Qualifizierung einher. Während sich die Ausdifferenzierung und Spezialisierung noch einmal *innerhalb* dieser drei größten Teilbereiche der Psychologie (als Profession) fortsetzt, bleiben alle kleineren Bereiche vergleichsweise homogen. Von fortlaufender Professionalisierung im Sinne der Übertragung immer neuer wissenschaftlicher Wissensbestände auf die Praxis kann jedoch auch innerhalb der Schulpsychologie, Verkehrspsychologie oder Rechtsspsychologie gesprochen werden. Die *Zukunft der Psychologie als Profession* im 21. Jahrhundert läßt sich schwer voraussagen. Angesichts der Tatsache, daß es seit Jahren mehr als 10.000 Bewerber für die rund 3500 Studienplätze an Universitäten gibt, kann vermutet werden, daß es einen entsprechenden Andrang auch in den der Psychologie nahestehenden Semiprofessionen gibt und daß Diplom-Psychologen auf dem Arbeitsmarkt vermehrt mit ihnen konkurrieren werden. Die generell zunehmende Akademiker-Erwerbslosigkeit trifft auch Psychologen (Arbeitslosigkeit). Bislang vorteilhafte Professionalisierungstendenzen können in Nachteile umschlagen (Hoff, 1998). „Deprofessionalisierung" könnte sich auch im Zuge des generell *schwindenden Vertrauens in wissenschaftliches Wissen* ergeben. Die künftige Entwicklung psychologischer Tätigkeitsfelder wird vor allem von gesamtgesellschaftlichen sowie globalen Problemlagen bestimmt sein: von der Entwicklung immer neuerer Technologien (z.B. Medienpsychologie), von der Globalisierung der Wirtschaft (z.B. ökonomische Psychologie), von der Zunahme der Weltbevölkerung und den Migrationstendenzen aus der dritten (und zweiten) Welt in die reichen Industriestaaten (Kulturpsychologie) und von der globalen Umweltkrise (Umweltpsychologie).

Literatur

Geuter, U. (1984). *Die Professionalisierung der deutschen Psychologie im Nationalsozialismus.* Frankfurt a. M.: Suhrkamp.

Giddens, A. (1990). *The consequences of modernity.* Oxford: Polity Press in association with Basil Blackwell.

(Deutsche Ausgabe 1995: Konsequenzen der Moderne. Frankfurt a. M.: Suhrkamp.)
Hoff, E.-H. (1998). Probleme der Psychologie als Profession. *Report Psychologie, 23* (1), 18-25.
Schorr, A. (1995). Psychologen Ost und West – Zwei Gesichter einer Profession? *Report Psychologie, 20* (1), 18-28.
Wetterer, A. (1995). *Die soziale Konstruktion von Geschlecht in Professionalisierungsprozessen.* Frankfurt a. M.: Campus.

Psychiatrie

Manfred Spitzer

Überblick

Die Psychiatrie (griech.: psyche = Hauch, Seele; iatros = Arzt) ist das Fachgebiet der *Medizin*, das mit den Erkrankungen der Seele befaßt ist; der *Psychiater* ist nach mehrjähriger Weiterbildung ein Facharzt, wie etwa der Chirurg oder Internist. In historischer Hinsicht entwickelte sich das Fach – keineswegs geradlinig – im 19. Jh. aus verschiedenen Strömungen heraus; 1811 wurden in Leipzig die erste Professur und in Dresden die erste Klinik für Psychiatrie eingerichtet. Bereits damals lebte die Psychiatrie von der Spannung zwischen den Aspekten des *Seelischen* (vor 150 Jahren vertreten durch die an die Romantik angelehnten *Psychiker*) und des *Körperlichen* (vertreten durch die *Somatiker*), die jede psychiatrische Erkrankung begleiten. Seine Einheit hat das Fach letztlich der praktischen Notwendigkeit zu pragmatischem Helfen in sehr vielen Fällen zu verdanken.
Psychiatrische Krankheiten – man spricht heute auch gerne vermeintlich wertfreier von *psychischen Störungen* – sind sehr häufig: Nach Schätzungen der WHO fallen 4 der weltweit 10 häufigsten Krankheiten in das Gebiet der Psychiatrie. Sie betreffen ganz allgemein eher höhere und höchste geistige Leistungen wie Wahrnehmen, Denken, Handeln, Fühlen und Wollen. Entsprechend gehören Halluzinationen, *formale und inhaltliche Denkstörungen*, pathologisch gesteigerte, reduzierte oder inadäquate Affekte sowie die *Unfähigkeit zum Entscheiden* (Wählen) und *zielgerichteten Handeln*, neben verschiedensten körperlichen Symptomen, zu den häufigeren Symptomen psychiatrischer Erkrankungen.

Syndromdiagnosen

Wie in der übrigen Medizin ist es auch in der Psychiatrie üblich, Symptome zu *Syndromen* zusammenzufassen; so werden z.B. optische Halluzinationen, eingeschränkte Urteilsfähigkeit und erhöhte Suggestibilität (neben einer Reihe körperlicher Symptome) zum *deliranten Syndrom* zusammengefaßt. Ein Syndrom weist auf eine Krankheit hin; die Syndromdiagnose ist jedoch nicht identisch mit der Krankheitsdiagnose, denn diese schließt die Ursache, d.h. den pathologischen Mechanismus der Entstehung, mit ein (so mag die Krankheitsdiagnose im obigen Beispiel, je nach Ergebnis der diagnostischen Suche nach der Ursache, z.B. *bakterielle Infektionskrankheit* oder *Autoimmunkrankheit* lauten).
Eines der nach wie vor ungelösten Probleme im Bereich der Psychiatrie besteht darin, daß für die heute bedeutsamen psychiatrischen Krankheiten solche Ursachen noch nicht oder erst ansatzweise bekannt sind. Psychiatrische Diagnosen haben daher zumeist den Status von *Syndromdiagnosen*. Ziel der psychiatrischen Forschung war es deshalb von Anfang an, die Ursachen der vielfältigen und im Verlauf der Erkrankung oft stark wechselnden Syndrome zu finden. Die Entdeckung einer Spirochäte als Krankheitserreger der Syphilis (durch Schaldin und Hoffmann, 1905) einerseits und das Postulat von eigengesetzlich und

unbemerkt ablaufenden psychischen Prozessen (durch Freud, 1900) andererseits spannten vor etwa einem Jahrhundert einen sehr breiten Rahmen auf, innerhalb dessen sich psychiatrische Forschung bis heute abspielt. Die von vielen gehegte Hoffnung, alle psychiatrischen Erkrankungen würden sich in einen einzigen einheitlichen Erklärungshorizont fügen, haben sich nicht erfüllt. Im Gegenteil: Im Fall der Schizophrenie beispielsweise erwies sich die Suche nach einem (Schizococcus) als ebenso unfruchtbar wie die Annahme einer schizophrenogenen Mutter.

Krankheitsverläufe und körperliche Ursachen

Es war das Verdienst Emil Kraepelins, auch beim Fehlen ätiopathogenetischer Mechanismen über reine Syndromdiagnosen wissenschaftlich (d.h. ohne Hinzuziehung unbewiesener Modelle oder Interpretationssysteme) hinauszugehen, indem man den *Verlauf der Erkrankung* betrachtet. Seine Unterscheidung *phasisch verlaufender* (eher mit affektiven Symptomen einhergehender) von *chronisch progredienten* (eher mit kognitiven Symptomen einhergehenden) Erkrankungen bildet bis heute einen wesentlichen Kern psychiatrischer Diagnostik. Nicht minder wichtig für jede psychiatrische Diagnose ist die Abklärung *körperlicher Ursachen* (insbesondere grober Veränderungen des Gehirns, wie Entzündung, Tumor, vaskuläres Ereignis), die neben neurologischen (Neurologie) auch psychiatrische Symptome hervorrufen können. Es gehört zu den Aporien (Unmöglichkeit einer Lösungsfindung) der gegenwärtigen Psychiatrie, daß viele in ihrem Bereich wesentliche und häufige Erkrankungen (Depression, Sucht, Schizophrenie, Angststörungen, Zwangsstörungen) einerseits durch das Fehlen von (grob-neurologischen) Ursachen definiert sind, daß man aber andererseits mit großem Aufwand nach (fein-neurologischen) Ursachen sucht.

Standardisierte Diagnostik

Während in systematischen Lehrbuchdarstellungen die Diagnostik auf einem Ursachenverständnis (Ätiologie) beruht und ihrerseits die Therapie begründet, zeigte die historische Entwicklung der Psychiatrie im 20. Jh. ein *komplexes Wechselspiel* von unsystematisch eintretenden Fortschritten in den Bereichen Ätiologie, Diagnostik und Therapie: Mit den Entdeckungen der Malariakur der Syphilis durch Wagner-Jauregg (1917), der Elektrokrampftherapie durch Cerleti und Bini (1938) und vor allem der Antipsychotika (ab 1953) und Antidepressiva wurden nicht nur bedeutsame therapeutische Fortschritte erzielt, sondern auch erste Überlegungen im Hinblick auf die neurobiologischen Grundlagen wichtiger psychiatrischer Erkrankungen möglich (z.B. Dopaminhypothese der Schizophrenie Anfang der 1960er Jahre). Die psychiatrische Ursachenforschung ihrerseits bedurfte klarer Diagnosen, so daß in den 1970er Jahren große Anstrengungen in Hinblick auf eine (vor allem auch internationale) Vereinheitlichung der psychiatrischen Diagnostik unternommen wurden. Wie u.a. die Untersuchungen von Kendell (1973) zeigten, gab es zu dieser Zeit noch große Unterschiede in den diagnostischen Gewohnheiten zweier in gesellschaftlicher Hinsicht nicht sehr unterschiedlicher Gesellschaften wie Großbritannien und USA. Zugleich erbrachten transkulturelle Vergleichsstudien der WHO im wesentlichen das Ergebnis der Ubiquität psychiatrischer Erkrankungen und der relativen Unabhängigkeit von kulturellen Gegebenheiten. Die Publikation der dritten Auflage des Diagnostic and Statistical Manual of Mental Disorders (DSM-III) der Amerikanischen Psychiatrischen Gesellschaft (American Psychiatric Association, Abk. APA) im Jahr 1980 kann als Meilenstein in Richtung auf eine standardisierte Diagnostik gelten. Mit der 1994 erschienenen 4. Auflage des DSM (DSM-IV) wurden schließlich die US-amerikanische und die europäisch beeinflußte Diagnostik (die in der International Classification of Diseases, 10. Auflage, ICD-10, ihren klassifikatorischen Niederschlag hat) weitgehend vereinheitlicht. Man kann davon ausgehen, daß die weitere Entwicklung auf eine Identität von DSM- und ICD-Diagnosen hinausläuft.
Um die Ursachen psychiatrischer Erkrankungen erforschen zu können, ist es erforderlich, die Störungen zunächst einmal unabhängig

von hypothetischen Ursachen, also rein deskriptiv, zu charakterisieren. Daher wurde in den gegenwärtig vorliegenden Diagnosesystemen ganz ausdrücklich auf theoretisch begründete Konzeptionen verzichtet. Dies führte nicht nur zur Elimination beispielsweise des Begriffs derNeurose (der ein bestimmtes Krankheitsmodell voraussetzt), sondern sogar zur Ersetzung des Begriffs der seelischen Krankheit durch den unbestimmteren der *psychischen Störung*. Weiterhin hatten die deskriptiven Bemühungen eine Diversifizierung der möglichen psychiatrischen Diagnosen und damit eine deutliche Zunahme ihrer Anzahl (von einigen Dutzend im DSM-I auf mehr als 400 im DSM-IV) zur Folge. In praktischer Hinsicht ist von Bedeutung, daß diagnostische Hierarchien (z.B. die *Schichtenregel,* derzufolge eine schwere Störung die Diagnose einer leichteren Störung beinhaltet und damit überflüssig macht) verlassen und stattdessen *Mehrfachdiagnosen* gestellt werden. Diese Trennung von Deskription und Interpretation befriedigt klinisch-praktisch zuweilen wenig (welche Therapie folgt beispielsweise, wenn bei einem Patienten das gleichzeitige Vorliegen einer Depression, einer Sucht und dreier Persönlichkeitsstörungen festgestellt wird?). Ihr langfristiges Ziel ist jedoch gerade die Erstellung eines nicht-spekulativen, wissenschaftlich gesicherten Kanons psychiatrischer Krankheiten mit geklärter Ätiologie, Diagnose und Therapie.

Beiträge von Nachbardisziplinen

Neben dem Verlauf stützen sich die Forschungsbemühungen zur Auffindung von Krankheitseinheiten heute vor allem auf die *Neurowissenschaft* und die *Genetik*. Für eine ganze Reihe psychiatrischer Erkrankungen wurde in Adoptions- oder Zwillingsstudien (Zwillingsforschung) eine hereditäre Komponente nachgewiesen, der man mit Kopplungs- und Assoziationsstudien sowie in naher Zukunft mit den sich durch das *Human Genome Project* bietenden Möglichkeiten nachgeht. Es gibt kaum noch eine psychiatrische Krankheit, für die nicht ein *neurobiologisches* Modell, Korrelat oder manifest nachgewiesenes Defizit existiert. Viele akute psychiatrische Krankheitsbilder lassen sich in neurobiologischer Hinsicht als *gestörte Neuromodulation* (Modulation) verstehen, d.h. als Über- oder Unterfunktion von Neuromodulatoren bzw. Neurotransmittern wie z.B. Serotonin, Noradrenalin, Dopamin oder Acetylcholin. Mittels moderner psychopharmakologischer Interventionen (Psychopharmakologie) können diese akuten, häufig krisenhaft verlaufenden psychischen Störungen oft innerhalb von Tagen oder Wochen günstig beeinflußt werden, was psychotherapeutische oder sozialpsychiatrische Interventionen meist erst ermöglicht. Diese haben ihrerseits einen neurobiologisch faßbaren (Wirkungsmechanismus), wie u.a. Untersuchungen zu den Auswirkungen einer erfolgreichen psychotherapeutischen Behandlung (Psychotherapie) von Zwangsstörungen auf den Glucose-Stoffwechsel mittels Positronenemissionstomographie (PET) nachweisen konnten. Es ist zu hoffen, daß durch weitere derartige Studien die noch immer zu spürende Kluft zwischen psychologischem und biologischem Verständnis psychiatrischer Erkrankungen verringert wird. Die seit einigen Jahren zur Verfügung stehenden funktionellen bildgebenden Verfahren, insbesondere die funktionelle Kernspintomographie, sollten dies bewirken, denn sie erlauben die nicht-invasive Beobachtung zentralnervöser Aktivität bei komplexen höheren geistigen Leistungen und deren Pathologie. Möglicherweise können Psychiater mit diesen Verfahren künftig auch den klinischen Herausforderungen chronisch-progredient verlaufender Erkrankungen sowie Persönlichkeitsstörungen erfolgreich begegnen.

Therapie und psychiatrische Versorgung

Von großer Bedeutung für jede moderne integrative psychiatrische Therapie, die sich in aller Regel aus biologischen, psychologischen und sozialen Maßnahmen zusammensetzt, sind die neurobiologischen Erkenntnisse zur *Neuroplastizität* (Plastizität im Nervensystem, neuronale Plastizität) als Korrelat von Lernvorgängen. Lernen bewirkt auf der Ebene einzelner Synapsen die Veränderung der Stärke neuronaler Verbindungen und auf der Ebene corticaler kartenförmiger Repräsentationen deren erfahrungsabhängige Veränderung. Die in der Psychopathologie als Grundlagenwissenschaft der Psychiatrie wichtigen Begriffe der *Struktur* und der *Dynamik* (des seelischen Geschehens) erfahren so eine neurobiologische Interpretation. Tierversuche zeigen die Bedeutung von Motivation, Aufmerksamkeit und Affektivität (Affekt, Emotionen) für Lernvorgänge, die letztlich allen psychosozialen Therapiemaßnahmen zugrundeliegen. Therapiestudien belegen die Bedeutung der genannten Faktoren: Die Motivation des Patienten zur Behandlung (Compliance), seine (pharmakologisch nicht beeinträchtigte) Vigilanz und seine (sich vor allem im Verhältnis zum Therapeuten ausdrückende) affektive Schwingungsfähigkeit stellen wesentliche Moderatorvariablen des psychotherapeutischen Prozesses dar, denen auch bei zusätzlichen begleitenden therapeutischen Maßnahmen wie *Bewegungs- und Musiktherapie*, *Arbeits- und Ergotherapie* sowie *kognitiven und interaktiven Trainingsverfahren* eine wesentliche Bedeutung zukommt.

Die psychiatrische Versorgung der Bevölkerung hat sich in den vergangenen zwei Jahrzehnten grundlegend gewandelt: Großkrankenhäuser wichen gemeindenahen kleinen Einrichtungen, teilstationäre und ambulante Versorgungsangebote erlaubten in der BRD eine Reduktion der psychiatrischen Betten auf die Hälfte, die Psychotherapie wurde integraler Bestandteil der Psychiatrie, und stigmatisierende Nebenwirkungen der Psychopharmaka gehören weitgehend der Vergangenheit an, so daß nicht mehr die Institutionalisierung, sondern die Reintegration psychisch kranker Menschen das therapeutische Ziel darstellt.

Die nächsten zwei Jahrzehnte werden zeigen, ob die Psychiatrie entweder in Neurologie, Neuropsychologie und Verhaltensneurologie einerseits und Medizinischer Psychologie, Psychotherapie und Sozialarbeit andererseits aufgeht und als Fach verschwindet oder ob es ihr gelingt, sich als Fachgebiet für Störungen von Gehirn *und* Geist auf der Grundlage von Neuro- *und* Sozialwissenschaften (bzw. Natur- und Geisteswissenschaften) zu etablieren.

Literatur

Berger, M. (1988). *Psychiatrie und Psychotherapie*. München.

Comer, R. J. (1995). *Klinische Psychologie*. Heidelberg.

Helmchen, H., Henn, F., Lauter, H. & Sartorius, N. (2000). (Hrsg.). *Psychiatrie der Gegenwart*. Heidelberg 2000.

Möller, H.J., Laux, G., Kapfhammer, H.P. (1999). *Psychiatrie und Psychotherapie*. Heidelberg.

Peters, U.H. (1997). *Wörterbuch der Psychiatrie und medizinischen Psychologie*. Augsburg.

Psychoanalyse

Wolfgang Mertens

Unter Psychoanalyse versteht man die auf Sigmund Freud (1856 – 1939) zurückgehende Bezeichnung für eine *Erkenntnismethode*, eine *Theorie* über die Entstehung und die Auswirkung unbewußter psychischer Prozesse sowie ein therapeutisches Verfahren. Freud gilt auch als der Begründer der Tiefenpsychologie, zu der neben seiner Lehre die Adlersche Individualpsychologie und die Jungsche Analytische Psychologie gehören. In der Gegenwart wird die Tiefenpsychologie immer stärker mit der Psychoanalyse gleichgesetzt, da sowohl die Individualpsychologie als auch die Analytische Psychologie diverse Amalgamierungen mit neueren Theorieströmungen der Psychoanalyse eingegangen sind. Insbesondere die von Heinz Kohut begründete Selbstpsychologie ermöglichte es Adlerianern und Jungianern, sich wieder als Psychoanalytiker zu verstehen. Neben der Selbstpsychologie existieren noch andere Weiterentwicklungen der klassischen Trieb- und Strukturtheorie, wie z.B. die Ich-Psychologie, die Objektbeziehungstheorien, die interpersonelle Psychoanalyse.

Stellenwert der Psychoanalyse

Die moderne Psychoanalyse umfaßt Teildisziplinen wie die Allgemeine und Spezielle Krankheitslehre, Psychosomatik, Behandlungstechnik, Entwicklungspsychologie, Kulturtheorie, Sozialpsychologie, Methodologie und das weite Feld der Angewandten Psychoanalyse, wie z.B. in der Pädagogik, Organisationspsychologie, Ethnologie (Ethnopsychoanalyse), Literaturwissenschaft. Unter *Metapsychologie* verstand Freud eine Konstruktebene, die über die rein deskriptiven Sachverhalte z.B. der klinischen Theorieebene hinausgeht und Erklärungen bereitstellt, die auch anschlußfähig an benachbarte Wissenschaften wie Biologie und Neurowissenschaften sind. Die Psychoanalyse hat das intellektuelle und kulturelle Leben des 20. Jahrhunderts in weiten Teilen der westlichen Welt stark geprägt. Die von Freud inaugurierten Hypothesen und Erkenntnisse, die von der Psychologie des Alltags bis hin zur Institutionenkritik reichen, haben auf viele humanwissenschaftliche Disziplinen und ihre Anwendungen sehr befruchtend gewirkt. Die von ihm entwickelten Gedanken zur therapeutischen Veränderung psychischen Leids sind in viele, keineswegs nur psychoanalytische Therapieformen eingeflossen; in der pädagogischen Praxis haben sie die Kindererziehung in vielerlei Hinsicht beeinflußt.

Kritik an der Psychoanalyse

Für Außenstehende, gilt die Psychoanalyse, die mit dem klassischen Werk Freuds gleichgesetzt wird, als überholt. Tatsächlich wird die Psychoanalyse in ihren diversen Weiterentwicklungen aber weltweit gelehrt und praktiziert.
Dennoch hat die relative Geschlossenheit der psychoanalytischen Theorie und ihr über Jahrzehnte gleichmäßiger Einfluß auf die Human- und Sozialwissenschaften immer wieder kritische Stimmen auf den Plan gerufen. Diese reichen vom Vorwurf des Pansexualismus, der moralischen Zersetzung, der Immunisierung im Sinne einer Unmöglichkeit der Falsifizierung ihrer Hypothesen (Karl Popper) bis hin zu der Kritik, daß die Psychoanalyse ihre Hypothesen, die durchaus falsifizierbar seien, noch nicht ausreichend einer empirisch positivistischen Überprüfung ausgesetzt habe (Adolf Grünbaum). Die zuletzt genannte Einschätzung spiegelt die Einseitigkeit einer wissenschaftstheoretischen Position wider, deren szientistische Methodologie gerade nicht der erkenntnistheoretischen Position der Psychoanalyse gerecht werden kann. Dies schließt aber keineswegs aus, daß vereinzelt Hypothesen auch mit herkömmlichen quantitativen Methoden überprüft werden können, wie z.B. in der psychoanalytischen Psychotherapieforschung (Forschungsmethoden).

Methodik

Gleichwohl stellt der psychoanalytische Umgang mit einem Problembereich erhebliche konzeptuelle und diagnostische Anforderungen. Gegenwärtiges Erleben und Handlungen müssen vor dem Hintergrund des bisher erfahrenen Lebenszusammenhanges eines Menschen studiert werden; die biographische Dimension wird nur angemessen erfaßt, wenn man auch die kulturellen und geschichtlichen Faktoren, in der die Sozialisation des Betreffenden stattgefunden hat, hinreichend berücksichtigt. Die Äußerungen und Erzählungen einer Person sind dabei nicht unmittelbar Indikatoren für das tatsächlich Erlebte, sondern in unterschiedlichem Ausmaß von Selbsttäuschungen durchzogen. Das Selbstverständnis eines Menschen geht nicht in seiner rationalen Einschätzung auf, sondern ist von unbewußten emotionalen und körperlichen Prozessen durchwirkt, was heutzutage auch immer stärker in den *Kognitionswissenschaften* erkannt wird, die mittlerweile von einer „embodied cognitive science" sprechen. Häufig wird Psychoanalyse lediglich mit einem therapeutischen Verfahren gleichgesetzt. Freud verstand unter Psychoanalyse aber auch und vor allem eine Methode, das Unbewußte bewußt zu machen und eine Theorie über die Entstehung und die Auswirkung unbewußter psychischer Prozesse. Bei der Entwicklung seiner Methodik, Unbewußtes bewußt zu machen, ließ Freud sich von einer für damalige Verhältnisse revolutionären Gegenstandsbestimmung leiten: Seine systematische Beschreibung eines dynamischen Unbewußten, das dem Bewußtsein nicht, auch nicht durch noch so große Aufmerksamkeitsanstrengung und den forcierten Versuch, sich zu erinnern, zugänglich wird, markiert den Beginn einer Psychologie, die eine enorme Ausweitung jenseits der Grenzen des Bewußtseins vorgenommen hat. Zugleich postulierte Freud damit auch eine neue Theorie über den menschlichen Geist, die von postmodernen Erkenntnistheorien gerade erst eingeholt wird: Sowohl der rationalistische Glaube an die Macht des Intellekts als auch der empiristische Glaube an die Zuverlässigkeit der Sinnesorgane und der Wahrnehmung wurde von ihm erschüttert. Denn der *Rationalismus* wie auch der *Empirismus* gehen davon aus, daß die Auswirkungen des Körperlichen, der Leidenschaften, von sozialen Autoritäten oder Denkgewohnheiten entweder kraft reinen Denkens oder aufgrund vorurteilsloser intersubjektiver Beobachtungen oder Experimente aufgehoben werden können. Die Psychoanalyse hat jedoch berechtigte Zweifel an der Möglichkeit geäußert, eine vom Körperlichen, Emotionalen, Leidenschaftlichen unabhängige Erkenntnis, sei es auf dem Wege des Denkens, sei es aufgrund empirischer Methoden, zu erlangen. Vielmehr sind wir als erkennende Menschen immer beeinflußt von Kräften, die nicht unserer bewußten Kontrolle unterstehen. Erkenntnis muß deshalb immer als perspektivisch, unvollständig und abhängig begriffen werden. Unbewußte psychische Einflüsse kodeterminieren unsere Erkenntnis, auch wenn wir sie noch so als rational logisch oder empirisch gut begründet erleben. Rationale und objektive Begründungen stellen sich aus psychoanalytischer Sicht deshalb allzuoft als Rationalisierungen, als vernünftig und sozial akzeptabel erscheinende Erklärungen heraus.

Müssen wir deshalb das Streben nach Wahrheit und die Möglichkeit der Bestätigung von Hypothesen als wahr oder falsch aufgeben? Für die psychoanalytische Erkenntnistheorie ist diese von Wissenschaftstheoretikern empfohlene und von den Einzelwissenschaften, insbesondere der Naturwissenschaft übernommene Erkenntnishaltung des Strebens nach Wahrheit kein primäres Anliegen. Vielmehr geht es ihr darum, die Wahrheit des Einzelnen, seine individuelle, lebensgeschichtlich geprägte Wahrheit, die in unterschiedlichem Ausmaß verschüttet und verborgen sein kann, zur Geltung zu bringen.

Therapeutische Techniken

Auch heute noch ist es der Psychoanalyse ein Anliegen, biographisch und gesellschaftlich bedingtes psychisches Leiden von Menschen zu lindern. Nicht zu Unrecht hat man deshalb die Psychoanalyse als eine Theorie der Revolution bezeichnet, denn ihr geht es darum, unterdrückte und verkümmerte Erlebnispotentiale eines Menschen zu befreien. Aus klinisch therapeutischer Sicht versuchte Freud die Befreiung zunächst mit *manipulativen Techniken*, z.B. durch hypnotische Suggestion, Handauflegen und verhaltenspädagogische Maßnahmen, bis er nach und nach entdeckte, daß, sofern er nur seinen Patienten die Aktivität überließ, diese selbst die verborgenen Ursachen ihrer neurotischen Störungen in der Übertragung agierten. So war der Weg von der *kathartischen Methode des Abreagierens* hin zur eigentlichen psychoanalytischen Methode bereitet, die von Freud selbst als „Erinnern, Wiederholen und Durcharbeiten" (Freud, 1914) bezeichnet wurde. In dieser Einstellung ist der wichtige und für die Psychoanalyse seitdem maßgebliche Gedanke enthalten, daß Gefühle, Ängste und Phantasien ein *Gegenüber* brauchen, das in seinem Erleben die pathogenen Erfahrungen aufnimmt und die darin enthaltenen unbewußten Interaktionsszenen entschlüsselt. Spätestens seit diesem Zeitpunkt gilt die Psychoanalyse als die Wissenschaft von den unbewußten Beziehungen, zumeist mit dem Fachausdruck von Übertragung/Gegenübertragung bezeichnet. Nur die Aufhebung der herkömmlichen objektivierenden *Epistemologie* ermöglicht das Erfassen der für das Bewußtsein sonst unbewußt bleibenden Bedeutungen im kommunikativen und interaktiven Handeln. Dennoch hat sich auch bei diesem zentralen Topos eine wichtige Änderung im Laufe dieses Jahrhunderts ergeben: War es für Freud noch in Anlehnung an die naturwissenschaftlich geprägte Methodologie seiner Zeit wichtig, die Übertragung zwar zu identifizieren, aber dennoch davon wie ein unparteiischer Beobachter unberührt zu bleiben, so sind heutige Psychoanalytiker davon überzeugt, daß dies nicht möglich ist. Sowohl der Fortschritt erkenntnistheoretischen Reflektierens als auch empirische Untersuchungen haben diesem Unberührbarkeits-Axiom die Grundlagen entzogen: Auf subtile Weise agiert und reagiert der Analytiker, z.B. als Kliniker, immer schon auf die Gesprächsangebote seines Gegenübers; Studien über das Affektdisplay und nonverbale körperliche Ausdrucksphänomene legen hiervon ein beredtes Zeugnis ab. Übertragung und Gegenübertragung sind miteinander verschränkt, und die Reflexion des Einflusses, den ein Therapeut auf seinen Patienten ausübt, wird somit von zentraler Bedeutung.

Menschenbilder

Psychoanalyse als Theorie unbewußter Prozesse in der Entwicklung der Persönlichkeit, bei der Entstehung von Neurosen, Persönlichkeitsstörungen und psychosomatischen Erkrankungen aufgrund von unbewältigten Traumatisierungen (Trauma) und Konflikten thematisiert überwiegend die unbewußten Motive und Intentionen menschlichen Handelns. Bewußt-rationales Handeln als Thema der Psychologie und das nicht bewußt ablaufende, organismische oder neuronale Geschehen als Gegenstand der Kognitionspsychologie und Neurowissenschaften ist hingegen von nachgeordnetem Interesse. Die Psychoanalyse geht davon aus, daß man auch in den idealsten Fällen bezüglich der Unterstellung von Rationalität als permanenter Disposition Vorsicht walten lassen sollte oder mit anderen Worten, daß rationales Handeln – unter den gegenwärtigen gesellschaftlichen und kulturellen Bedingungen – eher die Ausnahme als die Regel darstellt. Auch wenn das Menschenbild der klassischen Psychoanalyse heute – vor allem durch die psychoanalytische Kleinkindforschung und deren Postulat eines neugierigen und kompetenten Säuglings (Neugeborenes, kompetentes) – eine kräftige Korrektur erfährt, ist selbst die moderne Psychoanalyse weit davon entfernt, das Menschenbild eines homo rationalis zugrundezulegen. Auch das von der Computermetapher inspirierte Informationsverarbeitungs-Modell der meisten gegenwärtigen psychologischen Theorien wird nach psychoanalytischer Auffassung der Wirklichkeit menschlichen Erlebens und Handelns nur in Teilbereichen gerecht. Selbst wenn gesellschaftliche Machtverhältnisse, Ideologien und fundamentalistische Glaubenssysteme abgeschafft werden könnten, würde dennoch eine Notwendigkeit zur Selbstreflexion und zur Emanzipation von solchen Bedeutungen bestehen, die zu überflüssigen Handlungs- und Erlebniseinschränkungen führen. Denn Menschen generieren grundsätzlich mehr Bedeutungen, als sie zu verstehen und handhaben wissen. Und weil dies stets aufs Neue eine ärgerliche Tatsache darstellt, ist darin vermutlich auch der Hauptgrund dafür zu erblikken, daß Psychoanalyse bis zum heutigen Tag immer wieder attackiert wird. Menschen sind sich nicht für sich selbst durchsichtig, können ihre Handlungsweisen nicht lückenlos nach rationalen Motiven erklären, geschweige denn prognostizieren. Die von Freud als narzißtische Kränkung bezeichnete Annullierung des Cartesianischen Selbstverständnisses, in dem die bewußte Verfügung über die Intentionalität das einzig Gewisse ist, hat deshalb auch ein Jahrhundert nach Freuds Schöpfung der Psychoanalyse immer noch Gültigkeit.

Literatur

Krause, R. (1997/98). *Allgemeine Psychoanalytische Krankheitslehre. 2 Bände.* Stuttgart: Kohlhammer.

Kimmerle, G. (1997). *Der Fall des Bewußtseins. Zur Dekonstruktion des Unbewußten in der Logik der Wahrheit bei Freud.* Tübingen: Edition diskord.

Kurzweil, E. (1993). *Freud und die Freudianer. Geschichte und Gegenwart der Psychoanalyse in Deutschland, Frankreich, England, Österreich und den USA.* Stuttgart: Verlag Internationale Psychoanalyse.

Mertens, W. (1990/1). *Einführung in die psychoanalytische Therapie.* 3 Bände. Stuttgart: Kohlhammer.

Mertens, W. (1997). *Psychoanalyse. Geschichte und Methoden.* München: Beck.

Psychoneuroimmunologie

Uwe Tewes

Grundannahmen

Die Psychoneuroimmunologie ist ein interdisziplinärer Forschungsansatz zur Untersuchung der Frage, ob sich das Immunsystem weitgehend autonom reguliert oder ob seine Funktionen – vermittelt durch Nerven- und Hormonsystem – auch durch Erleben und Verhalten beeinflußt werden. Die Annahme einer autonomen Regulation des Immunsystems beruhte auf der Beobachtung, daß sich immunologische Vorgänge *in vitro* nachweisen lassen. Dem standen Beobachtungen entgegen, wonach Veränderungen der Immunfunktionen häufig mit Änderungen im psychischen System assoziiert sind. Verhaltenswissenschaftler und Psychosomatiker postulierten kausale Zusammenhänge, wie z.B., daß die sog. Typ-C-Persönlichkeit für Krebserkrankungen prädestiniert sei oder sich in einer körperlichen Erkrankung ein intrapsychischer Konflikt symbolisch manifestiere. Biologische Erklärungen dafür, wie es zu derartigen Beziehungen kommen könne, gab es jedoch nicht. Nicht zu widerlegen war die Vermutung, daß Änderungen in den Lebensumständen und im Verhalten sowohl die körperliche Gesundheit als auch die psychische Verfassung beeinflussen können. In den letzten Jahren vermehrten sich die Hinweise dafür, daß das Immunsystem einen wesentlichen Beitrag zur Aufrechterhaltung der physiologischen Homöostase leistet. Botenstoffe des Immunsystems informieren das zentrale Nervensystem über immunologische Aktivitäten und deren Veränderungen, und das Nervensystem kontrolliert immunologische Funktionen über Nervenendigungen in den lymphatischen Organen und rezeptorvermittelt über Botenstoffe der Hypothalamus-Hypophysen-Nebennierenachse und des sympathischen Nervensystems (Nervensystem und Immunsystem, funktionale Gemeinsamkeiten). Hugo O. Besedowski war einer der ersten, der ein Netzwerk komplexer immunoneuro-endokriner Kommunikationsvorgänge postulierte und folgende Systemeigenschaften beschrieb: 1) Das Immunsystem hat Merkmale eines rezeptorspezifischen Sinnesorgans, das das Zentralnervensystem über antigenbedingte Veränderungen seiner Funktionen informiert. 2) Die adäquate immunologische Reaktion auf Antigene wird durch immuno-neuroendokrine Regelkreise gesteuert. 3) Das Immunsystem produziert hormonähnliche Substanzen und beeinflußt auf diese Weise die Steuerung des neuroendokrinen und metabolischen Anpassungsprozesses während entzündlicher, infektiöser und neoplastischer Veränderungen im Organismus.
In vereinfachter Form läßt sich dieses Netzwerk wie folgt darstellen:

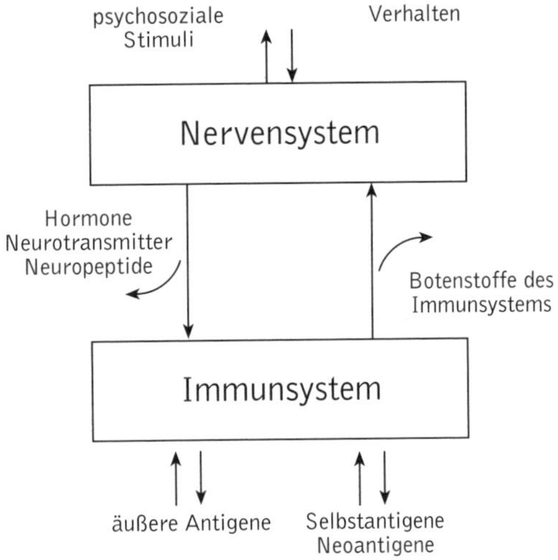

Psychoneuroimmunologie. Das neuroimmunologische Netzwerk (nach Besedowski, 1992).

Funktionale Verbindungen

Inwieweit können Immunfunktionen vom Nervensystem entweder unmittelbar oder indirekt auf dem Umweg über das Hormonsystem beeinflußt werden? Wesentlich Erkenntnisse kommen in diesem Zusammenhang aus dem Bereich der *Streßforschung* (Streß). Die Abstimmung zwischen der psychoendokrinologischen Streßreaktion und der Immunreaktion erfolgt vor allem durch das Corticotropin-

Releasing-Hormon (CRH), das im Hypothalamus und einigen anderen Hirnregionen produziert wird und die Hypophyse zur Abgabe von ACTH stimuliert, die wiederum die *Nebennierenrinde* zur Abgabe von Cortisol anregt. Cortisol steuert nicht nur zahlreiche Stoffwechselvorgänge sondern ist auch ein Immunregulator und Entzündungshemmer. In den primären und sekundären immunologischen Organen wie Knochenmark, den Lymphknoten, Milz und Thymus, entwickeln sich die Immunzellen. Die Funktion dieser Organe wird nicht nur durch Hormone wie das Cortisol beeinflußt, sondern die Organe sind auch durch Fasern des autonomen Nervensystems innerviert. Auf diese Weise können zelluläre immunologische Funktionen wie Zellreifung, Zellaktivierung, Proliferation, Differenzierung, Migration, Rezeptorexpression oder Sezernierung von Cytokinen durch Neurotransmitter beeinflußt werden.
So hat sich z.B. zeigen lassen, daß immunologische Prozesse durch Stimulationen oder Läsionen im peripheren oder Zentralnervensystem verändert werden, wobei verschiedene kortikale Gebiete unterschiedliche immunmodulatorische Funktionen haben. Läsionen im linken frontoparietalen Kortex hemmen beispielsweise die Aktivität der NK-Zellen und vermindern die T-Zell-Antwort. Läsionen im rechten Neokortex steigern hingegen dieselben Funktionen. Die Immunfunktionen werden aber auch durch verschiedene *Hormone, Neurotransmitter und Neuropeptide des Gehirns* beeinflußt (Hormone und Immunfunktionen). Während das Nervensystem mit seiner Empfänglichkeit für Außenreize durch Botschaften an das Hormonsystem und Immunsystem versucht, die Komponenten des Gesamtorganismus auf die Bewältigung externer Einflüsse abzustimmen, informiert das Immunsystem die beiden anderen Systeme über seine Aktivitäten und Beanspruchungen, damit die *Gesamthomöostase* des Organismus aufrecht erhalten werden kann. Diese Abstimmungen sind erforderlich und manchmal lebensnotwendig, weil Immunreaktionen sehr hohe Anforderungen an den Metabolismus stellen. So reagiert beispielsweise die Hypophyse mit vermehrter ACTH-Ausschüttung und erhöht damit die Corticosteronwerte im Blut, wenn sie durch IL-1 oder IL-6 stimuliert wird. Immunkomeptente Zellen sind aber auch selbst in der Lage, Hormone zu produzieren. Einen Corticosteronanstieg konnte man beispielsweise auch dann noch bei Mäusen beobachten, nachdem ihnen die Hypophyse entfernt worden war, wenn man sie dann mit einem Virus infizierte, um auf diese Weise die Aktivität des Immunsytems zu stimulieren. Auch können Leukozyten durch CRF stimuliert werden, ACTH und Endorphine zu synthetisieren. Da im Falle starker Belastungen des Immunsystems auch über das Nervensystem eine Veränderung des Krankheitsverhaltens bewirkt werden muß, die den Organismus davor schützt, sich durch falsches Verhalten zu überfordern, informiert das Immunsytem das zentrale Nervensytem über *Botenstoffe* oder über *die Stimulation autonomer und sensorischer Nervenbahnen* über Veränderung seiner Aktivitäten. So können beispielsweise Immunzellen mit Hilfe von Cytokinen, mit denen sie sonst untereinander kommunizieren, über das Blut, den Vagus und den Endkern des Tractus solitarius auch Nachrichten an das Gehirn weiterleiten. Sofern sie über das Blut in das Gehirn eindringen, ist die Blut-Hirn-Schranke dabei kein Hindernis. Manche Cytokine können sie ohnehin passieren, für andere wird die Schranke bei Entzündungen oder Erkrankungen durchlässiger. Indirekt können sie Wirkungen durch die Schranke erzielen, indem sie Zellen der Innenwand von Hirngefäßen veranlassen, im umgebenden Hirngewebe andere Signalmoleküle freizusetzen. Experimentell ließ sich beispielsweise nachweisen, daß Mikroinjektionen von Alpha-IFN (Interleukin) die Aktivitäten von Nervenzellen im Kortex, Hippocampus und Hypothalamus verändern. Mit Alpha-IFN behandelte Patienten leiden vermehrt unter Appetitmangel, Müdigkeit und vielfältigen Schmerzbeschwerden. Die Botenstoffe des Immunsystems können auch Fasern, die vom limbischen System zum Hypothalamus, Locus coeruleus und anderen Teilen des Hirnstammes führen, stimulieren und damit emotionale Reaktionen und insbesondere die Streßverarbeitung unmittelbar beeinflussen. Insgesamt mehren sich die Hinweise dafür, daß unter akutem Streß auch das Immunsystem aktiviert wird. Neben einer physiologi-

schen Aktivierung der körpereigenen Ressourcen zur Abwehr von äußeren Gefahren werden im peripheren Blut vermehrt NK-Zellen bereitgestellt und aktiviert, die im Falle einer Verletzung sofort die Bekämpfung eingedrungener Fremdsubstanzen aufnehmen und den Heilungsprozeß unterstützen können. Bei chronischem Streß kommt es hingegen neben einer Beeinträchtigung physiologischer Funktionen durch Dysregulation nervaler und humoraler Prozesse vermutlich auch zu einer Schwächung der immunologischen Abwehr. Bei Gefahren „von innen", auf die zuerst das Immunsystem reagiert, wird deren Abwehr Priorität eingeräumt. Die parasympathischen Aktivitäten zum Ausbau der Energiereserven des Körpers werden aktiviert. Der Organismus entwickelt ein vermehrtes Bedürfnis nach Ruhe und Schlaf. Die Stimulierung des limbischen Systems durch Botenstoffe des Immunsystems, die bei immunologischen Abwehrreaktionen freigesetzt werden, lösen ein Verhalten aus, das Erholung und Heilung unterstützt. So konnte beispielsweise gezeigt werden, daß IL-1 schlaffördernd wirkt und das Explorationsverhalten von Tieren vermindert.

Methoden

Studien, in denen Funktionen des Immunsystems pharmakologisch oder neurophysiologisch massiv verändert werden, sind aus ethischen Gründen nur am Tiermodell möglich. In Humanstudien konzentriert man sich in erster Linie auf Korrelations- und Interventionsstudien, sowie auf Streß- und Konditionierungsexperimente. Untersuchungen von Zusammenhängen zwischen psychischen Faktoren und immunologischen Veränderungen lassen allerdings keine kausalen Erklärungen zu, da Erleben und Verhalten einerseits sowie Immunfunktionen andererseits einander wechselweise beeinflussen können und beide Ebenen außerdem durch dritte Einflußgrößen, wie Ernährung, Lebensgewohnheiten, Konsum legaler oder harter Drogen determiniert sein können. Der Aussagewert von Interventionsstudien, in denen beispielsweise die Auswirkungen psychologischer Behandlungen auf Immunfunktionen und Krankheitsverläufe untersucht werden, ist häufig dadurch eingeschränkt, daß eine Parallelisierung von Behandlungs- und Kontrollgruppen nach allen therapeutisch relevanten Merkmalen kaum möglich ist. In Streßexperimenten kann hingegen unter standardisierten Bedingungen geprüft werden, welche Auswirkungen genau definierte Stressoren auf Immunfunktionen haben. Aus diesem Bereich liegen bisher besonders zahlreiche Untersuchungen vor. In Konditionierungsexperimenten mit Tieren (zumeist Ratten) injiziert man in der Regel eine immunkompetente Droge wie Cyclophosphamid als unkonditionierten Stimulus. Die unkonditionierten Reaktionen sind in diesem Fall Übelkeit und Immunsuppression. Der ursprünglich neutrale Reiz ist eine Saccharinlösung, die die durstig gehaltenen Tiere im zeitlichen Zusammenhang mit der Cyclophosphamidinjektion zu sich nehmen. Nach Abschluß der Konditionierung reagieren die Tiere auf die Sacchrinlösung mit einer konditionierten Immunsuppression und zusätzlich mit einer konditionierten Geschmacksaversion. Überzeugende Ergebnisse aus Konditionierungsuntersuchungen am Menschen sind bisher allerdings nicht bekannt.

Ergebnisse und klinische Relevanz

In inzwischen sehr zahlreichen Untersuchungen wurde nachgewiesen, daß akuter Streß eher stimulierend auf Immunfunktionen wirkt, während chronischer Streß eher mit Immunschwäche assoziiert ist. Ob diese Effekte für den Menschen auch klinisch bedeutsam sind, kann gegenwärtig noch nicht beurteilt werden. Untersucht werden meistens die Lyphozytenzahlen im peripheren Blut sowie deren Aktivität. Die Tatsache, daß deren Veränderungen unter experimentellen Bedingungen statistisch signifikant sind, besagt nichts darüber, ob sie auch biologisch relevant sind. Die Schwankungen könnten innerhalb des Normalbereichs liegen und von anderen Teilsystemen des Immunsystems kompensiert werden. In lokalen Bereichen des Immunsystems scheinen sich allerdings auch beim Menschen gesundheitlich relevante Veränderungen unter chronischem Streß nachweisen zu lassen. So konnte in größeren Studien an mehreren hundert Probanden gezeigt werden, daß die Zahl der Erkältungskrankheiten mit dem Ausmaß von erlebtem Streß deutlich zunahm. In verschiedenen Interventionsstudien wurden der Krankheitsverlauf und die Überlebensraten bei Krebspatienten mit und ohne psychosoziale Betreuung verglichen, wobei die behandelten Patienten günstigere Verläufe aufwiesen. Diese Untersuchungen wiesen allerdings keinen sehr hohen methodischen Standard auf. Klinisch bedeutsame Erkenntnisse sind eher aus Untersuchungen über die Zusammenhänge zwischen Immunfunktionen und Störungen vitaler Grundfunktionen zu erwarten. Entzündliche degenerative Autoimmunerkrankungen, wie verschiedene Allergien, Asthma, Multiple Sklerose, chronischer Entzündungsschmerz oder Rheumatoide Arthritis, haben vermutlich neuroimmunologische Komponenten, die den Verlauf und die Chronifizierung dieser Krankheiten mitbestimmen. Die immunologischen Aktivitäten stehen auch in enger Wechselbeziehung zum Schlaf. Schlafentzug wirkt immunsuppressiv, und die Stimulierung immunologischer Aktivitäten bei Infektionen fördert den Slow-Wave-Sleep. Möglicherweise hat der Schlaf unter anderem die Funktion, die gegenseitigen Beeinflussungen von Nerven- und Immunsystem zu fördern.

Literatur

Besedowsky, H. O. (1992). Psychoneuroimmunology – an Overview. In: Schmoll, H.-J., Tewes, U. & Plotnikoff, N. P. (Eds.). *Psychoneuroimmunology: Interactions between Brain, Nervous System, Behavior, Endocrine and Immune System* (pp 13-16). Lewiston, NY: Hogrefe & Huber.

Glaser, R. & Kiecolt-Glaser, J. (Eds.) (1994).*Human Stress and Immunity*. San Diego: Academic Press.

Schedlowski, M. & Tewes, U. (Hrsg.) (1996). *Psychoneuroimmunologie*. Heidelberg: Spektrum Akademischer Verlag.

Sternberg, E. M & Gold, P. W. (1997). Psyche, Stress und Krankheitsabwehr. *Spektrum der Wissenschaft, 11*, 64-71.

Psychopathologie

Christian Scharfetter und Volker Faust

Begriffsklärungen

Psychopathologie (vom griech.: psyche = Seele, pathos = Krankheit, Unglück und logos = Wort, Rede) ist die „Lehre von den Leiden der Seele" oder – fachlich ausgedrückt – die Lehre von der Symptomatik psychischer Störungen. Psychopathologische Symptome sind Zeichen, die es gilt zu erkennen, zu verstehen, zu entschlüsseln und therapeutisch zu nutzen. Dabei geht es nicht nur um das Krankhafte schlechthin. Die Psychopathologie sollte uns näher zum *ganzen Menschen* führen und nicht nur seine abnormen Erlebnis- und Verhaltensweisen aufzeigen. Vielmehr muß deutlich werden, was an ihnen noch gesund ist, um therapeutisch arbeiten zu können. Der Patient „hat" nicht Symptome, sondern er *erlebt bestimmte Erfahrungen* und verhält sich daher in beschreibbar von der Gruppennorm abweichender Weise. Nichts von seinem Tun ist schlechthin unsinnig. Das macht die Psychopathologie zur *Erlebnislehre* und eröffnet den therapeutischen Zugang. Nur so wird man dem ganzen kranken Menschen gerecht. Deshalb ist gerade die *beschreibende Psychopathologie* keine statische Psychiatrie. Wer sorgfältig und kritisch beobachten und beschreiben gelernt hat, wird bald erkennen, daß Psychopathologie etwas unaufhörlich Bewegtes ist. Und daß kein Gegensatz zwischen deskriptiver Psychopathologie und Psychodynamik besteht, sondern das eine auf dem anderen aufzubauen vermag. Das setzt allerdings das entsprechende Wissen, aber auch Empathie, Toleranz und vor allem Zeit und Geduld voraus. Denn das Erleben und Verhalten eines Menschen steht in manngfacher und lebendiger Wechselbeziehung, eingebunden in einen sozialen Kontext (womit jede Psychiatrie eigentlich von sich aus zur Sozialpsychiatrie wird). Das wichtigste ist das Gespräch, das „schlichte Hinhören-Können" und damit Verstehen, eine Kunst, die nebenbei nie abgeschlossen ist. Glückt das Gespräch, so treten viele sogenannte psychopathologische Symptome zurück – und kommen wieder, sobald der Betroffene allein oder in einer bedrückenden Umgebung zurückgelassen wird. Deshalb darf man einen Kranken nie isoliert betrachten. Es gibt z. B. nicht die Schizophrenie schlechthin, sondern den schizophren Erkrankten in seiner Umgebung und damit entsprechenden psychosozialen Bedingungen. Ein weiteres Phänomen sind die Begriffe *normal, gesund, abnorm* und *krank*. Sie sind bisher keineswegs zureichend klar festgelegt, denn die Diskussion darüber ist immer noch im Gange – und prägt die Psychopathologie im allgemeinen und die „Arbeit am Kranken" im speziellen.

Psychopathologische Symptome

Psychopathologische Symptome sind zwar gleiche oder ähnliche Erlebens- oder Verhaltensweisen, die sich aus dem alltäglichen Gewöhnlichen des Menschen eines bestimmten Kulturkreises herausheben. Doch kein einziges Symptom für sich genommen ist schlechthin abnorm oder gar krankhaft. Denn alle Krankheitszeichen können sich unter besonderen Umständen auch beim Gesunden finden. Psychopathologische Symptome sind also nicht schlechthin krankhaft. Viele sind zwar ungewöhnlich, aber als Einzelerfahrung menschliches Allgemeingut. Dies gilt sogar für „auffällige Zeichen" wie Halluzinationen, verändertes Leiberleben u. a. „Krankheitszeichen" werden sie erst, wenn sie in einer bestimmten Schwere, Dichte, Häufigkeit, Verbindung und Dauer auftreten, und damit den Menschen leiden machen und in seiner Lebensführung behindern. Das *Symptom* ist die kleinste beschreibbare Untersuchungseinheit. Immer wiederkehrende typische „klinische Bilder" oder Symptomverbände nennt man *Syndrome*, also eine erscheinungsbildlich typische Symptomenkombination. Meist besteht aber keine enge Korrelation zu einer gleichbleibenden Ursache: Psychiatrische Syndrome sind also in der Regel noxen-unspezifisch. Die Psychopathologie verhilft vor allem zur *Diagnose*, d.h.: Erkennen eines klinisch beobachtbaren psychopathologischen Bildes, also Symptom, Syndrom, Zustandsbild, Zustands-Verlaufs-Bild u. a., als typisch und wiederholt in ähnlicher Grundgestalt vorkommend. Die Diagnostik, also der Erkenntnis- und Zuordnungsbegriff, wird heute in Verkennung ihres wahren Sinnes vielfach als „Etikettierung" verunglimpft. Das ist ein Fehler. Denn Sinn und Ziel ist ja die therapeutische und prophylaktische Handlungsanweisung, die ohne eine exakte Beurteilung des Zustandsbildes nicht möglich ist.

Der differentialdiagnostische Prozeß

Die klinische Untersuchung ist ein komplexer Entscheidungsprozeß, der folgendermaßen aufgebaut ist:

1) Das *klinische Interview* ist das ärztlich-psychologische diagnostisch-therapeutische Gespräch, hat also doppelte Zielsetzung: a) *diagnostisch:* gegenwärtiger Zustand, biographische Entwicklung, aktuelle Konstellation, Situation zur Zeit bzw. vor der Erkrankung; b) *therapeutisch:* Gesprächszugänglichkeit, Beziehungsfähigkeit, Bereitschaft, Therapiebedürfnis, therapeutische Ansprechbarkeit (Introspektionsfähigkeit, Offenheit, Kooperationsfähigkeit, Flexibilität). Dabei gibt es verschiedene Möglichkeiten:

- Das freie klinische Interview: direkte und offene Fragen; allgemein gehalten regt es zum Erzählen an, mit speziellen Fragestellungen induziert es eher knappe (ja-nein-) Antworten.
- Indirekte Fragen, die sich an u. U. heikle Erlebnisbereiche herantasten oder erklärende Einleitungen ermöglichen sollen, die es dem Patienten erleichtern, ungewöhnliche, angstmachende Erlebnisse zuzugeben bzw. erstmals auszuformulieren.

– Alternativfragen, die meist knappe Antworten induzieren (ja-nein); Suggestivfragen sind zu vermeiden.

2) Der *Psychopathologie-Status* ist die Erhebung der vom Patienten selber spontan oder auf Befragung vorgebrachten Erfahrungen („Beschwerden") sowie die Verhaltensbeobachtung. Das ist im freien klinischen Gespräch oder in standardisierter bzw. semistandardisierter Weise möglich. Für die klinische Psychiatrie hat die *Fremdbeurteilung* Vorrang vor der Selbstbeurteilung. Die *Anamnese* besteht aus allgemeiner Anamnese (biographische, soziale, medizinische Daten), aus spezieller Krankheitsanamnese (Entwicklung des jetzigen Krankheitsbildes, Verlauf), Familienanamnese (soziale und medizinische Daten, erbliche Belastung), Eigenanamnese (vom Patienten selbst erhobene Daten) sowie Fremdanamnese (von Angehörigen, Bekannten, Kollegen, Vormund usw.) erhobene Angaben zu obigen Aspekten.

3) Der *Somato-Status* enthält körperliche (insbesondere neurologische) Untersuchung sowie entsprechende Labor- und sonstige Daten (Blutzucker, Blutfette, Liquor, EEG, EKG, EMG, Comptertomographie, Kernspintomographie u. a.)

Im *differentialdiagnostischen Prozeß* geht es um die Zuordnung des beschriebenen Bildes zu den erhobenen Befunden und den anamnestischen Angaben. Gibt es Leitsymptome oder -syndrome, die eine regelhafte Zuordnung erlauben („Muster erkennen")? Welche Diagnosen scheiden aus (per exclusionem-Diagnose)? Welche zusätzlichen klinischen und sonstigen Daten sind noch zu erheben, welche Informationen fehlen, was kann zu einer Vermutungs-Diagnose beitragen? In praxi spielt die „intuitive" Anhiebsdiagnose (die klinische „Nase") eine große Rolle, was allerdings – von einer gewissen Begabung abgesehen – eine Frage der Erfahrung (und damit meist Dienstzeit) ist. Das Ziel jedes diagnostischen Entscheidungsprozesses ist die *Zuordnung eines klinisch feststellbaren Erscheinungsbildes zu einer Diagnose* im Sinne einer Ätiologie (Lehre von den Krankheitsursachen) sowie Pathogenese (Krankheitsentstehung bzw. -entwicklung), begrifflich als *Ätio-Pathogenese* zusammengefaßt. Leider läßt der derzeitige psychiatrische Wissensstand (insbesondere auf biologischer Ebene, z. B. „endogene" Krankheitsbilder) noch nicht viel Spielraum zu. Deshalb beschränkt sich die Diagnostik meist auf eine Zustands-Verlaufs-Typologie. Da aber verschiedene Noxen ähnliche Krankheitsbilder auslösen können (z. B. schizophrenieartige Psychosen bei belastenden Lebensereignissen, bei bestimmten Epilepsieformen, Rauschdrogen-Vergiftungen u. a.) bzw. gleiche Noxen verschiedenartige Zustandsbilder bedingen (z. B. chronischer Alkoholismus mit Delirium, Halluzinose, Demenz, Epilepsie), ist auch hier Vorsicht bzw. eine umfassende Daten-Sammlung mit allen verfügbaren Mitteln und ausreichend Zeit geboten. Der Sinn der Diagnose ist schließlich die konkrete Handlungsanweisung für *Therapie* und *Prophylaxe*.

Spezielle Psychopathologie

Zu den wichtigsten Störungen der speziellen Psychopathologie gehören:

– Störungen des Bewußtseins: vorwiegend *quantitative Herabsetzung des Bewußtseins* wie Benommenheit, Somnolenz, Sopor, Koma und die parasomnische Bewußtseinslage sowie vorwiegend *qualitative Bewußtseinsstörungen* wie Delirium tremens, Dämmerzustand, Oneiroid u. a. Im weiteren Sinne auch Bewußtseinssteigerung bzw. Bewußtseinserweiterung.
– *Störungen des Ich-Bewußtseins:* Depersonalisation, Derealisation sowie Störungen der Ich-Vitalität, Ich-Aktivität, Ich-Konsistenz, Ich-Kohärenz, Ich-Demarkation, Ich-Identität, Ich-Stärke sowie Störungen des Selbstbildes (Selbstkonzept, Persönlichkeitsbild).
– *Störungen der Orientierung:* Unsicherheit und Schwanken sowie Ausfall der Orientierung (Desorientierung), und zwar zeitlich, örtlich, zur Situation und zur eigenen Person.
– *Störungen des Zeiterlebens:* Beschleunigung oder Verlangsamung des Zeiterlebens (Zeitraffer- bzw. Zeitdehnungserlebnis), ferner zeitlicher Realitätsverlust sowie Störung der Zeitkategorien.
– *Störungen von Gedächtnis und Erinnerung:* allgemeine (diffuse) Störungen von

Gedächtnis und Erinnerung (Hypomnesien, Amnesien, Dysmnesien) sowie umschriebene Amnesien und Hypermnesien; ferner Erinnerungsfälschungen (Paramnesien: Fälschung in Derealisation und Wahn, Pseudologie, Konfabulationen, vermeintliche Vertrautheit und Fremdheit).

- *Störungen von Aufmerksamkeit und Konzentration:* Unaufmerksamkeit, Einengung oder Schwankungen der Aufmerksamkeit und Konzentration.
- *Störungen des Denkens:* vor allem formale Denkstörungen, also *wie* etwas (krankhaft) gedacht wird. Beispiele: gehemmtes, verlangsamtes, beschleunigtes, ideenflüchtiges, eingeengtes, umständliches, unklares, paralogisches, inkohärentes (zerfahrenes) Denken, ferner Perseveration des Denkens, Gedankensperrung, Gedankenabreißen sowie Denkstörungen im Zusammenhang mit Ich-Erlebnisstörungen: Gedankenausbreitung, Gedankenentzug (Gedankenenteignung), Gedankeneingebung, Gedankenlenkung.
- *Störungen der Sprache und des Sprechens* (zumeist mit den Denkstörungen zusammengefaßt): Aphasien (expressive, sogenannte motorische Aphasie, sensorische Aphasie, amnestische Aphasie), ferner Aphonie und Dysphonie, Dysarthrie, Stottern, Stammeln, Logoklonie, Veränderung der Lautstärke, der Modulation, verlangsamtes (Bradyphasie) oder stockendes, abgerissenes oder beschleunigtes Reden (Tachyphasie) bis zum Rededrang (Logorrhoe), dazu Verbigerationen, Palilalie, verbale Stereotypie, Echolalie, Mutismus u. a. Schließlich die Unverständlichkeit der Sprache durch Privatsymbolik, Parasyn-tax/Paragrammatismus/Inkohärenz, Vorbeireden (Paraphasie), Neologismen, Kryptolalie (und damit Kryptographie) u. a.
- *Intelligenzstörungen:* Intelligenzdefekte (Oligophrenie, Demenz), psychosoziale intellektuelle Mangelausbildung, Störungen der Intelligenz bei gestörter Realitätsbeziehung (z. B. Autismus), bei Sinnesdefekten (z. B. Seh- und Gehörstörungen), bei herabgesetzter Wachheit (Vigilanz) sowie aus affektiven Gründen (z. B. „depressive Pseudodemenz").
- *Störungen der Affektivität:* Ambivalenz (Gefühls-, intentionale und intellektuelle Ambivalenz), Ambitendenz, Parathymie, Affektarmut, Gefühl der Gefühllosigkeit, Affektstarre, Affekthaften, Affektlabilität, Affektinkontinenz sowie konkrete Affektsyndrome: depressives, manisches, schizophrenes, dysphorisches, hypochondrisches u. a. Affektsyndrom; ferner Primitiv- oder sogenannte überpersönliche Affektreaktionen sowie dauerhafte posttraumatische Verstimmungen (posttraumatische Belastungsstörungen; Psychotraumatologie).
- *Störungen der Wahrnehmung:* Ausfall einer Wahrnehmungsfunktion (aus organischen oder psychischen Gründen) sowie Abnormitäten der Wahrnehmung (Intensität, veränderte Größen- und Gestaltwahrnehmung, Gefühl der ungewöhnlichen Distanz oder Nähe, Änderung der Wahrnehmungscharaktere, Synästhesie, vermeintliches Wiedererkennen u. a.).
- *Halluzinationen*: akustische, optische, olfaktorische, gustatorische, taktile/haptische sowie zoenästhetische Halluzinationen, einschließlich den ihnen nahestehende Erfahrungsmodi: physiologische und Pseudo-Halluzinationen, illusionäre Verkennungen sowie Pareidolien, eidetische Bilder und Wahnwahrnehmungen.
- *Wahnerleben* (Wahnstimmung, Wahneinfall, Wahngedanken, Wahnwahrnehmungen, Wahnarbeit, Wahnerinnerungen, Wahnsystem, Wahndynamik), Charakter des Wahns (Wahnwirklichkeit und Realität), Wahnbedeutung, Wahnformen (z. B. Verfolgungs- oder Größenwahn), nosologische Einordnung bzw. die wahn-motivierende Situation/Psychodynamik (Wahn).
- *Störungen des Antriebs:* Antriebsverminderung und Antriebssteigerung.
- *Störungen der Motorik:* motorische Schablonen, Tics, Hyperkinese/Akinese/Stupor, Raptus, Grimassen, Fratzenschneiden, Paramimie, Katalepsie, Haltungsstereotypie, Negativismus, motorische Stereotypien, Echopraxie sowie bizarres und inadäquates Verhalten (Psychomotorik).
- *Aggressionen:* Fremdaggressivität, v.a. Selbstaggression (von der Automutilation bis zur suizidalen Handlung) (Aggression, Gewalt).

- *Zwänge und Zwangsbefürchtungen (Phobien):* Zwangsgedanken, Zwangsimpulse, Zwangshandlungen sowie Zwangsbefürchtungen (Zwänge).
- *Impulshandlungen:* Poriomanie, Sammeltrieb, Pyromanie, Kleptomanie und Dipsomanie (Impulshandlungen).
- *Triebe:* quantitative (Anorexie, Bulimie) sowie qualitative Anomalien des Appetitverhaltens (von ungewöhnlichen Gelüsten bis zu hoch pathologischen Verhaltensweisen, z. B. Kotessen). Das gleiche gilt für Anomalien des Durstverhaltens (Ernährungspsychologie).
- *Störungen der Sexualität:* unterteilt in ungewöhnliche (abnorme) Sexualobjekte (Pädophilie, Gerontophilie, Zoophilie, Nekrophilie, Fetischismus u. a.) sowie ungewöhnliche (abnorme) Sexualpraktiken (Fellatio, Analverkehr, Urethralismus, Sadismus/Masochismus, Voyeurismus, Exhibitionismus, Frotteurismus, Transvestitismus u. a.; Sexualität). Wachsende Bedeutung erlangen Transsexualismus und Inzest.

Literatur

Scharfetter, C. (1996). *Allgemeine Psychopathologie*. Eine Einführung. 4. neu bearbeitete Auflage. Stuttgart: Thieme.
Scharfetter, C. & Faust, V. (1999). *Psychopathologie-Lexikon*. Stuttgart: Thieme.
Faust, V. (Hrsg.). (1996). *Psychiatrie*. Ein Lehrbuch für Klinik, Praxis und Beratung. Stuttgart-Jena-New York: G. Fischer.
Jaspers, K. (1973). *Allgemeine Psychopathologie*. Berlin: Springer.

Psychophysik

Walter H. Ehrenstein

Unter Psychophysik versteht man seit G. T. Fechner (1860) die Lehre von den Beziehungen zwischen *seelischen* (subjektiven oder phänomenalen) und *körperlichen* (objektiven oder physikalischen) Tatbeständen. Fechner unterschied dabei bereits zwischen äußerer und innerer Psychophysik. Während die *äußere Psychophysik* das Verhältnis von physikalisch meßbaren Reizen zu den durch sie ausgelösten Erlebnissen untersucht, beschäftigt sich die *innere Psychophysik* mit den, prinzipiell ebenfalls mit physikalischen Methoden meßbaren, sensorischen und neuronalen Erregungsprozessen und den ihnen zugeordneten Erlebnissen (Abb. 1).

Fechners Idee war es, aus der äußeren Psychophysik, aus den durch sie aufgedeckten quantitativen Beziehungen zwischen Reiz und Erlebnis auf die vermittelnden Erregungsprozesse zu schließen. Da es damals noch kaum objektive Methoden gab, um Erregungsprozesse zu erfassen, blieb seine innere Psychophysik zunächst ein rein theoretisches Konzept. Die äußere Psychophysik diente daher methodisch auch einer *subjektiven Sinnesphysiologie* (Aubert, Exner, Helmholtz, Hering, Kries, Mach, Purkinje u.a.), um erste Aufschlüsse über Sinnes- und Hirnfunktionen zu liefern. Heute hat sich die Situation angesichts der zahlreich vorhanden Methoden

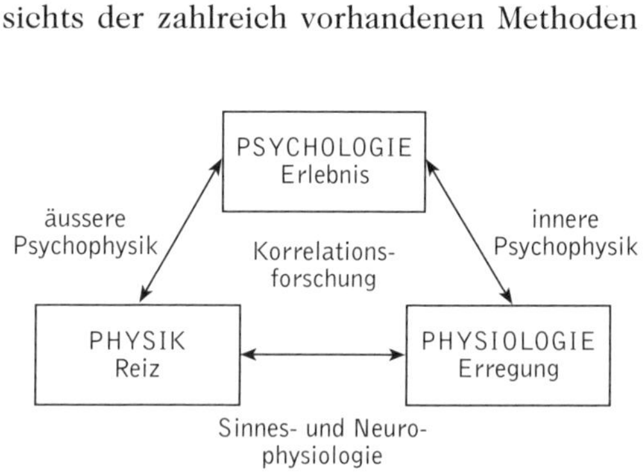

Psychophysik 1. Interdisziplinäre Einordnung der Psychophysik.

zur objektiven Erfassung sensorischer und neuronaler Aktivität grundlegend gewandelt. Damit wird ein Vergleich von objektiven und subjektiven Antworten auf äußere Reize möglich, die erkenntnistheoretisch den Bezugspunkt (das *tertium comparationis*) darstellen, sofern sie identisch zur Auslösung von Neuronen- und Wahrnehmungsantworten dargeboten und variiert werden. Mit der „Methode des gemeinsamen Reizes“ lassen sich quantitative Beziehungen (Korrelationen) von qualitativ sehr verschiedenen Phänomenen und Vorgängen herstellen und zuordnen (Abb. 1). Dieser Ansatz einer *interdisziplinären Korrelationsforschung* wurde von R. Jung und Mitarbeitern (Baumgartner, Creutzfeldt, Dichgans, Grüsser, Spillmann u.a.) begründet (Internationales Symposium anläßlich des 100. Jubiläums von Fechners „Psychophysik“, Freiburg 1960) und bildet heute das Kernstück der modernen, sinnes- und neurophysiologisch verankerten Wahrnehmungsforschung (Campenhausen, 1993) (Wahrnehmung).

Wirkungsreihe vom physikalischen Objekt zum „psychophysischen Niveau“

Damit ein Gegenstand gesehen wird, zum Sehding wird, müssen Lichtstrahlen von ihm ausgehen (Reizquelle) und auf die Netzhaut des Auges gelangen. Dort müssen die *Rezeptoren* den physikalischen Reiz in elektrische Energien umwandeln, die vom Sehnerven zu einem raum-zeitlichen Erregungsmuster geordnet und auf weiteren Stationen der Sehbahn verarbeitet, schließlich die Sehrinde erreichen. Ist dieser Übertragungsweg unterbrochen, so kommt es zu keiner Wahrnehmung, ist er (z.B. infolge von Entmarkungsvorgängen) verlangsamt, so tritt die Wahrnehmung entsprechend verzögert auf. Offenbar hat von der gesamten Wirkungsreihe nur der Endabschnitt (die Erregungen in der Sehrinde) etwas mit der Wahrnehmung zu tun. Bei Zerstörung der Sehrinde kann man trotz intakter Rezeptoren und Sehnerven nichts mehr sehen (*Rindenblindheit*), oder es verbleibt ein dem Bewußtsein kaum noch zugängliches Restsehen (sog. „blindsight“). Demnach werden Erregungsprozesse erst auf einem bestimmten Niveau der neuronalen Verarbeitung „bewußt“, d.h. psychophysisch wirksam. Auf dieser Stufe werden physiologisch beobachtbare Vorgänge zugleich psychologisch erfaßbar. W. Köhler (1920) hat in diesem Zusammenhang den Begriff des *„psychophysischen Niveaus“*(PPN) eingeführt, wobei er annahm, daß gleichen oder ähnlichen Bewußtseinsvorgängen gleiche oder ähnliche zentralnervöse (PPN-) Vorgänge entsprechen (*Isomorphieprinzip*). Heuristisch folgt aus dem Isomorphieprinzip, daß sich Wahrnehmung und der ihr zugeordnete Hirnvorgang funktionell und strukturell einander entsprechen, die Befunde der Wahrnehmungs- und Hirnforschung sich somit gegenseitig ergänzen und stützen (Ehrenstein & Ehrenstein, A., 1999).

Quantitative Gesetzmäßigkeiten der Psychophysik

Die entscheidenden Anregungen zum Aufbau einer Psychophysik gingen von den Untersuchungen des Physiologen E. H. Weber über den Tastsinn (1834, 1846) aus. Diese zeigten, daß der eben noch bemerkbare Reizunterschied zwischen zwei Gewichten (ΔI) in einem konstanten Verhältnis zur Größe des Bezugsgewichts (I) steht:

$\Delta I/I = k$ (*Webersches Gesetz*)

Dies bedeutet, daß bei einer Weberschen Konstanten (k) von 1/40 zwei Gewichte von 40 und 41 g eben noch unterschieden werden können, also 1 g zur Unterscheidung ausreicht, bei einem Gewicht von 400 g dazu aber 10 g nötig sind. Ausgehend von dieser Gesetzmäßigkeit folgerte Fechner (1850), daß ΔI die relativ zum Bezugsreiz (I) notwendige Reizveränderung darstellt, um bei der von I hervorgerufenen Empfindung (E) einen eben merklichen Empfindungsunterschied (ΔE) herbeizuführen. Angeregt durch das auf G. W. Leibniz zurückgehende Konzept der Minimalwahrnehmungen („petites perceptions“ im Sinne differentieller Erlebniseinheiten) postulierte Fechner eine Beziehung zwischen beliebig kleinem, infinitesimalem Reizzuwachs (dI) und entsprechend infinitesimalem, „subliminalem“ Empfindungszuwachs (dE). So gelangte er zu der „Fundamentalformel“: dE = c · dI/ I, deren Integration die sog. „Maßformel“ liefert:

E = c · log I + f (*Fechnersches Gesetz*)

Dabei bedeutet E die Empfindungsintensität, I die Reizintensität, c und f sind von der jeweiligen Sinnesmodalität abhängige Konstanten bzw. Proportionalitätsfaktoren. Allgemein formuliert besagt das Fechnersche Gesetz, daß die Empfindungsstärke mit dem Logarithmus der Reizstärke wächst. Einer Verdoppelung der Reizstärke entspricht subjektiv ein Zuwachs um etwa 30%, einer Verzehnfachung ungefähr eine Verdoppelung der Empfindungsintensität. Zahlreiche experimentelle Überprüfungen ergaben, daß das Webersche und Fechnersche Gesetz nur für einen, im Alltag allerdings entscheidenden, Mittelbereich eines Reizkontinuums gelten. Bei sehr kleinen und sehr großen Reizintensitäten weichen die Ergebnisse deutlich von den vorhergesagten Werten ab. Außerdem sind die logarithmischen Skalen nach dem Kriterium der eben merklichen Unterschiede, d.h. für den Schwellenbereich konstruiert und nicht unbedingt auch für den überschwelligen Bereich gültig. Alternativ zu den Messungen im Schwellenbereich bieten sich *Größenordnungs- oder Verhältnisskalen* an, wie sie zuerst von J.A.F. Plateau (1872) und J. Delboeuf (1873) vorgeschlagen und vor allem von S. S. Stevens (1975) entwickelt wurden. Statt einen eben merklichen Unterschied zu bestimmen, läßt man die wahrgenommene Intensität als Verhältnis zu einem Standard (modulus) einstufen. Man erhält bei diesen Versuchen typischerweise eine *Potenzfunktion,* bei der die Empfindungsstärke (E) proportional zur n-ten Potenz der Reizstärke (I) ist:

$E = a \cdot I^n$ (*Potenzgesetz*)

Die Konstante a bezeichnet jeweils die absolute Schwelle einer Sinnesmodalität. Ist der Exponent n = 1, so ist die Empfindung direkt proportional zur Reizstärke, bei Werten von n < 1 nimmt ihre Intensität (wie beim Fechnerschen Gesetz) langsamer zu als die des Reizes.

Methoden der Psychophysik

Die Psychophysik stützt sich bis heute hauptsächlich auf drei bereits von Fechner (1860) sowie G. E. Müller (1878) ausgearbeitete Methoden zur *Schwellenbestimmung*, die allerdings inzwischen durch rechnergestützte Reizdarbietungs- und Auswertungsprogramme erheblich optimiert wurden:
1) *Herstellungsmethode*. Hier muß der Beobachter wiederholt einen variablen Reiz so einstellen, daß er gerade eben wahrgenommen wird (absolute Schwelle) oder mit einem vorgegebenem Standardreiz übereinstimmt (Unterschiedsschwelle). Aus den Einstellungen werden das arithmetische Mittel als *subjektiver Gleichwert* und die Streuung (s) bzw. (als Maß der Unterschiedsschwelle) der *wahrscheinliche Fehler* (wF = 0, 67 s) berechnet. Die Differenz zwischen subjektivem Gleichwert und Standardreiz wird als *konstanter Fehler* bezeichnet.
2) *Grenzmethode*. Hier wird der Reiz durch den Versuchsleiter (bzw. rechnergestützt) variiert, wobei der Beobachter angibt, wann er den Reiz bzw. Reizunterschied eben wahrnimmt (aufsteigendes) bzw. eben nicht mehr wahrnimmt (absteigendes Verfahren).
3) *Methode der konstanten Reize (Konstanzmethode)*. Hier wird eine Serie von um einen konstanten Betrag (z.B. 0,1 g, 1 cm, 1 dB) sich unterscheidenden Reizen wiederholt in Zufallsfolge dargeboten. Der Schwellenwert liegt bei derjenigen Reizintensität, die in 50% der Fälle bemerkt wurde. Die Grenzwerte werden auf der Grundlage kumulierter Häufigkeiten der Urteile berechnet. Abb. 2 (aus einer Untersuchung zum Richtungshören von Lewald & Ehrenstein, 1998) zeigt die prozentuale Häufigkeit der Rechtsurteile einer Versuchsperson als Funktion der Intensitätsdifferenz (ΔI) zwischen beiden Ohren (in deziBel, dB). Die Darbietung erfolgte über Kopfhörer in Stufen von 1 dB über den Bereich von – 4 dB (höherer Schalldruck am linken) bis + 4 dB (höherer Schalldruck am rechten Ohr). Bei Kopfstellung in Geradeaus-Richtung (0°) weicht der psychophysisch bestimmte Mitteneindruck (ΔI = –0.55 dB) nur geringfügig von der physikalischen Mitte (ΔI = 0) ab (das linke Ohr benötigt etwas mehr Schallintensität als das rechte). Bei Kopfdrehung um 60°

nach links (–) bzw. rechts (+) weicht der Mitteneindruck dagegen deutlich (um – 2,55 dB bzw. + 1,30 dB) von der physikalischen Mitte ab (Abb. 2). Dies bedeutet, daß sich die wahrgenommene Schallrichtung entgegengesetzt zur Kopfrichtung verlagert.

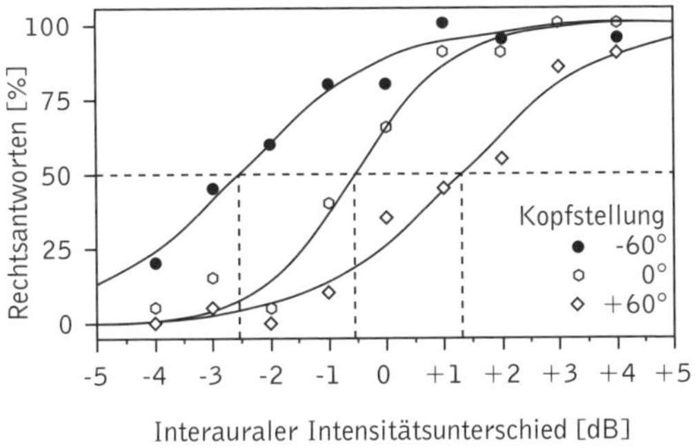

Psychophysik 2. Einfluß der Kopfstellung auf die wahrgenommene Schallrichtung.

4) Bei einer von L. L. Thurstone (1927) ausgearbeiteten Variante der Konstanzmethode, der *Methode des Paarvergleichs,* werden die zu beurteilenden Gegenstände bzw. Reizintensitäten in sämtlichen n x (n-1)/2 Paarkombinationen dargeboten. Aus der Matrix der Urteile läßt sich eine quantitative Stufung der Beurteilungsgegenstände berechnen. In einfacherer Form hat Fechner (1876) diese Methode bereits zur Auffindung ästhetischer Bevorzugungen verwendet. Beim Proportionsvergleich von Rechtecken fand er eine Bevorzung des *goldenen Schnitts*, d.h. von Proportionen, bei denen sich der kleinere Teil (a) zum größeren Teil (b) verhält wie dieser zum Ganzen: a : b = b : (a+b).

5) Bei direktem *Schätzen von Reizgrößen*, der *Verhältnisskalierung* (Stevens, 1975) wird ein Standardreiz mit einem Zahlenwert (z.B. „100“) vorgegeben, zu dem die wahrgenommenen Intensitäten der Vergleichsreize proportional anzugeben sind (z.B. „45“ knapp halb, „200“ genau doppelt so stark). Noch direkter erfolgen diese Angaben beim *intermodalen Vergleich*. Hierbei wird z.B. die wahrgenommene Licht- oder Schallintensität durch vergleichbaren *Kraftaufwand* beim Betätigen eines Handdynamometers angezeigt, d.h. die Intensität in einer Modalität (Seh-, Hörsinn) wird durch eine dieser in einer anderen Modalität (Kraftsinn) entsprechenden Intensität ausgedrückt.

Anwendungen der Psychophysik

Überall dort, wo Fragen nach der sensorischen Umwelt oder der Funktionsweise von Sinnessystemen des Menschen auftreten, können psychophysische Methoden nützlich sein. So können detaillierte psychoakustische Skalierungen als Entscheidungsgrundlage für die Notwendigkeit wie Wirksamkeit von Lärmschutzmaßnahmen (Lärmwirkungen, Lärmbewertung) dienen. Im klinisch-diagnostischen Bereich finden zunehmend rechnergestützte, adaptive Schwellenmeßverfahren Eingang, etwa bei der sensorischen Funktionsprüfung (Seh-, Hör-, Riechtests) oder Erfassung sensorisch-neurologisch bedingter Leistungsstörungen (Neuropsychologie). Im Bereich der Ergonomie sind psychophysische Meßsysteme in die Normung (DIN) eingegangen und zur Erfassung sensorisch-perzeptiver Bedingungen am Arbeitsplatz wie auch von individuell, etwa altersbedingt veränderten sensorischen Leistungsvoraussetzungen unerläßlich und bieten zudem wertvolle Anhaltspunkte für die Konstruktion bedienerfreundlicher Maschinen und Anzeigen. *Angewandte Psychophysik* bildet daher auch das Kernstück des vor allem in den USA entwikkelten *Human Factors* Ansatzes, der Ingenieure und Psychologen in dem Ziel einer menschgerechten Gestaltung und Optimierung der Arbeitswelt vereint (Arbeits- und Organisationspsychologie).

Literatur

Campenhausen, C. v. (1993). *Die Sinne des Menschen. Einführung in die Psychophysik der Wahrnehmung* (2. Aufl Stuttgart – New York: Thieme.

Ehrenstein, W. H. & Ehrenstein, A. (1999). Psychophysical methods. In U. Windhorst & H. Johansson (Eds.), *Modern Techniques in Neuroscience Research* (pp. 1211-1241). Berlin, New York: Springer.

Fechner, G.T. (1860). *Elemente der Psychophysik*. Bd. I & II. Leipzig: Breitkopf & Härtel.

Lewald, J. & Ehrenstein, W. H. (1998). Influence of head-to-trunk position on sound lateralization. *Exp. Brain Res.* 121, 230-238.

Stevens, S. S. (1975). *Psychophysics: Introduction to its Perceptual, Neural, and Social Prospects*. New York. Wiley.

Psychophysiologie

Jochen Fahrenberg

Begriff und Ziele der Psychophysiologie

Psychophysiologie befaßt sich mit den Beziehungen zwischen psychischen Vorgängen (Verhalten und Bewußtseinsprozessen) und körperlichen Funktionen. Seit es vor etwa 150 Jahren möglich wurde, den Puls, die Atmung, die Elektrodermale Aktivität, später auch den Blutdruck, die elektrische Herzaktivität (Elektrokardiogramm, EKG) und Hirnaktivität (Elektroenzephalogramm, EEG) während einer Emotion oder einer kognitiven Leistung aufzuzeichnen, gilt diese „Polygraphie" physiologischer Veränderungen als typisch für diese Forschungsrichtung. (Abb.). Es geht um den Zusammenhang (Korrelation) beider Seiten, wobei die *Gleichberechtigung* psychologischer und physiologischer Methoden (so Berger, der Entdecker des EEG) betont wurde.
Der Begriff Psychophysiologie wurde im Jahr 1822 von Nasse ungefähr im heutigen Sinn geprägt. Dagegen ist in der Neuropsychologie und in der vorwiegend tierexperimentell arbeitenden Physiologischen Psychologie häufiger eine primär von der Untersuchung der Hirnstrukturen ausgehende „reduktionistische" Orientierung zu erkennen, d.h. Wahrnehmung, Lernen, Sprache usw. werden auf die Tätigkeit bestimmter Hirnstrukturen zurückgeführt. In der psychoanalytisch beeinflußten Psychosomatik wird hingegen oft von psychischen (psychogenen) Ursachen körperlicher Krankheiten gesprochen.
Die Begriffsgeschichte dieser Biologischen Psychologie im Grenzgebiet verschiedener Disziplinen spiegelt die Auseinandersetzung wider, welche im 19. Jahrhundert zwischen „Psychikern" und „Somatikern" in der Psychologie und Psychiatrie geführt wurde und bis in die Gegenwart reicht. Es gibt verschiedene philosophische Auffassungen, ob Bewußtsein und Nerventätigkeit wechselseitig aufeinander einwirken können, ob es sich nur um zwei Seiten desselben psychophysischen Prozesses handelt, oder ob es zwei verschiedene, aber einander ergänzende Beschreibungen von Hirnfunktionen sind (Leib-Seele-Problem). Diese verschiedenen Perspektiven beeinflussen auch die Theorien und die Methoden der Wissenschaftler.
Zumindest in der Forschung handelt es sich heute um eine zusammenwachsende *Neuro-Psychophysiologie* mit überlappenden theoretischen Konzepten und austauschbaren Methoden, wobei in den Fragestellungen und Praxisfeldern sowie hinsichtlich Studium und Berufsbild (Psychologie bzw. Medizin) Unterschiede fortbestehen. Psychophysiologie kann als ein Teil der Neurowissenschaften gesehen werden und als eine der Grundlagendisziplinen für die Verhaltensmedizin/ Verhaltenstherapie, für die Arbeits- und Organisationspsychologie u.a. Anwendungsfelder.

Beschreibungsebenen

Emotionen, Beanspruchung (Streß), Orientierungsreaktionen, Wachen und Schlafen sowie viele andere organismische Zustände und Zustandsänderungen können auf mehreren Ebenen bzw. in mehreren Systemen beschrieben werden: 1) als Prozesse des Bewußtseins, Erlebens und körperlichen Befindens, welche der Selbstbeobachtung (Introspektion, Interozeption) zugänglich und sprachlich mitteilbar sind, 2) als Verhaltensmuster, die in Tätigkeiten, Bewegungen und mimischem Ausdruck objektiv beobachtet werden, und 3) als physiologische Veränderungen, die in vielen, wechselseitig aufeinander einwirkenden, Funktionssystemen zu messen sind. Im unmittelbaren Erleben, z.B. in einem starken Ärger über ein Ereignis oder in Zuständen der Angst scheinen diese Aspekte eine Einheit zu bilden. Die Forschung hat jedoch ergeben, daß es keine starren Zusammenhänge gibt, sondern Kopplungen und Entkopplungen von Komponenten. Ein intensives Angst*gefühl* ist also nicht regelmäßig von einem entsprechenden Angst*verhalten* (Vermeidungsverhal-

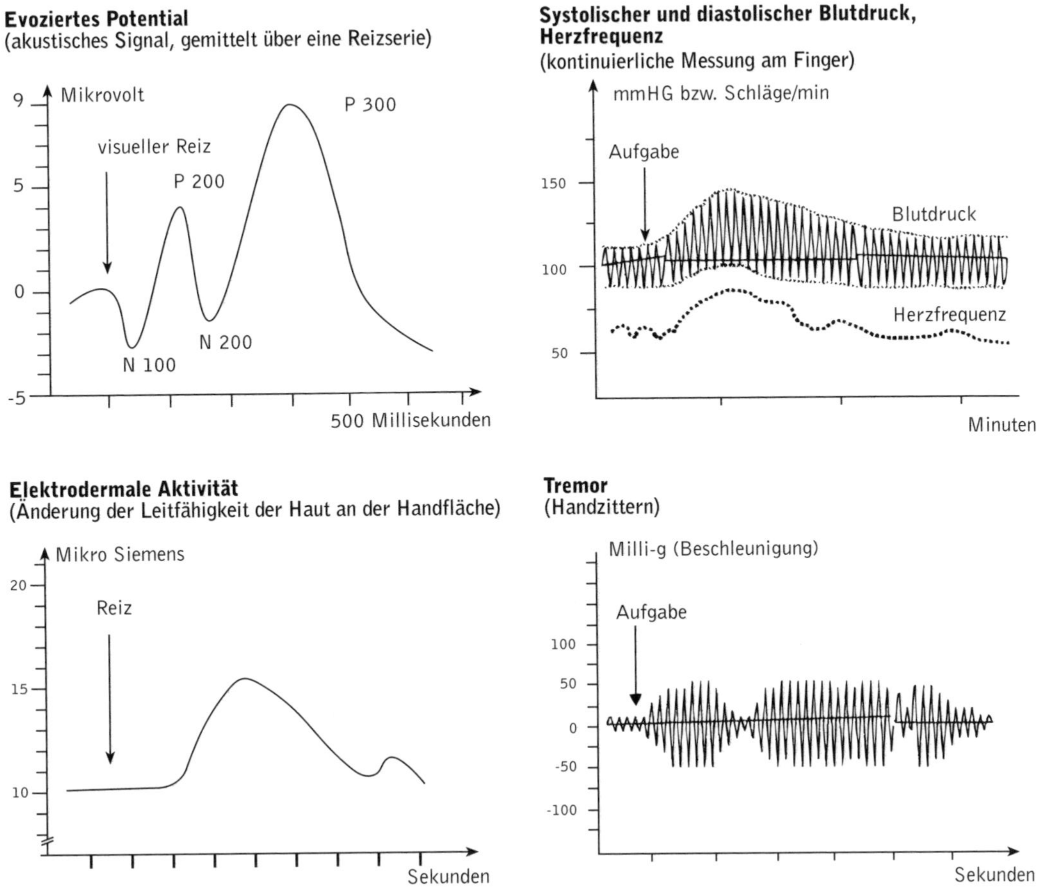

Psychophysiologie 1. Sensorische Reize lösen Reaktionen im kortikalen, kardiovaskulären, elektrodermalen und motorischen System aus.

ten) oder einer körperlich meßbaren vegetativ-endokrinen Angs*terregung* begleitet. Auffällige Abweichungen dieser Art haben ein zunehmendes Forschungsinteresse gefunden.

Forschungsgebiete

Das Gebiet der Psychophysiologie läßt sich nach den Themen der Grundlagenforschung, nach den Anwendungsfeldern oder nach den hauptsächlichen physiologischen Funktionssystemen gliedern. Zentrale Forschungsgebiete sind die Psychophysiologie der Emotionen, der Streßreaktion und anderer Erregungszustände, die zusammenfassend auch als Prozesse der Aktivierung bezeichnet werden. Auf der anderen Seite erfordern auch Entspannung, Erholung und Schlaf eine psychophysiologische Untersuchung. Die kognitive Psychophysiologie befaßt sich mit der Informationsverarbeitung bei sensorischer Stimulation und bei kognitiven Leistungen soweit sie indirekt durch psychophysiologische Methoden erfaßt werden kann. Die Wahrnehmung von Schmerz und von Körperfunktionen durch Interozeption wird im Hinblick auf die Entstehung körperlicher Beschwerden bei Funktionsstörungen untersucht. Die Frage nach psychophysiologischen Korrelaten bestimmter Persönlichkeitseigenschaften knüpft an die älteren Theorien über Konstitution und Temperament an. Psychophysiologische Emotions- (Streß-) Forschung und Persönlichkeitsforschung tragen zur Aufklärung der Entstehung psychosomatischer und psychiatrischer Krankheiten bei.

Die psychophysiologische Emotionsforschung hat sich seit den Anfängen der Psychophysiologie in den Laboratorien von Lange, Lehmann, Weber und Wundt mit der Suche nach physiologischen Unterschieden zwischen basalen Emotionen, wie Ärger, Angst, Freude usw., befaßt. Bisher konnten solche Muster, die im Erleben von Gefühlen und auch in der Mimik deutlich sind, nicht befriedigend nachgewiesen werden. Deshalb wurde der Begriff Aktivierung (Aktivation, Arousal) bevorzugt, um eine einheitliche, psychophysische Funktionsanregung des Organismus zu beschreiben.
Die Wahrnehmung von körperlichen Vorgängen (Interozeption), d.h. von normalen Funktionsänderungen, von Funktionsunregelmäßigkeiten und symptomatischen Funktionsstörungen, ist nur in sehr eingeschränkter Weise oder überhaupt nicht möglich. Nur wenige Personen können ihren Herzschlag – wie standardisierte Tests zeigten – zuverlässig erkennen. Körperwahrnehmungen sind vorwiegend von der Situation, von Ursachenzuschreibungen und Einstellungen beeinflußt; körperliche Beschwerden sind deshalb nur im Zusammenhang des Krankheitsverhaltens zu interpretieren.
Die Suche nach der biologischen Basis bestimmter Persönlichkeitseigenschaften bzw. des Temperaments begann schon in der Medizin der Antike mit der Lehre von den vier Körpersäften. Später wurden Korrelationen mit dem Körperbau, den Blutgruppen, bestimmten Hormonen, der zentralnervösen Erregbarkeit und der vegetativen Reaktivität behauptet. Zweifellos gibt es, außer der morphologischen Individualität des Körperbaus, auch eine relativ überdauernde biochemische und vegetativ-endokrine Individualität des Menschen, welche zusammen mit angeborenen Funktionsschwächen und Krankheitsdispositionen die Konstitution des Menschen bestimmt. Korrelationen zwischen solchen somatischen Konstitutionsmerkmalen und Merkmalen des psychischen Temperaments konnten jedoch bisher nicht zuverlässig nachgewiesen werden. Dennoch wird diese Forschung fortgesetzt aus der Überzeugung, daß Konstitution und Temperament eine gemeinsame Grundlage im Gehirn bzw. in der genetischen Ausstattung des Individuums haben müssen.

Anwendungsfelder

Ein hervorragendes Anwendungsgebiet ist die psychophysiologische Beschreibung von mentaler und emotionaler Beanspruchung und Überforderung (Streß) am Arbeitsplatz, um Arbeitsabläufe, Pausenregelung, Arbeitsgestaltung usw. verbessern zu können. Chronische Überforderung wird als Mitursache einiger Krankheiten, u.a. des Bluthochdrucks, angesehen und kann einen negativen Einfluß auf viele andere Krankheiten haben. Psychophysiologisch orientierte Untersuchungen und *prospektive Studien* (Längsschnittstudien) können zur Aufklärung der Entstehung solcher Krankheiten beitragen.
Von großer praktischer Bedeutung ist das ambulante Monitoring (Feldstudien), d.h. die regelmäßige Überwachung von Körperfunktionen und Symptomen im Alltag, um kritische Veränderungen bei Risikopatienten zu erfassen, die Dosierung von Medikamenten anzupassen und Behandlungsfortschritte zu erkennen. Hierfür werden kleine portable Meßwertspeicher verwendet. Das ambulante Monitoring des Elektrokardiogramms und des Blutdrucks sind heute Routinemethoden in der Medizin.
Im therapeutischen Bereich haben sich psychophysiologisch orientierte Entspannungstechniken, bei denen diese Übungen z.B. durch Rückmeldung der Atmung oder Muskelspannung unspezifisch unterstützt werden, bewährt. Dagegen hat sich die experimentelle Methodik des Biofeedback, d.h. die visuelle oder akustische Rückmeldung von Meßwerten der gestörten Funktion, um die Symptomreduktion, z.B. die Blutdrucksenkung, spezifisch zu „lernen", empirisch weniger bewährt als erwartet wurde.
Der Einsatz psychophysiologischer Methodik, um die Wirkung von Werbematerial zu prüfen oder um unwahre Aussagen zu erkennen (Lügendetektor), gehört zu den problematischen und umstrittenen Anwendungen.

Methoden

Als *kortikale* Psychophysiologie und *peripher-physiologische* Psychophysiologie werden zwei Bereiche der Psychophysiologie unterschieden. Kortikale Psychophysiologie bezieht sich auf die indirekt, d.h. äußerlich von Kopfelektroden abgeleitete elektro-magnetische Hirnaktivität (EEG), wobei zwischen der spontanen und der reaktiven Aktivität (evozierte Potentiale) zu unterscheiden ist. Das EEG erfaßt jedoch nur die elektrophysiologischen Veränderungen in den äußersten Zellschichten der Hirnrinde (Kortex) und diese Repräsentation ist wegen der individuell verschiedenen Struktur und Furchung des Kortex räumlich verzerrt. Deshalb wird versucht, durch eine große Anzahl von Ableitelektroden, durch räumliche Projektionen und Umrechnungen sowie durch Hinzunahme magnetischer Aktivität (sog. Magnetenzephalogramm MEG) und bildgebender Verfahren (u.a. funktionelle Magnetresonanz-Technik fMRI) zutreffendere Aussagen zu gewinnen.

Alle anderen, nicht am Gehirn, sondern an bestimmten Organen (sog. Effektorganen) gemessenen Funktionen werden als peripher bezeichnet. Diese Funktionen unterliegen zwar der zentralnervösen Kontrolle, repräsentieren jedoch auch die lokalen Bedingungen und Wechselwirkungen mit anderen Funktionssystemen und Umgebungsbedingungen. Dies gilt für die Augenbewegungen (Okulomotorik) ebenso wie für den Blutdruck oder die Sekretion der Hormone. Die Veränderungen, z.B. von Herz-Kreislauf-Funktionen, interessieren in diesem Zusammenhang nur als Indikatoren zentralnervöser Prozesse. Die „peripheren" vegetativen Reaktionen während einer Emotion oder einer motivierten Verhaltenssequenz sind wahrscheinlich die geeigneteren Hinweise auf die Aktivität in den Strukturen des limbischen Systems (Gehirn) als das – aus größerer räumlicher Nähe – abgeleitete Elektroenzephalogramm. Als große Funktionsbereiche sind das vegetativ-endokrine System, das mit dem Immunsystem zusammenhängt, und das motorische System zu nennen. Da in der Psychophysiologie im allgemeinen nur nicht-invasive („unblutige") Methoden verwendet werden und klinisch-chemische bzw. biochemische Labormöglichkeiten selten vorhanden sind (Psychoneuroendokrinologie, Psychoneuroimmunologie), kann in der Regel nur eine sehr begrenzte Auswahl physiologischer Messungen für psychophysiologische Fragestellungen genutzt werden (s. Tab. 2).

Zusammenfassung und Perspektive

Die psychophysiologische Forschung hat, anders als erwartet, in vielen Bereichen eher einen *Mangel an Zusammenhängen* ergeben: zwischen Angst*gefühl* und Angst*erregung*, zwischen Körperwahrnehmung und meßba-

Psychophysiologie 2. Physiologische Messungen in der Psychophysiologie

Methode	Abkürzung	Ableitung
Elektroenzephalogramm	EEG	Elektroden am Kopf
– Evozierte (kortikale) Potentiale	EP, EKP	
Elektrokardiogramm	EKG	Elektroden an Brustwand oder Extremitäten
– Herzfrequenz	HF	
– Herzfrequenzvariabilität	HFV	
Pulsregistrierung	HF	Pulssensor an einer Arterie
Blutdruck	BP	Manschette am Oberarm oder Handgelenk
(systolisch/diastolisch)	SBP, DBP	
Atmung (Atemfrequenz)	AF	Atemgurt/Elektroden am Oberkörper
Elektrodermale Aktivität	EDA	Elektrode an der Handinnenfläche
– Hautleitwertniveau	SCL	
– Hautleitwertreaktion	SCR	
Motorische Aktivität		
– Accelerometrie (Lage, Bewegung)		Beschleunigungssensoren
– Elektromyogramm	EMG	Elektroden am Muskel
– Elektrookulogramm	EOG	
– Lidschlagaktivität		

rer Funktionsveränderung, zwischen Beschwerden und klinischem Befund, zwischen der Selbstbeurteilung der emotionalen Labilität im Fragebogen und gemessener vegetativ-endokriner Reaktivität. Die subjektiven und sprachgebundenen Aussagen enthalten Selbstauskünfte und Selbstbeurteilungen, die vor allem in neokortikalen Strukturen des Gehirns ablaufen, und die vegetativ-endokrinen Messungen beziehen sich primär auf neurophysiologische Aktivierungsprozesse in limbischen und tieferliegenden Strukturen. Umsomehr ist es notwendig, bei vielen Fragestellungen der Forschung und Praxis, eine psychologisch-physiologische Doppelbetrachtung zu leisten, um einseitige Schlußfolgerungen zu vermeiden.
In vielen Forschungsgebieten haben sich Konzepte und Methoden der Psychophysiologie als wissenschaftlich fruchtbar erwiesen. Es gibt herausragende Anwendungsfelder in der Belastungs-Beanspruchungsforschung am Arbeitsplatz und in der psychophysiologisch orientierten Diagnostik, Therapie und Therapiekontrolle, wobei durch die Entwicklung des ambulanten Monitorings neue und ökologisch validere Untersuchungsansätze geschaffen wurden.

Literatur

Fahrenberg, J. (1995). Biopsychologische Unterschiede. In M. Amelang (Hrsg.), *Differentielle Psychologie und Persönlichkeitsforschung*, Band 2, Enzyklopädie der Psychologie. Göttingen: Hogrefe.
Fahrenberg, J. & Myrtek, M. (1996). (Eds.). *Ambulatory monitoring and assessment*. Seattle, WA: Hogrefe & Huber.
Rösler, F. (1998). (Hrsg.). *Ergebnisse und Anwendungen der Psychophysiologie* 1998, sowie F. Rösler (Hrsg.), *Grundlagen und Methoden der Psychophysiologie*, Enzyklopädie der Psychologie. Göttingen: Hogrefe.
Schandry, R. (1998). *Lehrbuch der Psychophysiologie*, 2. Aufl.. Weinheim; Psychologie Verlags Union.
Stemmler, G. (1992). *Differential Psychophysiology: Persons in Situations*. Berlin: Springer.

Psychosomatik

Wolfgang Milch und Frank Leweke

Begriffliche Klärungen

Die Psychosomatik (oder Psychosomatische Medizin) kann als die *Lehre von den körperlich-seelisch-sozialen Wechselwirkungen* in der Entstehung, im Verlauf und in der Behandlung von menschlichen Krankheiten verstanden werden (Hoffmann & Hochapfel, 1995). Der Begriff umfaßt drei Bereiche:1) Eine *ärztliche Grundeinstellung*, die von einem ganzheitlichen Menschenbild ausgehend bei der Diagnostik und Therapie von Krankheiten seelische und soziale Faktoren mitberücksichtigt.2) Eine *Forschungsrichtung*, die mit biologischen, psychologischen und sozialen Methoden die Bedeutung seelischer und sozialer Vorgänge für die Entstehung, Erhaltung und Therapie von körperlichen Krankheiten untersucht. 3) Ein Gebiet *psychotherapeutischer Versorgung* von Patienten, deren Beschwerden von rein psychogenen Störungen über psychosomatische Krankheitsbilder im engeren Sinne bis zu den Folgezuständen schwerer und chronischer körperlicher Krankheiten reicht. Der Begriff „psychosomatisch“ wurde zwar erst 1818 von J. Heinroth eingeführt, aber schon seit Alters her wird eine Lösung für das Leib-Seele-Problem gesucht. Die Trennung von Leib und Seele, Körper und Geist stellt eine abendländische Eigenart dar, die dazu führt, daß die Vorstellungen vom Körper instrumentalisiert werden, so daß der menschliche Körper wie die Natur beherrscht werden soll.
Im *Krankheitsverständnis* der Psychosomatischen Medizin geht es um Störungen des

bio-psycho-sozialen Zusammenhangs, die mit dem Modell der systemischen Wechselwirkungen erfaßt werden, indem der Organismus über soziale, psychische, physiologische und physikalische Vorgänge im Austausch mit der Umwelt steht und sich psycho-somatische und somato-psychische Prozesse gegenseitig bedingen (Adler et al., 1996) In psychosomatischen Regelkreisen steht das seelische Erleben damit in einer engen wechselseitigen Beziehung mit den rein körperlichen Vorgängen, vermittelt durch das Zentralnervensystem, das Immunsystem und das endokrine System (Psychoneuroimmunologie, Psychoneuroimmunologie) und vieles andere mehr (Weiner, 1991). Da prinzipiell bei jeder körperlichen Erkrankung somatische, psychische und soziale Faktoren zusammenwirken, ist die Bezeichnung „Psychosomatische Krankheit" für eine umgrenzte Gruppe von Störungen vorbehalten, bei denen seelische Faktoren maßgeblich zu Entstehung und Verlauf der Krankheit beitragen. Das typische psychosomatische *Krankheitsspektrum* umfaßt das Ulcus ventriculi und duodeni, die Colitis ulcerosa, die Crohnsche Krankheit, das Asthma bronchiale, die essentielle Hypertonie, die rheumatoide Arthritis, die Neurodermitis und die Eßstörungen (Studt & Petzhold, 1999).

Stellenwert der Psychosomatik

Die Mehrheit von Patienten mit häufigen körperlichen Beschwerden hat bei eingehender Untersuchung keinen körperlichen Befund, der diese Beschwerden ausreichend erklärt. Von *funktionellen Beschwerden* wird dann gesprochen, wenn trotz körperlicher Symptomatik kein pathophysiologisches Korrelat feststellbar ist. Aber auch wenn ein erheblicher pathologischer Befund besteht, müssen Patienten daran nicht notwendig leiden. Um die Häufigkeit psychogener Erkrankungen in der Bundesrepublik Deutschland genauer zu bestimmen, wurden verschiedene *repräsentative epidemiologische Untersuchungen* vorgenommen (Adler et al., 1996). In der Erwachsenen-Bevölkerung im ländlichen Bereich fand man bei 26,4 % eine neurotische oder psychosomatische Erkrankung; in einer repräsentativen Bevölkerungsstichprobe zwischen 1979 und 1983 in Mannheim eine Punktprävalenz von 26 % mit schwerwiegenden psychogenen Beeinträchtigungen, davon wiesen 11,7 % psychosomatisch-funktionelle Störungen auf. In einer Follow-up-Untersuchung wurden zwischen 1983 und 1985 die wesentlichen Befunde dieser Studie repliziert. Nach der soziodemographischen Zusammensetzung scheinen funktionelle Beschwerden Männer seltener zu betreffen als Frauen, jüngere und ältere Jahrgänge seltener als die mittleren und die oberen Sozialschichten seltener als die unteren. Die Gründe hierfür sind bisher weitgehend unklar, könnten allerdings durch Krankheitsverhalten und Struktur unserer Gesundheitsversorgung mitbeeinflußt sein.

Psychosomatische Modelle

1) *Konversionsmodell:* In den „Studien zur Hysterie" beschrieben Freud und Breuer einen grundlegenden Mechanismus, bei dem es zu einer libidinösen Abfuhr kommt, indem unbewußte und verdrängte Vorstellungen durch eine Somatisierung vom Bewußtsein ferngehalten werden. Wegen des symbolischen Ausdrucksgehalts wird auch von Ausdruckskrankheiten gesprochen.
2) *Theorie krankheitsspezifischer psychodynamischer Konflikte:* Einer der Begründer der modernen Psychosomatik, Alexander, beschrieb die „vegetative Neurose" (*Organneurose*), die sich in körperlichen Symptomen als funktionelle Begleiterscheinungen von chronisch unterdrückten emotionalen Spannungen äußert, wobei die Arbeitsteilung zwischen dem parasympathischen und dem sympathischen Anteil des Nervensystems gestört ist. Die spezifische Symptomwahl ist in der Art des Konflikts, der Konstitution und der lebensgeschichtlich bedingten Anfälligkeit bestimmter Organsysteme begründet.
3) *Theorie der De- und Resomatisierung:* Schur beschreibt die normale Entwicklung und Reifung des gesunden Kindes als einen fortlaufenden Prozeß der Desomatisierung. In der Säuglings- und Kleinkindsphase sind die psychischen und somatischen Strukturen noch unentwickelt, so daß auf Störungen der Homöostase nur unkoordinierte, unbewußte,

primärprozeßhafte und körperliche Reaktionen möglich sind. Erst die zunehmende Reifung und Strukturierung des Ichs erlaubt psychisch bewußtere, sekundärprozeßhafte Verarbeitungsformen. Unter bestimmten Bedingungen ist dieser Reifungsvorgang umkehrbar: Wenn bestimmte innere oder äußere Gefahren die subjektiven Bewältigungsmöglichkeiten überfordern, so führt die dadurch entstehende Angst zu einer Regression mit somatischen Reaktionen, die Schur als Resomatisierung bezeichnete. Ein „somatisches Entgegenkommen" in Folge einer Organminderwertigkeit kann die Wahl des Symptoms bestimmen.

4) *Konzept der zweiphasigen Verdrängung:* In engem Zusammenhang mit dem Konzept der De- und Resomatisierung entstehen nach Mitscherlich psychosomatische Störungen, wenn die psychischen Mittel der Konfliktbewältigung nicht mehr ausreichen und das Ausweichen ins Körperliche einen Lösungsversuch darstellt. Die erste Phase des Bewältigungsversuchs einer chronischen Belastung besteht in der Mobilisierung psychischer Abwehrkräfte mittels neurotischer Symptombildung um den Preis der Einengung des Ichs. Kann das eingeschränkte Ich die weiter anhaltende Dauerbelastung nicht mehr bewältigen, erfolgt die zweite Phase der Verdrängung, die eine Verschiebung in körperliche Abwehrvorgänge zur Folge hat und zur Ausbildung eines körperlichen Symptoms führt. In der psychotherapeutischen Bearbeitung treten die psychischen Inhalte wieder zutage, wenn die körperliche Symptomatik aufgegeben werden kann.

5) *Alexithymie-Modell:* Der Begriff Alexithymie kennzeichnet nach Sifneos sowie Marty und de M'Uzan die Unfähigkeit, Gefühle wahrzunehmen und über sie zu sprechen. Patienten mit psychosomatischen Krankheiten besitzen danach eine spezifische Persönlichkeitsstruktur mit einer charakteristischen Denkstörung, dem operationalen Denken, das sich in der Armut an seelischen Inhalten, ihrer schlechten sprachlichen Ausdrucksfähigkeit und dem Mangel an Phantasien zeigt. Die Somatisierung tritt als Folge der *psychosomatischen Regression* mit aggressiven und autoaggressiven Tendenzen auf.

6) *Biosemiotik: Von* Uexküll sieht die Medizin im 20. Jahrhundert noch immer einem naturwissenschaftlichen Verständnis verpflichtet, in dem der Mensch nach dem Modell einer trivialen Maschine verstanden wird, so daß die Phänomene entsprechend ihrer mechanischen Veränderungen interpretieren werden und ihre Bedeutung für das Leben des Systems unbeachtet bleibt. Die körperlichen, seelischen und sozialen Prozesse in den Systemen und Subsystemen sind mittels „Bedeutungskopplungen" miteinander verbunden, indem die Zeichen des einen Systems auf die anderen übersetzt werden. Dadurch wird der Leib-Seele-Dualismus gelöst, weil körperliche und psychische Prozesse nicht mehr aus verschiedenen Seinsweisen bestehen, sondern Systemebenen, deren jeweilige Zeichensysteme über Umwandlungen verkoppelt sind (Leib-Seele-Problem).

7) *Lerntheoretisches Konzept:* Störungen in praktisch allen Organsystemen lassen sich sowohl in ihrer Entwicklung, als auch der Aufrechterhaltung als fehlgeleitete Lern- und Konditionierungsprozesse verstehen (Konditionierung). Die unkonditionierten Reflexe und die durch sie ausgelöste unkonditionierte oder respondente Verhaltensreaktion ist jeweils durch die individuelle physiologische Grundausstattung determiniert. Neben diesen unkonditionierten Reaktionsabläufen können auch klassische konditionale Reaktionen erfolgen, indem ein konditionierter und ein unkonditionierter Reiz wiederholt miteinander verknüpft wird. So kann z.B. durch den bloßen Anblick eines Inhalationsgerätes ein Asthmaanfall bei einem Kind ausgelöst werden. Störungen können durch positive (wie die liebevolle Zuwendung der Mutter) oder negative Verstärkung (wie die Vermeidung einer Klassenarbeit) aufrechterhalten werden. Neben diesen Prinzipien dient auch das Modellernen zur Klärung psychosomatischer Störungen.

8) *Streßkonzept:* Bereits 1929 ging Cannon davon aus, daß aversive Reize eine phylogenetische alte Kampf-Fluchtreaktion auslösen, bei der der Organismus Energie für eine schnelle und intensive Reaktion bereitstellt. Anhaltend hohe Erregung des autonomen Nervensystems führt danach zu irreparablen Schäden. Selye verstand Streß als eine sehr

komplexe Reaktion auf belastende Faktoren, die unspezifisch, aber auch individualspezifisch sein können (allgemeines Adaptationssyndrom). Den daraus entstehenden psychosomatischen „Adaptationskrankheiten" (z.B. Hypertonie, Asthma, Rheuma, allergische Reaktionen) ist gemeinsam, daß auf an sich nur potentiell schädliche Einwirkungen wegen der inadäquaten Anpassungsversuche die Gesamtsituation weiter verschlechtert wird. Das unterschiedlich erfolgreiche Bewältigungsverhalten (Coping) bekommt damit eine große Bedeutung für die Genese und Chronifizierung von Krankheiten. Sowohl Überstimulation als auch Unterstimulation im Sinne einer Deprivation kann zu erhöhter Streßreagibilität und Vulnerabilität im späteren Leben führen.

Methoden der Psychotherapie bei der Behandlung psychomatischer Störungen

1) In *psychoanalytisch* orientierten Behandlungen wird der zu Grunde liegende unbewußte psychische Konflikt wiederbelebt und bearbeitet. Förderlich für eine Behandlung ist eine ausreichende Flexibilität und Ich-Stärke des Patienten, der hinlänglich seelischen Leidensdruck verspürt, Einsicht in die Psychogenese der Störung hat und genügend Fähigkeiten zur Introspektion erkennen läßt. Da die meisten Patienten mit ich-strukturellen Störungen diese Voraussetzungen nicht erfüllen, sind verschiedene Modifikationen eingeführt worden, die auf eine Stärkung des Selbst des Patienten abzielen. Bei der zeitgemäßen Anwendung psychoanalytischer Verfahren wird objektbeziehungstheoretischen und interaktionellen Aspekten der Behandlung sowie der Übertragung und Gegenübertragung die größte Bedeutung beigemessen. Die besondere Abhängigkeit von wichtigen anderen drückt sich in Selbstobjekt-Beziehungen aus, wobei es sich um neue oder in der Übertragung wiederbelebte Objekterfahrungen handelt, die die innere Kohärenz fördern und die psychische Fähigkeit zur Regulation physiologischer Abläufe stärken (Psychoanalyse). 2) In der Verhaltenstherapie wird durch Anwendung lerntheoretisch begründeter Verfahren die psychosomatische Störung auf der organisch-physiologischen, der motorisch-verhaltensmäßigen und der subjektiv-erlebnismäßigen Ebene beeinflußt. In Abhängigkeit von den jeweiligen Entstehungsbedingungen wird durch eine Verhaltensanalyse den einzelnen Aspekten eine unterschiedliche Bedeutung zugeordnet. Zu den wichtigsten verhaltenstherapeutischen Verfahren gehören Entspannungs-, Desensibilisierungs-, Biofeedbackverfahren, Selbstsicherheits- und Verhaltenstraining, Selbstkontrolltechniken sowie Verfahren zur Selbstinstruktion und zur kognitiven Umstrukturierung. 3) *Suggestive und übende Verfahren* gehören zu den ältesten und auch am häufigsten angewandten Heilverfahren, zu denen die Hypnose und verschiedene wachsuggestive Verfahren gehören. Den übenden Verfahren liegt die Vorstellung zu Grunde, daß psychosomatische Störungen mit einer erhöhten Aktivität des sympathischen Nervensystems einhergehen. Die am häufigsten angewandten Verfahren sind das autogene Training, die progressive Muskelentspannung und die konzentrative Bewegungstherapie, wobei es sich um symptomorientierte Behandlungen handelt, die die zu Grunde liegenden psychischen Faktoren weitgehend unberücksichtigt lassen und deshalb mit psychotherapeutischen Verfahren kombiniert werden sollten.

Ausblick

Im Verständnis von Gesundheit und Krankheit, das somatische, psychische und soziale Faktoren gleichermaßen berücksichtigt, hat die Psychosomatik die ihr zukommende Bedeutung in der Forschung und ärztlich-psychologischen Praxis bisher noch nicht erlangt. Die psychosozialen Bedingungen in der Entstehung, Erhaltung und Therapie von Krankheiten werden häufig nur als eine „medizinische Restkategorie" aufgefaßt, wenn alle Untersuchungen des Körperlichen die Beschwerden immer noch nicht erklären können (Hoffmann & Hochapfel, 1995). Häufig vergehen Jahre, bis die Patienten die notwendige fachpsychotherapeutische Behandlung ihrer psychosomatischen Beschwerden erhalten, und nicht selten werden sie von Ärzten darin eher behindert als gefördert. Es bleibt zu hoffen, daß das kürzlich eingeführte Psychotherapeutengesetzes in den kommenden Jahren den Stellenwert psychosomatischer Behandlungen verbessert.

Literatur

Adler, R.A., Herrmann, J.M., Köhle, K., Schonecke, O.W., Uexküll, Th. Von & Wesiack, W. (1996). In Th. Uexküll (Hrsg.), *Psychosomatische Medizin* (5. Aufl.). München: Urban und Schwarzenberg.

Hoffmann, S.O., Hochapfel, G. (1995). *Neurosenlehre, Psychotherapeutische und Psychosomatische Medizin* (5. Aufl.). Stuttgart: Schattauer.

Studt, H. H., Petzhold , E. R. (1999). *Psychotherapeutische Medizin: Psychoanalyse – Psychosomatik – Psychotherapie; ein Leitfaden für Klinik und Praxis.* Berlin: Walter de Gruyter.

Weiner, H. (1991). Der Organismus als leib-seelische Funktionseinheit – Folgerungen für eine psychosomatische Medizin. *Psychotherapie, Psychosomatik, Medizinische Psychologie, 41*, 465-481.

Psychotherapie

Jürgen Kriz

Geschichtliches

Psychotherapie (griech.: „Seelenheilkunst“) im weitesten Sinne gehört zum Menschsein schlechthin; denn hilfreiche soziale Beziehungen und Handlungen der unterschiedlichsten Art, verbunden mit einer Fülle an Konzepten von menschlichem Leid, Krankheit und Heilung, deren Einbettung in Vorstellungen von Entwicklung (einschließlich vor der Geburt und nach dem Tod) und Sinnentwürfen, waren immer schon Bestandteil menschlicher Daseinsgeschichte. Im engeren Sinne hat sich Psychotherapie als eine professionaliserte, abgegrenzte Tätigkeit erst mit dem Beginn des 20. Jahrhunderts etabliert, wobei viele grundlegende Ideen und Sichtweisen bereits im 19. Jahrhundert entwickelt wurden. In Deutschland wurde aber erst 1999 (in Österreich 1991) mit einem *Psychotherapie-Gesetz* eine hinreichend klare Grundlage für die Psychotherapie-Profession geschaffen, in der die berufspolitisch motivierte, anachronistische Bindung der Psychotherapie an die Medizin überwunden wurde (Psychotherapeutengesetz).

Begriffsbestimmung

Trotz der auch heute noch großen Vielfalt an menschlichen Erlebens- und Handlungsweisen, an Sinn- und Wert-Vorstellungen, welche die Grundfragen von Gesundheit, Krankheit und damit auch von Psychotherapie im Kern betreffen, hat sich im Rahmen der Profession in den letzten Jahrzehnten eine zunehmende Konvergenz hinsichtlich des Gegenstandes „Psychotherapie“ herausgebildet. Bereits vor drei Jahrzehnten tauchten in amerikanischen, etwas später auch in deutschsprachigen Lehrbüchern Definitionen auf, die danach oft zustimmend zitiert wurden und folgende wesentliche Aspekte von „Psychotherapie“ betonen:

a) Es geht um Behandlung mit *psychologischen Mitteln* (letztlich über Kommunikation) – womit eine klare Abgrenzung gegenüber typischen medizinischen Mitteln wie dem Einsatz von Medikamenten, Apparaten und operativen Techniken vorgenommen wird.

b) Betont wird dabei die *Professionalität*: Es geht um bewußte und geplante Vorgehensweisen, die sowohl lehr- und lernbar sein als auch auf Theorien des normalen und pathologischen Verhaltens basieren sollen; zufällige Spontan-Heilungen, hilfreiche Ratschläge von Nachbarn, heilende Zuwendung von Freunden, nicht theoretisch begründete Vorgehensweisen „begnadeter“ (aber unausgebildeter) Heiler werden in ihrer möglichen Wirkung nicht geleugnet, gelten aber nicht als Psychotherapie.

c) Als wichtig wird auch der *Konsens* erachtet (möglichst zwischen Patient, Therapeut und Bezugsgruppe); dieser soll sowohl hinsichtlich der Behandlungsbedürftigkeit als auch

über die Therapieziele (*Symptomminimalisierung* und/oder *Strukturänderung der Persönlichkeit*) herbeigeführt werden.
d) Letztlich wird die Bedeutung einer *tragfähigen emotionalen Bindung zwischen Patient und Therapeut* hervorgehoben (die z.B. im Rahmen der Verhaltenstherapie lange unterschätzt wurde).
Trotz dieser weitgehend geteilten Teilkomponenten von Psychotherapie sind die Vorstellungen über deren Ziele, über die Methoden (einschließlich deren theoretischer Fundierungen und Anbindungen an Menschenbilder) sowie Fragen der Behandlungsbedürftigkeit (und -notwendigkeit im Sinne einer *Kassenfinanzierung*) weiterhin überaus strittig und unterliegen auch gesellschaftlichen Wandlungen: So wurde in der BRD erst 1968 durch ein Urteil des Bundessozialgerichts Alkohol- und Drogenabhängigkeit (Alkoholismus, Sucht) als „Krankheit" definiert – was nicht nur den Anspruch auf Krankenbehandlung und Rentenansprüche begründete, sondern auch die Vorstellungen veränderte. Andersherum wurde Ende der 70er Jahre durch das DSM III – ein international verwendetes diagnostisches Klassifikationssystem – die noch zuvor im DSM II geführte Homosexualität aus dem Katalog „sexueller Störungen" gestrichen – mit einem Schlage waren somit Millionen Menschen „störungsfrei", „gesund" und nicht mehr behandlungsbedürftig (und auch nicht behandlungswürdig, im Sinne einer Kassenfinanzierung). Dies belegt die enge Verzahnung von Psychotherapie mit gesellschaftlichen Definitions-Prozessen.

Wurzeln und Entwicklung

Historisch gesehen wurde zu Beginn dieses Jahrhunderts zunächst die Psychoanalyse aufgrund der bahnbrechenden Arbeiten von Sigmund Freud entwickelt, die natürlich ihrerseits auf Strömungen und Entwicklungen aus dem 19. Jahrhundert (und teilweise davor) zurückgreift; wobei neben Freuds anfänglichem Kooperationspartner J. Breuer besonders J.M. Charcot, P. Janet, T. Meynert, A.A. Liebeault, H.M. Bernheim, W. Fließ und E. Bleuler durch reale Kontakte wesentlich Einfluß hatten, während geistige Wegbereiter vor allem J. Braid, F.A. Mesmer und H. Münsterberg, aber auch die eher der Philosophie zugerechneten A. Schopenhauer und F. Nietzsche. Wesentliche Konzepte der Psychoanalyse zwischen 1900 und 1920 waren

- die Unterscheidung zwischen *Bewußtem*, *Vorbewußtem* (d.h. gerade jetzt nicht bewußt, aber bewußtseinsfähig) und *Unbewußtem* (aus dem Bewußtsein „verdrängt"),
- die Betonung *energetischer Grundlagen* und deren typischer *frühkindlicher Entwicklungsphasen* für das (spätere) psychische Geschehen sowie
- die Herausarbeitung einer *spezifischen Behandlungsmethode* mit der Etablierung einer *Übertragungsbeziehung* als wichtigstem Behandlungsmoment und der *Widerstandsanalyse* als zentraler Behandlungsmethode.

Besonders über diese Betonung der energetischen Grundlagen in Form eines Sexual-Triebes (der „Libido") kam es früh zum Zerwürfnis in der Psychoanalytischen Gesellschaft: 1911 trat Alfred Adler aus und wurde zum Begründer der Individualpsychologie – eine Richtung, die mehr die *sozialen Komponenten* berücksichtigt; 1913 folgte der Bruch mit C.G. Jung, dessen Analytische Psychologie das Konzept des Unbewußten um „kollektive" Anteile erweiterte und kreativen, interkulturellen und transpersonalen Aspekten einen großen Stellenwert verlieh. Als Freud dann ab 1920 selbst eine Abkehr vom energetischen Libido-Konzept hin zum *Strukturkonzept der Persönlichkeit* vollzog, war dies Ursache für den Beginn einer weiteren bedeutenden Richtung: Mit Wilhelm Reichs Vegetotherapie, die im Gegensatz zu Freud den Fokus auf *energetische Prozesse* beibehielt, entstand die Grundlage heutiger körperorientierter Verfahren (wie z.B. die Bioenergetik des Reich-Schülers A. Lowen).
Neben diesen und weiteren aus der Psychoanalyse herausdifferenzierten Teilrichtungen, die insgesamt als *Tiefenpsychologische Psychotherapie* zusammengefaßt werden, haben sich nach dem 2. Weltkrieg zunehmend drei weitere Richtungs-Cluster gebildet:

- *Verhaltenstherapie,* die wesentlich auf den Erkenntnissen der empirischen Psychologie über Lernvorgänge beruht und daher

neben dem Aspekt des Verhaltens in den letzten Jahrzehnten zunehmend auch die psychologischen Forschungsergebnisse über kognitive und emotionale Vorgänge berücksichtigt;
- *Humanistische Psychotherapie*, die besonders Prozesse der Selbstregulation auf körperlicher, psychischer und interaktionaler Ebene ins Zentrum stellt, und daher neben „Wachstum“, „Entfaltung“ und „Autonomie“ auch die Therapeut-Klient-Beziehung (oft mit ihrer „Begegnungs“-Qualität) sowie die Bedürfnisse des Menschen nach Sinn und Verständnis, nach stimmiger Vergangenheit und möglichen Zukunftsentwürfen, für wesentlich hält;
- *Familien- bzw. Systemische Therapie*, in der besonders interaktionelle Muster, kommunikative Wirklichkeiten, zirkuläre Prozesse und sprachliche Bedeutungszuschreibungen sowie funktionale Aspekte von Symptomen in diesem Interaktionsgeflecht berücksichtigt werden.

Selbstverständlich sind die genannten Aspekte der vier Richtungen (besser: Richtungs-Cluster) nur als *spezifische Schwerpunktsetzungen* zu verstehen – werden somit auch in den jeweils anderen Richtungen mehr oder minder berücksichtigt. Ferner lassen sich keineswegs alle Psychotherapie-Schulen klar einem dieser Cluster zuordnen. Gleichwohl stellen sie eine Orientierungshilfe in dem übergroßen Spektrum der Schulen, Ansätze und Konzepte dar, weshalb die folgende *Charakterisierung* diese Einteilung als Gliederung verwendet.

Tiefenpsychologische Ansätze

Die klassische Psychoanalyse nach Freud, mit hochfrequenter und langdauernder Behandlung, bei welcher der Patient auf der Couch liegt, alle Einfälle äußert („freie Assoziation“) und diese vom hinter ihm sitzenden Therapeuten gedeutet werden, wird heute zunehmend seltener. Hingegen gewinnen tiefenpsychologische Ansätze zunehmende Bedeutung, die kürzere Dauer und stärkere Fokussierung auf störungsspezifische und akute Aspekte aufweisen, auch wenn sie auf Theorie und Techniken aus der Psychoanalyse basieren. Neurotische Entwicklungen (Neurose) werden dabei als Konflikte zwischen Instanzen des *Strukturmodells der Persönlichkeit* (Freud ab 1920) gesehen – zwischen dem triebhaften *Es*, dem Gewissen und kulturelle Normen repräsentierenden *Über-Ich* und dem *Ich*, das zwischen beiden realitätsangepaßt vermitteln muß. Schwere Verletzungen der psychischen Integrität werden ins *Unbewußte* verdrängt und setzen der Aufdeckung durch den Analytiker *Widerstand* entgegen. Da sich der Therapeut mit dem Ich verbünden muß, war nach Freud zunächst Therapie mit psychotischen (Ich-schwachen) Patienten kontraindiziert; in den letzten Jahrzehnten wurden aber auch für diese Patienten Behandlungskonzepte auf der Basis tiefenpsychologischer Ansätze entwickelt.

Verhaltenstherapie

Kernthese ist, daß als pathologisch beurteiltes wie auch „normales“ Verhalten wesentlich auf Lernvorgängen beruht, die seit jeher zentraler Gegenstand psychologischer Forschung sind. In den 50er Jahren wurden daher bereits Jahrzehnte zuvor in der Experimentellen Psychologie entwickelte Konzepte der klassischen und der operanten Konditionierung in Behandlungskonzepte umgesetzt: Erstere ermöglicht über Gegenkonditionierung oder Desensibilisierung, die gelernte Verbindung von natürlichem mit konditioniertem Reiz z.B. bei Angstreaktionen (oder anderen, vorzugsweise emotionellen, physiologischen Reaktionen) zu verändern, da z.B. Entspannung und Angst inkompatibel sind. In diesem Zusammenhang hat die Verhaltenstherapie auch wirksame und gut lernbare Entspannungsverfahren entwickelt. Operante Verfahren bauen über Verstärker neue erwünschte Verhaltensweisen auf (auch im Rahmen des Trainings sozialer Kompetenz) oder versuchen über Reizkontrolle die Verstärker für unerwünschte Verhaltensweisen auszuschalten. Neben einer Erweiterung um das Modellernen wurden zunehmend auch Komponenten wie Affekte, Vorstellungen und Denkvorgänge in die Verhaltenstherapie einbezogen (sog. „kognitive Wende“). In jedem Fall ist eine sorgfältige Analyse der funktionalen Bedingungen des

Verhaltens sowie der erwünschten und realistisch zu erreichenden Ziele wichtiger Bestandteil der Verhaltenstherapie. Durch diese Zielorientierung ist eine Evaluation des Erfolgs besonders leicht und gängige Praxis – weshalb diese Therapierichtung für akademische Forschung (und Karrieremuster, z.B. wegen klarer Designs und guter Publizierbarkeit) hervorragend geeignet ist.

Humanistische Therapieansätze

Neben den tiefenpsychologischen und verhaltenstherapeutischen Ansätzen etablierten sich Humanistische Therapieansätze gezielt als „dritte Kraft". Wesentliches Motiv war, auf der Basis eines Menschenbildes zu arbeiten, das Patienten weniger durch bio-physiologische Triebe noch durch Reiz-Reaktions-Ketten bestimmt sieht, sondern eher als ganzheitliche Wesen wahrnimmt, die durch *Ziel- und Sinnorientierung*, *Entfaltung eines Selbst*, *Autonomie* und *soziale Interdependenz*, *schöpferisch-kreative Potentiale* und vielfach auch *transzendente Sehnsüchte* ausgezeichnet sind. Zentrale Ansätze sind C. Rogers Klientzentrierte Psychotherapie (Gesprächspsychotherapie) sowie die auf F. und L. Perls sowie andere zurückgehende Gestalttherapie. Aber auch Psychodrama (Begründer: Moreno), Daseinsanalyse, Existenzanalyse und Logotherapie (V. Frankl) lassen sich ebensogut dieser Richtung zuordnen, wie z.B. der familientherapeutische Ansatz V. Satirs. Aus heutiger Sicht haben inzwischen einerseits die anderen Therapierichtungen von diesem Ansatz profitiert (z.B. die Anerkennung der großen Bedeutung der Patient-Therapeut-Beziehung – auch jenseits des Aspekts der Übertragung), andererseits haben sich die Humanistischen Therapieansätze für tiefenpsychologische Entwicklungsmodelle und lerntheoretische Erklärungen und Techniken geöffnet.

Familien- und Systemtherapien

Diese vierte große Klasse hat sich historisch durch ein besonderes Setting herauskristallisiert: In den 50er Jahren begannen Therapeuten an verschiedenen Orten in den USA zunehmend die Familien von Patienten in die Behandlung mit einzubeziehen. Schwerpunkt lag zunächst bei *jugendlichen psychotischen Patienten* (die von den anderen Therapieansätzen zu jener Zeit wenig profitieren konnten). Hier zeigte sich, daß bei diesen (und anderen Patienten) die Symptome in besonderem Maße mit den *familiären Interaktionsstrukturen* verbunden waren. Zunächst formulierte „ursächliche" Zusammenhänge – z.B. eine „schizophrenogene" Mutter – wurden aber inzwischen fallen gelassen, da sie weder theoretisch haltbar noch pragmatisch sinnvoll sind (es läßt sich schwer jemand für die Zusammenarbeit gewinnen, dem man die „Schuld" zuschreibt). Durch Konzentrierung auf unterschiedliche Aspekte und Vorgehensweisen entstanden zunächst die zentralen Richtungen der Familientherapie

a) *psychoanalytische* Familientherapie, bei der die Konzepte der Psychoanalyse und Tiefenpsychologie auf den Umgang mit Familien erweitert wurden,

b) *strukturelle* Familientherapie, die sich an normativen Konzepten einer gut funktionierenden Familie orientiert, z.B. klare Grenzen zwischen Eltern und Kindern, möglichst keine „Koalitionen" zwischen Eltern-Kind gegen andere,

c) *entwicklungsorientierte* Familientherapie, die entsprechend den Vorstellungen humanistischer Psychotherapie Wachstum, Kreativität und Flexibilität der Einzelnen und des Miteinanders ins Zentrum stellt und dabei auch individuellen Aspekte, wie dem Selbstwert der Beteiligten, besondere Aufmerksamkeit widmet,

d) *strategische* Familientherapie, die besonders die Veränderung der Interaktionsregeln beachtet und mit spezifischen Techniken bekannt wurde wie paradoxe Intervention (= Symptomverschreibung), zirkuläre Fragen (wo jeder über seine Wahrnehmung von Beziehungsaspekten zwischen anderen befragt wird), sowie dem *typischen Setting von Therapeuten-Teams*, die teils vor, teils hinter einer *Spiegelwand* intervenieren.

Neben der Entwicklung einer blühenden Praxeologie mit einem großen Spektrum an Interventionstechniken wurde zunehmend deutlicher, daß vor allem die (in Sprache faßbaren) Vorstellungen und Geschichten (sog. „Narrationen“) der Personen das interaktive Regelwerk bestimmen. Gemeinsame und unterschiedliche Vorstellungen darüber, was „krank“, „gesund“, „richtig“, „falsch“, „gut“ oder „böse“ ist, was die Symptome und Handlungen „bedeuten“, welche Leitideen von „Veränderung“ und „Heilung“, von „Scheitern“ oder „Schuld“ existieren, sind wesentlich. Das Familien-System muß daher nicht unbedingt durch die realen Personen im Therapieraum verkörpert werden, sondern wird durch diese Narrationen repräsentiert – weshalb auch „Familientherapie“ ggf. *nur mit einem Familienmitglied* möglich ist. Das *Setting* „Familie“ wurde somit zunehmend durch die *systemische Betrachtungsweise* in der Bedeutsamkeit abgelöst (und analog zum „Familiensystem“ lassen sich Probleme mit dem System Arbeitsplatz, Verein etc. angehen).

Ausblick

In den letzten Jahren sind über die einzelnen Ansätze hinweg verstärkt Integrationsbemühungen erkennbar, die sich einerseits in der Erforschung und Beschreibung gemeinsamer Wirkfaktoren, andererseits in der Entwicklung einer allgemeinen Psychotherapie-Theorie äußern. Ob daraus auch ein vereinheitlichtes Modell therapeutischer Intervention ableitbar wird, ist derzeit fraglich, zumal das Bemühen um störungsspezifische Differenzierungen der Psychotherapie als mindestens ebenso wichtig erachtet wird.

Literatur

Corsini, R.J. (Hrsg). (1983). *Handbuch der Psychotherapie*. Weinheim: Beltz.
Grawe, K. et al. (1994). *Psychotherapie im Wandel: Von der Konfession zur Profession*. Göttingen: Hogrefe.
Kriz, J. (1998). *Grundkonzepte der Psychotherapie* (5. Aufl.). Weinheim: PVU.
Petzold, H. (Hrsg). (1984). *Wege zum Menschen* (2 Bde). Paderborn: Junfermann.
Reimer, C. et al. (1996). *Psychotherapie*. Heidelberg: Springer.

Psychotraumatologie

Gottfried Fischer

Posttraumatisches Belastungssysndrom

Wörtlich übertragen bedeutet Psychotraumatologie die wissenschaftliche und therapeutische Beschäftigung mit seelischen Verletzungen (von altgr. „trauma“), ihren Ursachen, Folgen, Präventions- und Behandlungsmöglichkeiten. In den modernen diagnostischen Manualen DSM IV und ICD-10 wird psychisches Trauma vor allem unter der sog. *posttraumatischen Belastungsstörung (post traumatic stress disorder)* abgehandelt. Fischer und Riedesser (1998) schlagen den Begriff „Psychotraumatisches Belastungssyndrom“ *(PTBS)* vor. Dieses umfaßt in seiner basalen Ausprägung die folgenden Kriterien: ein außergewöhnlich belastendes Ereignis; sich aufdrängende (intrusive) Erinnerungsbilder (sog. „flash-backs”) in Form oft fragmentierter visueller Eindrücke, akustischer Reize, Gerüche und Körpersensationen; Verleugnungs-/Vermeidungsreaktionen gegenüber allem, was an die traumatische Situation erinnert; Abstumpfung und/oder Übererregbarkeit. Diese Symptome treten oft unmittelbar nach dem Ereignis auf, persistieren über den Zeitraum von einem Monat hinaus und können sich chronisch verfestigen. Sind nur einige Symptome vorhanden, so sprechen wir von *partiellem PTBS*. *Verzögertes PTBS* liegt vor, wenn Symptome erst Monate bis Jahre nach dem Ereignis auftreten. Während nach Extremtraumatisierung, wie Folter, andauernder Verfolgung oder Geiselhaft nahezu alle Traumaopfer Belastungssymptome entwikkeln, zeigen bei mittlerem Schweregrad etwa ein Drittel bis ein Viertel der betroffenen Population das Syndrom oder einzelne seiner *Symptome*. Zur prädiktiven Bestimmung dieser Risikogruppe wurde für Gewaltopfer der Kölner Risikoindex entwickelt (Fischer & Riedesser, 1998). Als *protektive Faktoren* haben sich ein tragfähiges soziales Netzwerk erwiesen, soziale Kompetenz, die es ermöglicht, Hilfsangebote zu mobilisieren und von ihnen Gebrauch zu machen sowie *flexibles Coping*, das einen situationsangemessenen Umgang mit der belastenden Erfahrung erlaubt. Die Beobachtung, daß bei mittlerem Schweregrad der traumatischen Situationsfaktoren nur ein bestimmter Prozentsatz der betroffenen Populationen psychotraumatische Symptome entwickelt, hat zu Spekulationen über eine „unverletzliche Persönlichkeit" geführt. Dagegen zeigt die Analyse der Person-Situation-Interaktion, daß seelische Verletzbarkeit oft nach einem „Schlüssel-Schloß-Prinzip" entsteht. Äußerlich vergleichsweise harmlose Faktoren können sich mit einer lebensgeschichtlich vorhandenen, individuellen Verletzbarkeit verbinden und spektakuläre Folgen nach sich ziehen. Dies legt nahe, das Gesamtgebiet der Psychotraumatologie in die Teildisziplinen der *Differentiellen, Allgemeinen und Speziellen Psychotraumatologie* zu untergliedern. Dabei behandelt die *Differentielle Psychotraumatologie* die Wechselwirkung zwischen Persönlichkeit und Situationsfaktoren, die *Allgemeine* die allgemeinen Gesetzmäßigkeiten von traumatischem Erleben und Verhalten einschließlich ihrer biopsychologischen Grundlagen, die *Spezielle Psychotraumatologie* verschiedene Situationstypen wie Gewaltkriminalität, Naturkatastrophen, Verkehrsunfälle, Folter und Exil, Kriegserfahrungen, lebensbedrohliche Erkrankungen und Diagnosemitteilung (Medizinische Psychologie), sexueller Mißbrauch in der Kindheit oder in der Psychotherapie oder dauerhafte soziale Belastungsfaktoren, wie Mobbing oder Arbeitslosigkeit.

Verlaufsmodell der psychischen Traumatisierung

Traumatische Erfahrung muß im zeitlichen Längsschnitt verstanden werden, als ein lebensgeschichtlicher Prozeß. Dieses Verständnis von Trauma liegt dem *Verlaufsmodell der psychischen Traumatisierung* nach Fischer und Riedesser (1998) zugrunde mit den Phasen der *traumatischen Situation*, der *peritraumatischen Reaktion* und des *traumatischen Prozesses*. Letzterer kann in Analogie zu einem Krankheitsprozeß gesehen werden, der immer neue Schutzmaßnahmen gegen einen eingedrungenen Fremdkörper/ Fremdstoff erforderlich macht und so eine Reihe unterschiedlicher Symptome hervorbringt. So beginnt der psychotraumatische Prozeß häufig zunächst mit „flash-backs" und Alpträumen, darauf kommt es zu einem Wechsel von Übererregung und Vermeidung, zu Isolationstendenzen, Verlust der Zukunftsperspektive, Irritierbarkeit und Ärgerausbrüchen, Ängsten und Phobien, Somatisierungsneigung, Selbstverletzungstendenzen. Schließlich bestimmen Versuche der Selbstmedikation durch Alkohol, Drogen oder Medikamentenabusus das Symptombild (vgl. Post, 1997) (Sucht). Angesichts solch kreativer Symptomproduktion sind die Diagnostischen Manuale längerfristig um ein breites Spektrum psychotraumatisch bedingter Störungsbilder zu erweitern, worunter dissoziative Persönlichkeitsstörungen von besonderer Bedeutung sind. Bedenkt man die Hartnäckigkeit vieler Traumafolgen, so liegt die Annahme einer physiologischen Basis des Traumas nahe. Dies hat wissenschaftsgeschichtlich als erster der Psychoanalytiker Abraham Kardiner erkannt, indem er die traumatische Neurose als eine *Physioneurose* bezeichnete. So findet bei der traumatischen Reaktion eine Überflutung mit Neurohormonen wie Adrenalin oder Cortisol statt, verbunden mit starker Ausschüttung von Endorphinen. Neuere Studien mit bildgebenden Verfahren, die die Gehirnaktivität sichtbar machen, bieten Hinweise auf ein atypisches Zusammenwirken der Hemisphären (etwa Rauch et al., 1996). Mehrere Studien mit Positronen-Emissions-Tomographie (PET) lassen erkennen, daß das motorische Sprachzentrum inaktiviert ist, was dem Phänomen von „speechless ter-

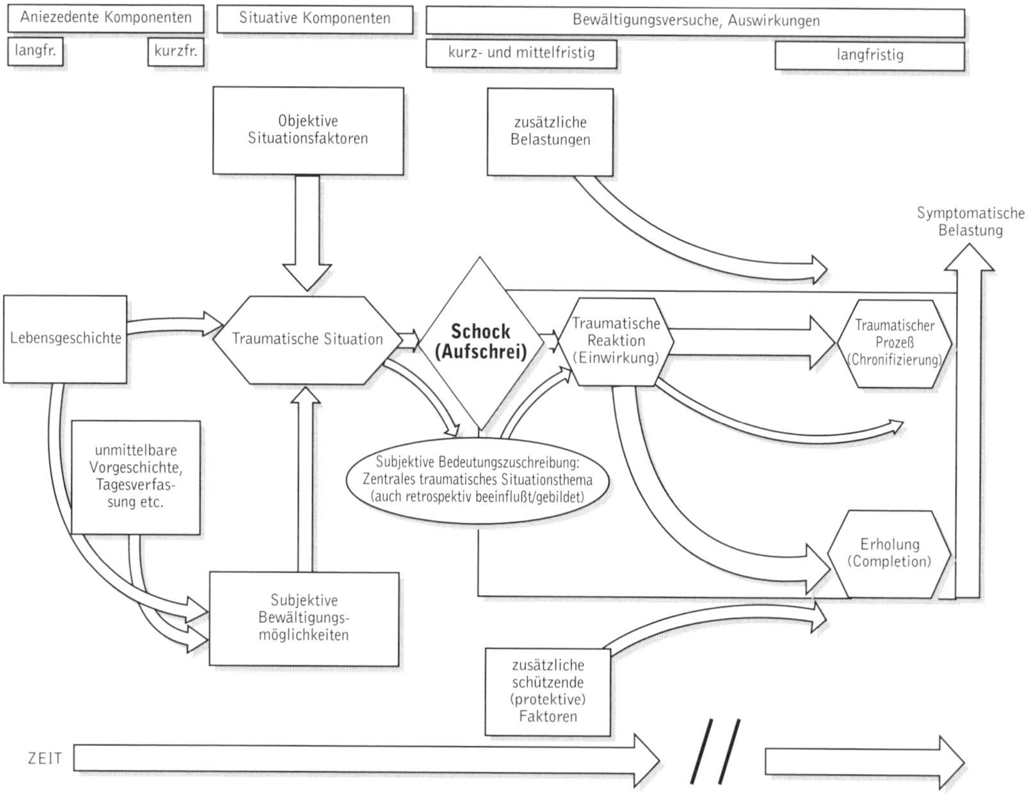

Psychotraumatologie. Verlaufsmodell der psychischen Traumatisierung

ror", einem wortlosen Panikzustand entspricht, von dem Traumaopfer immer wieder berichten. Durch eine Blockade der Informationsverarbeitung zwischen der Mandelkernregion, die affektive Eindrücke speichert und mit dem impliziten Gedächtnis verbunden ist, und dem hippocampalen Gedächtnissystem, das Sinneseindrücke in Raum und Zeit einordnet und die explizite Erinnerung steuert, lassen sich hypothetisch die überflutenden, nicht lokalisierbaren Erinnerungsfragmente erklären. So wird auch die klinische Beobachtung verständlich, daß die intrusiven „flash-backs" und Alpträume nicht als Erinnerungsbilder, sondern als Wiederholung des traumatischen Geschehens erfahren werden. Da sie den Charakter von Realerlebnissen haben, bewirken sie eine beständige Retraumatisierung der Persönlichkeit. Therapeutisch muß ihnen durch „flash-back-stoppende Techniken" und/oder geeignete Medikation entgegengewirkt werden. Die Abb. bietet eine Übersicht über das Verlaufsmodell der psychischen Traumatisierung und die vulnerable Phase nach dem traumatischen Vorfall.

Die Graphik ist in ihrem rechten Teil nach oben hin durch Symptomstärke definiert, nach rechts durch die Zeitachse. Das markierte Feld rechts symbolisiert die *vulnerable Phase* unmittelbar nach Exposition an die traumatogenen Reize. Kommen zusätzliche schützende (projektive) Faktoren hinzu (Fenster unten), so wird der natürliche Selbstheilungsprozeß unterstützt und der Übergang in die *Erholungsphase* erleichtert. Zusätzliche Belastungsfaktoren (Fenster oben) hingegen, wie ein verständnisloses soziales Umfeld, fördern Chronifizierung und den Übergang in den traumatischen Prozeß. Die obere Zeile klassifiziert von links nach rechts die erwähnten antezedenten Risikofaktoren, die situativen Komponenten sowie die kurz- und langfristigen Folgen der belastenden Erfahrung.

Sekundäre Prävention und Therapie

Hier liegt es nahe, gezielt an die spontanen traumakompensatorischen Tendenzen der Persönlichkeit anzuknüpfen, sie zu stärken und zu differenzieren. In diesem Vorgehen besteht ein Prinzip der Mehrdimensionalen Psychodynamischen Traumatherapie *(MPTT,* Fischer 1999), ein manualisiertes Verfahren, das psychodynamische Methodik und behaviorale Übungselemente systematisch miteinander verbindet. Wer etwa in der Einwirkungsphase eine überwache Aufmerksamkeit entwickelt, wird im Sinne dieses ressourcenorientierten Ansatzes durch Achtsamkeitsübungen darin bestärkt, auf bedrohliche Reize besonders aufmerksam zu sein. So kann die zunächst reflexhafte und angstgesteuerte Hypervigilanz in den Radius bewußter Aufmerksamkeit und Handlungsplanung einbezogen werden. Zugleich wird ein Differenzierungslernen gefördert, das zwischen real gefährlichen Reizen und den „flash-back"-artigen Erinnerungsfragmenten diskriminiert und somit der Angstausbreitung im Sinne einer phobischen Entwicklung entgegenwirkt. Je nach individueller Reaktionsneigung werden in diesem Therapiemodell Verleugnung/Vermeidung oder dissoziative Tendenzen positiv konnotiert, um ihre angstgesteuerte, reflexhafte Wirkungsweise zu überwinden und eine Stabilisierung der Persönlichkeit zu fördern. Dieses Verfahren kann in einer Krisenintervention unmittelbar nach dem Ereignis eingesetzt werden, während einer Trauma-Akuttherapie oder auch in der Einleitungsphase einer Psychotherapie traumatischer Prozesse. Nach *Pierre Janet* (1859-1947), einem frühen Pionier der Traumatherapie durchläuft die kausale Therapie des Traumas klassischerweise die Phasen von *Stabilisierung, Traumabearbeitung und Integration. Integration* bedeutet zum einen die Integration des Traumas in die individuelle Lebensgeschichte, zum anderen die (Re-)Integration der traumatisierten Persönlichkeit in ihr soziales Umfeld. *Traumabearbeitung* impliziert die erneute Konfrontation der Persönlichkeit mit der traumatischen Erfahrung, die im *Traumaschema,* dem unterbrochenen Wahrnehmungs-/Handlungsmuster, gespeichert ist. Da die Stimulation des Traumaschemas aus den erwähnten physiologischen Gründen normalerweise mit „flash-backs" und erneuter Retraumatisierung einhergeht, kann Traumabearbeitung therapeutisch erst dann in Angriff genommen werden, wenn das *traumakompensatorische Schema* hinreichend gestärkt ist und die Persönlichkeit über geeignete Mittel der Affektregulierung zuverlässig verfügt. Während Stabilisierung auch in einem Gruppensetting gefördert werden kann, ist für *Traumabearbeitung* der einzeltherapeutische Rahmen grundsätzlich vorzuziehen, da der Gruppentherapeut nicht verhindern kann, daß andere Gruppenmitglieder durch den Traumabericht einer Mitpatientin stimuliert und retraumatisiert werden. Dies setzt der traumatherapeutischen Wirksamkeit von Selbsthilfegruppen sowie den verschiedenen Methoden des *debriefing* (= Nachbesprechung von Katastrophenerfahrungen in einem gruppendynamischen Rahmen) engere Grenzen als bislang angenommen wurde. In einer Metaanalyse an 61 kontrollierten Studien (van Etten & Taylor 1999) haben sich bei PTBS die folgenden Verfahren als wirksam erwiesen: das Flooding nach Edna Foa (= kontrollierte Flutung mit traumatischen Reizen) und Streß-Immunisierungstraining nach Donald Meichenbaum im Rahmen der Verhaltenstherapie; EMDR (= Eye Movement Desensitization and Reprocessing, Augenbewegungs-Desensibilisierung) nach Francine Shapiro als ein eigenständiges psychotherapeutisches Zusatzmodul, das eine Konfrontation mit der traumatischen Erinnerung verbindet mit rhythmischer, bilateraler Stimulation, die möglicherweise einen regulierenden Einfluß auf die Hirnaktivität ausübt; ein modifiziertes psychodynamisches Kurztherapieverfahren nach Mardi Horowitz, das sich an den Phasen der Stabilisierung, Traumaverarbeitung und Integration orientiert; ferner hypnotherapeutische Techniken, die über imaginative Verfahren eine hinreichende Stabilisierung und kontrollierte Verarbeitung des Traumas zu gewährleisten vermögen. Entspannungsverfahren bewähren sich in der Stabilisierungsphase, nicht jedoch bei der Traumabearbeitung. Medikamenten erweist sich die Psychotherapie bei Trauma überlegen. Der Umstand, daß bei erfolgreicher Traumatherapie auch andere Symptome wie Depression, Angst, Ärger oder Substanzenmißbrauch verschwinden, die nicht eigentlich im Mittelpunkt der therapeutischen Bemühungen standen, läßt sich dahin interpretieren, daß mit traumatherapeutischen Mitteln eine kausale Heilung möglich ist.

Literatur

Fischer, G. (2000). *MPTT – Mehrdimensionale Psychodynamische Traumatherapie. Ein Manual zur Behandlung psychotraumatischer Störungen.* Heidelberg: Asanger.

Fischer, G., Riedesser, Psychotraumatologie (1998). *Lehrbuch der Psychotraumatologie.* München: Ernst-Reinhard (UTB).

Janoff-Bulman, R. (1992). *Shattered assumptions: Towards a new psychology of trauma.* New York:The Free Press.

Post, R. M., Weiss R. B., Smith, M. & McCann, U. (1997). Kindling versus Quenching – Implications for the evolution and treatment of posttraumatic stress disorder. In R. Yehuda & A. C. McFarlane (Eds.), *Annals of the New York academy of Sciences (Vol. 821): Psychobiology of Posttraumatic Stress Disorder* (S. 285-295). New York: New York Academy of Sciences.

van Etten, M. & Taylor, S. (1998). Comparative efficacy of treatments for posttraumatic stress disorder: a metaanalysis. *Journal of Clinical Psychology & Psychotherapy, 5*, S. 126-144.

R

Rechtspsychologie

Günter Köhnken

Gegenstand

Das *Recht* und die *Rechtsprechung* bilden den Gegenstand von Forschung und Praxis der Rechtspsychologie. Die Bezeichnung „Rechtspsychologie“ wird seit den 80er Jahren als Oberbegriff für die früher gebräuchlichen Bezeichnungen der Teilbereiche *Forensische Psychologie* (Anwendung der Psychologie im Rahmen von Gerichtsverfahren) und *Kriminalpsychologie* (Psychologie der Entstehung und Aufdeckung von Kriminalität, der Kriminalprävention sowie der Behandlung von Delinquenten) verwendet. Damit wurde die deutsche Terminologie dem im angelsächsischen Sprachraum üblichen Begriff „Psychology and Law“ angeglichen. Die moderne Rechtspsychologie geht über die traditionelle Forensische Psychologie und Kriminalpsychologie hinaus und umfaßt alle Anwendungen psychologischer Theorien, Methoden und Ergebnisse auf Probleme des Rechtswesens. Es handelt sich um eine *problem- und anwendungsorientierte Forschung*, die Erkenntnisse aller Grundlagendisziplinen berücksichtigt (Allgemeine, Biologische, Differentielle, Entwicklungs-, Sozialpsychologie und Methodenlehre). Die Rechtspsychologie hat darüber hinaus große Überschneidungsbereiche zur Psychodiagnostik, Klinischen Psychologie und Arbeits- und Organisationspsychologie. Dies gilt in gleichem Maße für den interdisziplinären Bereich, wo Verbindungen zur Rechtswissenschaft, Kriminologie, Forensischen Psychiatrie, Rechts- und *Kriminalsoziologie* und *Sozialpädagogik* bestehen.

Entwicklung

Die Rechtspsychologie blickt auf eine lange und wechselvolle Geschichte zurück. Die Anfänge der Anwendung psychologischer Methoden und Erkenntnisse auf verschiedene Gebiete des Rechts lassen sich bis in das letzte Jahrhundert zurückverfolgen. Zu Beginn dieses Jahrhunderts erlebte die Rechtspsychologie (die damals überwiegend eine Psychologie der *Zeugenaussage* war) in Deutschland eine erste Blüteperiode. Sie ist verbunden mit Namen wie Karl Marbe, Hugo

Münsterberg, Otto Lipmann und William Stern. In den 20er Jahren erlahmte das Interesse an rechtspsychologischer Forschung. Eine der Ursachen hierfür dürfte in der z.T. heftigen Kritik an *inadäquaten experimentellen Methoden* liegen. Forschungsergebnisse, die in realitätsfernen Laborexperimenten gewonnen wurden, so wurde argumentiert, seien auf die gerichtliche Praxis nicht anwendbar. Experimente seien deshalb als Forschungsmethode gänzlich ungeeignet. Es folgte eine bis etwa 1945 dauernde Phase, in der die kasuistische Behandlung rechtspsychologischer Fragestellungen dominierte.

In den 50er Jahren erlebte die Rechtspsychologie erneut einen Aufschwung. Es war vor allem Udo Undeutsch, der wie kaum ein anderer den Neubeginn der Rechtspsychologie in Deutschland gefördert und ihre Entwicklung in den folgenden Jahrzehnten maßgeblich beeinflußt hat. Gekennzeichnet war diese Phase durch zwei Merkmale: Einerseits wurden Psychologen zunehmend von Gerichten als Sachverständige (überwiegend zu Fragen der Glaubhaftigkeit *von Zeugenaussagen*) herangezogen. Auf der Grundlage dieser praktischen Tätigkeit wurde von Undeutsch und später von Arntzen eine an der Praxis der Gerichtspsychologie orientierte Technologie zur *Glaubhaftigkeitsbeurteilung* von Zeugenaussagen entwickelt (Undeutsch-Hypothese). Das zweite kennzeichnende Merkmal dieser Entwicklungsphase war der Verzicht auf experimentelle Methoden und die Beschränkung auf Beobachtungen im Feld. Beginnend in den 70er Jahren hat die Rechtspsychologie – diesmal ausgehend von den USA – einen neuen Aufschwung erfahren, der bis heute andauert. Die Forschung ist jetzt gekennzeichnet durch theoriegeleitete Empirie, durch die Anwendung experimenteller Verfahren, durch vielfältige Verflechtungen mit den Grundlagenwissenschaften und durch eine breite Diversifizierung der Anwendungsbereiche. Nicht nur im Strafrecht, sondern auch im Familienrecht, Arbeitsrecht, Verkehrsrecht und anderen Rechtsgebieten finden wir wissenschaftliche und praktische Problemstellungen, zu deren Lösung die Psychologie beitragen kann.

Die Konsolidierung und Etablierung der Rechtspsychologie läßt sich an der wachsenden Zahl einschlägiger Veröffentlichungen, an zahlreichen Symposien und Fachkonferenzen, an der Gründung neuer Fachzeitschriften (z.B. Law and Human Behavior, Behavioral Sciences and the Law, Law and Psychology Review, Public Policy, Psychology, and Law, Legal and Criminological Psychology) sowie nationaler und internationaler Fachgesellschaften (u.a. Fachgruppe Rechtspsychologie in der Deutschen Gesellschaft für Psychologie, American Psychology-Law Society, European Association of Psychology and Law, Division Psychology and Law in der International Association of Applied Psychology) ablesen. Parallel hierzu hat sich die Rechtspsychologie an vielen psychologischen Instituten als eigenständiges Prüfungsfach (meistens als forschungsorientiertes Vertiefungsfach im Sinne der Rahmenprüfungsordnung) etabliert. Kürzlich hat die Föderation Deutscher Psychologenvereinigungen eine *Weiterbildungsordnung* verabschiedet, auf deren Grundlage ab 1999 spezielle berufsbegleitende Weiterbildungsgänge in Rechtspsychologie angeboten werden.

Forschungs- und Anwendungsbereiche der Rechtspsychologie im Strafrecht

Der Schwerpunkt rechtspsychologischer Forschung liegt seit vielen Jahrzehnten eindeutig im Strafrecht. Hier sind es vor allem die Psychologie der Zeugenaussage sowie der Strafvollzug und die sozialtherapeutische Behandlung von Straftätern, zu denen die mit Abstand meisten wissenschaftlichen Befunde vorliegen. Die Polizeipsychologie ist in der deutschen Forschung lange vernachlässigt worden, so daß hier im allgemeinen auf Forschungsergebnisse aus Großbritannien und den USA Bezug genommen werden muß. Eine sehr ähnliche Situation liegt hinsichtlich der Untersuchung richterlicher Entscheidungs- und Beurteilungsprozesse vor. In der rechtspsychologischen Praxis ist neben den bereits erwähnten Bereichen auch die Beurteilung der Verantwortlichkeit von Straftätern von Bedeutung, bei der psychiatrische, klinisch-psychologische und entwicklungspsychologische Befunde verarbeitet werden. 1) *Psychologie der Zeugenaussage:* In der Aussagepsychologie lassen sich zwei Fragestellungen unterscheiden: Zum einen wird untersucht, wodurch unbeabsichtigte Irrtümer in Zeugenaussagen entstehen und wie diese Fehler vermieden werden können. Zweitens beschäftigt sich die Aussagepsychologie mit der Beurteilung der Glaubwürdigkeit von Aussagen, also dem Erkennen absichtlicher Täuschungen (Aussagepsychologie). 2) *Strafvollzug und Täterbehandlung*: Mit dem Strafvollzug werden zwei grundlegende Ziele verfolgt. Zum einen wird mit einer Strafe eine generalpräventive Wirkung angestrebt. Sie soll anderen Personen ein abschreckendes Beispiel geben und sie somit von der Begehung von Straftaten abhalten. Zweitens soll der Täter durch den Vollzug der Strafe dazu veranlaßt werden, künftig keine Straftaten mehr zu begehen (Spezialprävention). In beiden Fällen handelt es sich um verhaltensmodifikatorische Ansätze. Es ist daher nicht überraschend, daß sich die rechtspsychologische Forschung der Frage angenommen hat, mit welchen Methoden der Verhaltensmodifikation die Rückfälligkeit verurteilter Straftäter reduziert werden kann (Sozialtherapie). 3) *Polizeipsychologie*: Die Polizeipsychologie ist ein sehr heterogener Teilbereich der Rechtspsychologie. Sie umfaßt u.a. organisationspsychologische und eignungsdiagnostische Anwendungen (Polizeipsychologie). 4) *Psychologie des Gerichts*: Während in den USA zahlreiche Forschungsarbeiten zu Beurteilungs- und Entscheidungsprozessen von Geschworenen durchgeführt wurden, hat die richterliche Entscheidungsbildung in Kontinentaleuropa und damit auch in Deutschland sehr viel weniger Interesse in der Forschung gefunden (Gerichtspsychologie). 5) *Beurteilung der Verantwortlichkeit von Straftätern:* Jede Strafe setzt eine individuelle Schuld des Täters, seine persönliche Verantwortlichkeit für die Straftat voraus. Zur Feststellung der individuellen Verantwortlichkeit werden von den Gerichten häufig psychologische oder psychiatrische Sachverständigengutachten eingeholt, so daß sich in diesem Bereich in den vergangenen Jahrzehnten eine umfangreiche Praxis und Kasuistik entwickelt (Verantwortlichkeit von Straftätern).

Forschungs- und Anwendungsbereiche der Rechtspsychologie im Zivilrecht

Das Zivilrecht hat in der rechtspsychologischen Forschung erheblich weniger Aufmerksamkeit gefunden als das Strafrecht. Die wichtigsten Anwendungsbereiche der Rechtspsychologie im Zivilrecht sind die Beurteilung der zivilrechtlichen Verantwortlichkeit und der damit verbundenen Schadenersatzpflicht sowie Familiengerichtsverfahren, in denen über das Sorge- und Besuchsrecht entschieden wird. 1) *Zivilrechtliche Verantwortlichkeit*: Nach § 823 des Bürgerlichen Gesetzbuches (BGB) sind Personen nach Vollendung des siebenten Lebensjahres grundsätzlich zum Ersatz des Schadens verpflichtet, den sie einer anderen Person zugefügt haben. Eine Ausnahme von dieser Regel ergibt sich aus § 828 BGB. Nach dieser Bestimmung sind Schädiger nach dem vollendeten 7. bis zum vollendeten 18. Lebensjahr dann nicht Schadenersatzpflichtig, „wenn sie bei Begehung der schädigenden Handlung nicht die zur Erkenntnis der Verantwortlichkeit erforderliche Einsicht“ hatten. Anders als bei der Beurteilung der strafrechtlichen Verantwortlichkeit kommt es hier allein auf die Einsichtsfähigkeit, nicht aber auf die Handlungs- oder Steuerungsfähigkeit an. Im Rahmen eines psychologischen Sachverständigengutachtens ist zu prüfen, ob das Kind bzw. der Jugendliche zum Zeitpunkt der Tat die Fähigkeit hatte, das Unrecht der Tat, die Gefährlichkeit des eigenen Handelns sowie die Pflicht zum Ersatz des angerichteten Schadens zu erkennen. Bei der Begutachtung wird neben der Untersuchung des allgemeinen kognitiven Entwicklungsstandes mit Hilfe von Intelligenztestverfahren insbesondere auch das erreichte Stadium der moralischen Entwicklung nach Kohlberg untersucht. Hierfür eignet sich z.B. das sog. *Kohlberg-Interview*, in dem ein Proband mit moralischen Dilemmata konfrontiert wird. Im wesentlichen handelt es sich hier also um eine spezielle Entwicklungsdiagnostik, die vor dem Hintergrund entwicklungspsychologischer Befunde durchgeführt wird (Hommers, 1983). 2) *Scheidung, Sorge- und Umgangsrecht*: Wenn bei einer Ehescheidung minderjährige Kinder vorhanden sind, kommt es oft zu erbitterten Auseinandersetzungen über das Sorge- und Besuchsrecht. Sofern sich die Eltern hier nicht einigen können, muß das zuständige Familiengericht eine Entscheidung hierüber treffen. Dabei sind nach § 1671 Abs. 2 BGB die Bindungen des Kindes, insbesondere an seine Eltern und Geschwister zu berücksichtigen. Zur Vorbereitung dieser Entscheidung werden häufig psychologische Sachverständigengutachten eingeholt. Der juristische Begriff der Bindung unterscheidet sich vom psychologischen Bindungsbegriff der *Bindungstheorie* (Schwabe-Höllein, Kindler & August-Frenzel, 1997). Zwar wird der Begriff der Bindung in der Bindungstheorie (Bindungsforschung) spezifischer definiert, nämlich als Vertrauensaspekt der *Eltern-Kind-Beziehung*. Dennoch lassen sich auf der Grundlage der Forschung zur Bindungstheorie diagnostische Verfahren und Beurteilungskriterien ableiten, mit deren Hilfe eine entsprechende familiengerichtliche Entscheidung vorbereitet und unterstützt werden kann.

Literatur

Hommers, W. (1983). *Die Entwicklung der Delikts- und Geschäftsfähigkeit*. Göttingen: Hogrefe.

Köhnken, G. (1990). Fehlerquellen im Gegenüberstellungsverfahren. In G. Köhnken & S.L. Sporer (Hrsg.). *Identifizierung von Tatverdächtigen durch Augenzeugen* (S. 157-177). Stuttgart: Verlag für Angewandte Psychologie.

Oswald, M. (1994). *Psychologie des richterlichen Strafens*. Stuttgart: Enke.

Schwabe-Höllein, M., Kindler, H. & August-Frenzel, P. (1997). Der Bindungsaspekt von Eltern-Kind-Beziehungen: Forschungsstand und Anwendung in der familienpsychologischen Begutachtung. *Praxis der Rechtspsychologie*, 7, 6-21.

Rehabilitation

Franz Petermann

Begriff

Der Begriff „Rehabilitation" wird in verschiedenen Disziplinen verwendet. So verstehen Behinderten- und Sonderpädagogen darunter die spezifische Förderung (mehrfach) beeinträchtigter Kinder; Berufspädagogen die berufliche Förderung und Integration benachteiligter Jugendlicher und Erwachsener und Jugendrichter unter sozialer Rehabilitation die Wiedereingliederung dissozialer Jugendlicher (Mühlum & Oppl, 1992); Mediziner, Klinische Psychologen und Sporttherapeuten verwenden den Begriff im Kontext der Linderung einer chronischen Erkrankung, und Pflegewissenschaftler sehen in der geriatrischen Rehabilitation eine Möglichkeit, bei älteren Menschen die Pflegebedürftigkeit zu vermeiden oder hinauszuschieben (Görres, 1992). Innerhalb der letzten 20 Jahre entwickelte sich die Rehabilitationspsychologie als neues Anwendungsgebiet im Grenzbereich der Klinischen Psychologie sowie der Arbeits- und Berufspsychologie. Um die vielfältigen Anwendungsfelder der Rehabilitationspsychologie überschaubar zu halten, sollen die weiteren Ausführungen sich vorwiegend auf die medizinische Rehabilitation beziehen, die jedoch sehr eng mit der beruflichen Rehabilitation verknüpft ist (Petermann, 1997a). In der medizinischen Rehabilitation wird von einem biopsychosozialen Modell von Krankheit und Behinderung ausgegangen; demzufolge werden körperliche, psychische und soziale Auswirkungen einer Erkrankung und ihrer Folgen behandelt. Die Zustände von „krank" und „ge-

Rehabilitation 1. Übersicht über rehabilitative Hilfen

Berufsfördernde Leistungen: Hilfen zur Erlangung oder dem Erhalt des Arbeitsplatzes, zur Berufsfindung u.ä.
Medizinische Leistungen: ärztliche Leistungen, Arznei- und Hilfsmittel, Krankengymnastik, Sport- und Sprachtherapie, Patientenschulung u.ä.
Leistungen zur allgemeinen sozialen Eingliederung: Hilfen für Behinderte in der Form einer angemessenen Beschulung und Beschäftigung, um eine Teilnahme am Gemeinschaftsleben zu ermöglichen.
Ergänzende Hilfen: Zahlung eines Übergangsgeldes oder einer Haushaltshilfe u.ä.

sund" werden als ein Ineinandergreifen körperlicher, psychischer und sozialer Vorgänge beschrieben. Die Rehabilitation möchte dabei die Folgen einer Erkrankung reduzieren und nicht primär auf die Ursachen der Grunderkrankung einwirken. Der interdisziplinär orientierte Bereich der Rehabilitation körperlich chronisch Kranker wird stark von der Klinischen und Rehabilitationspsychologie sowie der lernpsychologisch geprägten Verhaltensmedizin bestimmt (Petermann, 1997a).

Die Sozialgesetzgebung regelt in Deutschland die Voraussetzungen und Ziele der Rehabilitation. Die Zuständigkeit für die Erbringung solcher Leistungen liegen bei unterschiedlichen Sozialleistungs- und Rehabilitationsstrategien. Hier sind vor allem die Kranken-, Unfall- und Rentenversicherungen, die Bundesanstalt für Arbeit und die Sozialhilfe zu nennen. Diese Kostenträger sorgen dafür, daß jeder, der körperlich, geistig oder psychisch behindert ist oder von einer Behinderung bedroht ist, Hilfestellung erhält, um die Behinderung abzuwenden, zu beseitigen, zu bessern, ihre Verschlimmerung zu verhüten oder ihre Folgen zu lindern. Rehabilitation dient damit der Reintegration in das Erwerbsleben oder allgemein in die Gemeinschaft. Das Spektrum rehabilitativer Hilfen umfaßt berufsfördernde und medizinische Leistungen, Leistungen zur allgemeinen sozialen Eingliederung und ergänzende Leistungen (Tab. 1).

Ziele

Die medizinische Rehabilitation möchte eine Wiedereingliederung in Beruf und Alltag nach einem akuten Krankheitsereignis (z. B. einem Herzinfarkt), nach Unfällen oder einer sich allmählich verschlimmernden chronischen Krankheit ermöglichen. Hierbei treten Krankheitsfolgen auf drei Ebenen auf: So kommt es organisch zu einer Schädigung (= impairment), einem Verlust oder einer Abweichung; die Schädigung schränkt die Fähigkeiten des Patienten ein (= disability), wodurch negative Auswirkungen (Schädigungen) im sozialen Kontext (z. B. Familie, Freundeskreis) zu erwarten sind (= handicap). Vor diesem Hintergrund müssen sowohl die körperliche Erkrankung als auch ihre psychosozialen Folgen bei der Rehabilitation berücksichtigt werden. So dient die medizinische Rehabilitation der:

- Minderung von Leistungseinschränkungen und der Wiederherstellung der Leistungsfähigkeit,
- Prävention von Sekundärprozessen (= psychosozialen Folgen) und einer verbesserten Langzeitprognose,
- Reintegration in Beruf (Ausbildung), Familie und Gesellschaft sowie
- Verbesserung der Lebensqualität.

Gerade der Aspekt der Lebensqualität – also ein ganzheitliches Kriterium – bildet ein zentrales psychologisches Ziel der Rehabilitation. Unter dem Begriff Sekundärprozesse werden die psychosozialen Folgen einer körperlichen Krankheit verstanden. Darunter fallen vor allem krankheits- und behandlungsbezogene Ängste wie die Angst des Asthmatikers vor Atemnot, dem Ersticken oder den Nebenwirkungen der Cortisonbehandlung. Psychosoziale Folgen beziehen sich jedoch auch auf grundlegende Probleme der *Krankheitsakzeptanz* und *Krankheitsverarbeitung* (Krankheitsbewältigung, Krankheitsmanagement). Viele Patienten können auch prognostisch günstig verlaufende Krankheiten wegen der Sichtbarkeit der Krankheitssymptome oder der damit verbundenen Stigmatisierung diese nicht akzeptieren; zu solchen Erkrankungen gehören zum Beispiel die Neurodermitis oder die Schuppenflechte. Unter psychologischen Gesichtspunkten verfolgt die Rehabilitation vor allem Ziele im Kontext der Krankheitsverarbeitung (= coping). Patienten erfahren in der Rehabilitationsmaßnahme Hilfestellungen in folgenden Bereichen: Beratung in beruflichen und sozialen Belangen, Verbesserung der medizinischen Behandlung, Vermittlung von krankheitsbezogenem Wissen und Fertigkeiten zum optimierten Krankheitsmanagement sowie Verbesserung der körperlichen Funktionstüchtigkeit. Psychologen leisten dabei wichtige Beiträge zum Krankheitsmanagement, indem sie verhaltensorientierte Patientenschulungsprogramme (= health education) mit den Rehabilitanden durchführen.

Krankheitsmanagement durch Patientenschulung

Die meisten Maßnahmen zur medizinischen Rehabilitation werden stationär durchgeführt, wobei sich die Hauptkrankheitsbilder auf fünf Bereiche konzentrieren (Tab. 2).

Rehabilitation 2. Haupterkrankungsbilder der Rehabilitation

Krankheiten	Anzahl
Erkrankungen des Skeletts, der Muskeln und des Bindegewebes	725.242
Psychische Störungen	243.062
Herz-Kreislauf-Erkrankungen	222.734
Krebserkrankungen	114.503
Atemwegserkrankungen	95.684

Von den 1,8 Millionen stationären Maßnahmen (Petermann, 1997a) beziehen sich ungefähr 40 % auf orthopädische und rheumatologische Erkrankungen; für die Krankheitsbewältigung bedeutet dies vor allem ein zu optimierendes Schmerzmanagement (Schmerz). Unter die psychischen Erkrankungen fällt ein hoher Prozentsatz von Suchterkrankungen, die eine intensive psycho- und sozialtherapeutische Betreuung benötigen (Sucht). Alle körperlich-chronisch Kranken erhalten seit einigen Jahren im Rahmen ambulanter oder stationärer Rehabilitationsmaßnahmen eine sogenannte Patientenschulung, mit der eine angemessene Einstellung zur Erkrankung beziehungsweise ein angemessener Umgang mit ihr gefördert werden soll. Maßnahmen zur Patientenschulung verfolgen sechs Ziele (Petermann, 1997b):

- Aufklärung des Patienten über die Krankheit und die Behandlung;
- Steigerung der Therapiemitarbeitsbereitschaft (Compliance) durch eine erhöhte Eigenverantwortung im Krankheitsmanagement;
- Sensibilisierung der Körperwahrnehmung, um frühzeitig eine Verschlimmerung des Krankheitszustandes zu erkennen;
- Vermittlung gezielter Fertigkeiten im Krankheitsmanagement (z. B. Entspannungstechniken, Inhalations- oder Injektionstechniken, angemessener Umgang mit Hilfsmitteln;
- Maßnahmen zur Anfallprophylaxe und Sekundärprävention, zum Beispiel Vermeidung von Streß und spezifischen Auslösern (z. B. eines Asthmaanfalls) sowie Erfahrungen im Rahmen der Notfallprophylaxe (= Verhalten in Krisensituationen; Notfallpsychologie);
- Erwerb sozialer Fertigkeiten und Aktivierung sozialer Unterstützung; hierunter fallen Kommunikationsfertigkeiten, die der Patient benötigt, um professionelle Helfer, Angehörige oder Arbeitskollegen angemessen zu informieren und im Prozeß der Krankheitsbewältigung einbeziehen zu können (Kommunikation, Interaktion).

Psychologische Interventionen

In der medizinische Rehabilitation werden gesundheits- und verhaltenspsychologische Interventionsmethoden eingesetzt. Sehr bekannt sind sogenannte Gesundheitstrainings („Gesundheit selber machen“). In solchen Trainings soll über Vorträge und Gruppenarbeit eine Lebensstiländerung herbeigeführt werden. Die klassischen Themen beziehen sich hierbei auf die Aspekte Ernährung, Rauchen, Streß und Bewegung. Von großer Bedeutung sind auch Entspannungstrainings (Progressive Muskelentspannung, Autogenes Training, Imaginationsverfahren) und Streßbewältigungsprogramme. Mit solchen Ansätzen lernt der Patient eigenständig, übermäßige

Belastungen zu vermeiden oder besser zu regulieren. Für viele Patienten ist es hilfreich, durch psychologische Beratung neue Lebensperspektiven zu eröffnen. Solche Gespräche können als Einzel- oder Gruppengespräche realisiert werden, wobei durch den zeitlichen enggesteckten Rahmen einer stationären Rehabilitation (ca. drei Wochen) sicherlich keine psychotherapeutische Behandlung möglich ist. Diese könnte jedoch als sinnvolle Nachsorge vorbereitet werden. Einige enger umgrenzte Angebote sind jedoch auch im Kontext der stationären Rehabilitation möglich (Petermann, 1997a): Vermittlung krankheitsbezogener sozialer Fertigkeiten (Selbstsicherheitstraining) und Teilnahme an Problemlösegruppen zu Themen wie krankheitsbezogene Ängste, Schlafstörungen, Schmerzbewältigung u. ä. Aber auch hier wird man bei komplexeren Problemlagen auf eine ambulante psychotherapeutische Nachsorge angewiesen sein.

Zukünftige Entwicklungen

Der Bedarf an Maßnahmen zur medizinischen Rehabilitation wird zukünftig steigen, da durch die Fortschritte in der medizinischen Versorgung immer mehr Menschen über lange Zeiträume chronisch krank sein werden; zudem wird durch den demographischen Wandel der Bevölkerung die Anzahl alter und älterer Menschen stark zunehmen (= vgl. Bedarf an geriatrischer Rehabilitation). Bei geriatrischen Patienten besitzen psychologische Ansätze zur Förderung der Selbständigkeit eine besondere Bedeutung. Darüber hinaus wird sich jedoch auch der Bereich der Frühförderung und Frührehabilitation zukünftig profilieren. Sozialpädiatrische Zentren bieten ambulant und stationär für Kinder mit angeborenen Behinderungen, neuropsychologischen und Entwicklungsstörungen ambulante und stationäre Fördermöglichkeiten an (Petermann & Warschburger, 1998). Je früher eine Störung erkannt wird, desto größer sind in der Regel die Rehabilitationserfolge. Diese „Frührehabilitation“ trifft jedoch nicht nur für Säuglinge oder Kleinkinder zu, sondern auch für erworbene Krankheiten wie kardiologische oder neurologische Patienten. Für einen Patienten mit einem Herzinfarkt oder Hirnschlag ist die sofortige Rehabilitation nach den lebensrettenden Maßnahmen der Akutmedizin erforderlich. Hier ist eine noch engere Nutzung von Akutmedizin und Rehabilitation zukünftig erforderlich.

Literatur

Görres, S. (1992). *Geriatrische Rehabilitation.* Weinheim: Juventa.

Mühlum, A. & Oppl, H. (Hrsg.) (1992). *Handbuch der Rehabilitation.* Neuwied: Luchterhand.

Petermann, F. (Hrsg.) (1997a). *Rehabilitation. Ein Lehrbuch zur Verhaltensmedizin* (2. erweit. Auflage). Göttingen: Hogrefe.

Petermann, F. (Hrsg.) (1997b). Patientenschulung und Patientenberatung. (2. erweit. Auflage).Göttingen: Hogrefe.

Petermann, F. & Warschburger, P. (Hrsg.) (1998). *Kinderrehabilitation.* Göttingen: Hogrefe.

Religionspsychologie

Edgar Schmitz

Religionspsychologie ist die Wissenschaft vom religiösen Erleben und Verhalten. Die Definition impliziert die inneren Prozesse der Bildung und Veränderung von Kognitionen, Einstellungen, Erwartungen und die subjektive Repräsentation der Religion, nicht diese selbst. Religiös ist dasjenige Erleben und Verhalten, in dem Menschen sich zu etwas Transzendentem in Beziehung setzen. Religionspsychologie erklärt, wie der Mensch eine religiöse Beziehung, die für sein Leben bedeutungsvoll ist, entwikkelt oder eben nicht entwickelt. Religion ist ein symbolisches System von Glaubensaussagen, Einstellungen, Praktiken und Riten, durch die Menschen zu einer transzendenten Welt und zueinander in Beziehung treten. Der Mensch wird religiös, wenn er eine Religion als persönliche Erweiterung akzeptiert. Gläubigkeit und Ungläubigkeit sind trotz ihrer Gegensätzlichkeit in Entstehung und Veränderung ähnlich. Die subjektive Entscheidung hängt von psychischen Prozessen ab – die Psychologen untersuchen (Schmitz, 1992).

Geschichte

Religionspsychologisches Denken beginnt mit Erklärungen des Erlebens, Träumens und Bewußtseins in den Upanishaden, in der antiken und frühchristlichen Philosophie und Mystik (Justin um 150; Tertullian, De anima, um 200). Si enim fallor, sum – wenn man sich täuscht/ sich etwas vormacht, lebt man, lehrt Augustinus (354–430; Gottesstaat, XI 26) und formuliert den Kern des Konstruktivismus (De Magistro, 11-12 zur inneren Repräsentation der Außenwelt) und der Attributionstheorie (Confessiones X 2). Zwischen theologischen und psychologischen Reflexionen wurde nicht unterschieden (Melanchthon: De anima, 1540). Hume beschrieb das religiöse Erleben, Kant reflektierte die ethische Seite der Religiosität. Vorläufer sind Schleiermacher (Reden über die Religion, 1799) und Fechner (Die drei Motive und Gründe des Glaubens, 1863). In der wissenschaftlichen Religionspsychologie lassen sich drei methodische Traditionen unterscheiden: Die *transzendentale Religionspsychologie* sucht mit phänomenologischer Methode nach psychologischen Begründungen des Glaubens (Wobbermin: Systematische Theologie nach religionspsychologischer Methode, 1921/22), die *Tiefenpsychologie* sucht, von Einzelfallanalysen zu Verallgemeinerungen zu gelangen, die *erfahrungswissenschaftliche* Tradition fordert empirische Kontrollen der Aussagen. Da durch Kant der Mensch sich selbst in seiner Freiheit entdeckt hatte, war für Theologen die Psychologie wichtig geworden. Man (Ritschl, Wobbermin, Girgensohn, Gruehn, Stählin, Troeltsch) erhoffte Stärkung und Apologetik für die Verkündigung und eine Entschärfung der Rationalitätskrise. Die Tradition wirkt bis heute (Wobbermin, The nature of religion, 1933), u.a. auf die Attachment-Theorie der religiösen Bindung (Kirkpatrick in Spilka & McIntosh, 1997). Für den *Tiefenpsychologen* Freud war Religion eine universelle Zwangsneurose (Die Zukunft einer Illusion, 1927), die aus dem Ödipus-Komplex herrühre. Der Gläubige sei gegen gewisse neurotische Tendenzen gefeit, da seine allgemeine Neurose ihn der Aufgabe enthebe, eine persönliche Neurose auszubilden. Freuds Sicht, wie der Mensch Religion erschaffe, ist eine historische Marginalie. Jung sah dagegen in der Religiosität die Widerspiegelung von Archetypen (Urbilder) und eine Voraussetzung für seelische Gesundheit. Adler deutete das Übernatürliche immanent. Die *empirische Religionspsychologie* begann mit Wundts vier Stadien der Entwicklung der Religion: Ära des primitiven Menschen, des Totemismus, der Helden und Götter und der Humanität. Sein Schüler Külpe untersuchte mit Bühler, Marbe, Stählin, Girgensohn, Gruehn anhand autobiographischen Materials und per Assoziationsmethode Phänomene der Bekehrung und der mystischen Erfahrung. Der Wundt-Schüler Hall arbeitete über Merkmale des religiösen Erlebens; Starbuck schrieb 1892 eine Religionspsychologie. Nachhaltig wirkten Coe, Stratton, Leuba. Die Bücher von James (The varieties of religious experience, 1902) und Pratt (The religious consciousness, 1920) sind heute Klassiker. Zu erwähnen sind die Gründungen von The American Journal of Religious Psychology and Education (1904), Zeitschrift für Religionspsychologie (1908), der Gesellschaft für Religionspsychologie (1914), des Archivs für Religionspsychologie (1929). Nach Unterbrechung durch die Nazis nehmen Gesellschaft und Archiv die Arbeit 1960 wieder auf. Einige Länder haben Lehrstühle für Religionspsychologie (Niederlande, Schweden, USA). Die American Psychological Association richtete 1976 die Sektion Spirital Issues ein (1993: Psychology of Religion), die Deutsche Gesellschaft für Psychologie 1994 einen Arbeitskreis Religionspsychologie.

Methoden

Grundsätzlich kommen alle in der Psychologie üblichen Verfahren in Frage: Beobachtung, Befragung, Inhaltsanalyse, Meß- und Testverfahren, Experiment. Da es unmöglich ist, durch reines Nachdenken ohne Empirie Aufschluß über die Beschaffenheit der Welt zu gewinnen, sind erfahrungswissenschaftliche Methoden unabdingbar. Huber (1996) sammelte 61 Skalen und empirische Modelle zur Dimensionalität der Religiosität, zu deren Erfassung Grom, Hellmeister, Zwingmann das Münchner Motivationspsychologische Religiositäts-Inventar (MMRI) entwickeln. Das Konstrukt Religiosität wird als individuelles Merkmal analysiert, d.h. es werden die darin enthaltenen Merkmalsdimensionen ausgewiesen und zu ihrer Erfassung Indikatoren gesucht, um dann die daraus entwickelten Skalen in psychologischen Kontexten mit dem Ziel einzusetzen, das Konstrukt Religiosität zu erfassen. Drei Ansätze lassen sich unterscheiden: 1) Analyse der Religiosität anhand von Dimensionen der Glaubensüberzeugungen, des religiösen Handelns und Erlebens; 2) Messung von religiösen Einstellungen zu religiösen Komplexen; 3) Untersuchung der funktionalen Wechselbeziehung von religiösen Dimensionen zu anderen Merkmalen (Autoritarismus, Liberalismus, Vorurteile, Coping etc). Mit der Selbstkonfrontations-Methode belegt Hermans (Schmitz, 1992), daß Wertungen Ausdruck religiöser Motive sind. Der Zielsetzung der genetischen Forschung (Oser, Reich, Fetz, Valentiner; Schmitz, 1992) kommt die Längsschnittstudie am nächsten. Statt der meist korrelationsstatistischen Studien wären Kausalmodelle und Longitudinalstudien nötig. Die mangelhafte Validität mancher Skalen (z.B. die bloße Zustimmungsrate zu Artikeln des Credos, deren semantischer Gehalt eine lange Tradition birgt, als „Indikator des Glaubens“) zeigt, daß zur Validierung von Instrumenten zur Erhebung von Glaubensaussagen theologische Kenntnisse unabdingbar sind (Forschungsmethoden).

Forschungsthemen

Schwierig ist das Erstellen einer Theorie von Religiosität, religiöser Überzeugung und Verpflichtung und deren Operationalisierung. Sie sollte eine Struktur aufweisen, die das fragliche Phänomen verständlicher macht als bisher, und eine wissenschaftliche, d.h. prüfbare Erklärung. Die Motivierung zur Religiosität wird mit der Theorie der Intrinsischen Religiosität erklärt, wo Motivierung durch Selbstverstärkung erfolgt, etwa als Bestätigung einer für richtig erachteten Norm des eigenen Verhaltens. Die Gegenposition nimmt ein religiöses Bedürfnis an; diese biologistische Annahme korrespondiert mit der theologischen der Prädestination und mit der psychologischen Attachment-Theorie von Kirkpatrick (Spilka & McIntosh 1997). Für den Zusammenhang von Religiosität, dem persönlich organisierten Wertesystem und Sinnerleben gibt es empirische Belege (Schmitz, 1992). Religiosität im entwicklungspsychologischen Kontext wird im strukturgenetischen Ansatz am Zusammenhang zwischen dem Erwachen des moralischen Bewußtseins (Gewissen), der Entwicklung des religiösen Weltbildes und dem Glauben an Gott untersucht (Fetz, Oser, Reich, Valentiner, vgl. Schmitz 1992). Reich hat eine Integration von konstruktivistischen und strukturgenetischen Ansätzen mit einer Taxonomie von Bedingungen und Abschnitten der Entwicklung der Religiosität vorgelegt (Spilka & McIntosh 1997). Spilka versucht, Religiosität attributionstheoretisch zu verstehen: Der Mensch ist bestrebt, besondere Ereignisse, Erfolg und Mißerfolg, ursächlich zu erklären (attribuieren). So ist Religiosität die Bereitschaft, für Ereignisse eher religiöse Attributionen zu nutzen. Diesen liegen die Motive zugrunde, die Welt als etwas Sinnvolles zu verstehen; Ereignisse durch Gebet und Riten kontrollieren zu können oder anzunehmen, daß Gott dies täte; den eigenen Selbstwert durch den Glauben zu fördern, von Gott geliebt zu sein. Solche Attributionen beeinflussen die Bewältigungsstrategien in Belastungssituationen. Attributionen i. S. einer fatalistischen Externalität als generalisierte Erwartung, daß das Leben und bestimmte Ereignisse in ihm vom Glück, Schicksal, von den Sternen beeinflußt werden, haben eine religiöse Komponente. Die unerwartete Heilung, das glückliche Überleben eines Unfalls werden von vielen Menschen, auch Atheisten, i. S. einer Transzendierung der Erfahrung der Diesseitigkeit attribuiert. Seltene Ereignisse, für deren Verursachung wenig Informationen vorliegen, werden eher nach dem Aufwertungsprinzip (augmentation principle) attribuiert.

Offenbar liefert Religion einige besondere Bewältigungsarten, ohne selbst Instrument zu sein. Im Bewältigungsprozeß kann Religiosität a) als unabhängige Variable auf die Bewältigungsergebnisse wirken und b) als abhängige Variable durch die Bewältigung beeinflußt werden. Religionsbezogenes Coping kann stabilisierend sein und hat sich in Lebenskrisen bewährt. Die Kontroverse, ob Religion die seelische Gesundheit fördere/hemme, wird bis heute geführt. Das gehäufte Vorkommen neurotischer Befunde unter Klerikern, Seminaristen und Mitgliedern strenger Glaubensgemeinschaften ist ebenso belegt wie deren Anziehung auf manche neurotisch disponierte Menschen. Eine Analyse neuerer Befunde zeigt, daß religiöse Intrinsität positiv mit seelischer Gesundheit korreliert, während Extrinsität nur negative Beziehungen aufweist. Dörr fand bei intrinsisch Religiösen die geringsten Depressionswerte und bestätigt Allports Theorie, wonach Intrinsität positiv für die Gesundheit sei (Schmitz 1992). Religion bietet moralisch-ethische Referenzrahmen als Führungsgröße des Handelns (in der Moral Reconation Therapy für antisoziales Verhalten und Drogenmißbrauch). Auch das christliche Prinzip der Vergebung wird in spirituelle Therapietechniken integriert und soll bei erniedrigten Menschen wirksam sein (Schmitz 1992, S. 151; Grom 1996). Das Netzwerk religiöser Überzeugungen bildet als kognitive Repräsentation ein Schema, eine kognitive Struktur. Die Schematheorie der Religiosität wurde für die Konstruktion von Lebenssinn und für die Bewältigung von Traumata genutzt (Spilka & McIntosh 1997). Daß der Modus der Verarbeitung des Todesthemas von der Religion beeinflußt wird, ist belegt; der Bezug zur Terror-Management-Theorie liegt nahe. Religiosität im sozialpsychologischen Kontext, im Gruppenverhalten, die Wirkung von Religion auf Moral und Ethik, auf Aggression und Kriminalität, ihre gesellschaftliche Bedeutung, die charismatischen Gruppen, die neuen religiösen Bewegungen, Sekten sowie psychische Mechanismen der Propaganda wären ebenso wichtige Themen wie eine Ideologiekritik parareligiöser Phänomene und Religionsersatz von der unkritischen Idolverehrung bis zum politischen Personenkult und Massenwahn, Probleme des religiösen Vakuums, der Sinnleere und Langeweile, Intoleranz, die Rolle der Frau in der christlichen (islamischen u.a.) Tradition, Machtmißbrauch und Identitätsprobleme der Kirchen. Auch in anderen psychologischen Forschungsfeldern tauchen religionspsychologische Befunde auf, die oft nicht als solche ausgewiesen werden (z. B. Interviews mit Sterbenden). In den neuen Werken läßt sich ein Trend wachsenden Interesses am Konstruktivismus, an der narrativen, diskursiven Kultur- und Gesundheitspsychologie und an Themen wie Glück, Sinnerfahrung und Religiosität beobachten.

Literatur

Grom, B. (1992; 1996). *Religionspsychologie*. München: Kösel/Vandenhoeck & Ruprecht.

Henning, Ch. & Nestler, E. (Hg) (1998). *Religion und Religiosität zwischen Theologie und Psychologie*. Frankfurt: Lang.

Pargament, K.L. (1997). *The Psychology of Religion and Coping: Theory, Research, Practice*. Guilford.

Schmitz, E. (Hg) (1992). *Religionspsychologie*. Göttingen: Hogrefe.

Spilka, B. & McIntosh, D. N. (1997). *The Psychology of Religion. Theoretical Approaches*. Oxford: Westview.

S

Schulpsychologie

Detlef Berg

Gegenstand

Schulpsychologie ist ein Berufsfeld von Psychologen im Kontext der Schule, keine eigenständige Disziplin der Psychologie. Bezugswissenschaften sind alle Teildisziplinen der Psychologie, je nach konzeptioneller Ausrichtung der Schulpsychologie, besonders Pädagogische Psychologie, Persönlichkeitspsychologie und Psychologische Diagnostik, Klinische Psychologie (Klinische Kinder- und Jugendpsychologie, Systemische Therapie, Beratung, Gesprächspsychotherapie, Gemeindepsychologie) und Arbeits- und Organisationspsychologie. Schulpsychologie hat auch zu dem gesamten Spektrum der Erziehungswissenschaften (Erziehungspsychologie), Soziologie und Teilbereichen der Medizin (Psychopathologie, Physiologie) einen Bezug. Idee und Begriff der Schulpsychologie gehen auf William Stern zurück, der 1911 auf dem ersten Kongreß für Jugendbildung und Jugendkunst in Dresden vorschlug, die Schule bei der Erfüllung ihres Bildungsauftrags durch Psychologen unterstützen zu lassen.

Geschichte

1922 nahm der erste Schulpsychologe in Deutschland seine Arbeit auf: Hans Lämmermann, ein Lehrer, der bei William Stern an der Universität in Hamburg für seine schulpsychologische Tätigkeit ausgebildet worden war. Er erhielt die Aufgabe, in Mannheim im Schulversuch „Förderklassensystem" die Eignung von Kindern für unterschiedlich hohe Anforderungsniveaus des Unterrichts zu diagnostizieren. Die Schulpsychologie entwickelte sich erst nach dem zweiten Weltkrieg in Deutschland weiter. Anlaß waren Verwahrlosung, unregelmäßiger Schulbesuch von Kindern und Jugendlichen nach dem Krieg, wie schon bei der Gründung der ersten Erziehungsberatungsstellen (Erziehungsberatung) nach dem ersten Weltkrieg in Wien durch Alfred Adler. 1948 wurde als Nachfolger der Behörde „Abteilung Schulpolizei" die „Schülerhilfe" gegründet, der zentrale schulpsychologische Dienst der Hansestadt. Entsprechend den damaligen aktuellen Problemen war dieser primär sozialpädagogisch und psychotherapeutisch am Einzelfall orientiert: Da die Kapazität der schulpsychologischen Dienste für die *Interventionen* bei problematischen Einzelfällen nie ausreichte, war die Individualdiagnose, verbunden mit *Empfehlungen für Lehrer oder Eltern oder auch für institutionelle Maßnahmen* (Sitzenbleiben, Schulwechsel, Besuch einer Sonderschule) lange die hauptsächliche schulpsychologische Tätigkeit.

In Hessen entstand eine andere Konzeption schulpsychologischer Arbeit. „Schularbeit als Ganzes" sollte durch die Schulpsychologie umgewandelt und verbessert werden – Schulpsychologie als „Systemberatung". Die anderen Bundesländer richteten mit unterschiedlicher Intensität ebenfalls schulpsychologische Beratungsstellen ein, wobei in Nordrhein-Westfalen und in Bayern, anders als in den anderen Flächenstaaten, neben dem Land auch Kommunen schulpsychologische Dienste gründeten. Zu einem flächendeckenden Ausbau der Schulpsychologie kam es in den alten Bundesländern erst, nachdem 1970 der Deutsche Bildungsrat seinen „Strukturplan für das Bildungswesen" vorgelegt hatte, der Grundlage war für den Beschluß der Kultusministerkonferenz 1973 „Beratung in Schule und Hochschule": Bis 1988 sollte für 500 Schüler eine Beratungslehrerstelle und für 5000 Schüler eine Stelle für einen Schulpsychologen eingerichtet werden. Diese Beratungsdichte wurde bisher aber nur in den Stadtstaaten erreicht. 1974 gab es in den alten Bundesländern 359 Schulpsychologen, 1990 waren es 879, eine durchschnittliche Relation von einem Schulpsychologen für 8.200 Schüler. In manchen Bundesländern war und ist diese Relation aber noch weit ungünstiger. In der DDR begann die Geschichte der Schulpsychologie 1973. Psychologen, meist Lehrer und Lehrerinnen, die sich an der Karl-Marx-Universität in Leipzig zum „Diplom-Pädagogen (Pädagogische Psychologie)" fortgebildet hatten, wurden in das „Pädagogische Kreiskabinett" aufgenommen. In diesem Rahmen brachten sie psychologisches Wissen in die Lehrerfortbildung ein und berieten Lehrerinnen und Lehrer über Fördermöglichkeiten für verhaltens- und leistungsauffällige Kinder. Heute gibt es in allen neuen Bundesländern schulpsychologische Dienste. Über die Beratungsdichte liegen noch keine systematisch erhobenen Daten vor. Schulpsychologische Dienste gibt es in allen Industriestaaten, aber auch in vielen Ländern der „dritten Welt". Die Beratungsdichte ist in den meisten europäischen Ländern wesentlich höher als in Deutschland, z.B. 1 : 1.500 in Belgien, 1 : 3.500 in Frankreich. Die wohl qualitativ und quantitativ beste Versorgung mit Schulpsychologen besteht in den skandinavischen Ländern. In der International School Psychology Association (ISPA) kooperieren Schulpsychologen aus 51 Ländern. Grundlage für die Zusammenarbeit ist ein Kongreß, der jährlich in wechselnden Ländern durchgeführt wird. Die ISPA setzte sich z.B. in der UNESCO mit Nachdruck und Erfolg für die internationale Konvention über die Rechte des Kindes ein.

Schulpsychologische Arbeitsfelder

Je nach Dienstvorschriften des Landes oder der Kommune, der spezifischen Kompetenzen der Schulpsychologen und dem personellen Ausbau des schulpsychologischen Dienstes (vom einzelnen Schulpsychologen, der den größten Teil seiner Dienstzeit unterrichtet, bis hin zu den zentralen kommunalen Einrichtungen wie z.B. dem „Zentrum für Schülerförderung, Bildungsberatung und Schulpsychologie" der Stadt Köln, in dem auf 25 Planstellen 34 ganztags oder teilzeit-

international
SCHOOL PSYCHOLOGY ASSOCIATION

Schulpsychologie. Logo der International School Psychology Association.

beschäftigte Schulpsychologen tätig sind) werden unterschiedliche Kombinationen aus den schulpsychologischen Arbeitsfeldern mit jeweils besonderen Schwerpunkten angeboten (Tab.).

Schulpsychologie. Schulpsychologische Arbeitsfelder.

Arbeit mit Schülern und ihren Eltern – Einzelfallarbeit – Arbeit mit Schülergruppen – Schullaufbahnberatung – Elternarbeit
Optimierung des Bildungssystems – Systemberatung – Fort- und Weiterbildung von Lehrern – Zusammenarbeit mit anderen Beratungsdiensten – Supervision von Lehrern und anderen Beratern im Schulsystem – Unterstützung von Bildungsforschung
Unterrichten

Schulpsychologische Tätigkeiten sollen den Schülern zugute kommen, entweder durch direkte Arbeit mit den Schülern und ihren Eltern oder indirekt durch Einwirkung auf das Bildungssystem. In manchen Bundesländern gehört auch das *Unterrichten* zu den Aufgaben der Schulpsychologen. Eine wichtige Säule schulpsychologischer Arbeit ist die *Einzelfallarbeit*, die wegen der Probleme eines einzelnen Schülers erforderlich ist. Dazu gehören die schülerbezogene Diagnostik und die Diagnostik der Einbettung der Problematik in die Umwelt des Schülers, individuelle Fördermaßnahmen bis hin zur Therapie, die Beratung von Eltern und Lehrern und eventuell die psychologische Begründung von *Schullaufbahnempfehlungen*, sei es bei hochbegabten Kindern (Hochbegabung) oder bei Kindern, die den Anforderungen der von ihnen eingeschlagenen Schullaufbahn nicht entsprechen können. Mit *Schülergruppen* lassen sich Kompetenzen entwickeln, die durch den Fachunterricht nicht oder zu wenig abgedeckt werden (Konzentration, Strategien des Wissenserwerbs, soziale Kompetenzen wie gewaltfreie Interaktion und Teamfähigkeit, Streßbewältigung, Selbstsicherheit). Das überschneidet sich teilweise mit der Planung, Begleitung oder auch Durchführung von Präventionsprogrammen in der Schule (aktuelle Themen: AIDS, Gewalt, Schulangst). Viele Probleme haben Schülern auch deshalb, weil ihre Schule so ist wie sie ist. Aggressives Verhalten, Prüfungsangst, geringe Lern- und Leistungsmotivation, Wissenslücken, Sitzenbleiben, Konzentrationsprobleme, Ellbogenmentalität, Täuschen bei Prüfungen, Schuleschwänzen, Beenden der Schulzeit ohne Abschluß usw. entstehen *in* der Schule und teilweise auch *durch* sie. Primäre Prävention und auch Problemlösungen müssen deshalb in der Schule selbst ansetzen. Dazu dienen die schulpsychologischen Arbeitsfelder zur *Optimierung des Bildungssystems*. Die Erfahrungen aus der Einzelfallarbeit sind dabei hilfreich für die „Systemberatung" – als Beratung der Personen, die im System Schule tätig sind, um die Funktionsweise des Schulsystems zu optimieren. Diese Beratungsform wurde in der Schulpsychologie vor allem auf der Basis von Ansätzen der Organisationsentwicklung und der systemischen Psychologie eingerichtet.

Ausbildung

In Deutschland müssen Schulpsychologen in den meisten Bundesländern ein *Diplomstudium in Psychologie* und ein *Lehramtsstudium* absolviert haben. Während des Diplomstudiums wird der Anwendungsbereich Schulpsychologie in den Universitäten in Deutschland nur sehr randständig berücksichtigt. In Bayern wurde zur Ausbildung von Schulpsychologen 1978 das Studienfach „Psychologie mit schulpsychologischem Schwerpunkt" eingeführt. Es kann entweder grundständig im Rahmen eines Lehramtsstudiums als Hauptfach oder als nachträgliche Erweiterung der Lehrbefähigung von Lehrern studiert werden. Durch das grundständige Studium wird die Studienzeit für Schulpsychologen erheblich reduziert. Der Inhalt des Studiums sind alle Teildisziplinen der Psychologie. Eine frühzeitige Spezialisierung des Psychologiestudiums auf den Bereich Schulpsychologie ist international ebenso weit verbreitet wie die Weiterbildung von erfahrenen Lehrern zu Schulpsychologen.

Forschung

Schulpsychologische Fragestellungen werden vor allem von der Pädagogischen Psychologie untersucht. In anderen Teildisziplinen der Psychologie werden Schüler vor allem dann in die psychologische Forschung einbezogen, wenn Probanden ihres Alters für die Untersuchung von Fragestellungen gesucht werden, die eher aus psychologischer Theorieentwicklung als aus dem Beratungsbedarf im Kontext der Schule abgeleitet sind. Manche Forschungsprojekte sind jedoch von unmittelbarer Relevanz für die Schulpsychologie, wie z.B. Studien über die Determinanten des schulischen Lernerfolgs oder die Ursachen für das schlechte Abschneiden deutscher Schüler bei internationalen Leistungsvergleichen. Der Forschungsbedarf für die Schulpsychologie ist erheblich, weil die schlichte Übertragung von psychologischen Forschungsergebnissen auf den Kontext Schule zu spekulativ oder auch gar nicht möglich ist. Zwei Beispiele sollen das illustrieren: In der *Wissenspsychologie* konnten Strategien des Wissenserwerbs identifiziert werden (Wissen). Deren Anwendung kann aber nutzlos oder sogar dysfunktional sein, wenn Schüler bereits eigene Strategien entwickelt haben, die mit diesen Strategien unverträglich sind. In der Organisationspsychologie wird zwar das Thema „Organisationsdiagnostik" behandelt. Für die schulische Organisationsdiagnostik als eine Grundlage für die Systemberatung müssen aber die Methoden noch weiterentwickelt werden.

Zukunftsperspektiven

In Deutschland stagniert der Ausbau der Schulpsychologie seit Ende der 80er Jahre auf einem im Vergleich zu anderen Ländern sehr niedrigen Versorgungsniveau; ein weiterer Ausbau wäre erforderlich, wenn sie ihre Aufgaben erfüllen soll. Ein besonderer Beratungsbedarf besteht aktuell in jenen Bundesländern, in denen Schulentwicklung, Herausarbeitung des eigenen Schulprofils, Qualitätssicherung den Schulen zur Aufgabe gemacht worden sind. Die Schulpsychologie müßte sich wieder Tätigkeitsfeldern zuwenden, für die sie im Prinzip kompetent ist, die aber neueren konzeptionellen Überlegungen zur Systemberatung weichen mußten, die organisatorische Probleme in den Mittelpunkt der Beratung stellen. Dazu gehören insbesondere die *Beratung zur Berufsfindung* und die *Lernerfolgsdiagnostik*. Für die *Beratung zur Berufsfindung* besteht ein großer Bedarf, der auch durch das Arbeitsamt nicht gedeckt wird, solange Schüler selbst noch nicht wissen, welchen Berufsweg sie einmal einschlagen wollen und wofür sie geeignet wären. Eine wichtige Aufgabe von Schulpsychologen wäre es, lokale Informations- und Beratungsnetzwerke mit anderen Beratungsdiensten aufzubauen und zu betreuen. *Lernerfolgsdiagnostik* muß wieder verstärkt Thema der Beratung und der Lehrerfortbildung werden, weil das etablierte Prüfungswesen in der Schule zu wenige Informationen erbringt, die benötigt werden, um das individuelle Vorwissen beim Wissenserwerb zu nutzen. Weitere wichtige Tätigkeitsfelder, die im Ausland bereits von Schulpsychologen ausgefüllt werden: Ausdehnung der *Beratung auf den vorschulischen Bereich*, die Beratung von Eltern, Lehrern und Schulen bei der Planung und Realisierung bei der *wohnortnahen Integration* von Schülern mit besonderem Förderbedarf, *Identifikation von Hochbegabten*, Intensivierung der Beratung für Kinder aus *Zuwandererfamilien*, Einsatz von Psychomotorik als Mittel der Diagnose und Intervention, Beratung bei Kindesmißhandlung und sexuellem Mißbrauch, Auswahl von PC-gesteuerten Medien für die individuelle Förderung unter psychologischer Perspektive

Literatur

Berg, D. (1993). Schulpsychologie in den „alten" Ländern der Bundesrepublik Deutschland, Entwicklung - Aufgaben - Perspektiven. In C. Hanckel & W. Gangnus (Hrsg.), *Schulpsychologie heute - 1. Deutscher Psychologentag*. Bonn: Deutscher Psychologen Verlag, 47-58.

Gutkin, T.B. & Reynolds, C.R. (eds.) (1990). *The handbook of school psychology*. New York: Wiley & Sons.

Käser, R. (1993). *Neue Perspektiven in der Schulpsychologie*. Handbuch der Schulpsychologie auf ökosystemischer Grundlage. Bern: Haupt.

Sozialpsychologie

Beate Schuster und Dieter Frey

Definition

Die Sozialpsychologie beschäftigt sich – wie die Psychologie ganz generell – mit der Erklärung und Beschreibung von Verhalten und Erleben. Sie unterscheidet sich von den anderen Disziplinen der Psychologie aber dahingehend, daß sie den Ausschnitt von Verhalten und Erleben untersucht, der sich auf zwischenmenschliche Interaktionen bezieht, oder der, wie es in einer klassischen Definition heißt, durch die „vorgestellte oder tatsächliche Anwesenheit anderer Personen" beeinflußt wird (Allport, 1985). Entsprechend befaßt sich die Sozialpsychologie nicht nur mit Gruppen, sondern – was vielleicht auf den ersten Blick überrascht – auch mit dem Verhalten und Erleben von Einzelpersonen (in den letzten 30 Jahren sogar konzentriert). Dieser Fokus auf Einzelpersonen steht im Zusammenhang mit der „kognitiven Wende" in den 60er Jahren, in der den individuellen Denk- und Wahrnehmungsprozessen eine zentrale Rolle zugeschrieben wurde.

Theorien

In der Folge wurde eine Vielzahl von „kognitiven Theorien der Sozialpsychologie" (Frey, 1993) entwickelt. So beschäftigt sich beispielsweise die Theorie der sozialen Vergleichsprozesse damit, wie man sich selbst in Abhängigkeit davon wahrnimmt, was andere Personen tun. Ähnliche Prozesse wurden auch in den Attributionstheorien (Attribution) beschrieben, die neben sozialen Vergleichsinformationen noch weitere vorauslaufende Bedingungen von Fähigkeitszuschreibungen spezifizieren. Die Attributionstheorien gehen dabei davon aus, daß sich „naive Beobachter" wie Wissenschaftler verhalten und bestrebt sind, Ereignisse auf ihre Ursachen zurückzuführen. Die soziale Wahrnehmung ist auch Gegenstand weiterer kognitiver Theorien, wie z.B. der Hypothesentheorie der sozialen Wahrnehmung (hypothesengeleitete Wahrnehmung). Diese unterstellt, daß die Wahrnehmung durch „Erwartungshypothesen" gesteuert wird. Neben dem Einfluß der vorgestellten Anwesenheit anderer Personen wurde auch der Einfluß der tatsächlichen Anwesenheit auf Prozesse im Individuum untersucht. So lautet beispielsweise ein klassischer Befund der Sozialpsychologie, daß gut gelernte Wissensbestände besser reproduziert werden, wenn andere Personen anwesend sind; allerdings kann neues Wissen bei Anwesenheit anderer Personen schwerer erworben werden, als wenn ein Individuum alleine ist. Diese beiden Phänomene wurden als „social facilitation" and „social inhibition" bezeichnet (Soziale Aktivierung). Bei weiteren kognitiven Theorien, die sich auf das Individuum beziehen, ist weniger direkt erkennbar, daß sie sich mit dem Einfluß der tatsächlichen oder vorgestellten Anwesenheit anderer Personen befassen. Die Dissonanztheorie und Reaktanztheorie beispielsweise sind klassische sozialpsychologische Theorien, und sie gehen von der zentralen Grundannahme aus, daß Individuen bestrebt sind, unangenehmen Spannungszuständen zu entgehen. So beschreibt beispielsweise die Dissonanztheorie, wie unangenehme Spannung (Dissonanz) entsteht, wenn zwei Kognitionen im Widerspruch stehen, und sie sagt vorher, daß Individuen bestrebt sind, diese Dissonanz zu reduzieren. Ein möglicher Weg hierzu besteht in der Änderung einer der beiden Kognitionen. Ein klassisches Beispiel, an dem diese Dissonanzmechanismen verdeutlicht werden können, stellt das Rauchen dar. Raucher haben häufig einerseits die Kognition „Ich rauche gern", andererseits aber auch die Kognition „Rauchen ist gesundheitsschädlich". Die aus diesem Widerspruch resultierende Dissonanz können Raucher reduzieren, indem sie die Bedeutung der dissonanten Kognition abwerten, so z.B. sich sagen, daß Gesundheit keinen so zentralen Wert darstellt, oder indem sie die dissonante Kognition ändern, so z.B. sich vormachen, daß die gesundheitsschädigende Wirkung des Rauchens noch nicht eindeutig nachgewiesen sei. Die Dissonanztheorie postuliert also, daß Menschen jegliches Verhalten und Entscheiden zu rechtfertigen versuchen und daß sie hierzu oft ihre Einstellung ihrem Verhalten anpassen.

Einstellung und soziale Interaktion

Mit diesem Aspekt berührt die Dissonanztheorie einen ganz klassischen Gegenstand der Sozialpsychologie, nämlich Einstellungsänderung (Einstellung). Obwohl Theorien der Einstellungsänderung nicht (immer) direkt nach dem Einfluß der tatsächlichen oder vorgestellten Anwesenheit anderer Personen auf die Einstellungen eines einzelnen gefragt haben, sind sie dennoch genuin „sozialpsychologisch“, da Einstellungen im sozialen Kontext eine ganz zentrale Rolle spielen. In der frühen Einstellungsforschung der 50er und 60er Jahre (in den Yale-Studien zum Kommunikationsmodell) hat man sich besonders intensiv mit der Frage befaßt: Wer sagt was wem wie? So wurde etwa untersucht, ob ein Empfänger einer Botschaft eher seine Einstellung – etwa gegenüber einer Minderheit – ändert, wenn sie von einem ähnlichen Kommunikator stammt, als wenn die gleiche Botschaft von einer Person ausgesprochen wird, mit der der Empfänger wenig gemein hat. In neueren Modellen der Einstellungsänderung (Stahlberg & Frey, 1993) werden diese Befunde geordnet, und es wird angenommen, daß Einstellungen entweder aufgrund heuristischer Verarbeitung (etwa aufgrund der Daumenregel: „Wer mir ähnlich ist, ist überzeugend“) oder aufgrund systematischer Verarbeitung der in einer Botschaft enthaltenen Argumente geändert werden (Sleeper-Effekt). Einstellungen sind deshalb ein so zentraler Bestandteil der Sozialpsychologie, da sie in starkem Maße unseren Umgang mit anderen bestimmen. So hat unsere Einstellung gegenüber Minderheiten einen Einfluß darauf, ob man mit Mitgliedern dieser Minderheit sozialen Kontakt aufnimmt oder nicht (Stereotype). Der Umgang mit anderen – Individuen wie Gruppen – stellt ganz generell einen ganz zentralen Kernbereich der Sozialpsychologie dar. Unter dem Stichwort „soziale Interaktion“ wurde etwa untersucht, was zwei Individuen zueinander hinzieht (interpersonale Attraktion) oder unter welchen Bedingungen ein Individuum einem anderen hilft (prosoziales Verhalten, Hilfeverhalten) – oder aber absichtlich Schaden zufügt (antisoziales Verhalten oder Aggression). So haben etwa Darley und Latane in einer vielbeachteten Arbeit 1968 gezeigt, daß die Wahrscheinlichkeit, daß eine Person einer anderen hilft, davon abhängt, ob sie in der Notsituation allein oder gemeinsam mit mehreren Personen anwesend ist. Je mehr weitere Personen anwesend sind, desto höher ist die *Verantwortungsdiffusion*, und desto niedriger ist die Wahrscheinlichkeit der Hilfe.

Gruppenprozesse

Während sich die meisten Arbeiten zu den oben ausgeführten Fragen auf das Individuum konzentrieren, befaßt sich ein zweiter großer Bereich der Sozialpsychologie mit Gruppenprozessen, und zwar einerseits mit der Dynamik innerhalb bestehender Gruppen und andererseits mit der Interaktion zwischen verschiedenen Gruppen. Die Dynamik innerhalb von Gruppen ist schon früh beispielsweise im Rahmen der soziometrischen Forschung untersucht worden (Soziometrie). Hier wird z.B. untersucht, wie es kommt, daß einige Gruppenmitglieder von den anderen abgelehnt und andere wiederum einfach ignoriert werden und wieder andere beliebt sind (Schuster, 1996). Ein weiterer zentraler Aspekt sozialpsychologischer Gruppenforschung besteht in der Analyse von Konformität und Uniformität in Gruppen. So zeigt beispielsweise das „Groupthink“-Modell von Janis, daß vor allem homogene Gruppen dazu neigen, auf ihre Mitglieder Druck auszuüben und Querdenker zu eliminieren. Diese Tendenz kann – insbesondere wenn sie in Gremien zum Tragen kommt – zu katastrophalen Auswirkungen führen (Gruppenpolarisation). Andere Theorien befassen sich mit dem Einfluß, den Minderheiten in einer Gruppe ausüben können (Maas, West & Clark, 1985). Hier wurde beispielsweise gezeigt, daß Minderheiten durchaus einen Einfluß auf die Meinungen der Mehrheit ausüben können – wenn sie etwa ihre Position konsistent über die Zeit hin-

weg, aber flexibel in der Argumentation vortragen (Minoritätseinfluß).
Prozesse zwischen Gruppen stellen den letzten großen Gegenstandsbereich sozialpsychologischer Forschung dar. So befaßt sich die Theorie der sozialen Identität von Tajfel u.a. mit den Prozessen, mittels derer Gruppen soziale Distinktheit erreichen, und sie sagt vorher, daß Gruppen dazu tendieren, andere Gruppen abzuwerten. Die Differenzierung zwischen der „In-group" und „Out-group" und die entsprechenden Abwertungsprozesse gehen erstaunlich schnell: So zeigt das „minimal-group-paradigm" (minimales Gruppenparadigma), daß schon ganz triviale Kategorisierungen (wie etwa das Tragen einer blauen vs. weißen Schleife) die beschriebenen Prozesse in Gang setzen können. Zusammenfassend befassen sich SozialpsychologInnen also mit Prozessen im Individuum, sofern diese in Zusammenhang mit sozialen Interaktionen stehen und mit Prozessen innerhalb und zwischen Gruppen. Die Sozialpsychologie zeichnet sich dabei durch eine starke Theorienorientiertheit aus (s. die Bände „Theorien der Sozialpsychologie" von Frey und Irle), und diese Theorien werden typischerweise in experimentellen Studien überprüft. Hierbei hat die Sozialpsychologie eine Reihe von mittlerweile klassischen Experimenten hervorgebracht (s. z.B. Frey & Greif, 1994), die ebenfalls einen guten Zugang zur Sozialpsychologie ermöglichen. So wurde z.B. im klassischen Milgram-Experiment gezeigt, daß ethische Prinzipien unter starkem situationalen Druck relativ schnell zusammenbrechen. In diesem Experiment wurden Versuchspersonen in die Rolle eines „Lehrers" gebracht, der angebliche Mißerfolge eines vermeintlichen Schülers mit Stromstößen bestrafen sollte. 80% der Versuchspersonen verabreichten dabei Schocks, die tödlich gewesen wären! Das Milgram-Experiment zeigt aber auch andererseits, daß sich die Versuchspersonen unter bestimmten Bedingungen verweigerten: Gehorchte ein anwesender Konföderierter den Anweisungen nicht, dann sank auch die Gehorsamsrate bei den echten Versuchspersonen (Gehorsamsbereitschaft). Neben solchen Experimenten wird die Tragweite sozialpsychologischer Theorien jedoch zunehmend auch in Hinblick auf ihre Anwendbarkeit geprüft. Sozialpsychologische Theorien wurden in allen drei großen Anwendungsbereichen der Psychologie – der Pädagogischen Psychologie, der Klinischen Psychologie und der Arbeits- und Organisationspsychologie – herangezogen. Damit trägt die moderne Sozialpsychologie immer mehr der alten – Lewin zugeschriebenen Aussage – Rechnung, daß nichts so praktisch sei wie eine gute Theorie. Das Faszinierende am Fach Sozialpsychologie liegt unseres Erachtens darin, daß eine Vielzahl von solchen experimentellen Studien wie auch von Anwendungsversuchen der sozialpsychologischen Theorien nachweisen, wie sehr der einzelne von seiner Umgebung beeinflußt wird – ohne daß er dies bemerkt. Dieser Einfluß wird von der wissenschaftlichen Sozialpsychologie explizit aufgezeigt, so daß dieses Wissen dann direkt anwendbar ist für praktisches Handeln. So bietet die Sozialpsychologie Ideen für so verschiedene Fragen wie: Wie kann man Menschen beeinflussen; wie sie motivieren; wie kann man Aggressionen abbauen oder wie den Stolz von Gruppen erhöhen?

Literatur

Allport, G. W. (1993). The historical background of social psychology. In D. Frey. (Hrsg.), *Kognitive Theorien der Sozialpsychologie* (S. 327-360). Bern: Huber.
Frey, D. & Greif, S. (1994). *Sozialpsychologie: Ein Handbuch in Schlüsselbegriffen* (3. Auflage). Weinheim: Beltz.
Stroebe, W., Hewstone, M. & Stephenson, G. W. (1996). *Sozialpsychologie: Eine Einführung* (3. Aufl.). Berlin: Springer.
Schuster, B. (1996). Rejection, exclusion, and harassment at work and in schools: An integration of results from research on mobbing, bullying, and peer rejection. *European Psychologist, 1*, 293-317.
Stahlberg, D. & Frey, D. (1993). Das Elaboration-Likelihood-Modell von Petty und Cacioppo. In Frey, D. (1993) (Hrsg.). *Kognitive Theorien der Sozialpsychologie* (S. 327-360). Bern: Huber.

Sportpsychologie

Jürgen R. Nitsch

Grundverständnis der Sportpsychologie

Sportpsychologie befaßt sich in Forschung, Lehre und Anwendung mit der Analyse und Optimierung der psychischen, psychosomatischen und psychosozialen Bedingungen, Abläufe und Wirkungen sportbezogener Aktivität. Dies geschieht unter zwei Leitfragen: 1) Wie lassen sich Erleben und Verhalten *im* Sport systematisch beschreiben, erklären, vorhersagen und in verantwortbarer Weise beeinflussen? Im Mittelpunkt steht hierbei das *sportliche Geschehen* selbst, d.h. die sportbezogene Aktivität von Athleten und Athletinnen sowie Personen ihres Bezugsfeldes (z.B. Schiedsrichtern, Trainern, Sportlehrern, Management). 2) Wie lassen sich *durch* Sport wünschenswerte Veränderungen von Erleben und Verhalten systematisch erzielen oder unterstützen? Im Mittelpunkt stehen hier Bewegung und aktive sportliche Betätigung als – über den Sport hinausreichende – *Mittel* zur gezielten Förderung der psychosozialen Entwicklung, der allgemeinen Leistungsfähigkeit und -bereitschaft sowie der Gesundheit, des Wohlbefindens und der individuellen Lebensqualität. Konstitutiv für die Sportpsychologie ist das *Spannungsdreieck* von Psychologie, Sportwissenschaft und Sportpraxis. In dieser dreifachen Verankerung ist sie eine „Querschnittswissenschaft" mit zahlreichen Überlappungen zu angrenzenden Wissenschaftsgebieten und verschiedenen – nicht nur i.e.S. sportlichen – Praxisfeldern (Gabler, Nitsch & Singer, 2000, 2001; Weinberg & Gould, 1995; Willis & Campbell, 1992). Laufende Informationen über sportpsychologische Forschung und Anwendung vermitteln insbesondere die Zeitschriften *psychologie und sport*, *International Journal of Sport Psychology*, *Journal of Sport & Exercise Psychology*, *The Sport Psychologist* und *Psychology of Sport and Exercise* sowie die *Schriftenreihe „Betrifft: Psychologie & Sport"* (bps-Verlag Köln).

Entwicklung der Sportpsychologie

Soweit bekannt, wurde die Bezeichnung „Sportpsychologie" („psychologie du sport") zum ersten Mal um 1900 von Pierre de Coubertin, dem Initiator der ersten Olympischen Spiele der Neuzeit, ausdrücklich verwendet. Systematische sportpsychologische Forschung, Lehre und Anwendung sowie die daran geknüpfte Institutionalisierung der Sportpsychologie begannen in den 20er Jahren des letzten Jahrhunderts mit den maßgeblichen Initiativen von R. W. Schulte und H. Sippel in Deutschland, C. R. Griffith in den USA sowie P. A. Rudik und A. Z. Puni in der ehemaligen UdSSR. An der 1920 gegründeten Deutschen Hochschule für Leibesübungen (DHfL) in Berlin wurde Psychologie erstmalig als Lehrgebiet in der akademischen Sportlehrerausbildung ausgewiesen; im gleichen Jahr gründete Schulte an dieser Hochschule das erste „Sportpsychologische Laboratorium". Den entscheidenden Aufschwung nahm die Sportpsychologie jedoch national und international erst nach dem II. Weltkrieg in den 60er Jahren. Die ersten Institute und Lehrstühle wurden eingerichtet, so in Deutschland 1961 an der *Deutschen Hochschule für Körperkultur* in Leipzig sowie an 1965 an der *Deutschen Sporthochschule Köln*. 1965 wurde die *International Society of Sport Psychology – ISSP* – gegründet, 1969 auf europäischer Ebene die *Fédération Européenne de Psychologie des Sports et des Activités Corporelles – FEPSAC* – und im gleichen Jahr auch die *Arbeitsgemeinschaft für Sportpsychologie in der Bundesrepublik Deutschland – asp*. Zugleich begann damit eine inzwischen sehr vielfältige Kongreßtradition.

Einen wesentlichen Hintergrund für diese Entwicklung bildete die Ausbreitung und Ausdifferenzierung des Sports, der damit endgültig von der „schönsten Nebensache der Welt" zu einem vielschichtigen, politisch und ökonomisch sowie für die Freizeitgestaltung und Gesundheitsvorsorge bedeutsamen gesellschaftlichen Phänomen enormen Ausmaßes wurde (Freizeit, Gesundheit). Aus der Entwicklung des Sports wiederum ergab sich ein wachsender Bedarf an qualifizierten Sportlehrern und Trainern einerseits und an praktisch nutzbaren sportwissenschaftlichen Erkenntnissen und Methoden andererseits. Zahlreiche neue sportwissenschaftliche Institute wurden an den Universitäten der Bundesrepublik eingerichtet und damit zugleich auch die *Sportpsychologie als Lehrfach* an inzwischen rund 50 Hochschulen mit insgesamt 24 sportpsychologisch akzentuierten Professuren etabliert. Eine ähnlich intensive, wenn auch anders eingebettete und strukturierte Entwicklung nahm auch die Sportpsychologie in der ehemaligen DDR mit besonderer Akzentuierung des Leistungssports, insbesonders verankert an der Deutschen Hochschule für Körperkultur sowie dem Forschungsinstitut für Körperkultur und Sport in Leipzig (beide nach der Wiedervereinigung aufgelöst). Die *asp* zählt mittlerweile rd. 250 Mitglieder; die Mehrzahl davon ist an den sportwissenschaftlichen Instituten der Universitäten beschäftigt. Weltweit sind ca. 3000 Kollegen in über 60 Ländern in sportpsychologischer Forschung, Lehre und Anwendung tätig.

Gegenstandsbereiche und Fragestellungen

Der gegenwärtige *Sportbegriff* umfaßt im wesentlichen drei Aspekte, die zugleich unterschiedliche Gegenstandsbereiche der Sportpsychologie thematisieren:
1) Sport als individuelle und/oder kollektive Betätigung: a) die Beweggründe für die Aufnahme, Ausübung und Beendigung einer bestimmten sportlichen Aktivität, b) die individuelle und soziale Regulation dieser Aktivität und c) ihre unmittelbaren und langfristigen psychischen, psychosomatischen und psychosozialen Effekte. Praxisbezogen geht es vor allem um die Entwicklung und Anwendung von psychologischen Verfahren zur Diagnostik und Optimierung der anforderungsspezifischen Handlungskompetenz.
2) Sport als gesellschaftliche Institution: Der Akzent liegt hier nicht auf der sportlichen Aktivität selbst, sondern auf dem Kontext, in den sie institutionell eingebettet ist und dem je spezifischen System von Interaktionsräumen, Organisationsformen, Rechtsvorschriften und Regeln sowie dem differenzierten System von Funktionsträgern. Hieraus ergeben sich z.T. gänzlich neue Fragestellungen: die psychologische Analyse und Gestaltung von Sportsystemen, Organisationsstrukturen und -abläufen, die Auseinandersetzung mit sportspezifischen Wertorientierungen und Regelsystemen sowie den Bedingungen ihrer Verletzung (z.B. Fair Play, Dopingproblematik) und nicht zuletzt das Management des Sports als soziales System.
3) Sport als Markt: Sport ist schließlich zugleich Produzent und Konsument in einem Markt, in dem die Beziehungen zwischen Produzenten und Konsumenten nach dem Prinzip von Angebot und Nachfrage geregelt werden: Sport als immens wichtiger Werbeträger und Absatzmarkt für industrielle Produkte (z.B. der Sportartikel- und Gerätehersteller) und gleichzeitig als Schausteller und Schauspiel, Sport als *Produzent und Verkaufsobjekt* in der modernen *Unterhaltungsindustrie*. Die Kommerzialisierung macht Sport (und Sportler) immer mehr zur „Ware“, für die Sportpsychologie gewinnen *werbe- und marktpsychologische* Aspekte an Bedeutung. Insbesondere werden auch die Erwartungen und Verhaltensweisen der Sportkonsumenten sowie die Art und Weise der *Sportinformation* in den Medien zu einem wichtigen – allerdings bislang noch kaum bearbeiteten – Gegenstandsfeld.
Das Praxisfeld des *Leistungssports* war bis in die jüngste Zeit hinein das international eindeutig vorrangige Forschungs- und Anwendungsfeld der Sportpsychologie. Entsprechend ausdifferenziert sind hier die Fragestellungen, theoretischen Konzepte, methodischen Ansätze und Befunde. Im wesentlichen geht es um drei Grundfragen: a) Wer treibt mit welcher Motivation welchen Sport? b) Welche kognitiven, emotionalen, sozialen und psychomotorischen Anforderungen stellen sich dabei, zu welchen Beanspruchungen führen sie, und wie werden diese dann zu bewältigen versucht? c) Auf welche Weise können Talentauswahl, Wettkampfvorbereitung, Leistungsrealisation sowie Regeneration psychologisch unterstützt werden? Darüber hinaus liegt ein besonderer Akzent auf der *Analyse des Zuschauer- und Fanverhaltens*.

Zentrale anwendungsbezogene Zielstellungen sind:

- Optimierung von Leistung durch Psychologisches Training (u.a. Mentales Training; Selbstmotivierungs- und Willenstraining; Wahrnehmungs- und Entscheidungstraining; Verbesserung der Selbstkontrolle, Streßresistenz und Regenerationsfähigkeit; Kommunikations- und Interaktionstraining).
- Entwicklung und Umsetzung von Beratungskonzepten zur Verbesserung des alltäglichen Selbstmanagements und der langfristigen Karriereplanung sowie von Betreuungskonzepten zur psychologischen Intervention bei akuten Krisen (anfänglich auf die Athleten ausgerichtet, mittlerweile jedoch auch für Schiedsrichter und Trainer).
- *Schulsport* mit drei Hauptthemen: Sportinteressen und -motivation von Schülern; psychodidaktische und sozialpsychologische Aspekte des Lehrerverhaltens und der Lehrer-Schüler-Interaktion, Wirkungen von unterschiedlichen Inhalten und Formen des Sportunterrichts auf Befindlichkeit, Konzentration, Schulleistungen und Sozialverhalten der Schüler.

Die beinahe explosionsartige Entwicklung des *gesundheitsorientierten* Sports, d.h. des *Sports in Prävention, Therapie und Rehabilitation*, hat auch eine entsprechende Resonanz in der sportpsychologischen Forschung und Anwendung gefunden und zu einer deutlichen Akzentverschiebung der Forschungsinteressen geführt. Das Spektrum reicht dabei vom *Fitneßsport* über gesundheitsorientierte Sportangebote in den Betrieben bis hin zum *Seniorensport*, dem *Sport mit spezifischen Patientengruppen* (z.B. Herzinfarktpatienten, Depressive) und der systematischen Nutzung von Bewegung und Sport im Sinne einer *Bewegungspsychotherapie*. Die zentralen Fragestellungen sind: a) Welche psychosozialen Effekte sind mit welcher Art der sportlichen Betätigung verbunden? b) Durch welche Maßnahmen lassen sich welche angezielten psychosozialen Effekte systematisch erreichen? c) Welche Art von Sport ist für wen bzw. für welche Symptomatik am geeignetsten? d) Warum tun viele (sportlich) nicht das, was für sie eigentlich (gesundheitlich) gut wäre, bzw. hören damit wieder auf?

Neue psychologische Forschungsakzente richten sich auf

- *psychoimmunologische Aspekte* körperlicher Aktivität (v.a. die Untersuchung psychoimmunologischer Aspekte körperlicher Aktivität sowie des optimalen *Verhältnisses von Atemrhythmus und Bewegungsausführung*),
- *Sportverletzungen* und *Schmerzproblematik,*
- *Leistungs- und Sicherheitsfehler* und *Sportunfälle*,
- *Erlebnis-, Abenteuer- und Extremsport* (Kann Sport zur „Sucht“ werden?)
- sportliche „Subkulturen“ mit jeweils besonderen Wertvorstellungen und Verhaltensnormen (z.B. die Szene der Inlineskater, Paraglider oder Freeclimber).

Was der Sportpsychologie jedoch gegenüber anderen psychologischen Teildisziplinen ihr besonderes Gepräge gibt, ist die intensive Auseinandersetzung mit der menschlichen Bewegung im Rahmen der interdisziplinär angelegten *Bewegungsforschung*. Im Zentrum stehen dabei die kognitiven (insbesondere auch sprachlichen) und emotionalen Grundlagen des *Bewegungslernens*, der *Bewegungsrepräsention* und der *Bewegungsregulation*. In diesem Sinne läßt sich die Sportpsychologie als „Psychologie der Bewegung im soziokulturellen Kontext des Sports“ kennzeichnen.Von übergreifender Bedeutung ist schließlich die Entwicklung einer theoretischen Rahmenkonzeption für sportliches Handeln generell, wie sie mit einer *handlungstheoretischen Fundierung der Sportpsychologie* seit Jahren verfolgt wird (Nitsch, 2000).

Aus- und Fortbildung

Ein eigenständiges, mit einem entsprechenden akademischen Grad abschließendes Studium der Sportpsychologie gibt es weder in Deutschland noch – soweit bekannt – in anderen Ländern. Abgesehen von vereinzelten thematisch einschlägigen Lehrveranstaltungen (vor allem zur Psychomotorik), Diplomarbeiten, Dissertationen und gesondert vereinbarten Wahlfachschwerpunkten in der Angewandten Psychologie ist Sportpsychologie

bisher erst in Ausnahmefällen als gesondertes Lehr- und Prüfungsfach in das *Diplomstudium Psychologie* einbezogen. An keinem Psychologischen Institut der Universitäten in Deutschland gibt es eine sportpsychologische Professur.
Sportwissenschaftliche Studiengänge beinhalten durchgängig Lehrangebote und zumeist auch Teilprüfungen in Sportpsychologie. Art und Umfang der Verankerung variieren jedoch – in Abhängigkeit von den jeweiligen Studienordnungen, Personalausstattungen und Studierendenzahlen – erheblich. Ein einheitliches Studienkonzept für die sportpsychologischen Anteile existiert bislang weder im nationalen noch im internationalen Raum.
Eine vertiefende *Fortbildung in Sportpsychologie* kann im wesentlichen auf drei Wegen erfolgen: a) Studienbegleitende Zusatzausbildung für Studierende der Psychologie oder der Sportwissenschaft mit Erwerb des European Masters Degree in Exercise and Sport Psychology im Rahmen eines von der Europäischen Gesellschaft für Sportpsychologie (FEPSAC) organisierten Netzwerkes von derzeit 13 europäischen Hochschulen. b) Curriculum „Fortbildung Sportpsychologie im Leistungssport“, das in gemeinsamer Trägerschaft des Berufsverbandes Deutscher Psychologinnen und Psychologen (bdp) und der Arbeitsgemeinschaft für Sportpsychologie (asp) von der Deutschen Psychologen Akademie angeboten wird und zur Zusatzbezeichnung „Sportpsychologie bdp“ führt. c) Promotion im Hauptfach Sportpsychologie nach einem Psychologie- oder Sportwissenschaftlichen Studium.

Literatur

Gabler, H., Nitsch, J.R. & Singer, R. (Hrsg.). (2000). *Einführung in die Sportpsychologie: Teil 1. Grundthemen* (3. Aufl.). Schorndorf: Hofmann.

Gabler, H., Nitsch, J.R. & Singer, R. (Hrsg.). (2001). *Einführung in die Sportpsychologie: Teil 2. Anwendungsfelder* (2. Aufl.). Schorndorf: Hofmann.

Nitsch, J.R. (2000). Handlungstheoretische Grundlagen der Sportpsychologie. In H. Gabler, J.R. Nitsch & R. Singer (Hrsg.), *Einführung in die Sportpsychologie: Teil 1. Grundthemen* (3. Aufl., S. 43-164). Schorndorf: Hofmann.

Weinberg, R.S. & Gould, D. (1995). *Foundations of sport and exercise psychology*. Champaign, IL: Human Kinetics.

Willis, J.D. & Campbell, L.F. (1992). *Exercise psychology*. Champaign, IL: Human Kinetics.

Sprache

Arnold Langenmayr

Gegenstand

Die *Sprachpsychologie* beschäftigt sich mit allen psychologischen Aspekten, die mit Sprache zu tun haben, also z.B. mit hinter sprachlichen Äußerungen stehenden Kognitionen und Motivationen, Verarbeitungsmechanismen bei der Analyse sprachlicher Äußerungen und Texten, der Entwicklung von Sprache im Verlauf des Lebens oder in der Menschheitsgeschichte und mit Sprachstörungen. Der Begriff *Psycholinguistik* war ursprünglich vor allem dem Bereich des Spracherwerbs und der psychischen Verarbeitung sprachlicher Strukturen vorbehalten, wird heute jedoch weitgehend synonym mit Sprachpsychologie verwendet. Die Sprachpsychologie ist keine eigene Disziplin, sondern faßt alle für sprachliche Phänomene relevanten Erkenntnisse der Psychologie zusammen – unabhängig davon, ob sie direkt an sprachlichen Äußerungen oder anderweitig gewonnen wurden. Sie hat auch keine eigene Methodik entwikkelt, sondern nutzt die in der Psychologie und angrenzenden Wissenschaften (Linguistik, Ethnologie, Ästhetik usw.) üblichen Methoden. Besonders häufig sind Lern- und Gedächtnis-, Wahrnehmungs- und Assoziationsexperimente, Zuordnungsversuche, Interferenzuntersuchungen, physiologische Methoden, Analyse der Wahrscheinlichkeiten sprachlicher Einheiten, Untersuchungen des Zusammenhangs zwischen linguistischen und psychologischen Realitäten in den verschiedensten Kulturen usw. (Sprechen, Lernen, Gedächtnis, Kognition, Informationsverarbeitung).

Forschungsbereiche und -methoden

Die Sprachursprungsforschung hat wesentliche Anregungen vor allem aus drei Bereichen erhalten: a) *Analysen der Sprachen dieser Erde*: Versuche, Sprachverwandtschaften durch Clusteranalysen weniger in allen Sprachen vorkommender zentraler Begriffe (wie 1, 2, 3, Kopf, Auge, Ohr usw.) zu klären, haben zu erstaunlich plausiblen Klassifikationen geführt, die mit linguistischen Annahmen großenteils übereinstimmen. Wie die Befunde von Greenberg nahelegen, hat sich am frühesten eine afrikanische von einer nordeurasischen Gruppe getrennt, der auch die Berbersprachen und die südwestasiatischen Sprachen anzugliedern sind. Ähnliche Klassifikationen findet Cavalli-Sforza bei der Klassifikation genetischer Merkmale. Unter Hinzuziehung weiterer, archäologischer Erkenntnisse deutet dies auf eine Entwicklung der Sprachen der Menschheit ebenso wie der Menschheit insgesamt aus dem zentralafrikanischen Raum hin. b) *Erkenntnisse der Lautsymbolik*: Die Frage nach der Entstehung der Sprachen und den hierbei gültigen Prinzipien ist untrennbar mit der bereits bei Plato gestellten Frage nach der Existenz der Lautsymbolik verbunden. Besteht jenseits der Lautmalerei (Onomatopöie) ein systematischer Zusammenhang zwischen der Lautgestalt eines Wortes und dem durch das Wort Bezeichneten? De Saussure vermutete, die Zuordnung von Lautgebilden zu Gegenständen und Bereichen der Realität sei willkürlich (arbiträr). Die Sprachpsychologie geht hingegen schon immer von einem systematischen Zusammenhang aus. Dieser hat sich vor allem in Zuordnungsexperimenten erhärten lassen (Experiment). Dabei werden den Versuchspersonen Wortpaare einer ihnen nicht bekannten Sprache mit Übersetzungen geboten, die in 50% der Fälle in der richtigen Reihenfolge zugeordnet sind, in 50% in der falschen. Daß die Zuordnungen den Vpn in dieser Versuchsanordnung zumeist gelingen, bei der Zuordnung zweier fremder Sprachen hingegen nicht, verweist auf die Relevanz der Kenntnis der Bedeutung (aufgrund der muttersprachlichen Übersetzung) und damit auf die Wirksamkeit der Lautsymbolik bei der Sprachentstehung. Zu c) *Einzelbeobachtungen an Kindern*: Erkenntnisse an Kindern, die ohne sprachlichen Kontakt aufgewachsen sind (Wolfskinder, Kinder taubstummer Eltern; Taubheit), sind aufgrund möglicher organischer Vorschädigungen, Unklarheiten über die Umstände vor dem Auffinden, unterschiedlichem Gesundheitszustand und unterschiedlicher Pflege und Dokumentation nach dem Auffinden nur schwer zu beurteilen. Sprachphysiologische Untersuchungen beschäftigen sich überwiegend mit dem Zusammenwirken einzelner Gehirnregionen bei den verschiedensten sprachlichen Leistungen, insbesondere mit der Bedeutung der beiden Hemisphären (Hemisphärendominanz) hierbei und der Bedeutung evozierter Potentiale. Dabei stellt sich heraus, daß selbst für kleinste sprachliche Produktionen z.B. eines Konsonanten das Zusammenspiel unterschiedlicher Gehirnregionen nötig ist, daß andererseits für ein und dieselbe Produktion oder Rezeption die zugrundeliegende physiologische Konstellation variabel ist. Generell sind sprachliche Leistungen eher linkshemisphärisch angesiedelt (Spracherwerb, Entwicklungspsychologie, Zentralnervensystem).

Sprache und Denken

Im Anschluß an die sog. Sapir-Whorf-Hypothese der Linguistik ergab sich eine Vielzahl unterschiedlicher psychologischer Experimente sowie anthropologischer und linguistischer Untersuchungen, um den Zusammenhang zwischen Sprache und Denken zu klären. Die Psychologie hat vor allem Untersuchungen zur Auswirkung des sprachlichen Repertoirs auf die nonverbalen Verhaltensweisen der Farbwahrnehmung und Gruppierung von Gegenständen (z.B. Plastikblättchen) je nach von der Sprache der Vpn favorisierten Aspekten (z.B. Form, Farbe, Zahl) geliefert. Die Bedeutung der sprachlichen Assoziationen zugrundeliegenden kognitiven Verknüpfungen wird in Reiz-Reaktions-Versuchen ermittelt, wobei ein auslösendes Wort genannt wird, auf das die Vp das ihr zuerst einfallende bzw. die ihr zuerst einfallenden Wörter nennen soll.

Berücksichtigt man die Aufmerksamkeit, die dem Thema Sprache und Denken gewidmet wurde, so verwundert die spärliche Behandlung des Bezugs der Sprache zu Motivation und Emotion. Ansätze zeigen sich in den Untersuchungen Osgoods zur rigideren sprachlichen Ausdrucksweise in den Briefen *suizidaler Personen* und in Untersuchungen zur Sprache bei der Beschreibung von angenehmen und unangenehmen Emotionen durch Collier. Die Auswirkung der Kontaktsituation bzw. der Nähe zwischen Kontaktpartnern auf die Sprache wird im Index der verbalen Nichtunmittelbarkeit von Wiener und Mehrabian erfaßt. Unpersönliche Ausdrucksweise ist dabei gekennzeichnet z.B. durch *automatische Phrasen* („du weißt ja, ich möchte noch einmal betonen"), *Über- und Untergeneralisierung* („niemand kann ihn leiden", statt „ich kann ihn nicht leiden"), *räumliche und zeitliche Trennung* („jene Leute", statt „diese Leute") usw. (Sprachentwicklung, Sprachentwicklungstheorien).

Eng verbunden mit der Frage der Beziehung zwischen Sprache einerseits und Denken, Motivation und Emotion andererseits ist die Beziehung zwischen der *Zugehörigkeit zu bestimmten Nationalitäten* und auch der Veränderung dieser Zugehörigkeit und der Auswirkung auf die Sprache. Dabei sind der Effekt der Sprache und der Effekt der Kultur nicht immer leicht zu trennen. Die bevorzugte Methode, um die Einstellung zu bestimmten Sprachen zu untersuchen, ist die sog. matched-guises-technique von Lambert und Mitarbeitern, die darauf abzielt, den Einfluß der Stimme und der Persönlichkeit des Sprechers zu eliminieren. Dabei zeigt sich, daß auch unabhängig von dieser Versuchsanordnung die Einstellung zur Sprache immer dem Sprecher persönlich attribuiert wird. Ferner tendieren Personen diskriminierter Sprachen bei diesen Versuchen selbst zur Abwertung ihrer Sprache bzw. der diskriminierten Sprachmerkmale. Untersuchungen über den Zusammenhang zwischen nationalen Einstellungsmustern und Sprachgepflogenheiten stammten zunächst eher von linguistischen Autoren und zeigen sich etwa in Vermutungen über die Rationalität des Französischen, die Dynamik des Deutschen oder die Pragmatik und Konkretheit des Englischen. Neben australischen und amerikanischen Sprachabweichungen vom englischen bzw. spanischen oder portugiesischen Mutterland und ihrem Bezug zu Abweichungen in der Mentalität finden sich in jüngster Zeit gehäuft empirische Untersuchungen zu den Sprachabweichungen des afrikanischen Amerikanisch. Hierbei zeigen sich Merkmale afrikanischer Kulturen etwa im holistischen Denken sowie Überbleibsel der Sklaverei in Form von Unterdrückungserwartung und passiver Opposition. Dies wird belegt damit, daß sich Produktionsschwierigkeiten englischer Laute auf der rezeptiven Ebene in keiner Weise wiederfinden.

Die Untersuchung von *Synonyma* in verschiedenen Sprachen zeigt, daß *Sprachverwandtschaften* sich über die lexikalische und grammatikalische Ebene hinaus in bestimmten assoziativen Gewohnheiten widerspiegeln. In dieser Form läßt sich die psychologische Nähe zwischen Sprechergruppen beschreiben.

Bilingualität wurde lange als Beeinträchtigung für die Identitätsentwicklung der betreffenden Personen gesehen, empirisch läßt sich dies jedoch nicht verifizieren. Vielmehr zeigen sich Vorteile Bilingualer im Bereich der Reflexion über sprachliche Strukturen (Metalinguisitk), überwiegend auch in kognitiven Fähigkeiten allgemein und in Lebenseinstellungen wie z.B. im Demokratieverständnis.

Sprachliche und schriftliche Produktionen lassen sich auch zur differentiellen Diagnose verwenden. Dabei werden formalanalytische und inhaltsanalytische sprachdiagnostische Methoden unterschieden. Bei formalanalytischen Verfahren wird die Häufigkeit bestimmter syntaktischer und grammatikalischer Merkmale berücksichtigt (z.B. Verben, Substantive, Nebensätze), bei den inhaltsanalytischen Methoden wird der sachliche Bezug beachtet (z.B. Häufigkeit von Ausdrücken, die auf Angst hindeuten).Wünschenswert wäre, daß die Textproben unter standardisierten Bedingungen gewonnen wurden und den für Tests gültigen Gütekriterien (Objektivität, Reliabilität, Validität) genügen.

Sprachpathologie

Die relevantesten sprachpathologischen Abweichungen stellen Stottern, Aphasie und die Sprache Schizophrener dar. Beim Stottern handelt es sich überwiegend um psychisch bedingtes Geschehen, bei der Aphasie um organisch bedingte Probleme der Sprachproduktion (Broca-Aphasie) oder Sprachwahrnehmung (Wernicke-Aphasie), und die schizophrenen Sprachabweichungen werden eher als Denk-, Kommunikations-, Gefühls- und Motivationsstörung gesehen, weniger als reine Sprachstörung.

Literatur

Grimm, H. & Engelkamp, J. (1981). *Sprachpsychologie, Handbuch und Lexikon der Psycholinguistik.* Berlin: Schmidt

Herrmann, T. (1992). *Allgemeine Sprachpsychologie: Grundlagen und Probleme.* Weinheim: Beltz, Psychologie-Verlags-Union

Hörmann, H. (1993). *Einführung in die Psycholinguistik.* Darmstadt: Wissenschaftliche Buchgesellschaft

Kainz, F. (1954-1969): *Psychologie der Sprache.* Stuttgart: Enke

Langenmayr, A. (1997). *Sprachpsychologie. Ein Lehrbuch.* Göttingen: Hogrefe

Systemische Therapie

Arist von Schlippe und Jürgen Kriz

Begriff und Gegenstand

Systemische Therapie bezeichnet ein Cluster psychotherapeutischer Ansätze, das sich ab Mitte dieses Jahrhunderts neben tiefenpsychologischen, verhaltenstherapeutischen und humanistischen Richtungen zunächst als „Familientherapie" etablierte (Psychotherapie), dann aber zunehmend unabhängig vom Familien-Setting spezifische Konzepte und therapeutische Vorgehensweisen entwickelte. Daher findet man heute Systemische Therapie gleichermaßen als *Einzelsetting*, *Paartherapie* oder *Familientherapie*, wobei sich wesentliche Prinzipien der Systemischen Therapie in der Literatur immer wieder auf die folgenden Aspekte beziehen lassen (Schiepek 1998):

1) Berücksichtigung der Autonomie des intervenierten Systems,
2) Berücksichtigung der Eigendynamik des intervenierten Systems,
3) Berücksichtigung der Systemumwelt,
4) Veränderung konstruierter Wirklichkeiten,
5) wechselseitiger Bezug zwischen Problem und interpersoneller Kommunikation.

Kern der Systemischen Therapie ist, die Dynamik komplexer, rückgekoppelter Prozesse, deren selbstorganisierte Stabilität bzw. deren Veränderung ins Zentrum der Betrachtung zu stellen und damit die naturwissenschaftlichen Konzepte des 19. Jh. mit ihren klassischen Kausalitäts-Prinzipien (Ursache-Wirkung, Verursacher-Opfer, Input-Output-Analyse u.ä) zu erweitern, die auch heute noch vielfach wissenschaftliche Weltbilder beherrschen. Dies ging anfangs einher mit einem *radikalen erkenntnis- und wissenschaftstheoretischen Bruch* („Paradigmawechsel"). Doch haben inzwischen durch die moderne naturwissenschaftliche Entwicklung, insbesondere die interdisziplinäre Systemtheorie und eine schulenübergreifende psychotherapeutische Diskussion systemische Betrachtungsweisen auch in anderen Ansätzen Einzug gefunden (z.B. betont die Verhaltenstherapie neuerdings zunehmend die Bedeutung des Selbstregulationssystems) bzw. werden in den Grundkonzepten systemische Aspekte explizit als solche ausgewiesen (z.B. die organismische und Selbst-Aktualisierungstendenz der „Klientenzentrierten Psychotherapie" nach C. Rogers; Gesprächspsychotherapie).

Systemebenen

Unter einem System versteht man (in diesem Zusammenhang) ein dynamisches Gebilde, dessen vernetzte, rückgekoppelte Komponenten (*Mikro-Ebene*) bestimmte Strukturen (*Makro-Ebene*) entfalten. So lassen sich die Kommunikationen (Mikro) der Familienmitglieder zu von außen beschreibbaren „Interaktions-Regeln" (Makro) ordnen. Dabei ist sinnvoll, zumindest drei (miteinander verbundene) Systemebenen (analytisch) zu unterscheiden:
1) *somatische Ebene:* biologische, physiologische, humorale, neuronale etc. Prozesse;
2) *psychische Ebene*: Prozesse des selbstreflexiven Bewußtseins, in denen neben Wahrnehmungen, Gefühlen, Gedanken, Bewertungen insbesondere komplexe Konzepte wie „Selbst"/„Ich", „Vergangenheit"/„Zukunft" usw. bedeutsam sind, sowie Vorstellungen darüber, was „krank", „gesund", „richtig", „falsch", „gut" oder „böse" ist, was Symptome und Handlungen „bedeuten", welche Leitideen von „Veränderung" und „Heilung", von „Scheitern" oder „Schuld" existieren etc.
3) *interaktionale Ebene*: Prozesse, die durch kommunikative Komponenten die „Regeln" einer Familie, Gruppe, Firma oder Gesellschaft (um wenige zu nennen) konstituieren.
Viele Jahre wurde in der Systemischen Therapie der Fokus einseitig auf die interaktionale Ebene gelegt und zu wenig beachtet, daß interaktionale Strukturen in Form von „Familiären Regeln" immer das „Nadelöhr individueller Verstehens- und Sinnprozesse" (Kriz 1997), also die psychische Ebene passieren müssen: Denn, was auf Ebene 3) als Interaktion beobachtet wird, ist gleichzeitig auf Ebene 2) persönlicher Ausdruck von sinnvollem Handeln.
Die auf Ebene 2) angeführten Konzepte, sog. „Narrationen" (d.h. „Geschichten über Wirklichkeit"), werden auf diese Weise wirksam, und die „Familie" und deren Dynamik ist weniger durch die physisch im Therapieraum anwesende Ansammlung von Menschen bestimmt als vielmehr durch diese *Narrations-Kerne*. Familientherapie – und ebenso Supervision, Institutionen-Beratung etc. – kann daher auch mit einer einzigen realen Person sinnvoll durchgeführt werden; ja, sogar in Selbstsupervision, bei der Supervisor und Supervisand ein und dieselbe Person sind (sog. „Auftragskarussell": v. Schlippe & Schweitzer, 1996, S. 238 ff.) Bedeutsam sind aber nicht nur die individuellen oder gemeinsamen familiären, sondern auch die von einer Gruppe von Menschen oder ganzen Gesellschaften bevorzugten narrativen Traditionen.

Systemische Therapie als Bereicherung des therapeutischen Verständnisses

Durch die Einbeziehung unterschiedlicher Sinn-, Interpretations- und Verstehenswelten sowie durch den Fokus auf Interaktionsprozesse ist der Ansatz der Systemischen Therapie eine wesentliche Bereicherung des therapeutischen Verständnisses:
1) Therapie wird nicht so sehr als intensives Geschehen angesehen, das seinen Wert aus der gemeinsam verbrachten Zeit von zwei (oder mehr) Personen bezieht („je länger, je besser"), sondern als „Verstörung" gewohnter Wirklichkeitsbeschreibungen. Intensität liegt damit *zwischen* den Sitzungen, im Feld der Betroffenen selbst und nicht in der Kunstwelt des Therapiezimmers (man spricht hier auch von „langer Kurztherapie", da die Zeitdauer sich zwar auf ein bis zwei Jahre erstrecken kann, die Zahl der in Anspruch genommenen Sitzungen jedoch meist zwischen 5 und 10 liegt).
2) Symptome, die aus anderen therapeutischen Perspektiven auf Triebstruktur, innere Konflikte, Lernvorgänge und ihre Verstärker sowie andere individuelle Erklärungsmomente zurückgeführt werden, sind aus systemischer Perspektive auf ihren kommunikativen Sinn im interaktionalen Geschehen hin befragbar.
3) Probleme erscheinen in dieser Sicht als kommunikative Themen, Beschreibungen, in

denen zumindest von einer Person in einem System ein Zustand als unerwünscht, veränderungsbedürftig und veränderbar beschrieben wird (Ludewig 1992). Der Begriff „Problemsystem“ versucht dabei, genau dieses Ineinandergreifen verschiedener Beschreibungen zu fassen, die das hervorbringen, was sich schließlich als „Problem“ präsentiert.

Systemische Interventionstechniken

Auf diese Aspekte fokussieren viele systemische Interventionstechniken wie etwa das zirkuläre Fragen: Wenn z.B. eine Person weint und man aus anderen therapeutischen Perspektiven (sinngemäß) fragen würde: „Warum weinst Du, was ist da *in* Dir los?“, könnte man nun auch fragen: „Was denkst Du, was das Weinen für Deine Frau bedeutet“ oder sogar einen Dritten, etwa den Sohn, über seine Narration des Interaktionsgeschehens (und dessen Hintergründe!) befragen: „Was denkst Du, was es bei Deiner Mutter auslöst, Deinen Vater so weinen zu sehen?“ (v. Schlippe & Schweitzer, 1996). Diese Art von Fragen dient nicht so sehr der Findung einer objektiven Wahrheit als vielmehr der Schaffung von neuer Information im Familiensystem, indem die unterschiedlichen Narrationen, die unausgesprochen die Familiendynamik beeinflussen, explizit werden und bei den Betroffenen die Suche nach neuen Sichtweisen und neuen Beschreibungen angeregt wird. Die Methode kann noch um sog. *hypothetische Fragen* ergänzt werden, die sich auf den Bereich der im Familiensystem noch nicht wahrgenommenen Möglichkeiten richtet („Gesetzt den Fall, Sie würden sich entscheiden, ... zu tun, wer würde wie darauf reagieren?“).

Auch die Methode der Familienskulptur führt auf komplexe Weise Rückkoppelungen in eine Familie ein: die Aufforderung, die Beziehungen der Familie durch die Anordnung der Mitglieder im Raum darzustellen (räumliche Nähe/Ferne, Körperhaltungen, Gestik, Mimik), schafft eine ganzheitliche symbolische Repräsentation der von der jeweiligen Person wahrgenommenen Beziehungsstrukturen, die unmittelbar verstanden wird und die für alle Beteiligten eine komplexe Rückmeldung über die in der Familie vorfindlichen „Metaperspektiven“ bietet („Wie sieht mich der andere, wie sieht der andere unsere Beziehung?“). Eine Reihe anderer Methoden ist aus dem systemischen Ansatz hervorgegangen. So bietet das Reframing, die Umdeutung bzw. Neukontextualisierung eines Problems, eine neue Beschreibung an, die mehr Möglichkeiten bietet als die vorher verwendete. Wenn z.B. der Vater eines depressiven Sohnes gefragt wird: „Wann hat er sich entschieden, in Streik zu treten?“ beinhaltet die Beschreibung „Streik“ mehr Möglichkeiten als „Krankheit“.

Die Externalisierung des Problems stellt ebenfalls vorherrschende Beschreibungen auf den Kopf, etwa in der Weise: „Nicht Sie haben das Problem, das Problem hat Sie!“ So kann man bei einem Paarkonflikt z.B. fragen: „Was macht dieses Muster mit Ihnen? Wie lassen Sie sich von dem Muster einladen? Sind Sie überhaupt bereit, sich den Forderungen des Musters zu unterwerfen?“

Bereits zu den frühesten systemischen Methoden gehörte die paradoxe Intervention: Nach einer Beratung im Nebenzimmer wurde der Familie eine komplexe Verschreibung mitgegeben, deren Kern die Aufforderung war, sich nicht zu verändern (zumindest vorerst noch nicht), meist verbunden mit einer Warnung vor zu schneller Veränderung. Diese Arbeit wurde vor allem im *Mailänder Modell* von Selvini Palazzoli et al. (1977) praktiziert. Dieses Modell markiert historisch den Übergang von der klassischen Familientherapie zur systemischen Therapie. Aus der kritischen Auseinandersetzung entwickelten sich viele unterschiedliche Stränge systemischer Therapie, wie z.B. das Reflektierende Team.

Literatur

Kriz, J. (19983). *Systemtheorie. Eine Einführung für Psychotherapeuten, Psychologen und Mediziner.* Wien: Facultas (UTB).

Ludewig, K. (1992). *Systemische Therapie. Grundlagen klinischer Theorie und Praxis.* Stuttgart: Klett-Cotta.

Schiepek, G. (1998). Ausbildungsziel: Systemkompetenz. In: L. Reiter, E. Brunner & St. Reiter-Theil (Hrsg.), *Von der Familientherapie zur systemischen Perspektive.* Heidelberg: Springer, pp.181-216.

Schlippe, A. v. & Schweitzer, J. (1996). *Lehrbuch der systemischen Therapie und Beratung.* Göttingen: Vandenhoeck & Ruprecht.

Selvini Palazzoli, M., Boscolo, L., Cecchin, G. & Prata, G. (1977). *Paradoxon und Gegenparadoxon.* Stuttgart: Klett.

U

Umweltpsychologie

Helmut Wagner

Arbeitsfelder

Umweltpsychologie untersucht den Einfluß komplexer Umgebungen auf die individuelle Befindlichkeit und den Einfluß menschlicher Tätigkeit auf die Umwelt. Das Arbeitsfeld der Umweltpsychologie wird durch die Fragestellung definiert. Dabei wird auf den Fundus der in der psychologischen Forschung bewährten Methoden und Theorien zurückgegriffen. Die „ökologische Perspektive" verschiebt allerdings das Spektrum der angewandten Methoden vom Laborversuch zur Feldbeobachtung, vom Experiment zu nicht-reaktiven Versuchsanordnungen, von der Analyse des Verhaltens zur Prognose (*impact assessment*) der Einflüsse und Wirkungen, die von geplanten Projekten ausgehen werden; dies kann auch anhand von Simulationen geschehen (Dörner, 1989). Vielfalt und ständige Veränderung der menschlichen Lebensräume machen die Umweltpsychologie unübersichtlich und prinzipiell unabschließbar. Die Resultate der Umweltpsychologie, soweit sie sich nicht auf Basiskonzepte wie die Lerntheorie zurückführen lassen, sind daher stärker an die lokalen und historischen Umstände gebunden, als es dem üblichen Standard psychologischer Forschung entspricht. Gründliche Einführungen in das Thema bietet im deutschen Sprachraum z.B. das Handbuch von Kruse et al. (1990). Eine ältere Traditionslinie der Umweltpsychologie, die bis in die zwanziger Jahre zurückreicht, beschäftigt sich mit dem *Einfluß artifizieller Umwelten* (Großstadt, Hochhäuser, Gefängnisse, Produktionsanlagen) auf ihre Benutzer. Inhaltliche Verzweigungen führen zur Ergonomie sowie zur Architektur- und Medienpsychologie. Die aufwendige, vom Lewin-Schüler Barker entwickelte, *Behavior-Setting-Analyse* erfaßt typische Verhaltensweisen von Menschen in definierten sozialen Umwelten wie Bibliotheken, Kaufhäusern oder Kneipen. Die Anpassung der sensorischen Informationsgewinnung an natürliche Vorgaben und die effiziente Nutzung der darin enthaltenen Reizangebote (*affordances*) stehen im Zentrum der ökologischen Psychologie Gibsons. Anfang der siebziger Jahre verengt sich unter dem Einfluß der damals entstehenden *Umweltdiskussion* die begriffliche Bedeutung. Aus der ökologischen (*ecological*)

Psychologie emanzipiert sich die Umweltpsychologie (*environmental*), wobei im angelsächsischen Sprachraum die begriffliche Unterscheidung strikter beachtet wird als im deutschen. Die Inhalte der Umweltdiskussion – Plünderung der planetaren Ressourcen und damit langfristige Zerstörung der Lebensgrundlagen – sind kein genuiner Gegenstand der Psychologie. Aber die Psychologie ist die erste Adresse für die zentrale Frage, wieso trotz des zunehmenden Wissens um die Bedrohung der Umwelt die destruktiven Verhaltensmuster nicht durchbrochen werden (Verhalten). Von der Psychologie wird erwartet, umweltschädigendes Verhalten auf individueller Ebene zu erklären und Interventionen zum Aufbau umweltverträglicher Verhaltensalternativen zu entwickeln (Schahn & Giesinger, 1993).

Durch die *Verbindung von Umweltbewußtsein und Handlungspraxis* kommt die ethische Dimension ins Spiel. Über die Erfassung von Werthaltungen hinaus wird deren Umsetzung in aktives Handeln, die weit hinter den Erkenntnisstand zurückfällt, zum Forschungsthema. Individuell kann daraus eine erhebliche kognitive Dissonanz entstehen. Ein Grund für die wachsende Differenz zwischen Erkenntnis und Handeln liegt in der Natur der Wahrnehmung, die viele Aspekte der Umweltkrise nicht adäquat erfaßt. Daraus folgt eine tendenzielle Unterschätzung ihres Gefahrenpotentials und damit verbunden eine verminderte Handlungsmotivation. Ein zweiter Grund ist die aus der Einstellungsforschung bekannte Konstellation von handlungshemmenden und handlungsfördernden Faktoren (Einstellung, geplantes Verhalten).

Grenzen der Umweltwahrnehmung

Das Wissen über die Belastung der Umwelt stammt nur zu einem kleinen Teil aus der direkten persönlichen Wahrnehmung. Sichtbar sind z.B. Baumaßnahmen, Monokulturen oder Hochspannungsleitungen. Hörbar ist der Verkehrslärm. Olfaktorisch kommen Geruchsbelästigungen durch Abgase und Chemikalien hinzu. Diese Phänomene betreffen zunächst die *Umweltästhetik* und stellen nicht unmittelbar das Überleben in Frage. Daß hinter der ästhetischen Degradation des Lebensraums eine Bedrohung der Lebensgrundlagen stehen kann, läßt sich aus der unmittelbaren Erfahrung nicht ableiten. Wahrnehmung spricht auf Kontraste an. Das gestalthaft Abgehobene wird ebenso wie das plötzlich Auftretende, rasch sich Verändernde zuverlässig wahrgenommen. Umgekehrt entziehen sich diffuse Phänomene der Wahrnehmung ebenso wie langsame Prozesse. Was sich nur langsam verändert, unterliegt innerhalb eines weiten Toleranzbereichs der Gewöhnung, wobei sensorische Anpassung (*Adaptation*) und kognitive Anpassung (*Habituation*) sich ergänzen. Die Gewöhnung an das Gegebene kann so weit gehen, daß objektiv belastende Gegebenheiten, wie ein permanent erhöhter Lärmpegel, subjektiv ausgeblendet werden (Lärmbelastung, Lärmwirkung). Vielen Aspekten der Umweltkrise, wie der globalen Bevölkerungszunahme oder der langfristigen Klimaänderung, fehlen die räumlichen und zeitlichen Konturen. Es handelt sich hierbei um keine konkreten, fest umrissenen Sachverhalte, sondern um Namen für diffuse, langsam ablaufende, gewöhnungsfähige Prozesse. Sie durchdringen den Alltag, ohne ihn faßbar zu verändern. Das Gefährliche wird als Resultat von statistischen Erhebungen auf hohem Abstraktionsniveau beschrieben, während es allenfalls symptomatisch und in Einzelfällen sinnfällig werden kann.

Vermittelte Wahrnehmung

Über die Massenmedien werden Informationen verbreitet, die den persönlichen Erfahrungsbereich erweitern. Dazu gehören auch Vorgänge, für die es überhaupt keine Sinnesorgane gibt. Ohne Presse, Rundfunk und Fernsehen hätte die mitteleuropäische Öffentlichkeit die Reaktorhavarie von Tschernobyl nicht bemerkt. Von der Nitratbelastung des Trinkwassers, der Versauerung der Böden und der Existenz von polaren „Ozonlöchern“ haben wir nur Kenntnis, weil wir über die Medien an die globale Zirkulation des Wissens angeschlossen sind. Damit verbunden sind spezifische Probleme der Darstellung und der Rezeption. Das audiovisuelle Leitmedium „Fernsehen“ transportiert diese Informationen unzureichend, da es auf direkt sichtbare Bilder angewiesen ist. Es wirkt am überzeugendsten dort, wo konkrete, örtlich und zeitlich umschriebene Katastrophen (wie etwa eine Ölpest) dargestellt werden. Aufgrund ihrer Basisfunktion, Neues aufzugreifen und zu verstärken, können die Medien gerade das von Tag zu Tag annähernd Gleiche nicht über längere Zeit im Brennpunkt der öffentlichen Aufmerksamkeit halten. Auch die Medien entwikkeln gegenüber dem Gleichbleibenden ihre spezifische Art der Gewöhnung. Diverse Abwehrformen, die an den Wahrnehmungen und ihrer Gewichtung ansetzen, machen die kognitive Dissonanz zwischen ökologischer Bedrohung und individueller Untätigkeit bzw. Hilflosigkeit erträglich. 1) *Verfügbarkeitsheuristik*: Der Vergleich der scheinbar weitgehend intakten, direkt wahrgenommenen Umgebung mit abstrakten schlechten Nachrichten schwächt deren Überzeugungskraft. Der direkte Augenschein dominiert und erleichtert die Leugnung des nur Gewußten. 2) *Selektive Wahrnehmung*: Die Ausblendung des Unerwünschten, kombiniert mit der aktiven Auswahl der Informationen, die den eigenen Einstellungen und Erwartungen entsprechen, vermindert das Gewicht ökologisch relevanter Daten. 3) *Sicherheitssignale*: Die Orientierung am unaufgeregt-normalen Verhalten der Mitmenschen dämpft die eigene Beunruhigung. Auch das gewohnte, stabile Erscheinungsbild der Medien im vertrauten Umfeld reduziert die Irritation über schlechte Nachrichten. 4) *Schwellenfunktion*: Medial dargestellte Ereignisse müssen eine Mindestgröße (Schwelle) überschreiten, die mit der Entfernung vom Berichtsort zunimmt. Nur die ganz großen Ereignisse werden über globale Distanz vermittelt. Analog zur Struktur der *kognitiven Karten* (*cognitive maps*) ergibt sich daraus ein Übergewicht der kleinen, lokalen Verhältnisse. Die eigene Umgebung erscheint als vergleichsweise ruhige, ungefährdete Zone. Wo allerdings die Bedrohung aus der Umwelt, wie in der Nachbarschaft beschädigter Atomkraftwerke, nicht bagatellisiert werden kann, werden anhaltende *Streßreaktionen* beobachtet, die sich u.a. in sozial destruktivem Verhalten (steigender Drogenkonsum, erhöhte Konfliktquote) und in depressiver Verstimmung manifestieren (Streß, Belastung).

Einstellung und Bewertung

Die mangelnde Fundierung umweltkritischer Befunde im persönlichen Erleben führt dazu, daß Umweltsorgen zwar in Umfragen ständig präsent sind, aber in Abhängigkeit von aktuellen Ereignissen (Verfügbarkeitsheuristik) und von der Intensität der Berichterstattung erhebliche Schwankungen aufweisen. Die Differenz zwischen objektivem Umweltwissen und subjektiver Umwelterfahrung öffnet einen weiten Spielraum für subjektive Bewertungen. Das erklärt die extrem differierenden Standpunkte etwa in der Diskussion zur Sicherheit von Atomkraftwerken. Die *Risikoabschätzung* (risk assessment) der Experten beschränkt sich im wesentlichen auf das Produkt von Schadenshöhe und Schadenswahrscheinlichkeit (Risiko). In die *Risikowahrnehmung* (risk perception) sensibilisierter Laien gehen zusätzliche, emotional besetzte Faktoren ein (outrage factors); dazu zählen Freiwilligkeit, individuelle Kontrollierbarkeit, Katastrophenpotential, Erkennbarkeit von Störfällen und Vertrautheit mit der Technologie. Diese Faktoren tragen zur geringen Akzeptanz vieler großtechnischer Anlagen seitens der Bevölkerung bei. Die damit verbundenen sozialen Konflikte bedürfen zu ihrer Lösung kompetent eingesetzter Risikokommunikation und Mediation.

Umweltbewußtsein und Handeln: hemmende Faktoren

Trotz überwiegend vorhandenem Umweltbewußtsein ist die Kluft zum individuellen Handeln teilweise gravierend. Hierfür gibt es eine Reihe von Gründen. 1) *Verstärkersituation*: Konsumangebot und Konsumgewohnheiten sind durch verschwenderischen Umgang mit Energie geprägt. Energiesparen bedeutet Verzicht auf Bequemlichkeit (Individualverkehr) und Anstieg der Kosten (naturnah produzierte Nahrungsmittel, energiesparende Baumaßnahmen). Allgemein erfordert umweltschonendes Verhalten Widerstand gegen kurzfristige ökonomische Vernunft und gegen eine Fülle von materiellen und sozialen Verstärkern. 2) *Verantwortungsdiffusion*: Die ökologischen Fehlentwicklungen sind Gemeinschaftsprodukte. Die Verantwortung dafür verteilt sich auf Millionen Akteure. Der individuelle Anteil ist verschwindend gering. Damit verliert auch das individuelle Handeln seine Bedeutsamkeit. Die Minimierung der eigenen Verantwortung in Verbindung mit Sachzwängen (externale Attribution) wird häufig als Rechtfertigung für umweltschädliches Verhalten eingesetzt. 3) Allmende-Klemme (dilemma of the commons): In offenen Gesellschaften mit starker Konkurrenz fällt die Durchsetzung solidarischer, auf Verzicht basierender Verhaltensformen schwer. Vor allem die Ausbeutung gemeinschaftlicher Ressourcen wie Wasser und Luft als Rohstoff oder Produktionsmittel verspricht individuellen Gewinn, während die Folgekosten auf die Gemeinschaft umgelegt werden. 4) *Erfolgsfallen*: Viele Innovationen (z.B. FCKW) werfen schnellen Gewinn ab, was ihre rasche Verbreitung begünstigt. Ihr Gebrauch wird durch den Aufbau der notwendigen Infrastruktur (Produktionsanlagen) und durch Konsumgewohnheiten (Sprays, Kühlschränke) stabilisiert. Wenn die schädlichen Konsequenzen (Ozonabbau in der Stratosphäre, Nutzung von Antibiotika, Pestiziden und Kernkraft) mit zeitlicher Verzögerung erkennbar werden, gestaltet sich der Ausstieg langwierig und kostspielig. Die Nutzungsvorteile gehen sofort verloren, während die Schäden jahrzehntelang nachwirken können. 5) *Umgang mit Komplexität*: Angesichts komplexer ökologischer Zusammenhänge erkennen auch positiv motivierte Akteure nicht immer, welche Interventionen erfolgversprechend sind. Dörner (1989) hat in realitätsnahen Simulationen gezeigt, welche typischen Fehler (übersehene Nebeneffekte, Bildung zentraler Hypothesen, Reparaturdienstverhalten, Überdosierung) dabei begangen werden.

Umweltbewußtsein und Handeln: fördernde Faktoren

Um umweltschonendes Handeln zu erreichen, sind folgende fördernde Ansätze in Betracht zu ziehen. a) „Fuß-in-der-Tür"-Technik; b) Kommunikative Interventionstechniken wie z. B. Soziales Marketing, die zur Partizipation der Betroffenen und zur Konsensbildung beitragen. c) *Handlungsanreize:* Umweltverträgliches Handeln braucht außer einschlägigem Wissen und positiver Einstellung auch Verhaltensangebote – erkennbare und zugängliche Alternativen, (incentives), Belohnungen und Bestrafungen über Preisvorteile oder Bußgelder sowie promptes und dichtes *Feedback* über die Handlungseffekte (s. *handlungsorientiertes Modell* von Fietkau & Kessel, 1981). Dieses Modell aus dem Geist der Lerntheorie greift die ältere Tradition der Umweltpsychologie wieder auf, indem es die Verhaltenskontrolle aus dem internalen Bereich in die Umwelt zurückverlegt. Anstelle von Einsicht werden komplexe Formen *operanter Konditionierung* gesetzt. Kommerzielle Beispiele für verhaltenssteuernde Umgebungen sind Supermärkte und Freizeitparks. Aber auch in Autos und Verkehrswege sind Aufforderungen zu rascher Fortbewegung (monotone Umgebung, Geräuschdämpfung, Straßenlage) gleichsam eingebaut. Unter umgekehrten Vorzeichen (Fahrgeräusche, unebene Fahrbahn usw.) kann das Verhalten in Richtung auf Verzicht und Zurückhaltung modifiziert werden. Der Ansatz zur Förderung umweltverträglichen Verhaltens durch Konditionierung ist erfolgversprechend, wenngleich ethisch nicht unbedenklich (Huxley: Brave New World; Skinner: Walden II). Dauerhafte und tiefgreifende Verhaltensänderungen gegen den Verstärkerdruck konsumfördernder Stimuli sind aus psychologischer Sicht jedenfalls nicht zu erwarten. Umweltpsychologie könnte helfen, den Pfad zu erkunden und begehbar zu machen, der zwischen dem ökologischen Desaster und der Schönen Neuen Welt hindurchführt.

Literatur

Dörner, D. (1989). *Die Logik des Mißlingens.* Reinbek: Rowohlt.

Fietkau, H.-J. & Kessel, H. (1981). *Umweltlernen.* Königstein/Taunus: Hain.

Kruse, L., Graumann, C.-F. & Lantermann, E.-D. (Hg.) (1990). *Ökologische Psychologie.* München: Psychologie-Verlags-Union.

Schahn, J. & Giesinger, T. (Hg.) (1993). *Psychologie für den Umweltschutz.* Weinheim: Psychologie-Verlags-Union.

V

Verhaltenstherapie

Henning Schöttke

Definition

Verhaltenstherapie (engl. behavior therapy) kann in Anlehnung an Margraf (1996, S. 3) als eine auf der empirischen Psychologie basierende psychotherapeutische Grundorientierung verstanden werden. Sie umfaßt störungsspezifische und phänomenspezifische Psychotherapieverfahren, die aufgrund von möglichst hinreichend überprüftem *Störungswissen* und psychologischem *Änderungswissen* eine systematische Besserung der zu behandelnden aktuellen Problematik, Störung und/oder Behinderung anstreben. Die Maßnahmen verfolgen konkrete und operationalisierte Ziele auf den verschiedenen Ebenen des Verhaltens und Erlebens, leiten sich aus einer *Störungsdiagnostik* und *individuellen Problemanalyse* ab und setzen an prädisponierenden, auslösenden und/oder aufrechterhaltenden Problembedingungen an. Über den Praxisbereich der psychotherapeutischen Behandlung von psychischen Störungen im engeren Sinn hinaus leistet die Verhaltenstherapie wesentliche Beiträge zur Prävention und Rehabilitation sowohl körperlicher als auch psychischer Erkrankungen. Im folgenden soll die Verhaltenstherapie in ihrer technologischen Ebene als *Praxis* der Verhaltenstherapie beschrieben werden. Die verhaltenstherapeutische Praxis steht im Spannungsfeld von Verhaltensdiagnostik, Verhaltenstherapiemethoden und einer integrierten Interventionstechnologie, die von klinisch-psychologischen Störungen ausgeht (Abb.).

Verhaltensdiagnostik in der Verhaltenstherapie

Im Kontrast zu psychiatrischen Modellvorstellungen entwickelte die Verhaltenstherapie schon recht früh alternative Definitionen eines Symptoms. Symptome psychischer Störungen werden in der Verhaltenstherapie als *Verhaltensexzeß* oder als *-defizit* definiert. Das symptomatische Verhalten wird anhand unterschiedlicher Beschreibungsebenen klassifiziert (Verhaltensanalyse). Dabei wird neben der motorischen (Was tut jemand; α-Variable), die kognitive (Was denkt jemand in der sprachlichen oder bildhaften Modalität; β-

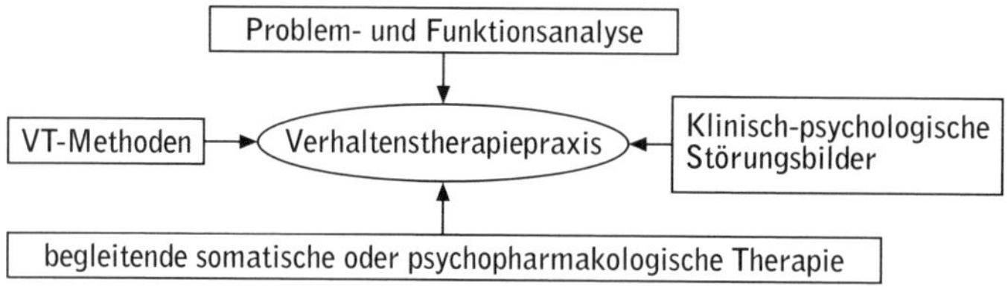

Verhaltenstherapie. Spannungsfeld der Praxis der Verhaltenstherapie.

Variable), die psychophysiologische (Wie reagiert der Körper; γ-Variable) und die emotionale Ebene (φ-Variable) unterschieden. Neben der Verhaltensanalyse werden die Bedingungen bestimmt (*Bedingungsanalyse*), die zur Entwicklung des Symptoms und/oder zur Auslösung des Symptoms beitragen. Die Verhaltenstherapie ist eine der ersten Psychotherapierichtungen, die verstärkt die *Entstehung* und die *Aufrechterhaltung* von Symptomen unterscheidet. Im Rahmen dieser funktionalen Problemanalyse hat sich die Verhaltensgleichung (S→R-Modell bzw. R→K-Modell) zu einem *Systemmodell* entwickelt:

$$R_{(\alpha,\beta,\gamma,\varphi)} \rightarrow f(S_{(\alpha,\beta,\gamma,\varphi)}, O_{(\alpha,\beta,\gamma,\varphi)}, C, K_{(\alpha,\beta,\gamma,\varphi)})$$

Verhaltenstherapie. Formel Systemmodell

Diese Gleichung betont, daß unterschiedliche Verhaltensaspekte (R) durch auslösende Situationsmerkmale (S), die sowohl innerhalb als auch außerhalb der Person liegen können, „getriggert" (ausgelöst) werden. Für diesen Teil der Gleichung werden theoretische Modelle der *Stimulussubstitution* (z. B. *Klassisches Konditionieren*) für die Entstehung von psychischen Störungen in die praktische Anwendung der Verhaltensgleichung integriert. Die der Reaktion nachfolgenden Reizbedingungen (*Konsequenzen*, K) erhöhen oder erniedrigen je nach Art der Verstärkung die Auftretenswahrscheinlichkeit des Verhaltens. Das *Kontingenzverhältnis* (C) beschreibt das Verhältnis zwischen Reaktion und nachfolgendem Verstärker in Häufigkeits- oder Zeiteinheiten.

Insgesamt können die Konsequenzen nach *drei Dimensionen* unterschieden werden: (a) kurzfristige und langfristige; (b) auf die Person und auf die Umwelt (besonders die soziale) bezogen; und (c) die positive vs. negative Valenz. Die anfangs als rein biologisch verstandene Organismusvariable (O) hat sich im Laufe der Entwicklung der Verhaltenstherapie zu einem *Selbstregulationssystem* entwikkelt. Neben den reversiblen und irreversiblen biologischen Zuständen des Organismus werden inzwischen auch Kognitionen als verhaltensregulierend angesehen. Dabei wird eine hierarchische Struktur von konkreten Verhaltenserwartungen bis zu allgemeinen Regeln und Plänen angenommen. Insofern hat sich die Verhaltenstherapie zu einer kognitiv-behavioralen Therapie entwickelt (Margraf, 1996).

Als ein weiteres zentrales Merkmal der Verhaltenstherapie ist die Absprache von konkreten Zielverhaltensweisen zu sehen, die geändert bzw. erlernt werden sollen (*Zielanalyse*). Im Vergleich zu anderen Psychotherapierichtungen bemüht sich die Verhaltenstherapie um die einfach beschreib- und beobachtbare Definition von Therapiezielen (Was soll ich am Ende der Therapie anders fühlen, denken, handeln, oder wie soll mein Körper anders reagieren).

Generell verfolgt die Verhaltenstherapie folgende Hauptziele: a) Reduktion der Krankheitssymptomatik und Rezidivprophylaxe; b) Aufbau alternativer, gesundheitsfördernder Kompetenzen und c) Stärkung des Selbsthilfepotentials. Bei komplexen psychischen Störungen ist häufig der Einsatz der Funktionsanalyse notwendig. Die Problemanalyse bezieht sich auf wenige Symptome oder ein Syndrom. Bei Vorliegen mehrerer Syndrome (z. B. Agoraphobie und Depression) werden getrennte Problemanalysen erstellt. Mittels der Funktionsanalyse wird versucht, die unterschiedlichen Problemanalysen in ihrer wechselseitigen Dependenz zu analysieren. Dieser verhaltensdiagnostische Zugang mündet in die Therapieplanung und die Effektivitätskontrolle der Verhaltenstherapie (Evaluation).

Methoden der Verhaltenstherapie

Ein weiteres effektives Standbein der Verhaltenstherapie ist eine Vielzahl von therapeutischen Einzeltechniken und Strategien. Aufgrund der historischen Entwicklung der Verhaltenstherapie können grob *drei Schwerpunkte* beschrieben werden:

- In den *klassischen* Verhaltenstherapiemethoden zielt die Veränderung vor allem auf das beobachtbare Verhalten ab, und diese wird durch eine spezielle Übungspraxis erreicht, wobei sich Änderungen in kognitiven Prozessen nachfolgend ergeben.
- Im Rahmen der *kognitiven Therapie* liegt der Veränderungsfokus der therapeutischen Methoden auf Denkmustern und Bewegungsprogrammen, wobei sich die Änderungen im Verhalten nachfolgend ergeben.
- In der *kognitiven Verhaltenstherapie* liegt der Fokus der therapeutischen Intervention sowohl auf der Verhaltensebene als auch auf der Ebene der Denk- und Wahrnehmungsmuster.

Neben einer Vielzahl von Einzeltechniken, die auf spezifische Symptome abzielen, können fünf verschiedene Technikbereiche differenziert werden: a) Stimuluskontrolle, Konfrontations- und Bewältigungsverfahren; b) Operante Verfahren und Strategien der Selbstkontrolle; c) *kognitive Verhaltenstherapie*; d) *Training sozialer Kompetenz* und e) Entspannungstechniken (Linden & Hautzinger, 1993).

In der Behandlung von Ängsten, Alkoholabhängigkeit und Trauerreaktionen kommen vor allem Methoden zur *Stimuluskontrolle* und der *Konfrontations- und Bewältigungsverfahren* zum Einsatz. Wesentliches Prinzip dieser Gruppe von Interventionen ist die Konfrontation mit den auslösenden Situationen (Stimuluskontrolle), die sowohl in der Vorstellung als auch in den realen Situationen erfolgen kann. Mit den Konfrontationsübungen wird den Patienten ein differenziertes Reaktions- oder Emotionsmanagement vermittelt. *Operante Verfahren* zielen auf die Veränderung des Symptoms mittels der Veränderung der Konsequenzen des Symptoms ab. Im wesentlichen werden dabei der Abbau symptomatischen Verhaltens und der Aufbau von alternativen Verhaltensweisen, die Stabilisierung dieser Verhaltensweisen und das Kontingenzmanagement unterschieden. *Kognitive Therapieverfahren* zielen auf die systematische Veränderung von Denk- und Bewertungsmustern ab. Die Hauptrichtungen der *kognitiven Verhaltenstherapie* sind in der Kognitiven Therapie von Beck, in der Rational-Emotiven Therapie (RET) nach Ellis, in der Änderung des inneren Monologs durch Selbstinstruktion und Streßimpfung sensu Meichenbaum und im Problemlösetraining zu sehen.

Fehlerhafte Kognitionen, die ansonsten dazu führen, daß die Realität aufgrund von Schemata verzerrt wahrgenommen wird, werden in der *kognitiven Therapie* nach Beck besonders beachtet. Die Veränderung der automatischen Gedanken geschieht im Registrieren von solchen Gedanken, in der Auseinandersetzung mit den Gedanken, im Prüfen von Kognitionen in der Realität, in der Entwicklung von alternativen Gedanken und im Aufbau realistischer Erwartungen.

In der *RET* werden Bewertungen als „irrational" oder „rational" identifiziert. Die irrationalen Bewertungen werden hinsichtlich ihrer emotionalen Konsequenzen (hedonistischer Disput) und ihrer logischen Begründetheit (logischer Disput) geprüft und ggf. mit dem Patient durch „rationale" Alternativen ersetzt.

Selbstinstruktions- und *Streßimpfungstraining* gehen davon aus, daß der innere Monolog bzw. die damit verbundenen Selbstverbalisationen eine wesentliche Ursache für die Entwicklung von Symptomen darstellen. Entsprechend werden in der Informationsphase die Bedeutung von Selbstverbalisationen erarbeitet, ungünstige Selbstverbalisationen identifiziert und günstige Verbalisationen mit dem Patient erarbeitet (Übungsphase) und dann in Realsituationen angewendet.

Das *Problemlösetraining* als verhaltenstherapeutische Methode wird eingesetzt, um psychische Symptome, die sich im Zuge interpersoneller Probleme bilden, durch angemessene soziale Reaktionen zu ersetzen. Die Lösung von sozialen Problemen wird analog einer denkpsychologischen Metastrategie eingeführt.

Das *Training sozialer Kompetenz* gehört neben der kognitiven Verhaltenstherapie zu den

am häufigsten eingesetzten Therapieverfahren in der Verhaltenstherapiepraxis. Wesentliche Grundlage ist die Unterscheidung von sozial ängstlichen, sozial kompetenten und aggressiven Verhaltensweisen. Wesentliche Einzeltechniken sind: a) Erarbeitung von Erklärungsmodellen für sozial unsicheres, sozial kompetentes und aggressives Verhalten; b) Diskriminationstraining der drei Verhaltensklassen; c) Instruktion und Modellernen als Grundlage von Rollenspielen; d) Hausaufgaben zur Generalisierung in den Alltag.
Die Progressive Muskelentspannung ist das Hauptverfahren der *Entspannungstechniken* in der Verhaltenstherapie. Neben diesem Verfahren haben sich andere Entspannungsverfahren wie das Autogene Training, Meditationstechniken und Yoga in der Verhaltenstherapie etabliert. Diese Verfahren werden generell eingesetzt, um im Anschluß an erregungsintensive Situationen oder bei einem chronisch erregten Zustand die körperlichen und besonders die vegetativen Reaktionen zu dämpfen.

Klinisch-psychologische Störungstherapie

Zu der Evaluation der Verhaltenstherapiemethoden verläuft parallel eine Entwicklung von empirisch abgesicherten, störungsbezogenen Therapiemanualen. Eine Störungsdiagnose ist Ausgangspunkt der Therapieplanung, die häufig nach Kriterien eines psychiatrisch-statistischen *Diagnosemanuals* gestellt wird. Störungsspezifische Therapieverfahren gelten in ihrer Wirksamkeit als verschieden gut abgesichert. Zu den abgesicherten Therapieverfahren gehören:
- Beck's kognitive Therapie bei Depression;
- Verhaltenstherapie bei Entwicklungsstörungen, Enuresis u. Enkopresis, Kopfschmerzen und Reizkolon sowie bei weiblichen Orgasmusbeschwerden u. männlichen Erektionsbeschwerden.

Zu den wahrscheinlich wirksamen Methoden gehören:
- Behaviorale Partnertherapie;
- Kognitive Verhaltenstherapie bei chronischen Schmerzen, bei Panikstörungen oder/und Agoraphobie, bei generalisiertem Angstsyndrom;
- Konfrontationstherapie bei Phobien u. posttraumatischen Belastungsstörungen;
- Konfrontation u. Reaktionsverhinderung bei Zwangssyndromen;
- Psychoedukative Familienbetreuung bei Schizophrenien;
- Kognitive Gruppenverhaltenstherapie bei Sozialphobien;
- Elterntrainingsprogramme bei Kindern mit oppositionellem Trotzverhalten;
- Systematische Desensibilisierung bei spezifischen Phobien;
- Münzsysteme bei chronisch psychiatrischen Patienten (Tokenprogramme);
- Angewandte Entspannung bei Panikstörungen;
- Verhaltenstherapie bei Sexualstraftätern;
- Dialektische Verhaltenstherapie bei Borderlinepersönlichkeitsstörung und
- Lewinson's Therapie der Depression.

Literatur

Margraf, J. (1996). *Lehrbuch der Verhaltenstherapie*. Berlin: Springer Verlag, Bd.1 und Bd. 2

Linden, M. & Hautzinger, M. (1993). *Verhaltenstherapie*. Berlin: Springer Verlag.

Hoffmann, N. (1990). *Verhaltenstherapie und Kognitive Verfahren*. Mannheim: PAL-Verlag.

Verkehrspsychologie

Herbert Gstalter

Gegenstandsbereich

Menschen verlassen aus unterschiedlichen Gründen ihre Wohnung und begeben sich an andere Orte, entweder zu Fuß oder mit Hilfe von Verkehrsmitteln. Jede „außerhäusige" Ortsveränderung wird als Mobilität bezeichnet. Die *Mobilitätsforschung* versucht die Frage zu beantworten, welche Personen (gruppen) zu welchen Zwecken wann, wie häufig, auf welchen Wegen und mit welchen Verkehrsmitteln diese Mobilität erzeugen. Wesentliche Teilbereiche der Mobilität sind der Berufsverkehr und der Freizeitverkehr. In der Verkehrswissenschaft werden räumlich und zeitlich abgegrenzte Gesamtheiten von Ortsveränderungen als Verkehr bezeichnet; das dabei gezeigte Verhalten ist Gegenstandsbereich der Verkehrspsychologie. Dieses Verhalten spielt sich in einem System ab, dessen Hauptkomponenten die *Verkehrsteilnehmer*, die *Verkehrsmittel* und die *Verkehrssituationen* darstellen. Überwiegend wird der manifest zu beobachtende motorisierte Individualverkehr betrachtet, weil er bei weitem die größte Transportleistung erbringt, aber auch erhebliche Schäden an Leben, Gesundheit und Umwelt hervorruft. Erst in den letzten Jahren ist das Interesse an den Ursachen der Verkehrserzeugung (Mobilität) und psychischen Prozessen bei der Verkehrmittelwahl gewachsen. Das Verhalten von Fußgängern und Radfahrern sowie psychologische Fragestellungen zum Verkehr auf Wasserwegen, Schiene und in der Luft sind eher randständige Themen bzw. abgekoppelte Arbeitsgebiete von Spezialisten.

Modellvorstellungen zum Autofahren

Die vom Autofahrer im Verkehrssystem zu erledigende Aufgabe gliedert sich in drei hierarchische Ebenen: Navigation, Bahnführung und Stabilisierung (Abb. 1).

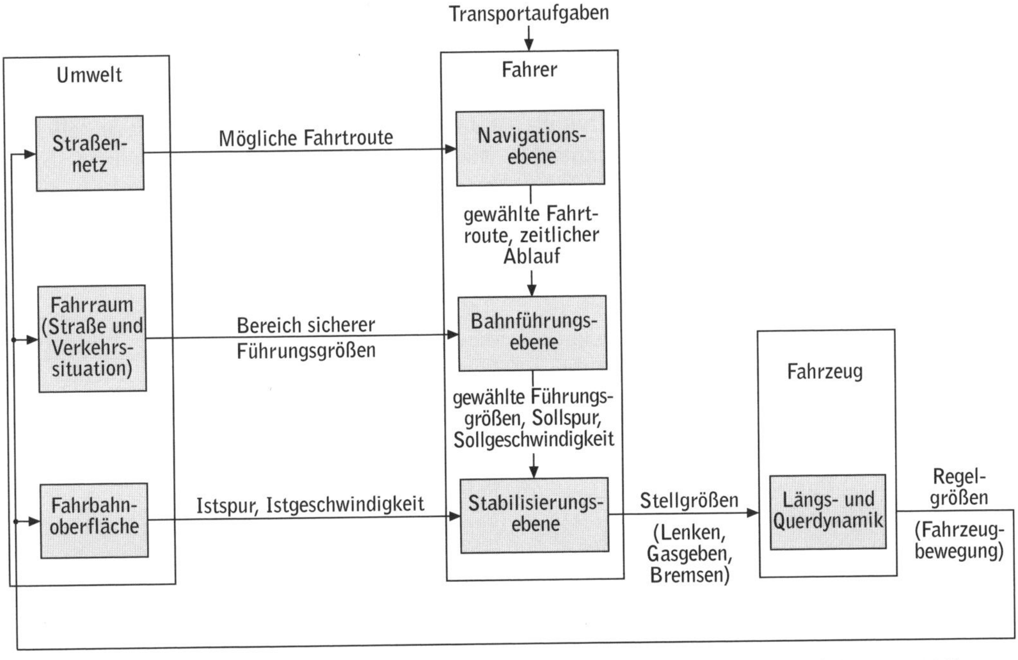

Verkehrspsychologie 1. Hierarchische 3-Ebenen-Struktur der Fahrzeugführungsaufgabe (nach Donges, 1982).

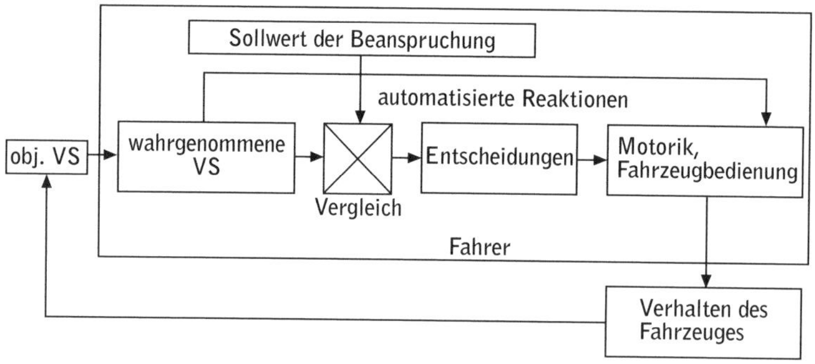

Verkehrspsychologie 2. Ein streßtheoretisches Fahrermodell des Fahrverhaltens (VS = Verkehrssituation).

Den Anforderungen der Fahraufgabe können die kognitiven Prozesse des Fahrers bei ihrer Bewältigung zugeordnet werden. Auf der Ebene des fertigkeitsbasierten Verhaltens findet eine vorbewußte Signalverarbeitung statt, die für viele Anforderungen der Bahnführungs- und Stabilisierungsebene typisch ist. Regelbasiertes Verhalten beruht auf Wiedererkennen gespeicherter Reizkonstellationen, die mit „wenn-dann-Regeln" zu Fahrhandlungen verknüpft sind (z.B. Fahren bei Seitenwind). Für die Bewältigung der Navigationsaufgabe sind wissensbasierte Verhaltensweisen erforderlich, die komplexe Entscheidungen und Planungsprozesse enthalten. Psychologisch orientierte Theorien zum Fahrverhalten versuchen Aussagen über innere Zustände der Verkehrsteilnehmer zu explizieren, z.B. Einstellungen, wahrgenommene Risiken, Erfahrungen, Emotionen, Erwartungen, Motive. Eine einheitliche Modellvorstellung zum Fahrverhalten gibt es nicht, dazu ist die Vielfalt von gleichzeitig wirksamen Determinanten im System Verkehr zu groß. Gemeinsame Elemente der meisten Theorien sind die objektive Verkehrssituation, ihre Wahrnehmung durch den Fahrer, die Handlungen als motorische Reaktionen und die dadurch bewirkte veränderte Verkehrssituation, die gleichzeitig die Eingangsgröße für eine neue Regelungsschleife darstellt. Dagegen unterscheiden sich die Modelle nach den angenommenen Sollwerten, die den Regelkreis steuern. Die Risikohomöostasetheorie postuliert z.B. ein konstantes akzeptiertes Risikoniveau als Sollwert. Verwandte Konzepte sind aus *streßtheoretischer Perspektive* entwickelt worden; danach versucht ein Fahrer die Verkehrssituation so zu gestalten, daß er bei ihrer Bewältigung ein ihm angenehmes Beanspruchungsniveau beibehält bzw. wieder herstellt (Abb. 2). Die kognitiven Prozesse, die zwischen der Wahrnehmung einer Situation und den Bedientätigkeiten ablaufen, sind also für die einzelnen Theorien kennzeichnend. Einen Überblick zu psychologischen Modellen des Fahrverhaltens gibt Ranney (1994).

Das Fahrverhalten wird also einerseits durch die Verkehrssituationen bestimmt, andererseits über den Sollwert eines Regelkreises, dessen individuelle Ausprägung von den Personenmerkmalen abhängt (Tab.).

Im Verkehrssystem soll die Transportaufgabe möglichst effizient, umweltschonend und sicher bewältigt werden. Während die Effizienz Domäne der Verkehrstechnik ist, beschäftigt sich die Verkehrspsychologie mit ökologischen Fragestellungen (z.B. Verkehrsmittelwahl), aber vor allem mit Verkehrssicherheitsfragen. Dabei sind noch große methodische Lücken zu schließen. Insbesondere fehlt eine Aufgabenanalyse, die es ermöglichen würde, ein Sollverhalten der Verkehrsteilnehmer zu definieren und damit eine geeignete Operationalisierung des sicheren Fahrens zu schaffen. Statt dessen wird die Fahrleistung meist über negative Ereignisse (Fahrfehler, Regelverstöße, Verkehrskonflikte, Unfälle) indirekt beurteilt. Wachsende Bedeutung kommt dabei den Fehlerzähltechniken (Fahrverhaltensbeobachtung) zu, die auf dem Zuverlässigkeitsansatz der Ergonomie beruhen und sowohl im Feldversuch als auch in der Fahrsimulation verwendet werden können. Versuche der objektiven Messung der Fahrleistung (z.B. die technische Erfassung der Genauigkeit bei der Längs- und Querregelung) stellen Interpretationsprobleme und weichen oft von subjektiven Experteneinstufungen des Fahrverhaltens ab, könnten aber eine wichti-

Verkehrspsychologie. Systemleistung.

	Fahrerparameter: Alter, Fahrerfahrung, Gesundheit, Geschlecht	
	kognitive Bedingungen ⟷	motivationale Bedingungen
langfristig	Fähigkeiten und Fertigkeiten wie Sehschärfe, Wahrnehmungsstile, selektive Aufmerksamkeit, psychomotorische Fertigkeiten, Gefahrenkenntnis	verkehrsrelevante Einstellungen, Risikoakzeptanz, Geltungsbedürfnis, Ängstlichkeit, Frustrationstoleranz
fahrtspezifisch	Streckenkenntnis, Fahrkonzept, Aufmerksamkeitsreserven	Fahrtmotiv, Zeitdruck, Beifahrer imponieren wollen, Stimmung und Disposition (Alkohol, Müdigkeit)
situativ	visuelle und kognitive Ablenkung, Verdeckungen	Ärger durch Behinderungen, kooperatives bzw. aggressives Verhalten gegenüber anderen Verkehrsteilnehmern

ge Ergänzung darstellen, wenn sie situationsbezogen bewertet werden (statt als aggregierte Meßgrößen über längere Fahrten). Besondere Bedeutung gewinnt die Leistungsbeurteilung bei Fahrerassistenzsystemen, in denen die Funktionsverteilung zwischen Fahrer und Fahrzeug (teilweise auch der Fahrumgebung) durch den Einsatz neuer Technologien geändert wird (z.B. automatische Regelung des Längsabstandes, Navigationshilfen, Spurwechselassistenten). Eine besondere Rolle spielt dabei die Gestaltung der Schnittstellen zwischen Fahrer und System (Human Factors Engineering). Hier ist eine empirische Prüfung der Wirkungen auf die Zuverlässigkeit der Fahrer unerläßlich, da sich Vorteile (Entlastung des Fahrers) und mögliche Risiken (Informationsüberlastung, Ablenkungseffekte) nicht a priori theoretisch vorhersagen lassen.

Fahreignung und Verkehrstüchtigkeit

Die Mehrzahl der Verkehrspsychologen befaßt sich mit der Diagnose der Fahreignung als relativ dauerhafter individueller Verhaltensdisposition. In Zusammenarbeit mit Medizinern geht es um die Feststellung einer *hinreichenden Eignung* (positive Auslese, z.B. Fahrgastbeförderung, Fahrlehrer, vorzeitige Führerscheinerteilungen) bzw. eines *Eignungsmangels* (negative Auslese, z.B. bei gehäuft aufgetretenen Verkehrsdelikten, mehrfachem Versagen im theoretischen Teil der Fahrprüfung, körperlichen Defekten). Zur Prognose der Fahreignung werden psychologische, biographische und medizinische Informationen zusammengestellt, die aus ärztlicher Untersuchung, Fragebogen und apparativen Tests, Dokumentenanalyse und Exploration stammen. Eine Darstellung des rechtlichen Rahmens der *Fahreignungsdiagnostik* und der einzelnen methodischen Schritte zur Gutachtenerstellung in Deutschland findet man bei Kroj (1995). Die wichtigsten Prädiktoren der Fahreignung sind:

1) *Psychologische Daten:* visuelle Wahrnehmungs- und Orientierungsleistungen, selektive Aufmerksamkeit, Konzentrationsleistung, Leistung in Wahlreaktionsversuchen, Verhalten bei Fahrproben, Feldabhängigkeit.

2) *Biographische Daten:* Lebensalter, Fahrpraxis, (verkehrs-)delinquentes Verhalten, berufliche und familiäre Situation, Gesundheitsdaten.

Die wichtigsten biographischen Merkmale zur Abschätzung der Fahreignung sind *Lebensalter* und *Fahrerfahrung*. Größere Risikobereitschaft und geringe Fahrerfahrung werden für das stark erhöhte Unfallrisiko junger, insbesondere männlicher Fahranfänger verantwortlich gemacht. Mit steigendem Alter und zunehmender Fahrpraxis nimmt das Unfallrisiko ab, um bei höherem Alter mit sinkender Leistungsfähigkeit der Fahrer wieder anzusteigen (Autofahrer, ältere). Die langfristig wirkenden Fähigkeiten und Fertigkeiten der Verkehrsteilnehmer bestimmen deren prinzipielle Eignung zum Autofahren; diese wird aber durch fahrtspezifische und situationsspezifische Faktoren überlagert, die die mo-

mentane Verkehrstüchtigkeit determinieren (z.B. Alkohol- oder Drogeneinflüsse, Müdigkeit, Ablenkungseffekte).
Überragende Bedeutung hat die Wirkung von Alkohol auf die *Verkehrstüchtigkeit*. Eine Vielzahl von Untersuchungen hat die Fahrleistung bei unterschiedlichen Blutalkoholkonzentrationen untersucht. Mit zunehmender Alkoholisierung werden die folgenden psychischen Funktionsbereiche beeinträchtigt: Wahrnehmungsleistungen, kognitive Funktionen, Feinmotorik, Grobmotorik. Erschwerend wirkt außerdem die Diskrepanz zwischen *objektivem und subjektivem Alkoholisierungsgrad* und damit die Einschätzung der eigenen Leistungsfähigkeit. Daher steigt mit zunehmender Alkoholisierung auch das Unfallrisiko an: Es verdoppelt sich gegenüber nüchternem Fahren bei 0,6 Promille, bei 1 Promille ist es bereits auf das 6fache gestiegen, bei 1,5 Promille auf das 25fache. Der Bedeutung des Problems Alkohol am Steuer entsprechend gibt es viele Versuche der Einflußnahme; Aufklärung und Verkehrsüberwachung, rechtliche Regelungen und Nachschulungen, in denen verkehrsdelinquente Personen (überwiegend Fälle von Alkohol am Steuer, aber auch „Punktesammler") psychologisch betreut werden.
Für die Beeinträchtigungen der Fahrtüchtigkeit durch diverse *Medikamente*, inbesondere in Wechselwirkungen untereinander und mit Alkohol, ergibt sich ein weniger klares Bild; hier besteht noch Forschungsbedarf. Einschränkungen der Fahrtüchtigkeit durch *Müdigkeit* (sei sie als Ermüdung durch lange, monotone Fahrten oder unabhängig von der Verkehrsteilnahme entstanden) sind ein Problem insbesondere von Vielfahrern und Berufskraftfahrern. Leider wurde bisher kein wirklich verläßliches Maß gefunden, mit dem einsetzende Ermüdung physiologisch rechtzeitig erfaßt werden kann, um warnende oder eingreifende Maßnahmen einzuleiten, so daß die Sicherheitsarbeit hier noch weitgehend auf Aufklärung und Überzeugungsarbeit setzen muß.

Weitere Gebiete verkehrspsychologischer Arbeit

Hauptarbeitsgebiet von Verkehrspsychologen ist seit dem Beginn des 20. Jahrhunderts die Diagnostik der Eignung zum Führen von Fahrzeugen. Auch heute wird diese Aufgabe vom überwiegenden Teil der Verkehrspsychologen wahrgenommen. In Deutschland sind ca. 1000 Personen mit der Ermittlung oder Verbesserung („Nachschulung") der Fahreignung beschäftigt (Medizinisch-Psychologische Untersuchung – MPU) (Verkehrsresozialisation). Obwohl psychologische Fragestellungen und Methoden auch in anderen verkehrsrelevanten Teilgebieten eine Rolle spielen, hat sich sonst nirgends eine vergleichbare Entwicklung der Profession der Verkehrspsychologen entwickelt. Nur kleinere Institute und einzelne Psychologen beschäftigen sich mit verkehrspädagogischen Inhalten (Verkehrserziehung, Kampagnen, Trainingskurse, Verkehrsüberwachung) oder Grenzgebieten zu den Verkehrsingenieurwissenschaften (Straßen- und Fahrzeuggestaltung, Verkehrslenkung); hier wird überwiegend interdisziplinär und eher forschungsorientiert gearbeitet.

Literatur

Donges, E. (1984). Aspekte der aktiven Sicherheit bei der Führung von Personenkraftwagen. *Automobilindustrie*, 2, 183-190.
Klebelsberg, D. (1982). *Verkehrspsychologie*. Berlin: Springer.
Kroj, G. (Hrsg.). (1995). *Psychologisches Gutachten Kraftfahreignung*. Bonn: Deutscher Psychologen Verlag.
Ranney, T.A. (1994). Models of driving behaviour: A review of their evolution. *Accident Analysis and Prevention*, 26, 733-750.

W

Wahrnehmung

Rainer Mausfeld

Begriff und Geschichte

Der Begriff der Wahrnehmung bezeichnet jenen Aspekt des psychischen Geschehens und Erlebens, der sich auf die Kopplung des Organismus an funktional relevante Aspekte der physikalischen Umwelt bezieht. Hierzu gehören nicht nur die haptische, visuelle, auditive, olfaktorische und gustatorische Wahrnehmung, sondern auch die Wahrnehmung des Leibes und seiner Teile sowie ihrer relativen Lage zueinander und zur Umgebung, die Wahrnehmung von Schmerzen, die Wahrnehmung von Gesichtern und Körperbewegungen und der durch sie vermittelten affektiven Ausdrücke und Signale sowie die Wahrnehmung der Sprache und die Wahrnehmung der Zeit. Die Beschäftigung mit der Wahrnehmung wurde zunächst durch erkenntnistheoretische Fragen der Beziehung von „Außenwelt" und dem durch unsere biologische Konstitution kodeterminierten Wissen über diese „Außenwelt" motiviert. Von den Vorsokratikern über Rationalismus-Empirismus-Kontroversen bis zur gegenwärtigen Philosophie des Geistes durchzieht die Frage nach der Natur der Wahrnehmung die Geschichte der Philosophie. In der Psychologie markiert die systematische Untersuchung (z.B. durch Fechner u. Helmholtz) von Prinzipien der Wahrnehmung den Ursprung der naturwissenschaftlichen Psychologie. Die Erforschung der Wahrnehmung, bei der Erkenntnistheorie, Psychologie, Ethologie, Neurophysiologie und der Bereich der sog. „Künstlichen Intelligenz" eng miteinander verflochten sind (Spillmann & Werner, 1990), bildet den Kern der gegenwärtigen Kognitionsforschung; ihr Gegenstandsbereich reicht von der neuralen Transduktion über die perzeptuelle Repräsentation bis hin zu symbolischen kognitiven Prozessen und zu Fragen des Bewußtseinsproblems (Leib-Seele-Problem).

Natur der Wahrnehmung

Der überwiegende Teil des auf den Organismus treffenden raum-zeitlichen Energiemusters wird nicht für biologische Zwecke verwendet; nur einige Aspekte werden herausgefiltert, um den Organismus an seine Umwelt anzubinden (z.B. können wir weder die Polarisierungsebene von Licht wahrnehmen noch die Richtung magnetischer Felder). Bei der Umsetzung von physikalischer Energie in einen neuralen Code, d.h. die neurale Transduktion, läßt dieser seine physikalische Ursache nicht mehr erkennen (z.B. können Lichtempfindungen sowohl durch optische wie mechanische oder elektrische Reizung des Auges entstehen). Dies macht bereits deutlich, daß die Wahrnehmung nicht dem Erkennen der „physikalischen Realität" dient. Auf dem Mißverständnis, daß es Aufgabe des Wahrnehmungssystems sei, eine physikalisch korrekte Beschreibung des physikalischen Inputs zu erlauben, beruht jedoch die Klassifikation der Wahrnehmungsphänomene in normale und illusionäre, und die damit verbundene Auffassung, die als sog. Wahrnehmungstäuschungen bezeichneten Phänomene seien in stärkerem Maße als der „Normalfall" der Wahrnehmung erklärungsbedürftig. Die Fokussierung auf elementare physikalische Aspekte wurde begünstigt durch die enge geschichtliche Verflechtung von Sinnesphysiologie und Wahrnehmungspsychologie sowie durch die metaphysischen Positionen eines Neuroreduktionismus. In der Regel werden die Sinnesmodalitäten selbst als natürliche und weitgehend isoliert betrachtbare Analyseeinheiten angesehen. Dies ergibt sich aus der prätheoretischen Zuschreibung bestimmter Klassen von Empfindungen zu Sinnesorganen, wie sie bereits in der Antike mit der Lehre von den fünf Sinnen (Sehen, Hören, Fühlen, Riechen und Schmecken) formuliert worden war. An die Stelle der Sinnesorgane traten mit der Ausdifferenzierung der Sinnesphysiologie die nach der Art der physikalischen Transduktion klassifizierten Rezeptoren. Für eine tiefere theoretische Einsicht in die Natur der Wahrnehmungsprozesse kann sich jedoch eine solche elementaristische Auffassung als hinderlich oder unfruchtbar erweisen, da sie die Bedeutung des Zusammenspiels der verschiedenen Modalitäten bei komplexen Wahrnehmungsleistungen unterschätzen wird. Beispielsweise konstituiert sich eine visuelle Objektwelt erst als Außenwelt durch das Zusammenspiel von visuellen, haptischen und motorischen Erfahrungen; rein visuelle Erfahrungen ohne korrespondierende visuo-motorische Erfahrungen führen, wie insbesondere Deprivationsexperimente zeigen, zu erheblichen Beeinträchtigungen visueller Wahrnehmungsleistungen. Die Struktur der Wahrnehmung ist nicht – dies ist eine der bedeutendsten Einsichten der Wahrnehmungspsychologie – auf die Struktur der Sinnesorgane reduzierbar. Die wesentliche Leistung des Wahrnehmungssystems ist nämlich gerade eine transmodale Repräsentation der biologisch-physikalischen Umwelt und somit ein „Freimachen" von den sensorischen Input-Kanälen (Befunde der Säuglingsforschung). Ein wesentliches der Wahrnehmung zugrundeliegendes Designprinzip ist eine weitgehende *Abschottung der Wahrnehmung gegen bewußte willentliche Eingriffe sowie gegen interne Zustände des Organismus*. Hierdurch wird eine schnelle und stabile adaptive Anbindung an biologisch relevante Aspekte der physikalischen Umwelt gewährleistet. Wahrnehmungsprozesse sind schnell, vergleichsweise starr und stereotyp und kaum der bewußten Kontrolle zugänglich. Damit haben Wahrnehmungs- und Denkprozesse gleichsam komplementäre Charakteristika. Denkprozesse sind hochgradig flexibel, jedoch von einer vergleichsweisen Langsamkeit und zögernden Unsicherheit und scheinen einer bewußten Kontrolle zugänglich zu sein (doch gilt auch für sie, wie für alle anderen kognitiven Prozesse, daß sie nicht selbst zum Bewußtsein gelangen, sondern nur das Endprodukt bewußt zugänglich ist) (Denken).

Beziehung zwischen proximalem und distalem Reiz

Auf den ersten Blick scheint die Unterscheidung von proximalem und distalem Reiz, durch welche die vom Organismus wahrzunehmende physikalische Objektwelt von den kausalen Effekten dieser Objekte auf die Sinnesorgane unterschieden wird, sehr klar zu sein. Doch unterstellt eine solche Unterscheidung, daß es eine räumlich wie zeitlich eindeutig bestimmte rezeptorale Eingangsebene gibt, auf der die physikalischen Energiemuster in einer festen kausalen Beziehung zu einem distalen Objekt stehen. In der jüngeren Wahrnehmungspsychologie betont man den computationalen Aspekt und spricht in idealisierter Weise statt vom proximalen Reiz vom *sensorischen Input*. Auch die Bestimmung und physikalische Beschreibung des distalen Reizes birgt wesentliche konzeptuelle Schwierigkeiten. Die Verwendung von Konzepten wie „Oberfläche", „Schatten", „Beleuchtung" oder „dreidimensionales Objekt" setzt die Zerlegung des auf den Organismus treffenden Energiemusters in diese Einheiten bereits als gegeben voraus (eine Annahme, die im Falle des Maschinensehens durchaus naheliegend ist, da die Maschine ja so konstruiert wurde, daß sie auf vorgegebene physikalische Objekte reagiert), während die Wahrnehmungspsychologie gerade die Aufgabe hat herauszufinden, wie das Wahrnehmungssystem derartige Objekte aus dem sensorischen Input erst konstituiert. Konzepte wie „Oberfläche", „Beleuchtung" etc. sind selbst erst das Produkt perzeptueller Prozesse und können nicht als von diesen unabhängig betrachtet werden. Die Existenz physikalischer Objekte ist weder hinreichend noch notwendig für das korrespondierende Perzept (Beispiel: Objekte auf dem Monitor, „virtual reality settings"). Perzeptuelle und physikalische Kategorien fallen also auseinander, und es hängt vollständig von der Struktur des Beobachters ab, wie die physikalische Welt in „Objekte" und „Ereignisse" zerlegt wird.

Die Beziehung zwischen proximalem und distalem Reiz stellt sich nun in naiver Auffassung so dar, daß der sich auf die „Außenwelt" beziehende Wahrnehmungseindruck als gleichsam Punkt-für-Punkt durch den entsprechenden proximalen Reiz bestimmt angesehen wird. Doch läßt sich bereits durch einfache Phänomene demonstrieren, daß der Wahrnehmungseindruck keineswegs in einfacher elementaristischer Weise mit dem lokalen proximalen Reiz zusammenhängt. (In der klassischen Psychophysik und Wahrnehmungspsychologie suchte man dennoch die mit dieser elementaristischen Auffassung verbundene Meßinstrumentkonzeption dadurch zu retten, daß man diesen Phänomenen als sog. *Kontext-oder* Konstanzphänomenen einen besonderen und gleichsam untypischen Status zuschrieb.)

Damit stellt sich nun die Frage, wie sich die dem Organismus im sensorischen Input verfügbaren Informationen mit der von ihm erbrachten Wahrnehmungsleistung in Beziehung setzen läßt. Da jeder sensorische Input mit einer großen Klasse von „Interpretationen" konsistent ist, muß das Wahrnehmungssystem mehr „wissen", als ihm durch den sensorischen Reiz zur Verfügung gestellt wird, und den sensorischen Input gleichsam im Kontext bestimmter „Vorannahmen" über die physikalische Welt „interpretieren". Der Organismus muß also Regularitäten der physikalischen Welt (z.B. Oberflächen sind stetig, Objekte sind starr, spektrale Energieverteilung des Sonnenlichtes ist „glatt", Licht kommt von oben), von der er sich im Verlaufe der Evolution eine interne Repräsentation gebildet hat, in geschickter Weise ausnutzen.

Der Organismus sieht also mehr, als ihm physikalisch an visueller Stimulierung angeboten wird; er sieht gleichsam etwas in die physikalische Situation hinein. Daß dem Wahrnehmungssystem mächtige Interpretationsregeln fest eingeschrieben sind, die nicht unserer willentlichen Kontrolle unterliegen, zeigt ein einfaches Beispiel (Abb.) von Roger Shepard. Vergleicht man nun die Form und Größe der gepunkteten Parallelogramme mit einer Schablone, so kann man leicht feststellen, daß beide Parallelogramme tatsächlich identisch sind. Dieser Befund deutet bereits darauf hin, daß das visuelle System den sensorischen Input im Kontext vorgegebener geometrischer Regeln für die zweidimensionale Projektion dreidimensionaler Objekte interpretiert. Dieses dem sensorischen Input hinzugefügte „Vorwissen" ist keiner bewußten Kontrolle zugänglich, denn wir sind nicht in der Lage, die zweidimensionale Zeichnung auch rein zweidimensional zu sehen, d.h. beide Parallelogramme auch im Wahrnehmungseindruck als identisch wahrzunehmen. Daß wir bei einem solchen Versuch wenig Erfolg haben werden, zeigt, daß dem visuellen System eine solche Entscheidungsmöglichkeit gar nicht gegeben ist; es wird durch die geometrischen Eigenschaften der Zeichnung geradezu zu einer dreidimensionalen Interpretation gezwungen.

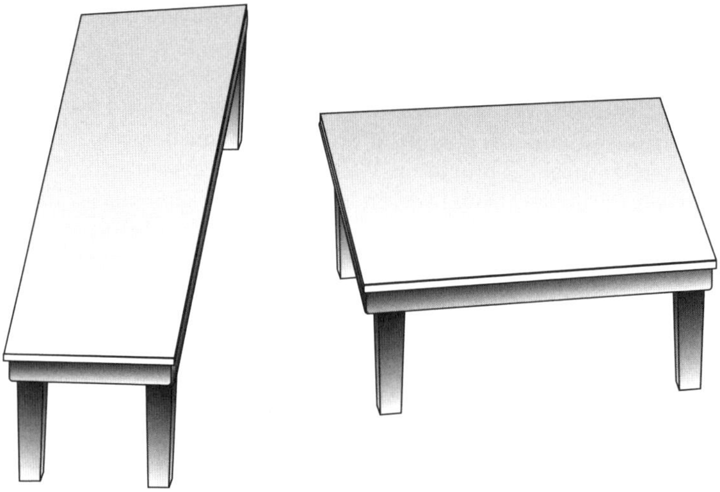

Wahrnehmung. Die Grundflächen der Tische bestehen aus zwei identischen Parallelogrammen.

Was das Wahrnehmungssystem dem sensorischen Input hinzufügt, um seine weit über diesen hinausgehenden Leistungen zu erbringen, und welches „Vorwissen" es über die Welt zur Verfügung hat, ist ein Kernproblem der Kognitionsforschung (Mausfeld, 1996), das die gesamte Geschichte der Wahrnehmungspsychologie durchzieht von Helmholtz und seinem Konzept der „unbewußten Schlüsse" über die Gestaltpsychologen Brunswik, Gibson, Gregory und Shepard (1987) bis zum Bereich des Maschinensehens, wo es z.B. im Rahmen Bayesscher Algorithmen wieder auftaucht (Knill & Richards, 1996) (Kognition).

Die Grundbausteine der Wahrnehmung, durch die wir die Welt in bedeutungsvolle Wahrnehmungseinheiten segmentieren, sind ebenso fest fixierter Bestandteil unserer biologischen Ausstattung wie die strukturellen Prinzipien und Prozesse, welche die Art und die Reichweite möglicher Wahrnehmungsleistungen begrenzen. Für die Untersuchung dieser Grundbausteine der Wahrnehmung wird ein breites Spektrum unterschiedlicher Methodologien herangezogen; hierzu gehören Einschränkung und Modifikation sensorischer Erfahrungen während der Entwicklungsperiode, entwicklungspsychologische Studien mit Säuglingen (z.B. Spelke & Hermer, 1996), computationale Analysen des Vergleichs von erbrachter Leistung und der im sensorischen Input verfügbaren Information sowie psychophysikalische Experimente mit geeignet gewählten hochgradig reduzierten Reizen oder mit künstlich generierten visuellen Szenen, in denen physikalische Attribute, die physikalisch/ökologisch gekoppelt sind, entkoppelt werden.

Diese Untersuchungen belegen, daß der sensorische Input sich weniger als ein „Bild" auffassen läßt, aus dem sich die distale Szene rekonstruieren läßt, sondern eher als eine Art Stichwortgeber, der für ein wesentlich durch interne Strukturen bedingtes komplexes Geschehen eine stabile Anbindung an die biologisch-relevante physikalische Umwelt garantiert. Das theoretische Bild von den Grundstrukturen der Wahrnehmung läßt sich stark verkürzt so zusammenfassen: Unser Gehirn verfügt über ein vorgegebenes Repertoire an „Geschichten" über die Beschaffenheit der Außenwelt. Welche „Außenwelt-Geschichten" dem Gehirn verfügbar sind, wurde durch die Evolution festgelegt (wodurch eine Anbindung an die physikalisch-biologische Umwelt gegeben ist). Das Gehirn sucht gleichsam jedem sensorischen Input einen Sinn dadurch zu geben, daß es mit ihm eine Geschichte über die Beschaffenheit der Außenwelt verbindet. Der sensorische Input selektiert oder „triggert" also eine „Außenwelt-Geschichte". Die Sinne dienen folglich nicht zur „Abbildung" der Welt, sondern lediglich als Stichwortgeber für die Selektion einer bereits im Gehirn vorhandenen „Außenwelt-Geschichte" (dies steht in Einklang mit jüngeren neurophysiologischen Befunden, denen zufolge beim visuellen System der überwiegende Teil der Fasern im Dienste corticofugaler Informationsübertragung steht) (Repräsentation, Konstruktivismus). Gegenüber dem alternativen Designprinzip, nach dem ein Organismus so beschaffen wäre, daß er alle relevante Information über die Umwelt aus dem sensorischen Reiz gewinnen müßte, hat dieser „phylogenetische Umweg“ den funktionalen Vorteil einer besonderen Stabilität der Ankopplung an die Umwelt sowie einer größeren Schnelligkeit. In der Entwicklung der Wahrnehmungspsychologie haben ganz verschiedenartige Hindernisse lange Zeit die theoretische Einsicht verstellt, daß die Grundstrukturen der Wahrnehmung und mit ihnen auch die phänomenale Struktur unserer Wahrnehmungswelt dem Organismus fest eingeschrieben sind. Hierzu gehörten neben dem Mißverständnis, daß es Aufgabe der Wahrnehmung sei, dem Organismus ein korrektes Bild der physikalischen Welt bereitzustellen, auch der Elementarismus (und häufig auch Physiologismus) der klassischen Psychophysik und Wahrnehmungspsychologie.

Literatur

Hoffman, D. (1998). *Visual Intelligence. How we create what we see*. Norton.

Knill, D. (Ed.) (1996). *Perception as Bayesian Inference*. Cambridge University Press.

Mausfeld, R. (1996). Wahrnehmung. In: G. Strube, B. Becker, C. Freksa, U. Hahn, K. Opwis & G. Palm (Hrsg.), *Wörterbuch der Kognitionswissenschaft* (S. 777-792), Stuttgart: Klett-Cotta.

Shepard, R.N. (1987). Evolution of a Mesh between Principles of the Mind and Regularities of the World. In J. Dupré (Ed.), *The Latest on the Best. Essays on Evolution and Optimality* (S. 251-275). Cambridge, Mass.: Bradford.

Spelke, E.S. & Hermer, L. (1996). Early Cognitive Development: Objects and Space. In R. Gelman & T. Kit-Fong Au (Eds.), *Perceptual and Cognitive Development* (S. 71-112). San Diego: Academic Press.

Spillmann, L. & Werner, J.S. (Eds.) (1990). *Visual Perception. The Neurophysiological Foundations*. San Diego: Academic Press.

Wehrpsychologie

Klaus J. Puzicha und Wiltraud Pilz

Begriff und Geschichte

Wehrpsychologie, ein Teilgebiet der Angewandten Psychologie, ist die Anwendung der Arbeits- und Organisations- sowie der Klinischen Psychologie in militärischen Organisationen. Sie umfaßt psychologische Diagnostik und Prognostik, Beratung und Intervention, Unterricht und Training, Methodenentwicklung und Evaluation.

Eine wissenschaftlich fundierte Wehrpsychologie hat ihre Wurzeln im Ersten Weltkrieg. Das Instrumentarium der Wehrpsychologie reichte vom ersten Intelligenz-Test der Psychologiegeschichte („Army-Alpha“, ab 1915 in den amerikanischen Streitkräften) über eine differenzierte Apparate-Technik zur Prognose der Eignung zum Kraftfahrer, Funker, Piloten (Deutsche Heerespsychophysik, 1914–1918) bis zum Vorläufer moderner Assessment Center Verfahren im Rahmen der Offiziersauswahl der Deutschen Reichswehr und Wehrmacht (ab 1927).

Die deutsche Wehrmachtspsychologie beschäftigte ca. 150 Psychologen in sog. Prüfstellen von Heer, Luftwaffe und Marine. Sie wurde 1942 durch „Führerbefehl und Verfügung des Oberkommandos der Wehrmacht“ aufgelöst (*von Renthe-Fink*, 1985).

Mit Aufbau der Bundeswehr wurde 1956 auch deren Psychologischer Dienst (PsychDstBw) konzipiert und schrittweise realisiert. Nach dem Zweiten Weltkrieg hat sich die Wehrpsychologie in den Armeen der westlichen Welt vergleichsweise ähnlich entwikkelt; die Nutzung von Psychologie in den ehemaligen Ostblockarmeen gleicht sich seit 1990 kontinuierlich an deren Vorbild an. Aufgabenstruktur, organisatorischer Aufbau und Personalstruktur der deutschen Wehrpsychologie hat ihre Entsprechungen in den wehrpsychologischen Strukturen anderer moderner Armeen. Aus diesem Grund beschränken wir uns im folgenden auf den PsychDstBw.

Organisatorischer und personeller Rahmen des PsychDstBw

Die knapp 450 Dienstposten des PsychDstBw sind Teil der militärischen Organisation und der Wehrverwaltung. Die wehrpsychologischen Einsatzorte orientieren sich – wie die gesamte Wehrverwaltung – am Grundsatz der Nähe zum wehrpflichtigen Bürger einerseits und zur Truppe andererseits. Folgerichtig finden sie sich flächendeckend in allen Bundesländern.

Alle Mitarbeiter des PsychDstBw haben einen zivilen Status. Dies gilt für die ca. 160 Psychologinnen und Psychologen wie für das fachliche Assistenzpersonal (PsychTechnAss; ca. 260). Der Frauenanteil beträgt bei den Psychologen 30%, bei den PsychTechnAss deutlich über 50%. Ein großer Teil der Männer hat militärische Vorerfahrungen, fast immer erworben durch Ableistung des Grundwehrdienstes. Die meisten der Psychologen haben den Rang eines Reserveoffiziers.

In Ermangelung einer gesetzlich geregelten Qualifikation zum PsychTechnAss bildet der PsychDstBw seine Fachkräfte selbst aus. Erst eine erfolgreich durchlaufene verwaltungsinterne Ausbildung von 30 Monaten berechtigt zu einer Tätigkeit etwa als Testleiter in einer personalpsychologischen Prüfstation oder in einem Bundeswehrkrankenhaus.

Für Wehrpsychologen ist die formale Einstellungsvoraussetzung das Diplom in Psychologie. Für manche Tätigkeiten sind auch Zusatzqualifikationen, z.B. die Approbation als Psychologischer Psychotherapeut, notwendig. Die „Philosophie" der Personalentwicklung sieht für die ersten Jahren einen häufigeren Verwendungswechsel vor. Die einzelnen Stationen beinhalten praktische psychodiagnostische Tätigkeiten genauso wie den Erfahrungserwerb in wehrpsychologischem Qualitätsmanagement, Truppenpsychologie und im „Psychologie-Management".

Berufliches Selbstverständnis

Wehrpsychologie unterliegt dem klassischen Dilemma der A & O-Psychologie: Sie steht im Spannungsfeld der Interessen von Individuum, Organisation und Gesellschaft. Im Zusammenhang mit der Allgemeinen Wehrpflicht ist die Wehrpsychologie zwar Teil des staatlichen Verwaltungshandelns, in ihrem Selbstverständnis dient sie aber dem Ausgleich der Interessen zwischen dem wehrpflichtigen Bürger und der militärischen Organisation. Gleiches gilt für Freiwilligen- oder Beamtenbewerber. Der große Umfang personalpsychologischer Aufgaben des PsychDstBw (pro Jahr knapp 300.000 psychologische Eignungsuntersuchungen) macht es notwendig, die fachliche und die wissenschaftliche Arbeit der personalpsychologisch tätigen Wehrpsychologen an allgemein anerkannten Standards auszurichten. Regelmäßig sind dabei zwei Aspekte zu beachten: Der Bundeswehr gegenüber besteht die Verpflichtung zu einer gewissenhaften und dem Stand der psychologischen Wissenschaft entsprechenden Fachexpertise. Aus diesem Grund ist die Anwendung wehrpsychologischer Methoden verbindlich an ein kontinuierlich begleitendes Qualitätsmanagement gebunden. Die personalpsychologische Tätigkeit berührt besonders schutzbedürftige Persönlichkeitsbereiche der Probanden. Deswegen sind die Psychologen in der Bundeswehr besonders verpflichtet, die Würde ihrer Klientel, deren Unversehrtheit und informationelle Selbstbestimmung zu achten.

Im PsychDstBw dürfen nur solche Instrumente und Verfahren eingesetzt werden, die für den Probanden fair, zumutbar, unschädlich und transparent sind. Jeder Proband hat ein Recht auf die Rückmeldung seiner Ergebnisse. Kriterien für die Qualität der psychologischen Eignungsprognose sind gleichermaßen der Erfolg des Probanden in der empfohlenen Tätigkeit wie seine Arbeitszufriedenheit. Die im PsychDstBw erhobenen Daten unterliegen grundsätzlich der Schweigepflicht nach § 203 StGB und dem Datengeheimnis nach § 5 BDSG. Die Berufsfachlichen Grundsätze des PsychDstBw verpflichten alle Wehrpsychologen auf konsequente Beachtung der „Berufsordnung Deutscher Psychologen" (BDP).

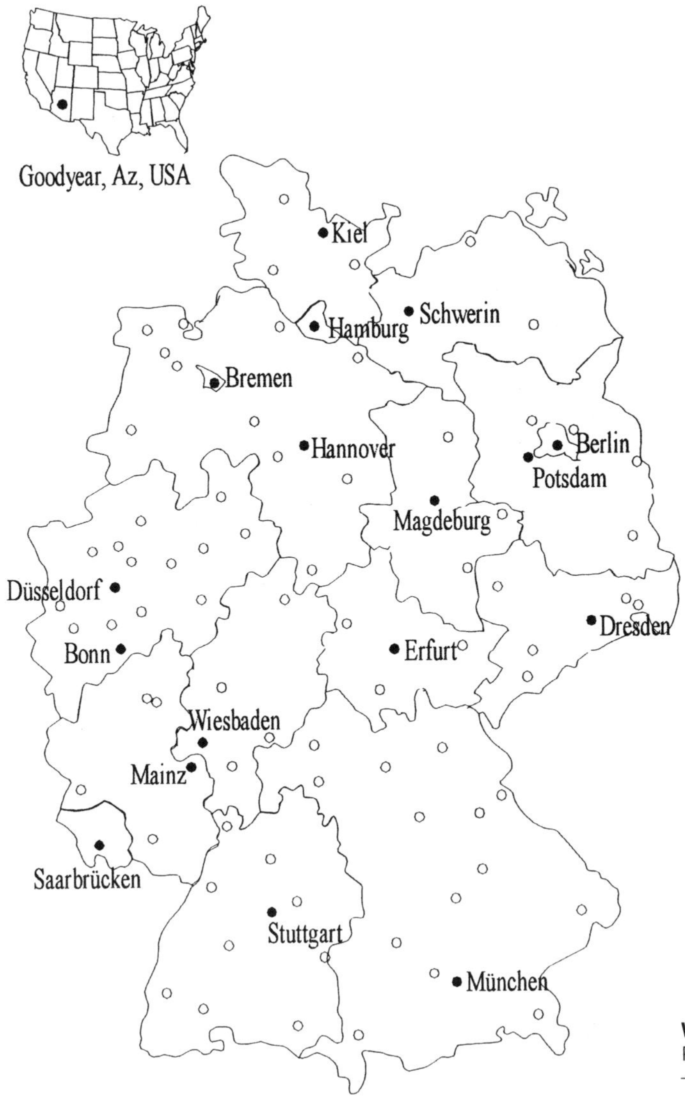

Wehrpsychologie 1. Standorte des Psychologischen Dienstes der Bundeswehr – Stand 1. August 1998 –

Aufgabenfelder

Gesteuert vom wehrpsychologischen Fachreferat im Verteidigungsministerium ist der PsychDstBw tätig in den in der Tab. aufgelisteten Aufgabenbereichen und Aufgabenfeldern. Der größte Anteil der wehrpsychologischen Mitarbeiter arbeitet im traditionellen Bereich der *Personalgewinnung und -entwicklung* (Abb. 2). Die psychologische *Eignungsuntersuchung und Eignungsfeststellung* ermöglicht, daß die zur Ableistung des Grundwehrdienstes heranstehenden jungen Männer eine ihrer Eignung und Neigung entsprechende militärische Verwendung finden. Ca. 250.000 junge Wehrpflichtige werden derzeit an 83 Kreiswehrersatzämtern dieser Prüfung – im Kern einer computer-assistiert ablaufenden Testbatterie (Computer-Assistiertes Testen) – unterzogen. Erheblich aufwendiger ist die *Eignungsfeststellung für Freiwilligenbewerber* bei der Offiziersbewerber-Prüfzentrale und den fünf Zentren für Nachwuchsgewinnung. Hier werden die Testverfahren obligatorisch durch Assessment-Center-Verfahren ergänzt. Zeitlich und methodisch besonders aufwendig ist die *Eignungsfeststellung* von Bewerbern *für Spezial-Verwendungen*, seien es zukünftige Flugzeugführer, Radarkontroll- und Flugsicherungspersonal (Flugmedizini-

Wehrpsychologie: Aufgabenbereiche und -felder im PsychDstBw.

Bereiche: *Felder*	Diagnostik & Prognostik	Beratung & Intervention	Unterricht & Training	Methodenentwicklung & Evaluation
Personalpsychologie: Personalgewinnung & Personalentwicklung	Eignungsfeststellung Personalauswahl Spezialistenauslese Assessment-Center	z.B. Berufseignungsuntersuchungen	z.B. Ausbildung des fachlichen Assistenzpersonals AC-Training	Erfolgskontrollen Anwendungsbegleitende Optimierung
Truppenpsychologie	Personalauswahl	Einsatzbegleitung Krisenintervention Organisations- und Führungsberatung Individuelle Beratung	Einsatzvorbereitung: z.B. Streßtraining Training in Interkultureller Kompetenz	Einsatznachbereitung Erfahrungsgeleitete Optimierung der truppenpsychologischen Methoden
Klinische Psychologie	Klinische Diagnostik	Verhaltenstraining Krisenintervention Therapie	Aus- und Fortbildung von Truppenpsychologen	Erfolgskontrollen
Psychologische Ergonomie	–	Beratung bei der Entwicklung, Bewertung und Beschaffung von Wehrmaterial	Aus- und Fortbildung z.B. von Technikern	Erfahrungsgeleitete Optimierung der ergonomischen Methodik
Wehrpsychologische Qualitätssicherung	Support Supervision Controlling	Support Supervision Controlling	Aus- und Fortbildung von Personal- und Truppenpsychologen Support Supervision Controlling	Methodenentwicklung Methoden- und Bewährungskontrollen Computer-Assistiertes Testen (CAT)

sches Institut der Luftwaffe) oder Taucher und Kampfschwimmer (Schifffahrtmedizinisches Institut der Marine).

Das personalpsychologische Aufgabenspektrum wird komplettiert durch Berufseignungsuntersuchungen bei ausscheidenden Soldaten sowie durch Mitwirkung bei den Einstellungs- und Aufstiegsverfahren von Mitarbeitern der Wehrverwaltung.

Truppenpsychologen bereiten Soldaten auf deren (Auslands-) Einsatz vor, sie begleiten solche Einsätze, sie betreuen die Familien von im Einsatz befindlichen Soldaten, sie arbeiten in Krisen-Interventions-Teams. Inhaltliche Themen sind u.a. der Umgang mit einsatzbedingten Belastungen, mit Sterben, Trauer, Gefangenen- und Geiselnahme, einsatz- oder katastrophenbedingten Psychotraumata (Psychotraumatologie) oder der Erwerb „Interkultureller Kompetenz“ (Interkulturelles Training) in der Zusammenarbeit mit Soldaten anderer Nationen und/oder beim Einsatz in einem anderen Kulturkreis. Da der Aufwand an truppenpsychologischer Tätigkeit von teilweise unvorhersehbaren außen- und sicherheitspolitischen Entwicklungen abhängig ist und ein Katastrophenfall überhaupt nicht kalkulierbar ist, wird der größte Teil der truppenpsychologischen Aufgaben anlaßbezogen von allen Psychologen des PsychDstBw übernommen. Jede Psychologin und jeder Psychologe übernimmt neben der Haupttätigkeit bei Bedarf eines der o.g. truppenpsychologischen Aufgabenfelder, für das sie/er besonders qualifiziert wird (Truppenpsychologie).

Klinische Psychologie leistet Beiträge zur Diagnose und Therapie von Soldaten mit psychischen oder psychosomatischen Erkrankungen. Klinische Psychologen arbeiten mit Wehrmedizinern vor allem in den Bundeswehrkrankenhäusern zusammen.

Psychologische Ergonomie berät bei der Entwicklung und Beschaffung von Wehrmaterial mit der Zielsetzung, „das Zusammenwirken von Mensch, Maschine und Umwelt so aufeinander abzustimmen, daß eine bestmögliche Systemwirksamkeit ohne Über- oder Unterforderung des Menschen erreicht wird“ (Rauch & Steege, 1995).

Wehrpsychologische Qualitätssicherung (Qualitätsmanagement, wehrpsychologisches) supervidiert und berät die in den genannten Bereichen tätigen Psychologen. Sie unterstützt die Bereitstellung geeigneter Instru-

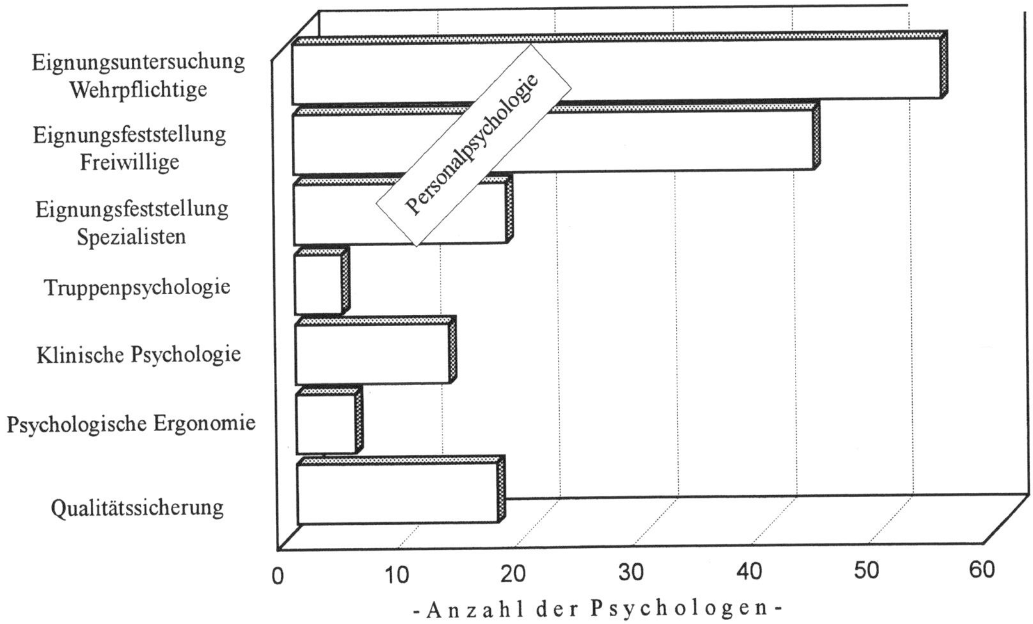

Wehrpsychologie 2. Anzahl der Psychologen im Dienst der Bundeswehr. Anzahl der Psychologen in den einzelnen Aufgabenbereichen – Stand: 1. August 1998

mentarien und eine den Einsatz dieser Instrumentarien kontinuierlich begleitende Qualitätskontrolle.

Perspektiven

Die neuen Aufgaben der Bundeswehr haben bereits zu erheblichen Veränderungen im PsychDstBw geführt. Dieser Veränderungsprozeß wird weitergehen. Zwar werden auch in Zukunft die meisten Wehrpsychologen mit den traditionellen personalpsychologischen Selektions- und Plazierungsfragestellungen befaßt sein. Die Tätigkeitssegmente Truppenpsychologie und psychologische Qualitätssicherung werden jedoch ihren „Marktanteil“ kräftig ausbauen. Das Anforderungsprofil für Wehrpsychologen wird sich erheblich erweitern. Außer dem gewohnten Spektrum von A & O-Kompetenz (hier insbesondere Methodensicherheit, Gesprächsführungstechniken, Kompetenz in Beratungs- und Interventionstechniken) wird zukünftig eine Reihe zusätzlicher Qualifikationen bedeutsam. Auszugsweise sind dies: englische Sprachkompetenz, körperliche Fitneß, eine erhebliche Streß- und Frustrationstoleranz, Kompetenz zur Selbstdarstellung (Soziale Kompetenz), militärische Basiskompetenz, Führungskompetenz (Führung), soziale (familiäre) Stabilität, die Fähigkeit, Unbestimmtheit und Unstrukturiertheit zu ertragen, Flexibilität, Kreativität, Einfühlung.

Die zukünftige Personalpsychologie in der Bundeswehr steht unter dem Zwang, erhebliche qualitative Verbesserungen mit geringerem Personaleinsatz realisieren zu müssen. Die „Instrumente“ zur Erreichung dieser Ziele sind

- die konsequente Nutzung des Computers,
- die Einführung sequentieller Prüfstrategien
- und psychologischer Expertensysteme,
- die Erweiterung klassischer Testkonstrukte und
- der Einsatz adaptiver Testverfahren.

Computer-Assistiertes-Testen (CAT) eröffnet verfahrenstechnische und organisatorische Möglichkeiten des Prüfablaufs, welche die Individualität des Testanden erheblich besser berücksichtigen als die traditionelle Testanwendung. In Kürze wird im PsychDstBw ausschließlich computerassistiert getestet werden (Rauch, Weber & Wildgrube, 1993).

Sequentielle Diagnosestrategien sind für Gruppen erst mit Hilfe von CAT möglich. Solche mehrstufigen Strategien haben große Vorteile: Sie sind (zeit-)ökonomischer, sie passen sich an den individuellen Probanden an, sie verhindern überflüssige Diagnostik dort, wo schon relativ früh im Diagnoseprozeß klar wird, daß der Proband für eine in Aussicht genommene Tätigkeit oder Ausbildung chancenlos ist.

Computerunterstützte *Expertensysteme in der Personalpsychologie* setzen die Sammlung von Expertenwissen und dessen Umsetzung in einen Satz eindeutiger und fachlich abgesicherter diagnostischer Regeln voraus. Damit wird die Generierung von diagnostischen Vorschlägen ermöglicht und der Psychologe erheblich entlastet. Erste Erfahrungen im PsychDstBw mit solchen Systemen sind außerordentlich positiv.

Die flächendeckende Nutzung leistungsfähiger Mikroelektronik macht aber auch völlig neue Teststrategien und die Operationalisierung *neuartiger Testkonstrukte* möglich. Im PsychDstBw ist eine Reihe solcher Verfahren bereits im Einsatz bzw. steht kurz vor der Einsatzreife. Beispielhaft sind dies: ein Gerät, das simulationsgestützt wichtige fliegerische Eignungsdimensionen feststellt (Instrument Coordination Analyzer), oder ein Gerät, das Eingangsdiagnostik für Hubschrauberpiloten mit Lerndefizit-/Lernfortschrittskontrollen verbindet und darüber hinaus sogar ein „Part-Task-Training" unterstützt (Fliegerpsychologisches System Hubschrauber).

Eine erhebliche Verbesserung der Individualisierung und der Ökonomisierung von Prüfverfahren ist durch den Einsatz *adaptiver Verfahren* möglich. Bei solchen Verfahren bearbeitet jeder Testand eine auf seine Leistungsfähigkeit zugeschnittene Zusammenstellung von Testaufgaben. Die gerade für das wehrpsychologische Einsatzspektrum bei traditionellen Testverfahren charakteristische Über- bzw. Unterforderung von Teilen der Klientel wird durch die Verwendung solcher Verfahren vermieden. Adaptive Tests liefern nach den Erfahrungen im PsychDstBw sehr präzise Ergebnisse in außerordentlich kurzer Zeit (Hornke, 1995).

Literatur

Hornke, L.F. (1995). Stand der Technik des Computergestützten Testens (CAT). *Untersuchungen des PsychDstBw*, 28 bis 30, Bd. 2, 37-182.

Rauch, M. & Steege, F.W. (1995). Der PsychDstBw. In L. von Rosenstiel, S. M. Hockel & W. Molt (Hrsg.), *Handbuch der Angewandten Psychologie*. Landsberg, Lech: Ecomed-Verlag.

Rauch, M., Weber, W. & Wildgrube, W. (1993). Computergestützte Testdiagnostik im PsychDstBw. *Zeitschrift für Arbeits- und Organisationspsychologie, 37*, 142-145.

Von Renthe-Fink, L. (1985). *Von der Heerespsychotechnik zur Wehrmachtspsychologie*. Deutsche Wehrmachtspsychologie 1914-1945. München: Verlag für Wehrwissenschaften.

Werbepsychologie

Georg Felser

Gegenstand und Definition

Werbepsychologie ist eine der ältesten Anwendungsformen der Psychologie. Trotzdem hat sie in der Vergangenheit in der Psychologie nur geringe Bedeutung erlangt. Dies mag zum Teil auf ein ideologisch geprägtes Verständnis der Werbepsychologie zurückgehen, nach dem eine Anwendung der Psychologie in der Werbung unweigerlich zur Ausbeutung der Verbraucher führen müsse. Diese Haltung hatte eine Zurückhaltung gegenüber wirtschaftlichen Fragen in der Psychologie zur Folge. So haben sich in erster Linie Wirtschaftswissenschaftler und Marketingfachleute die psychologischen Fragen nach *Werbewirkung* und *Konsumentenverhalten* zu eigen gemacht (z.B. Kroeber-Riel, 1992). In der jüngeren Vergangenheit ist das Interesse an wirtschaftspsychologischen Fragen auch innerhalb der Psychologie deutlich gewachsen (siehe z.B. Felser, 1997; Kirchler, 1995; Ökonomische Psychologie). Inhalte der Arbeits- und Organisationspsychologie sind bereits vielerorts fester Bestandteil der psychologischen Ausbildung. Die Werbepsychologie erhält im Zuge dieser Entwicklung die Möglichkeit, gegenüber den Wirtschaftswissenschaften verlorenes Terrain zurückzugewinnen und ein eigenständiges Profil zu etablieren. Bei der Werbepsychologie handelt es sich um eine Praxisanwendung psychologischen Wissens und nicht um eine psychologische Teildisziplin. Die stärksten Beiträge zur Werbepsychologie liefern vor allem die Allgemeine und Kognitive Psychologie, Sozialpsychologie, Differentielle Psychologie.

Allgemeine und Kognitive Psychologie

1) Vor allem die Wahrnehmungspsychologie war in der Vergangenheit für die Untersuchung von Werbewirkung zentral. Es galt der Grundgedanke, daß Werbung nur wirken kann, wenn sie wahrgenommen wird. Wahrnehmungsprozesse werden zum Beispiel anhand von Blickbewegungen oder mit *aktualgenetischen Verfahren* wie dem Tachistoskop gemessen. Fragestellungen hierbei sind etwa: Welche Werbegestaltung wird besser wahrgenommen? Erscheint das Produkt in einer Anzeige hinreichend prägnant? Hebt es sich als „Figur" deutlich von dem Hintergrund ab?
2) Da werbliche Information meist nicht direkt in Verhalten umgesetzt wird, ist neben der Wahrnehmung auch die Frage ihrer Speicherung im Gedächtnis von besonderem Interesse. Üblicherweise werden Gedächtnisspuren als freie Erinnerung und Wiedererkennensleistung (*Recall* und *Recognition*) nachgewiesen. Ergebnisse mit diesen Methoden führen zu der Feststellung, daß nur ein Bruchteil der rezipierten Werbeinformation – Schätzungen liegen zwischen 5 und 15 Prozent – überhaupt eine Gedächtniswirkung hinterlassen. Diese Überlegungen werden durch jüngere Erkenntnisse zum *impliziten Erinnern* zum Teil ergänzt, zum Teil aber auch in Frage gestellt. Gedächtnisspuren zeigen sich sehr häufig in Situationen, in denen ein bewußtes und absichtsvolles Erinnern überhaupt nicht gefordert sind. Auch Inhalte der Werbung werden im Alltag häufig genutzt, ohne daß die Konsumenten dabei das Gefühl haben, auf eine früher dargebotene Information zurückzugreifen. Eines der bedeutendsten Phänomene dieser Art ist der Effekt der Darbietungshäufigkeit (mere-exposure-Effekt). Solche Phänomene des impliziten Erinnerns scheinen für die Praxis der Werbung und des Konsumentenverhaltens aus mindestens zwei Gründen sehr relevant zu sein. Zum einen entspricht der indirekte Informationsabruf eher der tatsächlichen Kauf- und Konsumsituation, in der ebenfalls die Werbeinformation nicht absichtlich erinnert wird, sondern meist eher beiläufig in den Entscheidungsprozeß einfließt. Zum anderen wird überdies implizit meist mehr erinnert als explizit.
3) Bedeutende Impulse hat die Werbewirkungsforschung aus der *Lernpsychologie*, insbesondere von der Theorie des Klassischen Konditionierens erhalten. Wenn ein eigentlich neutral bewertetes Produkt mit einer angenehmen Assoziation oder einem prägnanten Image verknüpft wird, läßt sich das als Ausbildung eines bedingten Reflexes beschreiben. Hier ist allerdings zu bedenken, daß die optimalen Bedingungen für das Klassische Konditionieren in der Praxis der Werbung selten erfüllt sind und daß konkurrierende Modellvorstellungen ebenfalls in der Lage sind, die Assoziationsbildung durch Werbung zu erklären (Lernen).

Sozialpsychologie

1) Werbung soll Einstellungen bilden oder verändern. Traditionelle sozialpsychologische Theorien, etwa die Konsistenztheorien, insbesondere die Theorie der kognitiven Dissonanz, beschreiben Mechanismen der Einstellungsbildung, die sich auf Werbung und Konsumentenverhalten anwenden lassen. Jüngere Modelle der Einstellungsforschung (z.B. das Elaboration Likelihood Model, Petty & Cacioppo, 1986) betrachten insbesondere die unterschiedlichen Grade von Aufmerksamkeit und Verarbeitungstiefe bei der Rezeption

von beeinflussender Kommunikation. Sie eignen sich daher besonders zum Verständnis der Wirkung von Werbung auf Einstellungen. Hier gerät wieder die Frage nach unterschiedlicher Aufmerksamkeit – in der Werbewirkungsforschung ist häufig von „*Involvement*“ die Rede – in den Blick: Bei geringem Involvement erhalten periphere Merkmale einer Nachricht stärkeres Gewicht, so daß unter Umständen sogar der negative Effekt schwacher *Argumente* ausgeglichen werden kann. Solche Merkmale sind zum Beispiel: Verhalten und Ausstrahlung des Kommunikators, die reine Menge der Argumente (gleichgültig, ob sie gut sind oder nicht), die Stimmung der Rezipienten, Musik oder anderes Beiwerk bei der Präsentation oder die Geschwindigkeit, in der die Botschaft präsentiert wird.

2) Die Forschung zu *sozialen Kognitionen* untersucht unter anderem die Frage, welche Wirkungen *Kontextinformationen* auf die Wahrnehmung eines Zielgegenstandes haben. Das Produkt in der Werbung ist im doppelten Sinne von wirksamen Kontextinformationen umgeben: Zum einen werden in der Werbepräsentation gezielt Kontexte geschaffen. Die Absicht dahinter variiert zwischen Angleichung und Kontrast. Eine angenehme Umgebung als Kontextreiz soll das Produkt in ein positives Licht rücken, das Ziel ist also ein *Angleichungs- oder Assimilationseffekt.* Bildet dagegen das berüchtigte „herkömmliche“ Produkt den Kontext, wird ein kontrastierender Effekt angestrebt. Zum anderen ist die Werbung ihrerseits von einer Medienumgebung geprägt, so daß dieselbe Präsentation unterschiedlich erlebt werden kann, je nachdem, welche Information ihr vorangeht bzw. auf sie folgt.

3) Ein weiterer wichtiger Impuls der Sozialpsychologie betrifft die verschiedenen *Gruppen-, Imitations- und sozialen Lernprozesse*. In einer häufigen Gestaltungsform der Werbung, der sogenannten „Testimonialwerbung“, wird versucht, mit dem „typischen Verbraucher“ Modelle bei der Produktverwendung zu zeigen. Über Mechanismen des Modellernens soll die Wahrscheinlichkeit der Produktverwendung beim Betrachter erhöht werden. Wichtig ist hierbei nicht zuletzt die Frage, ob die dargestellten Personen, die ja häufig auch aus anderen Zusammenhängen prominent sind, als *Identifikationsfiguren* taugen. Da den Betrachtern vieles in der Werbung ihrer eigenen Lebenswelt entrückt und „larger than life“ erscheint, ist in manchen Einzelfällen fraglich, ob die Modelle aus der Werbung von den Konsumenten zu *sozialen Vergleichsprozessen* herangezogen werden.

4) *Reaktanz:* Verhaltensoptionen werden aufgewertet, wenn sie bedroht oder gar verloren sind. Diese zentrale Annahme der *Reaktanztheorie* läßt sich in verschiedener Weise auf Werbung und Konsumentenverhalten anwenden. So kann die Verfügbarkeit eines Produktes durch zeitliche oder Mengenlimitierung eingeschränkt werden. Eine Aufwertung des nunmehr schwer zu erreichenden Gutes kann die Folge sein. Das Phänomen der Reaktanz wird ebenfalls genutzt, wenn man ein besonders exklusives Image etabliert, bei dem der Kreis der möglichen Konsumenten ausdrücklich eingeschränkt wird. Ein Produkt, das nicht für jeden, womöglich „nur für Mitglieder“ zu haben ist, kann von einer reaktanten Aufwertung profitieren.

Differentielle Psychologie

1) *Konsumententypologien*: Ein wesentlicher Beitrag der differentiellen Psychologie liegt in der Beschreibung von homogenen Konsumentengruppen. Hierbei ist das Ziel, handhabbare Konsumententypologien zu entwikkeln, die es den Werbeanbietern erlauben, zielgruppengenau und mit geringstmöglichen Streuverlusten zu werben. Diese Fragestellungen werden in aller Regel als reine *Gebrauchsforschung* bearbeitet. Der Austausch mit der Grundlagenforschung ist hier eher gering. So bieten beispielsweise die großen Verlagshäuser ihren Werbekunden Analysen an, aus denen hervorgeht, welche *Persönlichkeitsprofile* und *Konsumgewohnheiten* bei dem jeweiligen Lesepublikum vorausgesetzt werden können. Ähnliche Versuche, Konsumententypen zu beschreiben, wurden nach der Wiedervereinigung unternommen. Es liegt aber auf der Hand, daß *Konsumstile* in den neuen Bundesländern oder unter den Lesern einer ganz bestimmten Zeitschrift nur eingeschränkte Gültigkeit besitzen.

2) *Moderatoren der Werbewirkung*: Werbepsychologische Effekte gelten oft nur für be-

stimmte Teilmengen der Adressaten. So kann man zum Beispiel zeigen, daß die bekannte „Fuß-in-der-Tür-Technik" nur bei Personen wirksam ist, die nicht von vorneherein eine ausgeprägte Tendenz mitbringen, sich einstellungskonsistent zu verhalten. Personen, die über ein starkes *Individualisierungsbedürfnis* („need for uniqueness") verfügen, sind dagegen besonders anfällig für Reaktanzeffekte. Solche Moderatorwirkungen mehr oder weniger etablierter Persönlichkeitskonstrukte sind eine weitere Fragestellung der Differentiellen Psychologie in der Anwendung auf Werbung (Persönlichkeit). Sie sind allerdings den oben diskutierten Effekten nachgeordnet und können erst untersucht werden, wenn man einigermaßen gesicherte Theorien über die allgemein- und sozialpsychologischen Haupteffekte hat.

Praxis und Ethik der Werbepsychologie

1) *Praktische Tätigkeit von Psychologen in der Werbung*: Die Marketing-Praxis wird von Wirtschaftswissenschaftlern dominiert. In der Konkurrenz profitieren Psychologen insbesondere von ihrer in der Regel intensiveren Ausbildung in Methoden der empirischen Sozialforschung (Forschungsmethoden). Einen weiteren entscheidenden Vorteil haben Absolventen der Psychologie, wenn sie die neuesten Forschungsergebnisse der Psychologie gründlich kennen, denn das Grundlagenwissen zum Konsumentenverhalten, das im Marketing gelehrt wird, ist zwar psychologisch fundiert, aber stellenweise veraltet. Nur die größeren Werbeagenturen beschäftigen überhaupt Psychologen. Deren praktische Tätigkeit besteht im wesentlichen aus Marktforschung. Die Werbeagenturen sind daran interessiert, Bedürfnisse der Konsumenten zu kennen, den Erfolg einer geplanten Werbung vorherzusagen oder eine bereits eingesetzte Werbung zu kontrollieren und zu bewerten. Diese Fragen werden als Aufgabe und besondere Kompetenz von Psychologen betrachtet. Die Einbindung in den kreativen Prozeß der *Werbegestaltung* gehört demgegenüber kaum zum Tätigkeitsbereich von Psychologen in der Werbung. Zudem müssen Psychologen häufig auf einen sehr eingeschränkten Einsatz ihrer Kompetenzen gefaßt sein. Es besteht das Vorurteil, daß Psychologen in erster Linie für die qualitative, heuristische und hypothesengenerierende Seite der Marktforschung zuständig seien. Eine typische Fragestellung hierin ist etwa die Motivforschung. Typische Methoden sind Tiefeninterviews, Gruppendiskussionen, assoziative und projektive Tests. Die quantitative, theoriegeleitete und hypothesentestende Seite der Marktforschung gilt demgegenüber nicht als eigentliche psychologische Kompetenz.

2) *Ethik der Werbepsychologie*: An die Adresse der Werbepsychologie werden häufig moralische Bedenken formuliert. Gerade wenn es darum geht, psychologisches Wissen zur Beeinflussung von Verbrauchern zu nutzen, ist die Befürchtung der *Manipulation schnell* bei der Hand. Die Frage nach ihrer moralischen Rechtfertigung muß sich die Werbepsychologie schon deshalb gefallen lassen, weil jede Werbung ihrem Selbstverständnis nach darauf gerichtet ist, in Urteils- und Entscheidungsprozesse einzugreifen und Verhaltensoptionen der Adressaten einzuschränken. Als moralisch bedenklich gelten dabei vor allem solche Situationen, in denen es den Adressaten erschwert wird, die Botschaft der Werbung als bloßes Angebot zu verstehen. Dies ist zum Beispiel gegeben,

- wenn starker sozialer Druck ausgeübt wird. Dies geschieht zum Beispiel bei der „Fuß-in-der-Tür-Technik" oder wenn die Reziprozitätsnorm ausgenutzt wird (z.B. „Door-in-the-face-Prinzip").
- wenn starke emotionale Reize zu Werbezwecken eingesetzt werden, etwa bei Furcht- und *Schuldappellen*.
- wenn Automatismen der *kognitiven Verarbeitung* ausgenutzt werden. Frühere Befürchtungen, die Werbung könne Konsumenten durch eine Reizdarbietung unterhalb der *Wahrnehmungsschwelle* beeinflussen, haben sich zwar nicht bestätigt. Gleichwohl scheinen aber die oben diskutierten Werbeeffekte bei unaufmerksamer Reizverarbeitung ähnlichen Vorwürfen ausgesetzt zu sein wie die *unterschwellige Beeinflussung*.
- bei Kindern. Kinder sind ihrer Natur nach beeinflußbarer als Erwachsene und haben

demzufolge in besonders geringem Ausmaß die Freiheit, auf Werbung mit der nötigen Distanz zu reagieren.

Bei Bedenken gegen eine konkrete Werbung kann der Deutsche Werberat angerufen werden. Diese selbstdisziplinäre Einrichtung der Werbewirtschaft kontrolliert jene Werbeformen, die zwar nicht gegen geltendes Recht verstoßen, die aber trotzdem moralisch bedenklich sind (Ethik).

Literatur

Felser, G. (1997). *Werbe- und Konsumentenpsychologie*. Heidelberg / Stuttgart: Spektrum / Schäffer-Poeschel.

Kirchler, E. M. (1995). *Wirtschaftspsychologie*. Grundlagen und Anwendungfelder der Ökonomischen Psychologie. Göttingen: Hogrefe.

Kroeber-Riel, W. (1992). *Konsumentenverhalten*. Stuttgart: Vahlen.

Petty, R. E. & Cacioppo, J. T. (1986). *Communication and persuasion*. Central and peripheral routes to attitude change. New York: Springer.

Wissen

Gabi Reinmann-Rothmeier und Heinz Mandl

Epistemologische Grundlagen

Die Frage, was Wissen ist und wie es entsteht, gehört zu den grundlegenden Fragestellungen der Philosophie. In der westlichen Epistemologie ist der Begriff des Wissens seit jeher eng mit der Suche nach der „Wahrheit" verknüpft; dies prädestiniert das Thema für eine kontroverse Debatte, die sich bis auf die antike Auseinandersetzung zwischen Platon und Aristoteles zurückverfolgen läßt: Es existiert ein apriorisches Wissen, das nicht durch Sinneswahrnehmungen erklärt werden muß – so Platons (428 – 347 v.Chr.) These. Wissen wird folglich deduktiv erlangt, die absolute Wahrheit entsprechend durch logisches Denken erschlossen. Damit war der Rationalismus geboren, der in der ersten Hälfte des 17. Jahrhunderts mit René Descartes seinen wichtigsten Vertreter fand. Es gibt kein apriorisches Wissen, konterte Aristoteles (384 – 322 v.Chr.), der in der Sinneserfahrung die einzig wahre Wissensquelle sah. Wissen, so sein Fazit, wird induktiv erlangt, Erkenntnis aus Sinneserfahrungen abgeleitet. Aristoteles schuf auf diese Weise den Gegenspieler des Rationalismus – den Empirismus, der in der zweiten Hälfte des 17. Jahrhunderts am prominentesten von John Locke repräsentiert wurde. Im 18. Jahrhundert gab es vor allem mit Kant und Hegel Versuche, Rationalismus und Empirismus zu „versöhnen", etwa mit der Annahme eines Zusammenwirkens von logischem Denken und Sinneswahrnehmung. Im Laufe des 20. Jahrhunderts gesellten sich weitere Strömungen hinzu (z.B. Phänomenologie, Pragmatismus etc.), die das Wissen in enger Verbindung etwa mit Handeln, Körpererfahrung oder Sprache sahen. In der Folge verwischten die Grenzen der beiden „alten Lager Rationalismus und Empirismus" ein wenig, ohne aber zu verschwinden. Im Gegenteil: Wer sich mit Wissen auseinandersetzt und nach seinem „Wesen" sucht, den beschäftigt die zugrundeliegende Kontroverse auch heute noch.

Verschiedene Sichtweisen von Wissen

Es gibt bis dato keine einheitliche Definition dessen, was Wissen ist. Denn Wissen kann aus mehreren Perspektiven betrachtet werden, was unterschiedliche Wissensdefinitionen nach sich zieht (Greeno, Collins & Resnick, 1996): Aus behavioristischer Sicht, die im Kern die Tradition des Empirismus fortsetzt, wird Wissen als Besitz von Reiz-Reaktions-Verbindungen (Assoziationstheorie) und/oder Aktivitätsmustern (Konnektionismus) im Gedächtnis verstanden. Neuronale Netzwerktheorien versuchen, vor allem die konnektionistische Perspektive auf biologischer Grundlage zu untermauern. Aus kognitiver Sicht, die eher rationalistischen Prinzipien folgt, entspricht Wissen dem Besitz von Konzepten und kognitiven Fähigkeiten zur Wiedererkennung und Konstruktion von Symbolmustern. Wissen gilt hier als Grundlage für so allgemeine Fähigkeiten wie Sprechen und Sprachverstehen oder Problemlösen und Denken. Aus einer neueren „situativen" Sicht wird Wissen als in der Welt verteilt interpretiert. Im Gegensatz zu den beiden vorangegangenen Sichtweisen liegt hier der Fokus weniger auf der Frage nach der Beschaffenheit von Wissen als vielmehr auf der Suche nach der Art, wie Wissen unter Individuen, Gemeinschaften und deren Artefakten verteilt ist. Das rückt die situative Sicht in die Nähe des Pragmatismus und einer soziohistorischen Herangehensweise an das Thema Wissen.

Wissen in verschiedenen historischen Kontexten

Was die Menschen unter Wissen verstehen und wie sie damit umgehen, ist in hohem Maße von den gesellschaftlichen Rahmenbedingungen abhängig. Betrachtet man den Stellenwert und die individuelle, wirtschaftliche und politische Macht des Wissens zu verschiedenen Zeiten, so zeigt sich schnell, daß Wissenssysteme einem historischen Wandel unterliegen (Damerow & Lefèvre, 1998): In schriftlosen Kulturen wurde Wissen ausschließlich interaktiv und über die gesprochene Sprache von Generation zu Generation tradiert und war entsprechend situativ gebunden. Mit den frühen Schriftkulturen wurde die symbolische Repräsentation von Wissen möglich, was dazu führte, daß bislang allgemein zugängliches Wissen zu einem Wissen von Experten und Eliten wurde. Eine Verstärkung dieser Tendenz sowie eine Erweiterung der Wissenssysteme fanden in der klassischen Antike und im Mittelalter statt. Wissensträger waren nun immer mehr die Gelehrten. Erst mit dem Buchdruck veränderten sich die soziale Wissensverteilung und die Art der Wissenstradierung: Wissenschaftliches Denken und Handeln prägten die europäische Neuzeit und forcierten eine systematische Produktion von „Erfahrungswissen". Kennzeichen des nachfolgenden Industriezeitalters waren die Spezialisierung und Kanonisierung von Wissen, die in eine historisch neuartige Kluft zwischen wissenschaftlichem Wissen und Alltagswissen mündeten. Heute wird vielerorts von der Wissensgesellschaft gesprochen, die charakterisiert ist von einem exponentiellen Wachstum des Wissens und einem enormen Fortschritt auf dem Sektor der neuen Informations- und Kommunikationstechnologien. Vor allem letztere führen zu prinzipiellen Veränderungen in der Repräsentation von Wissen (multimedial präsentiertes Wissen in Hypertextformat), im Zugriff auf Wissen (orts- und zeitunabhängiger sekundenschneller „Wissenstransport") sowie in der Verteilung von Wissen (disperses Wissen in weltweiten Netzen).

Die Psychologie des Wissens

In der heute zunehmend komplexer werdenden Welt, in der der einzelne einer kaum noch überschaubaren Flut und Vielfalt von Information und Wissen ausgesetzt ist, gewinnt das Wissen als Gegenstand der psychologischen Forschung an hoher Aktualität. Im Rahmen der Kognitionspsychologie (Kognition) hat sich seit Mitte der 80er Jahre die Wissenspsychologie (Mandl & Spada, 1988) entwickelt, die verschiedene Forschungsinhalte wie Modelle der Wissensrepräsentation (Gedächtnis), Erwerb von Wissen (Lernen), Anwendung von Wissen (Denken; Entscheidung; Handlung) und Wissensveränderung unter der Fragestellung zu bündeln versucht: Welche Rolle kommt der Analyse von Wissensprozessen in verschiedenen Teilbereichen der Psychologie zu? Verschiedene Teilbereiche der Kognitionspsychologie werden somit aus wissenspsychologischer Perspektive neu strukturiert und mit einem besonderen Methodenrepertoire (quantitative und qualitative Wissensdiagnose) untersucht. Die Erforschung von Wissen und Wissensprozessen ist letztlich aber in vielen Teilbereichen der Psychologie verhaftet – wohl ein Indiz dafür, daß dem Wissen in zahlreichen psychologischen Phänomenen ein zentraler Stellenwert zukommt.

Wissenstypen

Gibt es überhaupt „das" Wissen, oder ist es nicht sinnvoller, von verschiedenen Formen oder Typen des Wissens auszugehen? Alte wie neue Theorien einschließlich empirischer Befunde sprechen für letzteres: So trennte etwa schon Aristoteles zwischen praktischem Wissen, das aus Erfahrung resultiert, und theoretischem Wissen als dem Ergebnis des Denkens. Fortgeführt und modernisiert wurde diese antike Einteilung mit der organisationspsychologisch geprägten Unterscheidung zwischen Kennen–Wissen als Kenntnis von Theorie und Forschung, Können–Wissen als praktische Kenntnisse von Produkten und Prozessen und schließlich Wollen–Wissen als handlungsleitende Vision. Die in der Tradition der *cognitive science* stehende Forschung der Wissenspsychologie unterscheidet das deklarative Wissen (Faktenwissen) vom prozeduralen Wissen (Handlungswissen) und Kontrollwissen. Vor allem in der Praxis weit verbreitet ist die Trennung zwischen explizitem und implizitem Wissen: Dabei gilt ein Wissen dann als implizit, wenn es nicht direkt artikulierbar ist, in hohem Maße von Erfahrungen abhängt und das Merkmal der Gleichzeitigkeit besitzt. Dagegen spricht man von explizitem Wissen, wenn es sprachlich artikuliert werden kann, im weitesten Sinne verstandesabhängig ist und sich mit der Eigenschaft „sequentiell" charakterisieren läßt. Diese Gegenüberstellung läßt sich auf Polanyi (1966) zurückführen: Er unterschied zwischen *focal knowledge* – Wissen über ein Objekt oder Phänomen, das gerade im Mittelpunkt der Aufmerksamkeit steht – und *tacit knowledge* – Wissen, das als „Werkzeug" für den Umgang mit dem im Fokus stehenden Wissen zu verstehen ist. So unterschiedlich akzentuiert diese Einteilungen auch sein mögen, so liegt doch überall die Idee zugrunde, daß es, vereinfacht ausgedrückt, ein erfahrungsabhängiges, schwer artikulierbares *Know-how* und ein erwerbsabhängiges, leichter explizierbares *Know-that* gibt. Aus organisationstheoretischer Sicht ist die Unterscheidung zwischen individuellem und organisationalem Wissen zentral. Organisationales Wissen ist Wissen, das – im Gegensatz zum individuellen Wissen – nicht in den Köpfen von Menschen gespeichert ist, sondern in sozialen Systemen (Organisationen) bzw. in deren Regelsystemen. In diesem Zusammenhang wird etwa auch das geteilte Wissen als Kern der organisationalen Wissensbasis einerseits dem verfügbaren Wissen und andererseits dem erreichbaren Wissen gegenübergestellt. Die Merkmale implizit und explizit, die ursprünglich auf das Individuum bezogen waren, können auch auf das organisationale Wissen angewandt werden, woraus die Unterscheidung zwischen objektiviertem (expliziten) Wissen und kollektivem (impliziten) Wissen resultiert.

Was Wissen von Information unterscheidet

In der Alltagssprache wird selten zwischen Wissen und Information unterschieden: Wer über etwas „informiert" ist, „weiß" Bescheid; wer das „Wissen" hat, kann „Informationen" weitergeben. In der Psychologie aber wird durchaus zwischen Information und Wissen unterschieden. Man geht sogar noch weiter und ordnet Zeichen, Daten, Information und Wissen in einer Art „Wissensleiter" an: Zeichen (etwa in Form von Buchstaben, Ziffern oder Sonderzeichen) bilden als die kleinsten Einheiten die unterste Stufe der Leiter. Daten bestehen aus einer sinnvoll kombinierten Folge von Zeichen, besitzen aber noch keine Verwendungshinweise. Sie werden erst zu Information, wenn sie in einen Problemzusammenhang gestellt werden und zur Erreichung eines Ziels dienen. Information ist der Rohstoff für die Bildung von Wissen. Damit aus Information Wissen wird, muß die Information in einem bedeutungshaltigen Kontext mit der Erfahrung einer Person und ihrem Vorwissen verknüpft werden. Wissen ist demnach mehr als die Ansammlung von Information. Damit aus Information Wissen wird, muß der Mensch auswählen, vergleichen, bewerten, Konsequenzen ziehen, verknüpfen, aushandeln und sich mit anderen austauschen (Informationsverarbeitung). Im Gegensatz zu Informationen dreht sich Wissen um persönliche Vorstellungen und individuelles Engagement; dabei ist es kontext- und beziehungsspezifisch und letztlich am (sozialen) Handeln orientiert. Diese sich zunehmend verbreitende Interpretation von Wissen entspricht einer (gemäßigt) konstruktivistischen Auffassung, derzufolge Wissen kein Reservoir objektiver wissenschaftlicher Resultate, sondern Ausgangspunkt, Weg und Ziel menschlicher Realitätskonstruktionen zugleich ist. Gestützt wird die Annahme vom Wissen als kontextabhängigen kognitiven und sozialen Konstruktionsprozeß unter anderem von der Expertiseforschung, die die Besonderheiten des Expertenwissens und seine Entstehung untersucht.

Offene Fragen

Die Frage, was genau nun das „Wesen" des Wissens ist, wie Wissen eigentlich entsteht und letztlich in Entscheidungen und in Handeln umgesetzt wird, ist – wie die kurzen Ausführungen zu den epistemologischen Grundlagen gezeigt haben – mehr als 2000 Jahre alt und dennoch bis heute ohne verbindliche Antwort geblieben: Ist Wissen ein als statisch zu bezeichnendes Ergebnis eines Erkenntnisprozesses in Form einer wissenschaftlich begründeten Überzeugung, oder handelt es sich beim Wissen doch eher um den Erkenntnisprozeß selbst in Form einer kontinuierlichen Konstruktion von Menschen und sozialen Systemen? Entsteht Wissen infolge einer – zumindest theoretisch – genau beschreibbaren Verarbeitung von Informationen und deren Verknüpfung mit vorhandenen kognitiven Strukturen im Kopf eines Individuums, oder ist die Wissensentstehung eher als ein nie ganz zu erklärender Konstruktionsprozeß innerhalb bedeutungshaltiger persönlicher und sozialer Kontexte zu beschreiben? Und wie wird letztlich Wissen zu Handeln? Welche Rolle spielen dabei Emotion, Motivation, Wille, Einstellungen und Werte einerseits sowie soziale Beziehung, kulturelle Bedingungen sowie institutionelle Chancen und Barrieren andererseits? Vor dem Hintergrund solcher auf Klärung drängender Fragen ist Wissen keine Domäne allein der Wissenspsychologie oder Wissenssoziologie. Vielmehr handelt es sich um einen fachübergreifenden Gegenstand, dessen multidisziplinäre Erforschung wichtige Erkenntnisse für viele gesellschaftliche Bereiche erwarten läßt: Von der Bildung (Wie wird Wissen am besten erworben?) über die Wirtschaft (Wie geht man sinnvoll mit der Ressource Wissen um?) bis hin zur Politik (Wie verhindert man Handeln wider besseren Wissens?). Der intelligente, effiziente und verantwortungsbewußte Umgang mit Wissen (in jüngster Zeit auch zunehmend als „Wissensmanagement" im weitesten Sinne bezeichnet) ist eine große gesellschaftliche Herausforderung, eine immer wichtiger werdende Aufgabe von Organisationen und letztlich auch eine individuelle Kompetenz.

Literatur

Damerow, P. & Lefèvre, W. (1998). Wissenssysteme im geschichtlichen Wandel. In F. Klix & H. Spada (1998). *Enzyklopädie der Psychologie C/II/6 Wissen* (S. 77-113). Göttingen: Hogrefe.

Greeno, J.G., Collins, A.M. & Resnick, L.B. (1996). Cognition and learning. In D.C. Berliner & R.C. Calfee (Eds.), *Handbook of educational psychology* (pp. 15-46). New York: Macmillan.

Mandl, H. & Spada, H. (Hrsg.) (1988). *Wissenspsychologie*. München, Weinheim: Psychologie Verlags Union.

Polanyi, M. (1966). The tacit dimension. New York: AnchorDay Books.